U0748720

2023
中国有色金属发展报告

CNIA 中国有色金属工业协会　编

北　京
冶 金 工 业 出 版 社
2023

图书在版编目(CIP)数据

2023中国有色金属发展报告/中国有色金属工业协会编.—北京:冶金工业出版社,2023.6

ISBN 978-7-5024-9510-7

Ⅰ.①2… Ⅱ.①中… Ⅲ.①有色金属冶金—冶金工业—工业发展—研究报告—中国—2023 Ⅳ.①F426.32

中国国家版本馆CIP数据核字(2023)第096072号

2023中国有色金属发展报告

出版发行	冶金工业出版社	**电　　话**	(010)64027926
地　　址	北京市东城区嵩祝院北巷39号	**邮　　编**	100009
网　　址	www.mip1953.com	**电子信箱**	service@mip1953.com

责任编辑　张熙莹　美术编辑　彭子赫　版式设计　郑小利

责任校对　郑　娟　责任印制　禹　蕊

北京捷迅佳彩印刷有限公司印刷

2023年6月第1版,2023年6月第1次印刷

787mm×1092mm　1/16;27.75印张;494千字;432页

定价298.00元

投稿电话　(010)64027932　投稿信箱　tougao@cnmip.com.cn

营销中心电话　(010)64044283

冶金工业出版社天猫旗舰店　yjgycbs.tmall.com

(本书如有印装质量问题,本社营销中心负责退换)

《2023 中国有色金属发展报告》

编 委 会

前　言

2022 年是党和国家历史上极为重要的一年。党的二十大胜利召开，描绘了全面建设社会主义现代化国家的宏伟蓝图。面对世界格局加速演变、新冠疫情反复、世界经济下行等国内外多重超预期因素冲击，我国有色金属工业坚持以习近平新时代中国特色社会主义思想为指导，坚决贯彻落实党中央、国务院有关决策部署，沉着应对各种风险挑战，奋力完成改革发展稳定任务，总体保持了量的合理增长和质的稳步提升，产业韧性与发展信心都得到进一步增强。

这一年，有色金属工业运行总体呈平稳向好的态势，行业生产消费、进出口情况及经营效益都基本符合预期。有色金属企业工业增加值比上年增长 5.2%，十种有色金属产量比上年增长 4.9%，完成固定资产投资比上年增长 14.5%；有色金属进口额比上年增长 18.7%，出口额比上年增长 26.7%；规模以上有色金属企业实现利润虽然比上年下降 8%，但仍为历史第二高值。

有色金属工业科技创新发展迈上新征程，行业标准质量进一步提升。“片式多层陶瓷电容器用介质材料关键技术研究开发及产业化应用”项目获中国工业大奖；有色金属行业 3 家企业和 13 个产品荣获第七批制造业单项冠军称号，25 项专利获第二十三届中国专利奖；全年共发布 248 项标准，其中国家标准 72 项，行业标准 136 项。

“双碳”目标引领有色金属工业向绿色低碳方向发展。主要产品能耗指标接近或达到世界领先水平，重点区域的主要电解铝企业二氧化硫排放浓度远低于特别排放标准，铜冶炼大气污染物排放浓度和排放总量大幅下降；大型企业积极布局再生有色金属领域，再生有色金属产量达到 2000 万吨的目标有望提前实现；中国有色金属绿色产品评价中心成立，绿色铝评价启动。

新能源产业发展迅猛，光伏、新能源汽车和储能电池对硅、锂需求高企。2022年工业硅产量比上年增长24%左右，已经成为产量居第五位的主要有色金属品种，从2023年开始将纳入十种常用有色金属的统计序列，全国首个新能源金属品种——工业硅期货也于年底在广州期货交易所挂牌上市，上市首日成交额即超30亿元。锂离子电池正极材料总产量同比增长80%以上，国内现货市场电池级碳酸锂均价比上年上涨254.7%。

有色金属产业国际化发展有序推进。2022年，中国铝土矿进口量一半以上来自中国企业海外铝土矿资源权益矿山，印尼华青铝业有限公司在印尼投建50万吨/年电解铝项目，实现海外电解铝投资历史性突破；在全球新能源发展浪潮推动下，华友钴业、青山控股等中国企业纷纷加强在印尼的镍钴项目布局；津巴布韦Bikita锂矿项目进展顺利，已成为中矿资源稳定的锂精矿供应基地。中国有色金属国际产能合作企业联盟成员单位已从成立初期的53家发展至70家，涵盖了有色金属工业开展国际产能合作的相关企业和机构。

2023年是全面贯彻落实党的二十大精神，扎实推进中国式现代化的开局之年，我国有色金属工业面临难得的发展机遇，也将遇到更加严峻的挑战。有色金属行业要牢牢把握有色金属在制造业中的基础地位，把提升有色金属供给质量摆在更加突出位置，着力保资源、拓消费、补短板、锻长板、强基础，为促进工业经济平稳发展提供有力支撑！

《中国有色金属工业发展报告》（以下简称《发展报告》）已经连续编写19年，并从2021年起由内部资料改为正式公开出版，全面记述了上一年度有色金属主要品种及行业运行发展情况，剖析行业发展热点，并对下一年度行业走势进行展望，为政府决策、行业研究、企业发展提供了重要参考，是协会会员企业、相关从业人员、有关部门与机构了解我国有色金属概貌的重要窗口，受到了各方面的欢迎。

2023 年的《发展报告》继续沿承过去的框架结构和主体内容，分为综合篇、专题篇、品种篇、统计篇，撰稿人主要来自协会本部有关部门、协会所属各有关单位、相关专业分会等，审稿人为各撰稿人所在部门或单位的主要负责人。数据来源除国家统计部门公布的外，有些数据为有关分会或机构调研分析得出的结果，仅供参考。书中全国性数据暂时不包括台湾及香港、澳门地区资料。

由于有色金属品种多，牵涉面广，加之时间仓促，撰、编、审人员水平所限，不足之处在所难免，敬请读者批评指正！

中国有色金属工业协会会长　葛红林

2023 年 5 月

目　录

综　合　篇

专　题　篇

品　种　篇

统　计　篇

综合篇

ZONGHE PIAN

2022年有色金属工业运行情况综述

2022年，面对复杂严峻的国内外形势，中国有色金属行业以习近平新时代中国特色社会主义思想为指导，坚决贯彻落实党中央、国务院有关决策部署，沉着应对风险挑战，奋力完成改革发展稳定任务。总体看，2022年有色金属工业运行呈现平稳向好的态势，当年规模以上有色金属企业工业增加值比上年增长5.2%，十种有色金属产量比上年增长4.9%，完成固定资产投资比上年增长14.5%；有色金属进口额比上年增长18.7%，出口额比上年增长26.7%；国内市场铜现货年均价比上年下跌1.5%，铝现货年均价比上年上涨5.6%；规模以上有色金属企业实现利润比上年下降8%，为历史第二高。

一、有色金属工业运行呈平稳向好的态势

（一）有色金属生产、消费总体平稳

1. 有色金属工业生产稳中有升

根据国家统计局初步统计，2022年规模以上有色金属企业工业增加值比上年增长5.2%，增幅比全国规模以上工业增加值增幅高1.6个百分点。新冠疫情以来，规模以上有色金属企业工业增加值呈现出稳定回升的态势，2020年、2021年和2022年分别增长2.1%、3.1%和5.2%。

2022年，中国十种常用有色金属产量（公报数）为6793.6万吨，按可比口径计算（下同）比上年增长4.9%（见图1）。其中，精炼铜产量（公报数）为1106.3万吨，增长5.5%（见图2）；原铝产量（公报数）为4021.4万吨，增长4.4%（见图3）。六种精矿金属量670.2万吨，比上年增长1.0%。氧化铝产量8186.2万吨，比上年增长5.6%。铜材产量（尚未扣除企业间重复统计约350万吨）2286.5万吨，比上年增长5.7%；铝材产量（尚未扣除企业间重复统计约1600万吨）6221.6万吨，比上年下降1.4%。据中国有色金属工业协会及其硅业分会初步统计，2022年工业硅产量约为335万吨，比上年增长24%左右。

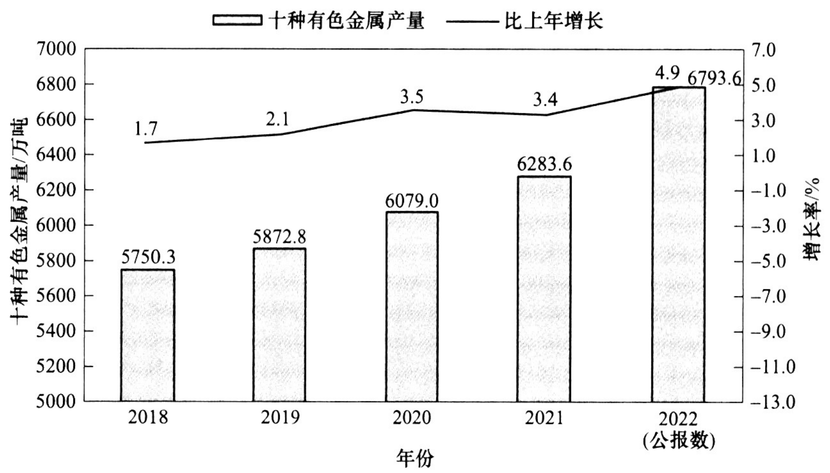

图 1　2018—2022 年十种有色金属产量及比上年增长速度图

数据来源：国家统计局、中国有色金属工业协会

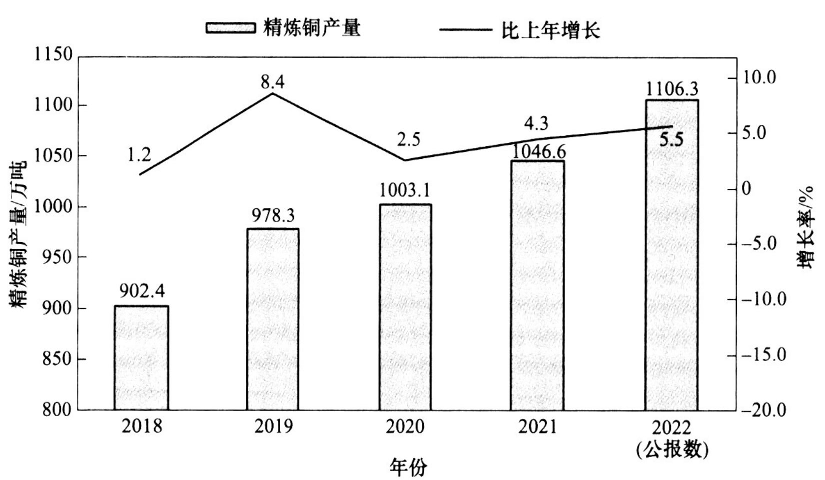

图 2　2018—2022 年精炼铜产量及比上年增长速度图

数据来源：国家统计局、中国有色金属工业协会

2. 精炼铜、原铝消费保持增长，但原铝消费增幅放缓

2022 年，中国精炼铜消费量为 1415 万吨，比上年增长 4.8%（见图 4）；原铝消费量为 3985 万吨，比上年增长 0.5%，增幅比上年放缓 4.4 个百分点（见图 5）。

3. 全铜人均消费量保持增长、全铝人均消费量微幅回调

2022 年，中国全铜人均年消费量 11.0 千克，比上年增长 4.5%（见图 6）；全铝人均年消费量 30.2 千克，比上年下降 0.4%（见图 7）。

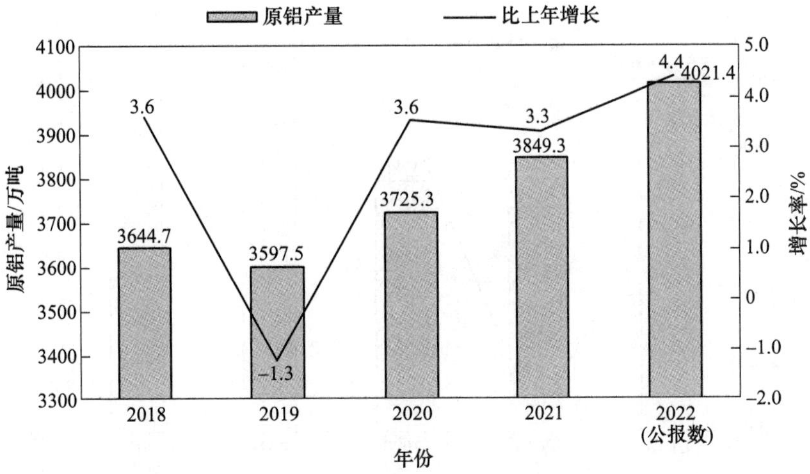

图 3　2018—2022 年原铝产量及比上年增长速度图

数据来源：国家统计局、中国有色金属工业协会

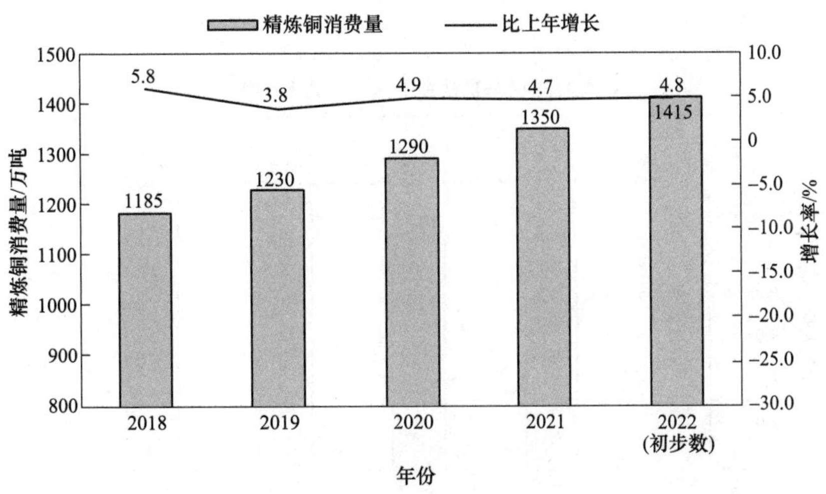

图 4　2018—2022 年精炼铜消费量及比上年增长速度图

数据来源：中国有色金属工业协会

（二）固定资产投资实现两位数的增幅

根据国家统计局初步统计，2022 年有色金属工业完成固定资产投资比上年增长 14.5%（见图 8），增幅比上年增幅加快 10.4 个百分点，其中，矿山采选完成固定资产投资增长 8.4%，冶炼和压延加工完成固定资产投资增长 15.7%。2022 年，民间完成有色金属固定资产投资比上年增长 16.9%，增幅比上年增幅扩大 5.7 个百分点，比有色金属工业固定资产总投资增幅高 2.4 个百分点。新冠疫情以来，有色金属工业完成固定资产投资增幅分别为：2020 年-1.0%、

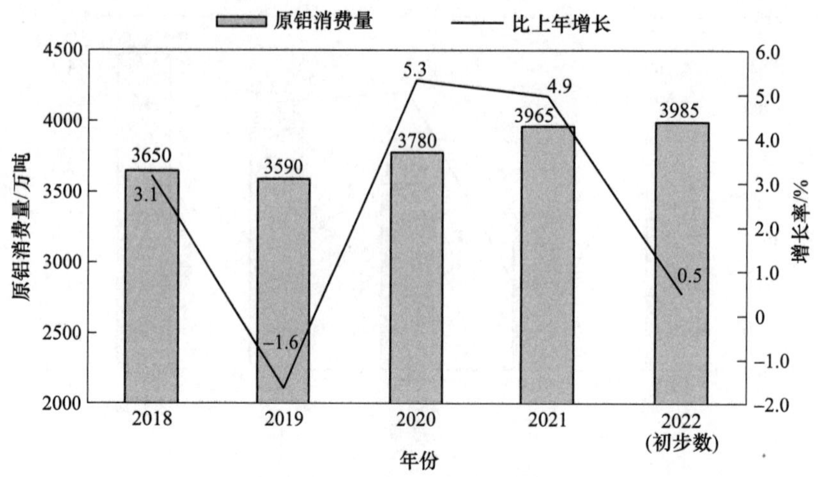

图5　2018—2022年原铝消费量及比上年增长速度图

数据来源：中国有色金属工业协会

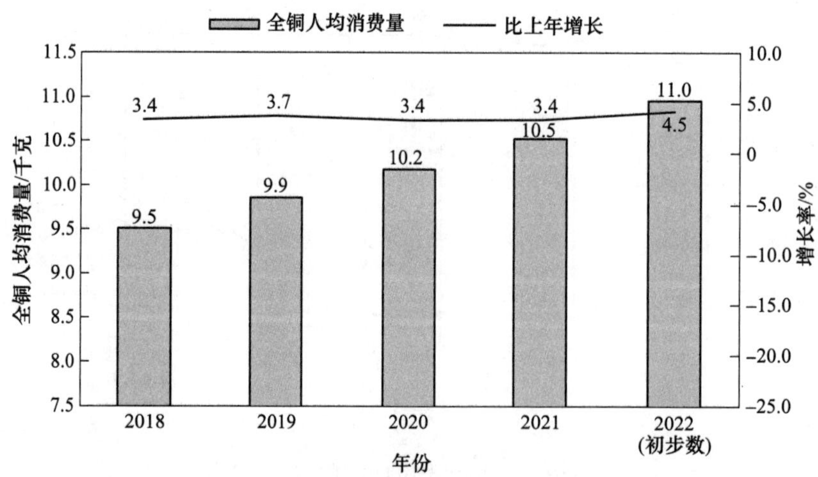

图6　2018—2022年全铜人均消费量及比上年增长速度图

数据来源：中国有色金属工业协会

2021年4.1%、2022年达14.5%，创近9年新高。

（三）有色金属对外贸易较快增长，铜铝矿山原料进口及铝材出口创新高

根据海关统计数据整理，2022年有色金属进出口贸易总额3273.3亿美元（见图9），比上年增长20.2%。其中，进口额2610.5亿美元，增长18.7%；出口额662.8亿美元，增长26.7%。贸易逆差为1947.7亿美元，比上年增长16.2%。

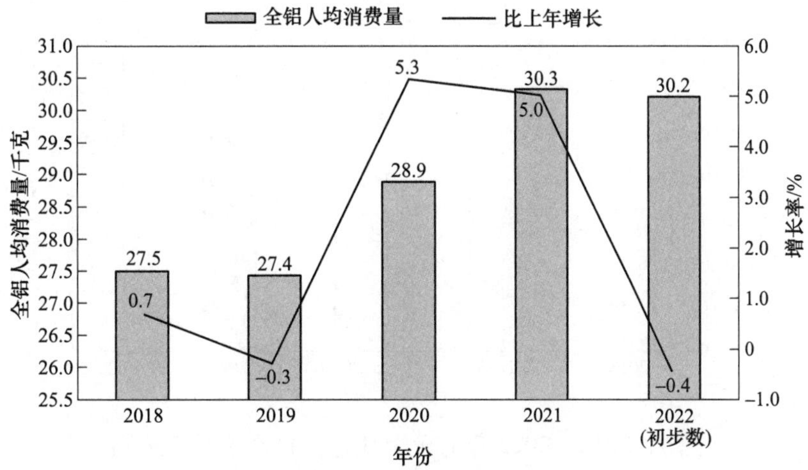

图 7　2018—2022 年全铝人均消费量及比上年增长速度图

数据来源：中国有色金属工业协会

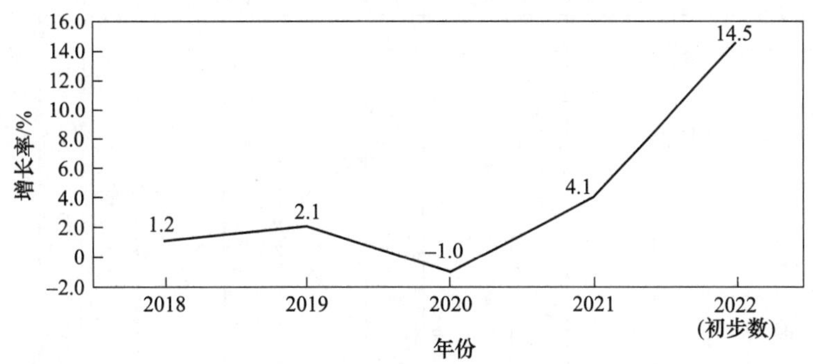

图 8　2018—2022 年有色金属项目投资比上年增长速度图

数据来源：国家统计局

1. 铜精矿、未锻轧铜、铜废碎料进口保持增长，铜材净出口成倍增加

2022 年，铜产品进口额为 1240. 7 亿美元，比上年增长 2. 1%，占有色金属进口额的比重为 47. 5%；出口额为 95. 7 亿美元，比上年增长 2. 3%。铜产品贸易逆差为 1145. 0 亿美元，占有色金属贸易逆差的 58. 8%。2022 年，进口铜精矿实物量 2527. 1 万吨，比上年增长 8. 0%（见图 10）；进口粗铜（阳极铜）116. 5 万吨，比上年增长 24. 3%；进口未锻轧铜 423. 7 万吨，比上年增长 5. 7%（见图 11）；进口铜材 44. 1 万吨，比上年下降 21. 9%；进口铜废碎料实物量 177. 1 万吨，比上年增长 4. 6%。2022 年，出口未锻轧铜 23. 2 万吨，比上年下降 12. 9%；出口铜材 68. 4 万吨，比上年增长 2. 7%。2022 年，净进口未锻轧铜 400. 5 万吨，比上年增长 7. 0%；净出口铜材 24. 3 万吨，是上年净出口量的 2. 4 倍。

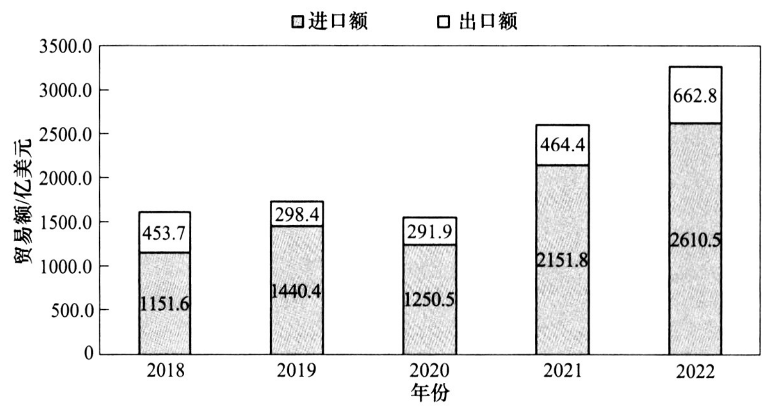

图 9　2018—2022 年有色金属进出口额增减趋势图

数据来源：海关总署、中国有色金属工业协会

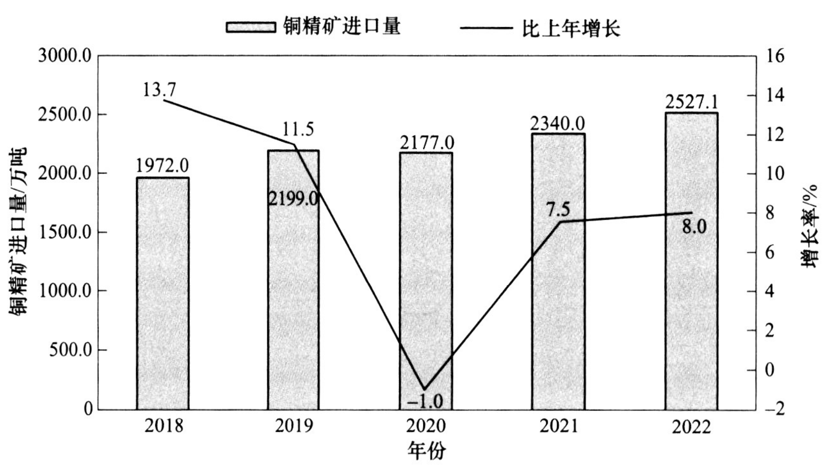

图 10　2018—2022 年进口铜精矿及比上年增长速度图

数据来源：海关总署、中国有色金属工业协会

2. 进口铝土矿、出口铝材均创新高

2022 年，铝产品进口额为 192. 6 亿美元，比上年增长 6. 2%，占有色金属进口额的比重为 7. 4%；出口额为 268. 0 亿美元，比上年增加 70. 1 亿美元，增幅 35. 4%，占有色金属出口额的比重为 40. 4%，拉动有色金属出口额增长 13. 4 个百分点。2022 年，进口铝土矿 12547. 1 万吨，比上年增长 16. 9%（见图 12）；进口氧化铝 199. 0 万吨，比上年下降 40. 2%；进口未锻轧铝 194. 6 万吨，比上年下降 28. 8%；进口铝材 44. 5 万吨，比上年下降 19. 7%；进口铝废料实物量 151. 6 万吨，比上年增长 47. 4%。2022 年，出口氧化铝 4. 7 万吨，比上年增长 7. 5%；出口未锻轧铝 42. 1 万吨，比上年增长 166. 9%；出口铝材

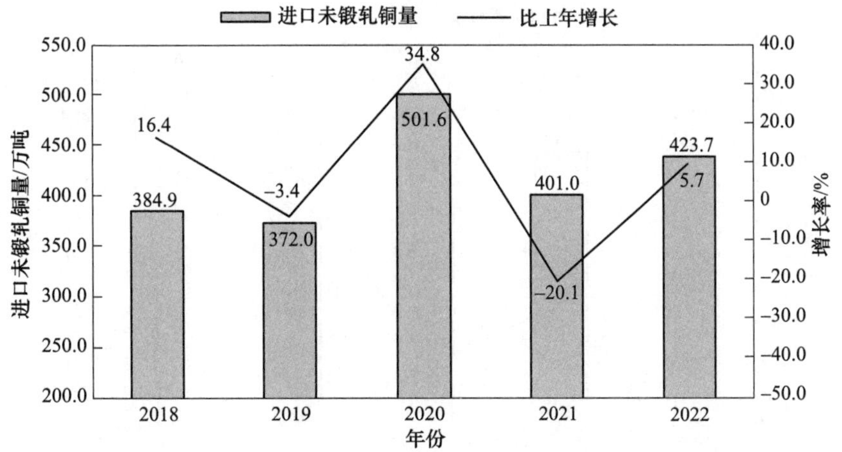

图 11　2018—2022 年进口未锻轧铜及比上年增长速度图

数据来源：海关总署、中国有色金属工业协会

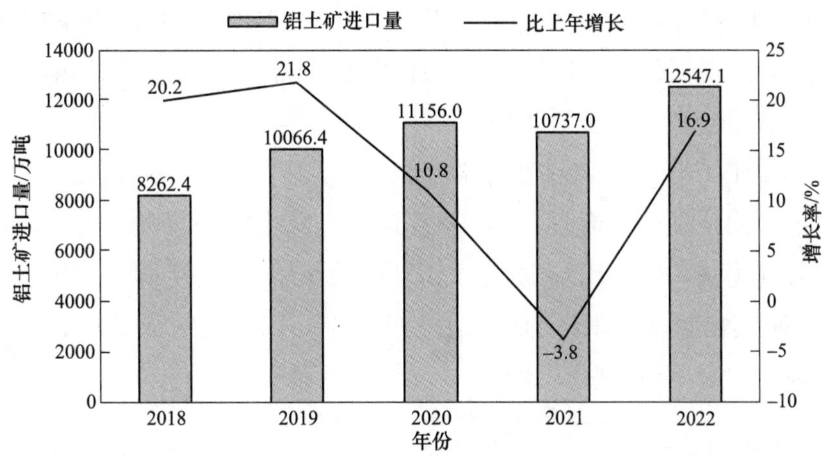

图 12　2018—2022 年进口铝土矿及比上年增长速度图

数据来源：海关总署、中国有色金属工业协会

618.2 万吨，比上年增长 13.2%（见图 13）。2022 年，净出口铝材 573.7 万吨，比上年增长 16.9%。

3. 进口铅精矿减少，进口锌精矿增加，出口未锻轧铅、未锻轧锌增加

2022 年，铅产品进口额 15.3 亿美元，比上年下降 21.9%；出口额为 3.0 亿美元，比上年增长 19.7%。2022 年，进口铅精矿实物量 101.2 万吨，比上年下降 15.7%；进口未锻轧铅 4.1 万吨，比上年下降 20.4%。2022 年，出口未锻轧铅 12.1 万吨，比上年增长 21.8%。

2022 年，锌产品进口额 53.1 亿美元，比上年下降 2.9%；出口额为 4.0 亿

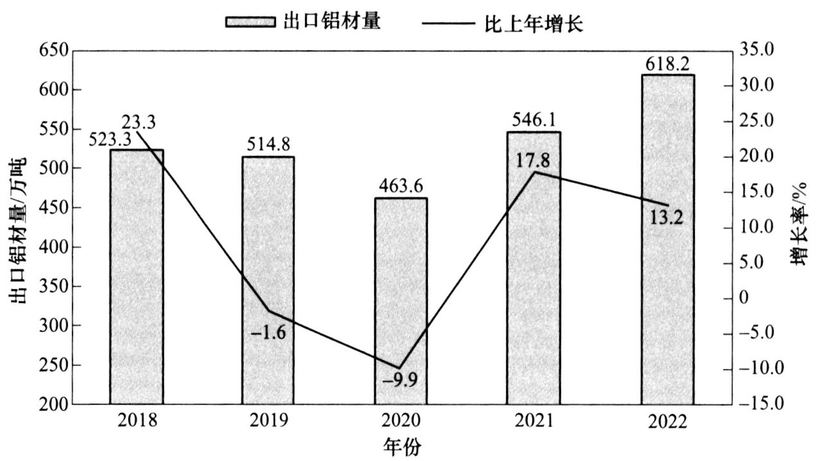

图 13　2018—2022 年出口铝材及比上年增长速度图

数据来源：海关总署、中国有色金属工业协会

美元，比上年增长近 4 倍。2022 年，进口锌精矿实物量 412. 8 万吨，比上年增长 13. 4%；进口未锻轧锌 14. 2 万吨，比上年下降 72. 6%。2022 年，出口未锻轧锌 8. 3 万吨，比上年增长近 12 倍。

4. 进口镍矿下降，进口钴矿增长

2022 年，镍产品进口额为 104. 0 亿美元，比上年下降 3. 2%，占有色金属进口额的比重为 4. 0%；出口额为 11. 2 亿美元，比上年增长 138. 6%。2022 年，进口镍矿实物量 4001. 8 万吨，比上年下降 8. 0%（见图 14）；进口未锻轧镍 16. 0 万吨，比上年下降 39. 3%。

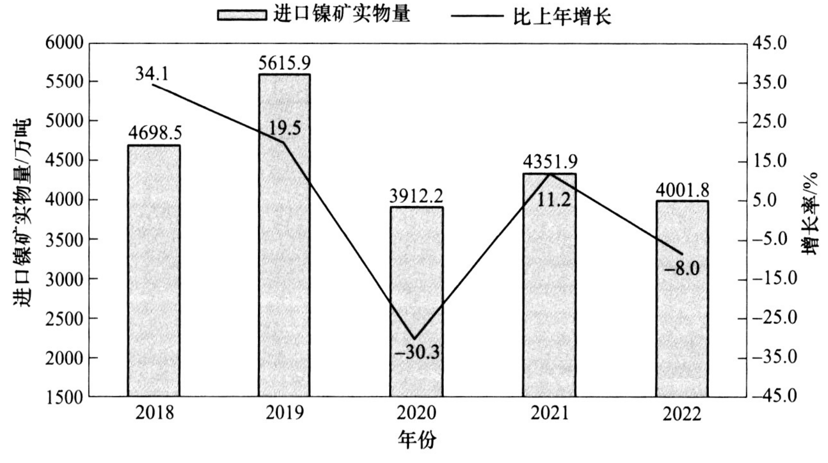

图 14　2018—2022 年进口镍矿及比上年增长速度图

数据来源：海关总署、中国有色金属工业协会

2022年，钴产品进口额为2.3亿美元，比上年下降18.4%；出口额为3.6亿美元，比增长13.0%。2022年，进口钴矿实物量为2.6万吨，比上年增长39.0%；进口钴及钴制品为1068吨，比上年增长14.6%。2022年，出口钴及钴制品为112吨，比上年下降31.8%；出口氧化钴为6124吨，比上年下降20.6%；出口碳酸钴为2065吨，比上年增长15.7%。

5. 未锻轧镁出口增加，钛矿及海绵钛进口减少

2022年，镁产品出口额为27.3亿美元，比上年增长42.5%。2022年，出口未锻轧镁为41.0万吨，比上年增长5.4%；出口镁粒、镁粉6.8万吨，比上年下降12.0%；出口镁材及制品为1.1万吨，比上年增长42.0%。

2022年，钛产品进口额为20.5亿美元，比上年增长17.3%；出口额为8.2亿美元，比上年增长34.9%。2022年，进口钛矿实物量为346.7万吨，比上年下降8.8%；进口海绵钛为11364吨，比上年下降12.3%；2022年，出口钛材及制品26954吨，比上年增长25.1%。

6. 钨、锡矿进口增长，钼、锑矿进口下降，钨冶炼产品出口增长

2022年，钨产品进口额为1.9亿美元，比上年增长20.2%；出口额为10.8亿美元，比上年增长18.0%。2022年，进口钨矿实物量为5901吨，比上年增长1.7%；出口钨材及钨制品量为5746吨，比上年增长10.9%；出口钨酸盐为4464吨，比上年增长1.7%；出口氧化钨及氢氧化钨为5660吨，比上年增长1.5%。

2022年，钼产品进口额为7.3亿美元，比上年增长3.5%；出口额为6.6亿美元，比上年增长8.2%。2022年，进口钼矿实物量为41194吨，比上年下降18.2%；出口钼矿实物量为15925吨，比上年下降21.5。2022年，出口钼材及钼制品为4411吨，比上年下降3.2%；出口钼酸盐为1111吨，比上年下降38.2%；出口氧化钼及氢氧化钼为2581吨，比上年增长28.0%。

2022年，锡产品进口额为31.9亿美元，比上年增长99.5%；出口额为4.0亿美元，比上年下降19.2%。2022年，进口锡矿实物量为24.4万吨，比上年增长32.2%；出口未锻轧锡为10740吨，比上年下降25.0%。

2022年，锑产品进口额为1.4亿美元，比上年增长0.4%；出口额为5.7亿美元，比上年增长11.0%。2022年，进口锑矿实物量为2.9万吨，比上年下降14.5%；出口未锻轧锑为10979吨，比上年下降2.7%；出口氧化锑为40277吨，比上年下降15.9%。

7. 稀土出口首次出现量减额增

2022年，稀土产品进口额为16.3亿美元，上年比增长16.3%；出口额为

10.6亿美元，比上年增长62.8%。2022年，出口稀土金属及氧化物48727.8吨，比上年下降0.4%（见图15）。

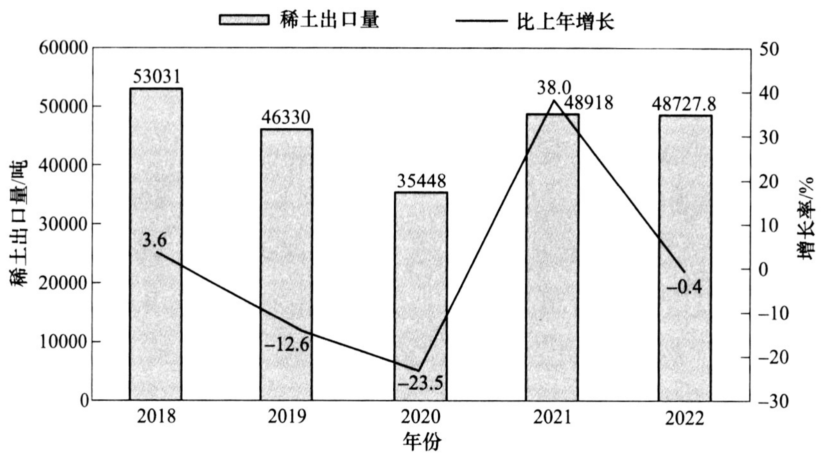

图15　2018—2022年出口稀土及比上年增长速度图

数据来源：海关总署、中国有色金属工业协会

8. 黄金进口额大幅增长，银产品进口额、出口额均下降

2022年，黄金进口额为766.5亿美元，比上年增加293.7亿美元，增幅达62.1%，占有色金属进口额的比重为29.4%，拉动有色金属进口额增长13.4个百分点；出口额为32.8亿美元，比上年增长4.3%。黄金贸易逆差为733.7亿美元，占有色金属贸易逆差的比重为37.8%。

2022年，未锻轧银、银首饰及零件进口额为13.0亿美元，比上年下降50.3%；出口额为37.6亿美元，比上年下降37.5%。

9. 锂产品进出口额成倍增加

2022年，锂产品进口额为67.9亿美元，上年比增加61.9亿美元，增幅高达10.3倍，拉动有色金属进口额增长2.8个百分点；出口额为47.5亿美元，比上年增加38.4亿美元，增幅高达4.2倍，占有色金属出口额的比重为7.2%，拉动有色金属出口额增长7.3个百分点。2022年，进口金属锂16吨，比上年下降70.3%；进口氢氧化锂3086吨，比上年下降14.3%；进口碳酸锂13.6万吨，比上年增长68.0%。2022年，出口金属锂522吨，比上年下降15.0%；出口氢氧化锂9.3万吨，比上年增长26.8%；出口碳酸锂1.0万吨，比上年增长33.1%。

10. 硅产品进出口额显著增加

2022年，硅产品进口额为58.7亿美元，比上年增长25.7%；出口额为

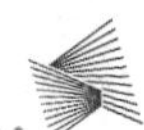

83.1 亿美元，比上年增加 23.8 亿美元，增幅达 40.1%，占有色金属出口额的比重为 12.5%，拉动有色金属出口额增长 4.6 个百分点。2022 年，进口工业硅 3.0 万吨，比上年增长 6.1 倍；进口多晶硅 8.8 万吨，比上年下降 22.9%；进口多晶硅切片 1155 吨，比上年下降 47.0%；进口单晶硅切片 6130 吨，比上年增长 22.4%。2022 年，出口工业硅 63.9 万吨，比上年下降 17.4%；出口多晶硅 1.1 万吨，比上年增长 8.2%；进口多晶硅切片 8520 吨，比上年下降 46.7%；进口单晶硅切片 6.8 万吨，比上年增长 32.9%。

（四）铜铝铅锌价格总体运行在合理区间，电池级碳酸锂价格成倍增长

1. 国内外市场铜价比上年有所下跌

2022 年，LME 三月期货铜均价为 8800 美元/吨，比上年下跌 5.3%；上期所三月期货铜均价为 66540 元/吨，比上年下跌 2.7%；国内现货市场铜均价 67470 元/吨，比上年下跌 1.5%（见图 16）。

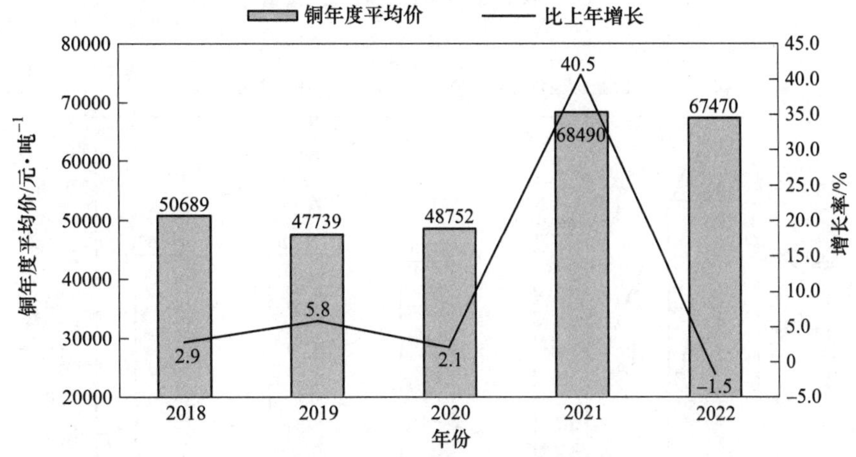

图 16　2018—2022 年国内市场铜现货年均价及比上年涨跌幅度图

数据来源：中国有色金属工业协会

2. 受能源成本支撑，铝价比上年上涨

2022 年，LME 三月期货铝均价为 2716 美元/吨，比上年上涨 9.3%；上期所三月期货铝均价为 19912 元/吨，比上年上涨 5.3%；国内现货市场铝均价 20006 元/吨，比上年上涨 5.6%（见图 17）。

3. 国内外市场铅价比上年小幅下跌

2022 年，LME 三月期货铅均价为 2149 美元/吨，比上年下跌 1.9%；上期所三月期货铅均价为 15319 元/吨，比上年下跌 0.6%；国内现货市场铅均价 15260 元/吨，比上年下跌 0.1%（见图 18）。

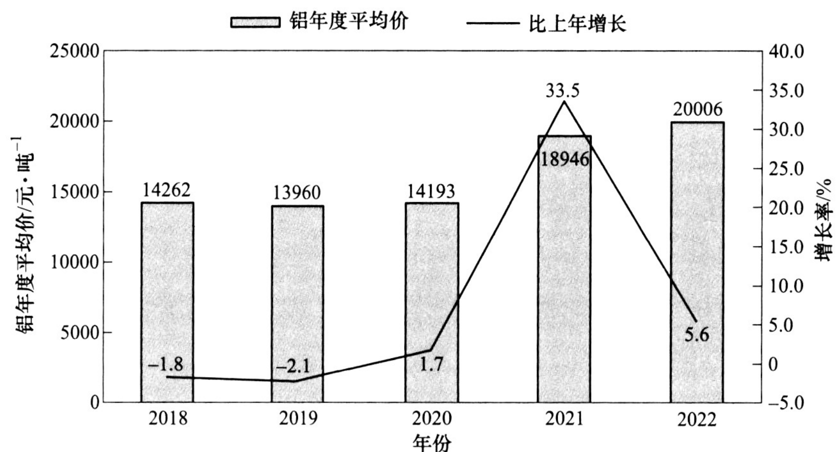

图 17　2018—2022 年国内市场铝现货年均价及比上年涨跌幅度图

数据来源：中国有色金属工业协会

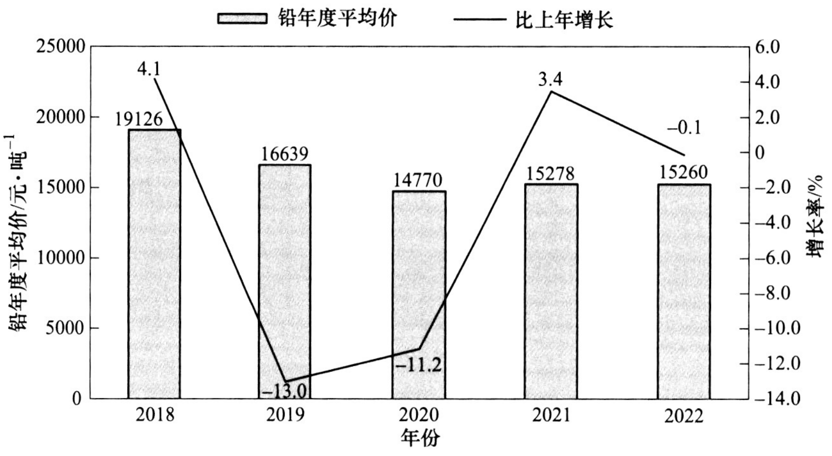

图 18　2018—2022 年国内市场铅现货年均价及比上年涨跌幅度图

数据来源：中国有色金属工业协会

4. 国内外市场锌价比上年上涨

2022 年，LME 三月期货锌均价 3448 美元/吨，比上年上涨 14.7%；上期所三月期货锌均价为 25081 元/吨，比上年上涨 12.2%；国内现货市场锌均价 25154 元/吨，比上年上涨 11.4%（见图 19）。

5. 工业硅价格比上年有所下跌

2022 年，国内现货市场工业硅均价 20125 元/吨，比上年下跌 11.5%（见图 20）。

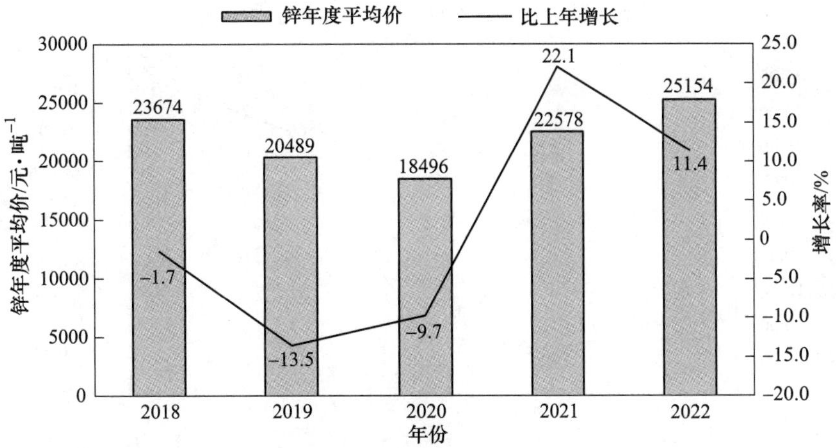

图 19　2018—2022 年国内市场锌现货年均价及比上年涨跌幅度图

数据来源：中国有色金属工业协会

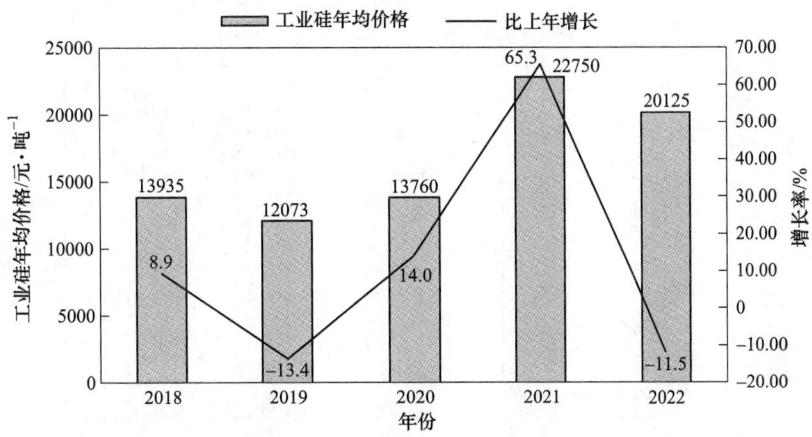

图 20　2018—2022 年国内市场工业硅现货年均价及比上年涨跌幅度图

数据来源：中国有色金属工业协会

6. 电池级碳酸锂价格比上年成倍增加

2022 年，国内现货市场电池级碳酸锂均价 46. 6 万元/吨，比上年上涨 254. 7%（见图 21）。

（五）规模以上有色金属工业企业实现利润 3315 亿元，为历史第二高

1. 营业收入保持增长，实现利润有所下跌

据国家统计局初步统计，2022 年 9845 家规模以上有色金属工业企业实现营业收入 79971. 9 亿元，比上年增长 10. 5%（见图 22）。实现利润总额 3315. 0 亿元，比上年下降 8. 0%（见图 23），其中，独立矿山企业实现利润 743. 5 亿元，增长 37. 4%；冶炼企业实现利润 1581. 3 亿元，下降 22. 1%；加工企业实

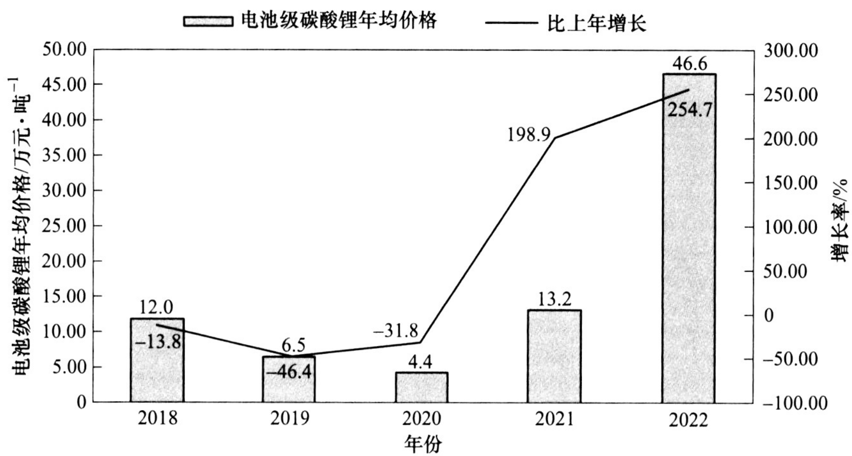

图 21　2018—2022 年国内市场电池级碳酸锂现货年均价及比上年涨跌幅度图

数据来源：中国有色金属工业协会

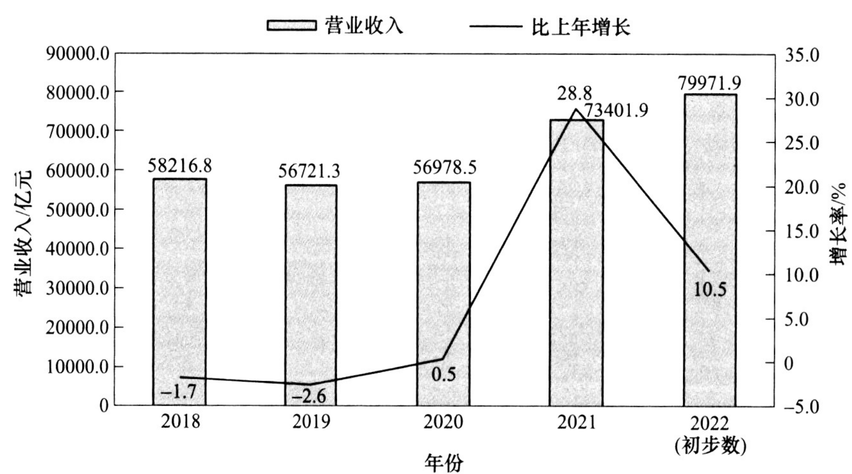

图 22　2018—2022 年规模以上有色金属企业营业收入及比上年增长速度图

数据来源：国家统计局、中国有色金属工业协会

现利润 990. 2 亿元，下降 4. 2%。2022 年末，规模以上有色金属工业企业年末资产总额 54808. 5 亿元，比上年末增长 10. 1%（见图 24）。

2. 亏损家数及亏损额比上年增加

2022 年，9845 家规模以上有色金属工业企业中亏损企业为 2255 家，比上年增加 499 家，亏损面为 22. 9%，比上年增加 5. 1 个百分点。2022 年亏损企业亏损额 462. 7 亿元，比上年增亏 56. 0%。

3. 库存周转速度比上年略有放缓

2022 年，9845 家规模以上有色金属工业企业存货额为 8010. 5 亿元，存货额

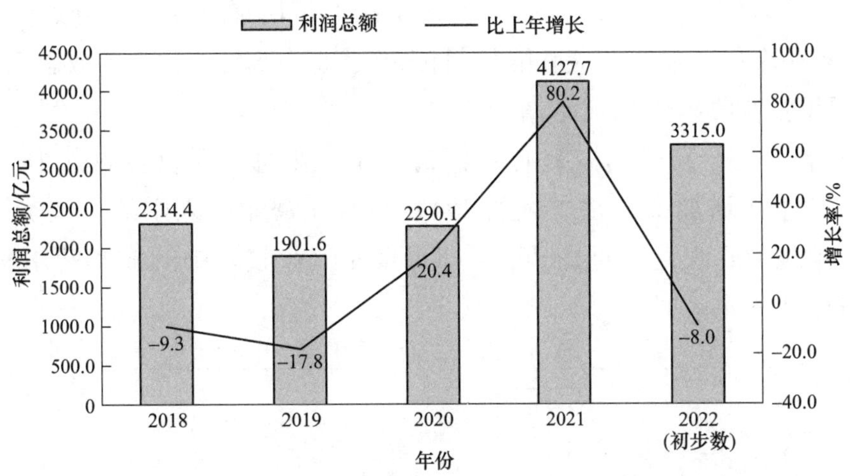

图 23　2018—2022 年规模以上有色金属企业实现利润及比上年增长速度图

数据来源：国家统计局、中国有色金属工业协会

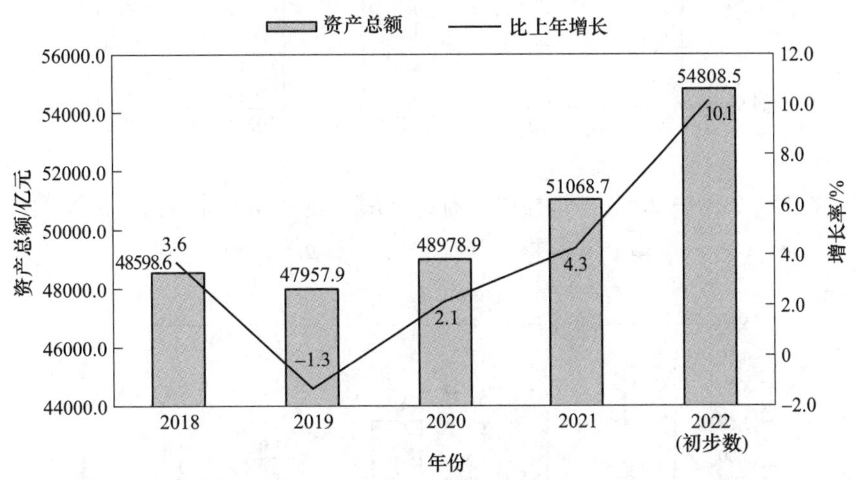

图 24　2018—2022 年规模以上有色金属企业年末资产总额及比上年增长速度图

数据来源：国家统计局、中国有色金属工业协会

占营业成本的比重为 10.9%，所占比重比上年增加 0.04 个百分点。其中产成品库存额为 2281.9 亿元，产品存货额占营业成本的比重为 3.1%，所占比重比上年增加 0.2 个百分点。2022 年，规模以上有色金属工业企业库存周转天数为 37.2 天，比上年放缓 0.6 天。其中产成品库存周转天数为 10.4 天，与上年放缓 0.6 天。

4. 应收账款占营业收入比重上升，资金周转放缓

2022 年，9845 家规模以上有色金属工业企业应收账款为 5121.3 亿元，应收

账款占营业收入的比重为6.4%，所占比重比上年增加0.4个百分点。2022年，规模以上有色金属工业企业应收账款周转天数为21.5天，比上年放缓1.3天。

5. 百元营业收入中的成本增加

2022年，9845家规模以上有色金属工业企业每百元营业收入中的成本为92.2元，比上年增加1.3元（见图25）；每百元营业收入中的三项费用为2.6元，比上年减少0.4元（见图26）。即每百元营业收入中的成本费用94.8元，比上年增加0.9元。

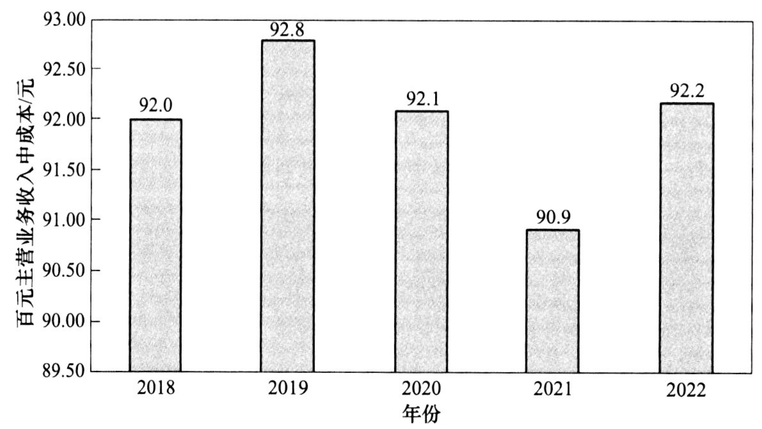

图25　2018—2022年规模以上有色金属企业百元营业收入中成本图

数据来源：国家统计局、中国有色金属工业协会

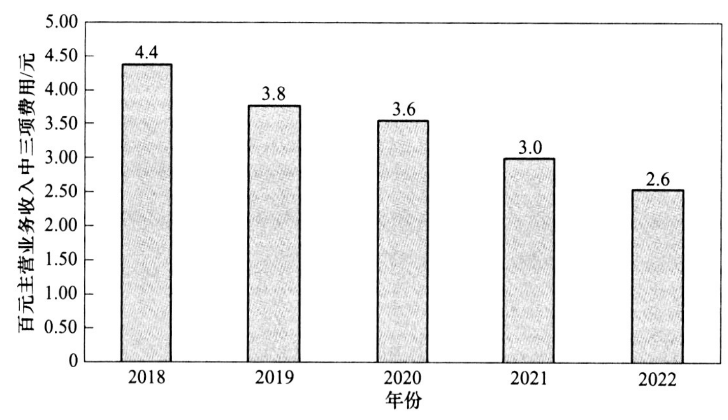

图26　2018—2022年规模以上有色金属企业百元营业收入中三项费用图

数据来源：国家统计局、中国有色金属工业协会

（六）铜、铝、铅冶炼综合能耗（电耗）进一步下降

据中国有色金属工业协会初步统计，2022年铜冶炼综合能耗（以标准煤计）为205.1千克/吨，比上年减少9.9千克/吨，下降4.6%（见图27）

（2022 年同比均按可比口径计算，2022 年同期数与 2021 年数据存在口径差异，下同）；原铝（电解铝）综合交流电耗为 13448 千瓦时/吨，比上年减少 63 千瓦时/吨，下降 0. 5%（见图 28）；铅冶炼综合能耗（以标准煤计）为 303. 1 千克/吨，比上年减少 22. 4 千克/吨，下降 6. 9%（见图 29）；电解锌冶炼综合能耗（以标准煤计）为 895. 0 千克/吨，比上年增加 8. 5 千克/吨，增长 1. 0%（见图 30）。

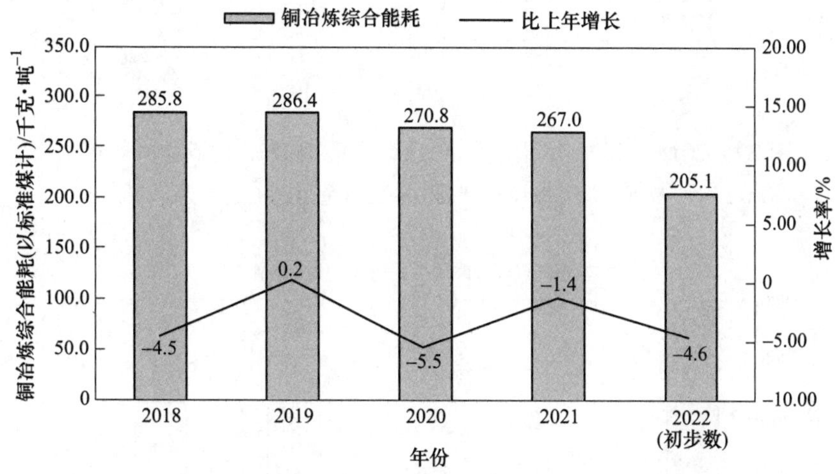

图 27　2018—2022 年铜冶炼产品综合能耗及比上年增减幅度图

数据来源：中国有色金属工业协会

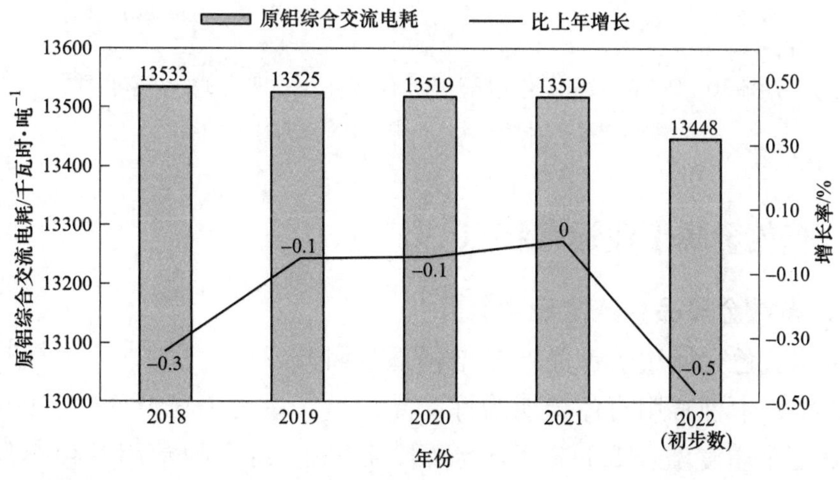

图 28　2018—2022 年原铝综合交流电耗及比上年增减幅度图

数据来源：国家统计局、中国有色金属工业协会

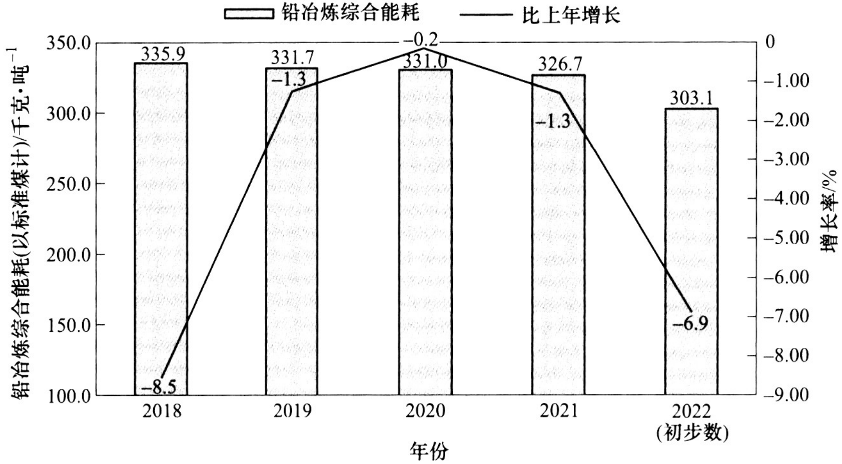

图 29　2018—2022 年铅冶炼产品综合能耗及比上年增减幅度图

数据来源：国家统计局、中国有色金属工业协会

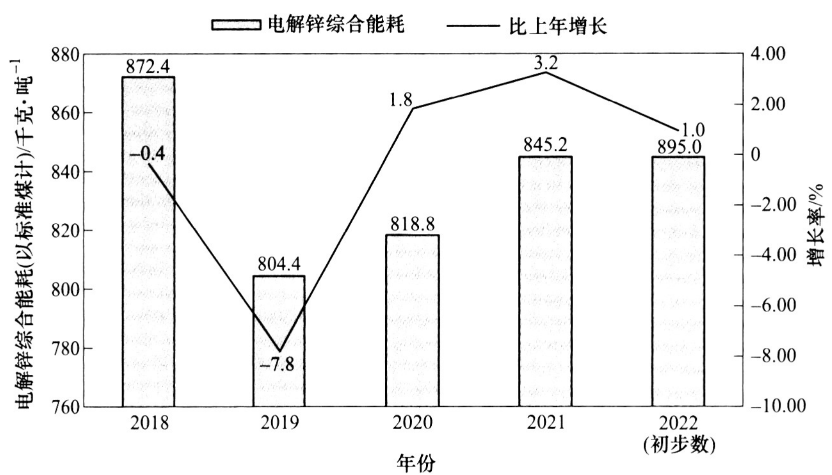

图 30　2018—2022 年电解锌综合能耗及比上年增减幅度图

数据来源：国家统计局、中国有色金属工业协会

二、有色金属工业运营特点

（一）多数金属品种产量稳中有升

1. 常用有色金属冶炼产品产量增幅逐步回升

2022 年，十种常用有色金属冶炼产品产量一季度增长 0.9%，上半年增长 1.0%，前三个季度增长 2.8%，全年增长 4.9%。占十种常用有色金属冶炼产品产量 60%的原铝产量一季度增长-0.3%，上半年增长 0.7%，前三个季度增长 2.8%，全年增长 4.5%。从十种有色金属日均产量及原铝日均产量看，2022

年十种有色金属冶炼产品日均产量及原铝日均产量同比增速自3月起均为增长态势（见图31和图32）。氧化铝产量一季度增长-3.5%，上半年增长2.3%，前三个季度增长4.4%，全年增长5.6%。

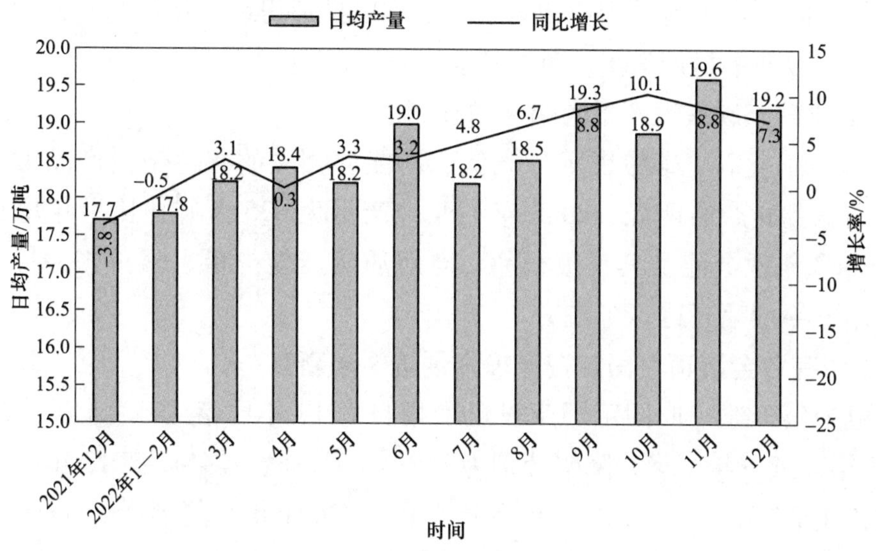

图31　十种有色金属日均产量及同比增长速度图

数据来源：国家统计局、中国有色金属工业协会

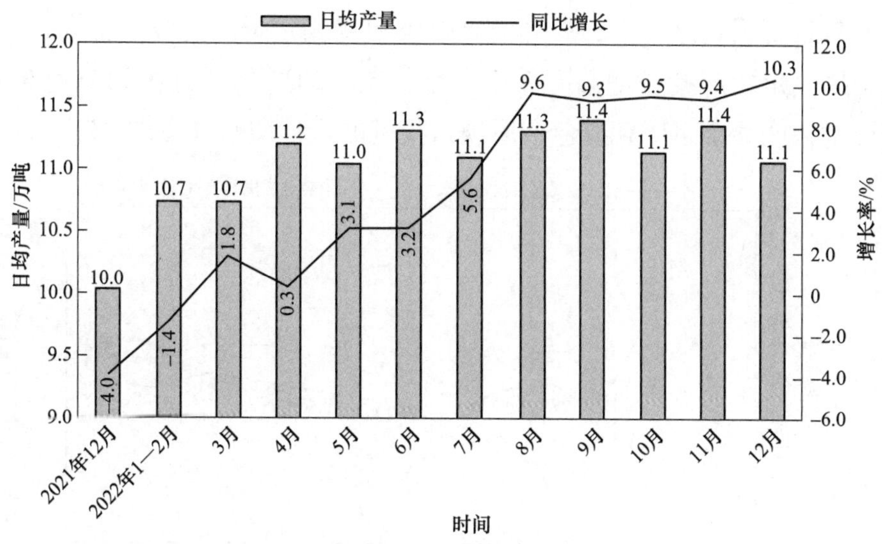

图32　原铝日均产量及同比增长速度图

数据来源：国家统计局、中国有色金属工业协会

2. 铜材生产保持增长，铝材生产略有下降

2022年，铜材产量一季度增长5.7%，上半年增长2.4%，前三个季度增

长4.5%，全年增长5.7%；铝材产量一季度增长-0.5%，上半年增长-2.8%，前三个季度增长-0.9%，全年增长-1.4%。2022年，尽管新能源产业发展拉动铝板带箔材的消费，如汽车轻量化用铝型材、光伏用型材、电池用箔等产品保持供需两旺，但新能源产业的需求增量难以抵消房地产传统消费产业放缓带来的影响，致使铝材产消出现负增长。

3. 工业硅、碳酸锂产量大幅度增长

2022年工业硅、碳酸锂等与光伏、新能源相关的有色金属产品大幅度增长。中国工业硅产需两旺，2022年工业硅产量为335万吨，比上年增长24%左右。2022年锂电池及其正极材料、电解质等产能产量迅猛扩张，拉动碳酸锂产量比上年增幅高达38%左右。

（二）有色金属项目固定资产投资创近9年新高

有色金属工业完成固定资产投资增幅自2014年回落到4.4%后，2015年至2017年连续三年下降，降幅分别为3.3%、7.3%、7.4%，2018年、2019年分别增长1.2%和2.1%，2020年下降1.0%，2021年恢复到增长4.1%。2022年有色金属工业完成固定资产投资增幅高达14.5%，且创近9年新高。初步分析其主要原因：

（1）2022年有色金属民间固定资产投资大幅度增长是拉动有色金属固定资产投资增长重要因素之一。2022年有色金属民间固定资产投资增幅高达16.9%，比有色金属固定资产投资增幅高2.4个百分点。2022年各月民间有色金属项目投资累计增幅明显高于同期有色金属项目投资的累计增幅（见图33）。

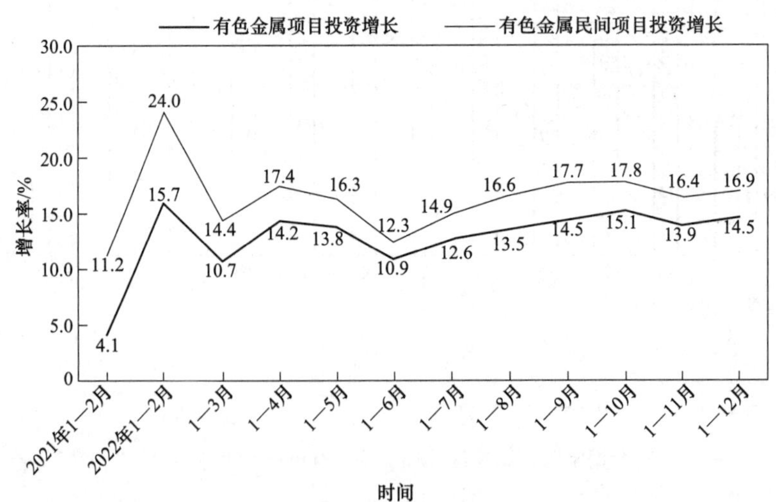

图33　2022年有色金属项目投资与有色金属项目民间投资增长速度对比图

数据来源：国家统计局

（2）新能源用硅、锂等金属材料、高新金属材料投资是2022年有色金属投资增长的重要增长点。譬如，2022年光伏、新能源汽车和储能电池对硅、锂需求高企，硅、锂产业投资热情高涨，除了传统硅、锂企业投资扩大产能外，不少其他企业也纷纷投资建设硅、锂项目。又如，受锂电对铜箔需求影响，全年铜箔新开工和在建项目达20多项。

（3）节能减碳、环保、绿色等技术改造项目投资也是2022年有色金属工业投资增长的又一个重要增长点。例如，云南文山州引进魏桥、神火、中铝等企业转移的电解铝产能，截至2022年底，全州引进绿色电解铝产能达343万吨/年，其中建成电解铝产能280万吨/年。又如，铝加工与再生铝融合项目成为铝行业投资热点，全年新投产、在建及拟建产能规模近1000万吨/年。

（4）近年来有色金属企业的效益回升，投资有色金属项目自筹资金相对充裕，有色金属项目融资难度也有所减缓。

（三）有色金属进出口贸易明显好于预期

1. 黄金、锂等金属品种进口拉动产业进口额增长，铝、硅、锂等金属品种出口拉动产业出口额增长

2022年有色金属进出口贸易额增长的主要特点：一是有色金属进出口贸易额保持大幅度增长。2022年有色金属进出口贸易额为3273.3亿元，比上年增长20.2%，增幅比全国商品进出口贸易总额的增幅高15.8个百分点，占全国商品进出口贸易总额的比重达5.2%。二是有色金属进口贸易额占比较大的金属主要是铜和黄金等，2022年这两个金属品种进口额占有色金属进口贸易额的比重达77%（见图34）；拉动有色金属进口贸易额增长的主要金属品种是

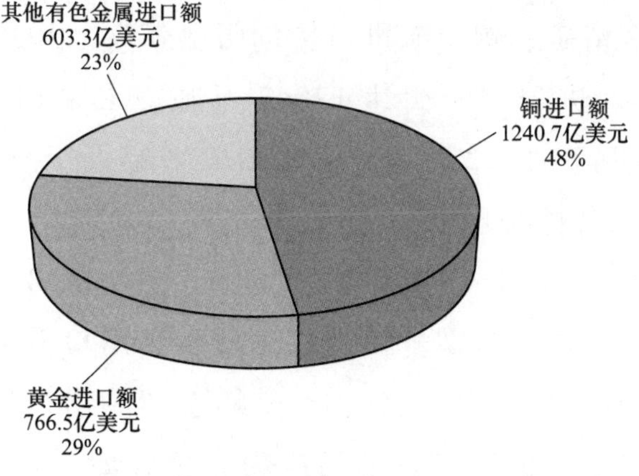

图34　2022年中国铜、黄金进口额及其占比图

数据来源：海关总署

黄金和锂，这两个金属品种进口增加额拉动有色金属进口贸易额增长 16.2 个百分点，对有色金属进口贸易额增长的贡献率高达 86.8%。三是有色金属出口贸易额占比大的主要金属是铝、铜、硅、锂等，这四个金属品种出口额占有色金属出口贸易额的比重达 75%（见图 35）；拉动有色金属出口贸易额增长的主要是铝、硅、锂等金属，这三个金属品种拉动有色金属出口贸易额增长 25.3 个百分点，对有色金属出口贸易额增长的贡献率高达 94.8%。

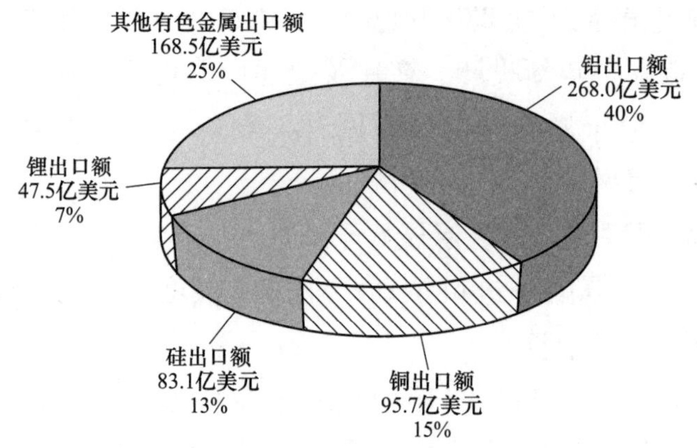

图 35　2022 年中国铝、铜、硅、锂出口额及其占比图

数据来源：海关总署

2. 铜精矿、铝土矿进口量及铜、铝材净出口量均创新高

2022 年有色金属进出口贸易量变化主要特点：一是国内短缺的常用有色金属矿山原料铜精矿、铝土矿进口量创历史新高，2022 年进口铜精矿实物量达 2527 万吨、进口铝土矿达 12547 万吨。二是铝材出口量创新高，2022 年铝材出口量达 618.2 万吨，且出口额增幅大于出口量增幅 16.4 个百分点。三是铜、铝材净出口量大幅度增加。2022 年，铝材净出口量达 573.7 万吨，比上年增长 16.9%；铜材净出口量达 24.3 万吨，是上年铜材净出口量的 2.4 倍。四是未锻轧铝进口量减少，出口量大幅度增加；未锻轧铜进口量增加，出口量明显减少。五是稀土产品出口呈现出量降额增的态势。六是锂、硅产品进出口贸易已成为有色金属进出口贸易的关注点。七是自 2022 年 8 月起未锻轧铝及铝材出口量呈现出下跌态势（见图 36），应引起高度关注。

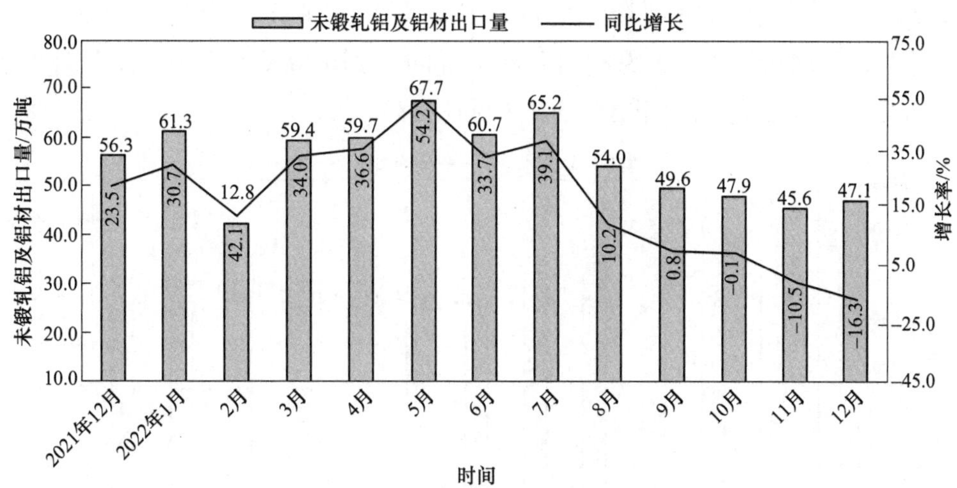

图 36　2022 年中国月度未锻轧铝及铝材出口量及同比增长速度图

数据来源：海关总署

（四）铜、铝、铅、锌价格呈高位下跌、筑底、恢复性回升的态势，电池级碳酸锂价格年末出现高位回调

1. 铜、铝、铅、锌价格 3 月和 4 月上涨，5 月和 6 月下跌，7 月筑底后恢复性回升

2022 年 4 月国内现货市场铜均价高达 74282 元/吨，7 月均价回落至 58256 元/吨，比 4 月均价下跌 21.6%；12 月均价回升到 66305 元/吨，比 7 月均价回升了 13.8%，仍比 4 月均价低 10.7%（见图 37）。

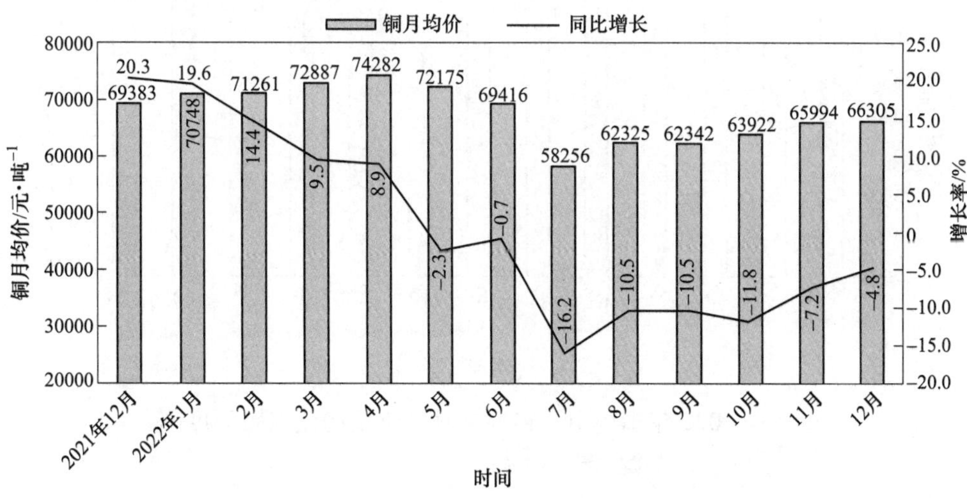

图 37　2022 年国内市场铜现货月均价及同比涨跌幅度图

数据来源：中国有色金属工业协会

2022 年 2 月国内现货市场铝均价达到 22755 元/吨，7 月均价回落至 18130 元/吨，比 2 月均价下跌 20.3%；12 月均价回升到 19006 元/吨，比 7 月均价回升了 4.8%，仍比 2 月均价低 16.5%（见图 38）。

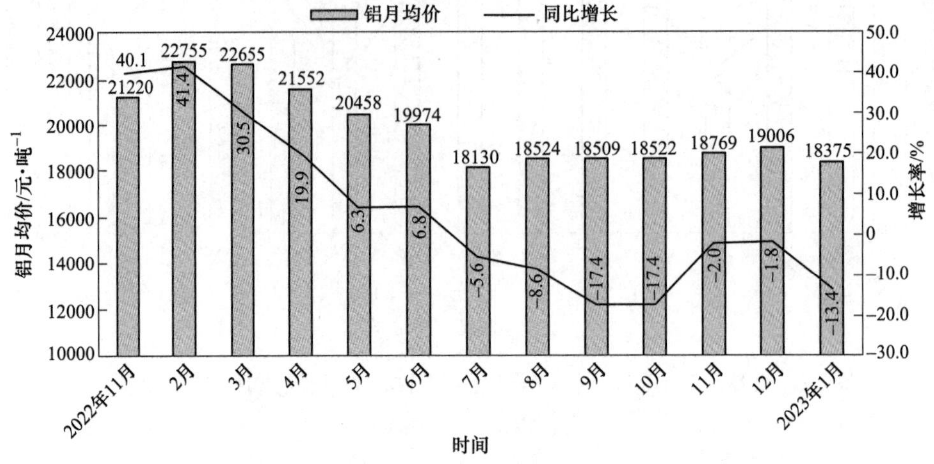

图 38　2022 年国内市场铝现货月均价及同比涨跌幅度图

数据来源：中国有色金属工业协会

2022 年 4 月国内现货市场铅均价 15526 元/吨，9 月均价下跌到 14965 元/吨，比 4 月均价下跌了 3.6%；12 月均价回升到 15661 元/吨，比 9 月均价回升了 4.%，且比 4 月上涨 0.9%，为 2022 年月度最高均价（见图 39）。

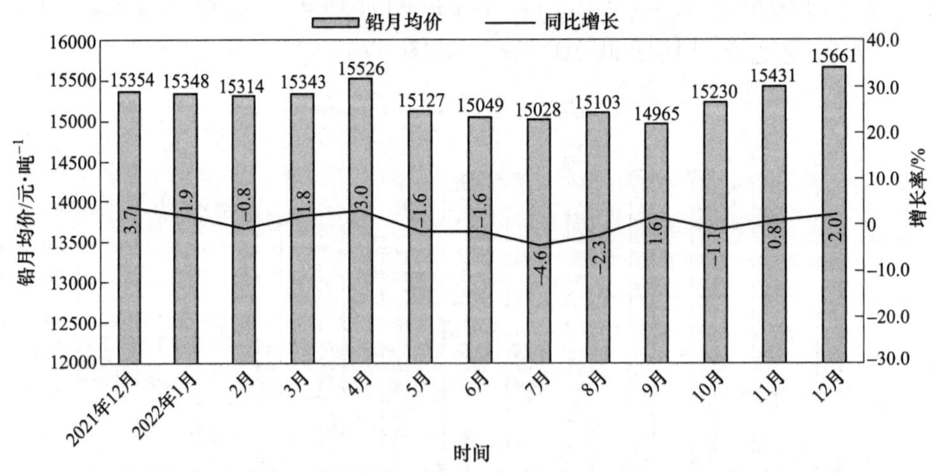

图 39　2022 年国内市场铅现货月均价及同比涨跌幅度图

数据来源：中国有色金属工业协会

2022 年 4 月国内现货市场锌均价高达 27823 元/吨，7 月均价回落至 23159 元/吨，比 4 月均价回落了 16.8%；12 月均价 24510 元/吨，比 7 月均价回升

5.8%，仍比4月均价低11.9%（见图40）。

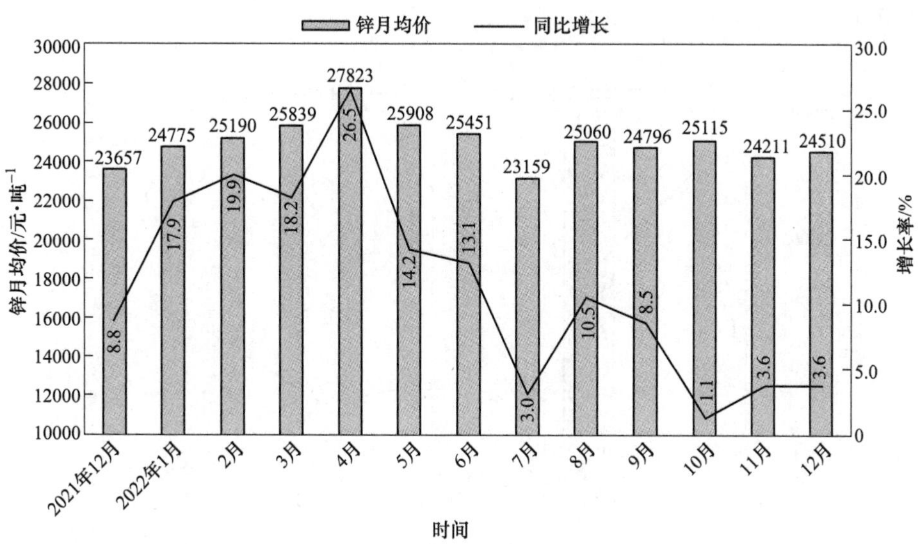

图40　2022年国内市场锌现货月均价及同比涨跌幅度图

数据来源：中国有色金属工业协会

2. 四季度铜、铝价环比回升、同比下跌，铅、锌价环比、同比均有所上涨

2022年四季度，国内现货市场铜均价65407元/吨，环比回升7.3%，同比下跌8.0%（见图41）。

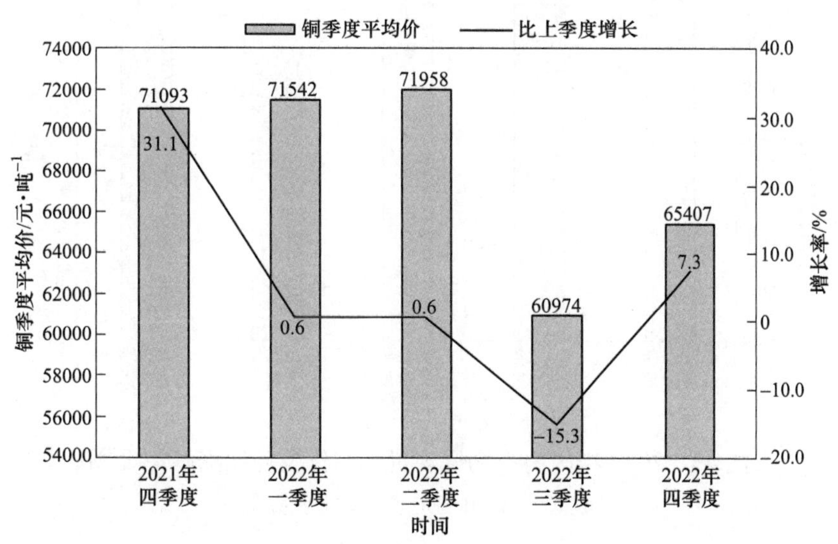

图41　2022年国内市场铜现货季均价及环比涨跌幅度图

数据来源：中国有色金属工业协会

2022年四季度，国内现货市场铝均价18766元/吨，环比回升2.1%，同比下跌7.6%（见图42）。

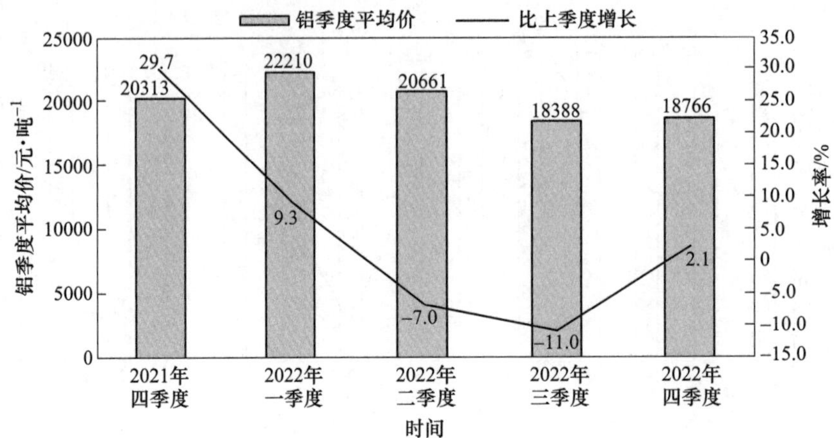

图42　2022年国内市场铝现货季均价及环比涨跌幅度图

数据来源：中国有色金属工业协会

2022年四季度，国内现货市场铅均价15440元/吨，环比回升2.7%，同比上涨0.5%（见图43）。

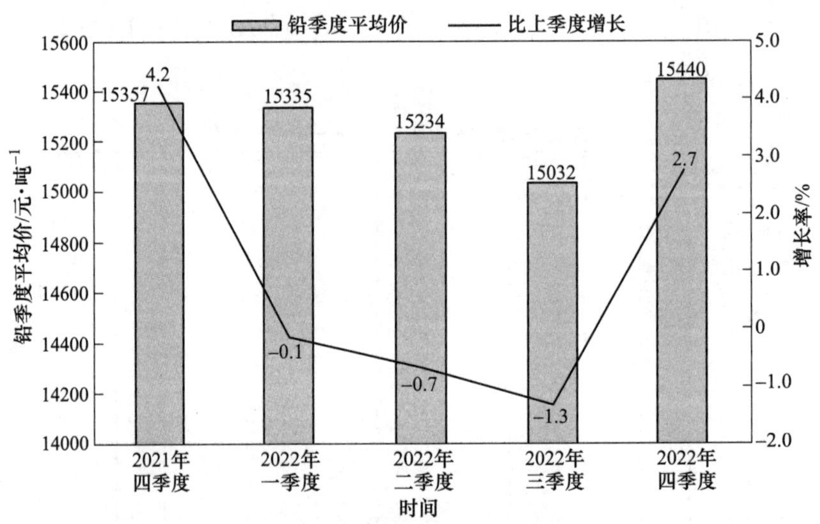

图43　2022年国内市场铅现货季均价及环比涨跌幅度图

数据来源：中国有色金属工业协会

2022年四季度，国内现货市场锌均价24615元/吨，环比回升1.1%，同比上涨2.7%（见图44）。

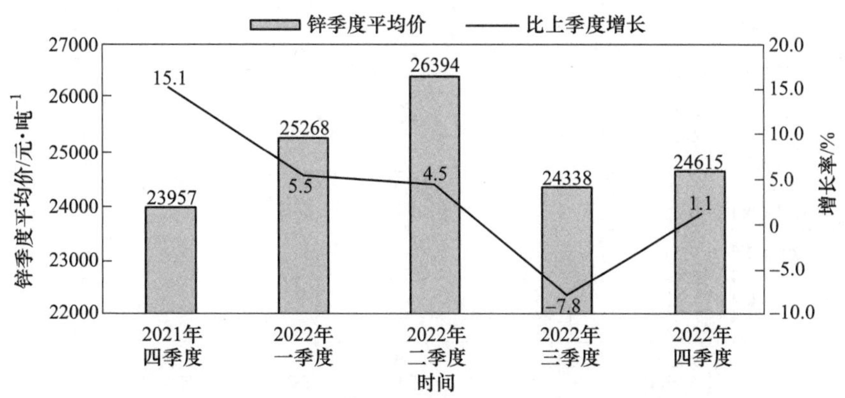

图 44 2022 年国内市场锌现货季均价及环比涨跌幅度图

数据来源：中国有色金属工业协会

3. 2022 年工业硅价格总体呈震荡态势

2022 年 2 月，国内现货市场工业硅均价 22213 元/吨，同比增长 57.0%；7 月，国内现货市场工业硅均价回落到 17994 元/吨，比 2 月均价回落 19.0%；10 月，国内现货市场工业硅均价回升到 21576 元/吨，比 7 月均价回升了 19.9%，比 2 月均价仍低 2.9%。12 月，国内现货市场工业硅均价 19158 元/吨，环比回落 5.5%，同比下跌 10.1%（见图 45）。2022 年四季度，国内现货市场工业硅均价 20335 元/吨，环比回升 3.2%，同比下跌 33.0%（见图 46）。

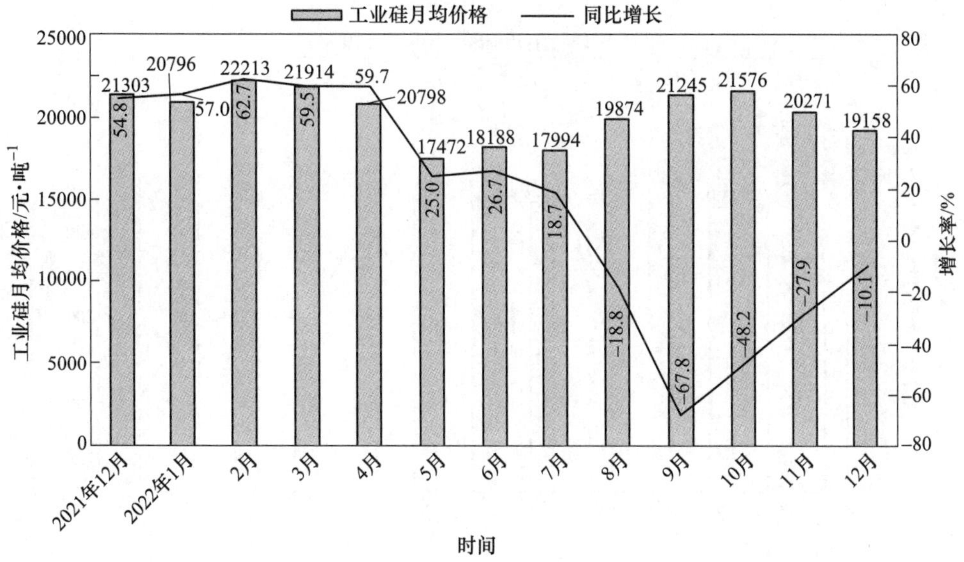

图 45 2022 年国内市场工业硅现货月均价及同比涨跌幅度图

数据来源：中国有色金属工业协会

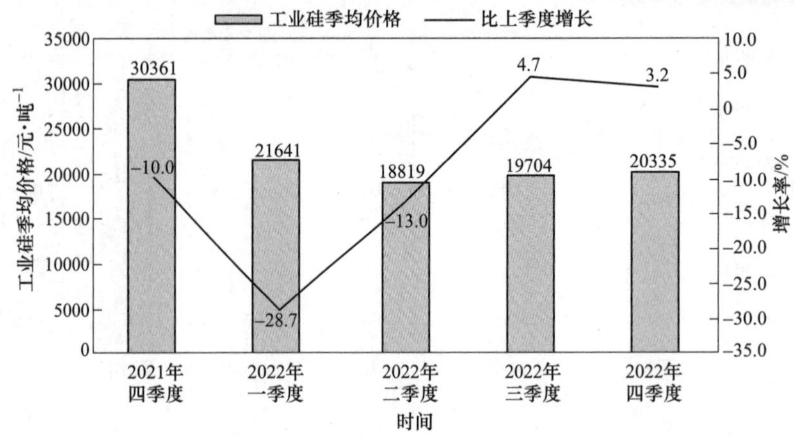

图 46　2022 年国内市场工业硅现货季均价及环比涨跌幅度图

数据来源：中国有色金属工业协会

4. 2022 年电池级碳酸锂价格大幅上涨，但年末价格有所回调

2022 年 2 月，国内现货市场电池级碳酸锂均价 45. 9 万元/吨，同比上涨 461. 8%；11 月，国内现货市场电池级碳酸锂均价涨到 58. 7 万元/吨，比 2 月均价上涨 28. 0%，比上年 11 月上涨 189. 1%；12 月，国内现货市场电池级碳酸锂均价 52. 9 万元/吨，环比回落 9. 9%，同比上涨 88. 1%（见图 47）。2022 年四季度，国内现货市场电池级碳酸锂均价 56. 5 万元/吨，环比上涨 13. 3%，同比上涨 151. 9%（见图 48）。

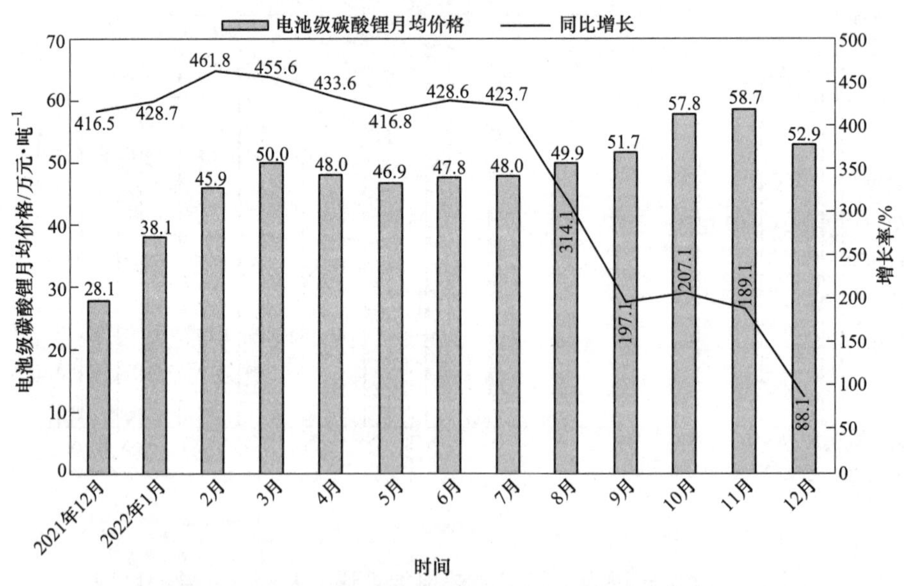

图 47　2022 年国内市场电池级碳酸锂现货月均价及同比涨跌幅度图

数据来源：中国有色金属工业协会

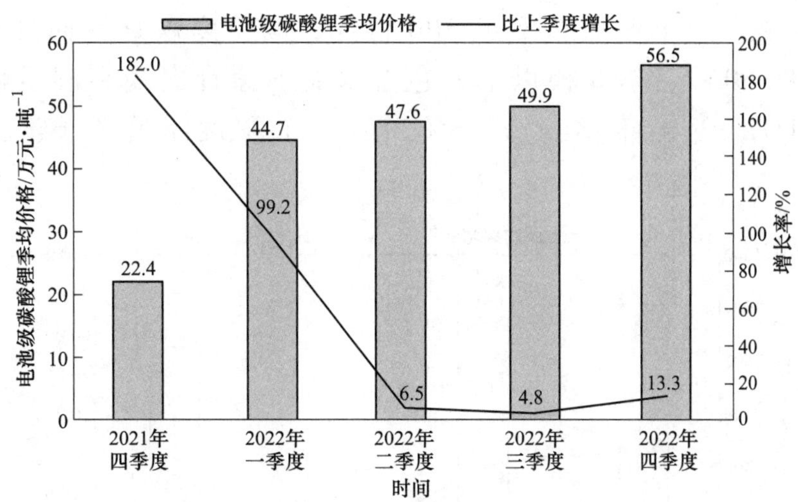

图 48　2022 年国内市场电池级碳酸锂现货季均价及环比涨跌幅度图

数据来源：中国有色金属工业协会

（五）有色金属企业累计实现利润增幅先增后跌

1. 有色金属企业实现利润从由增转降再到恢复性回升

有色金属工业企业盈利增降变动的主要特点：一是按月看，年初盈利高，年中盈利低，年后期盈利逐步回升。具体看，3 月规模以上有色金属企业实现利润高达 422 亿元，为当年月度盈利最高月份，从 4 月起逐月回落，7 月盈利回落为 142.2 亿元，从 8 月起逐月回升，12 月盈利回升为 335.2 亿元（见图 49）。二是规模以上有色金属企业实现利润一季度超过 1000 亿元，二季度

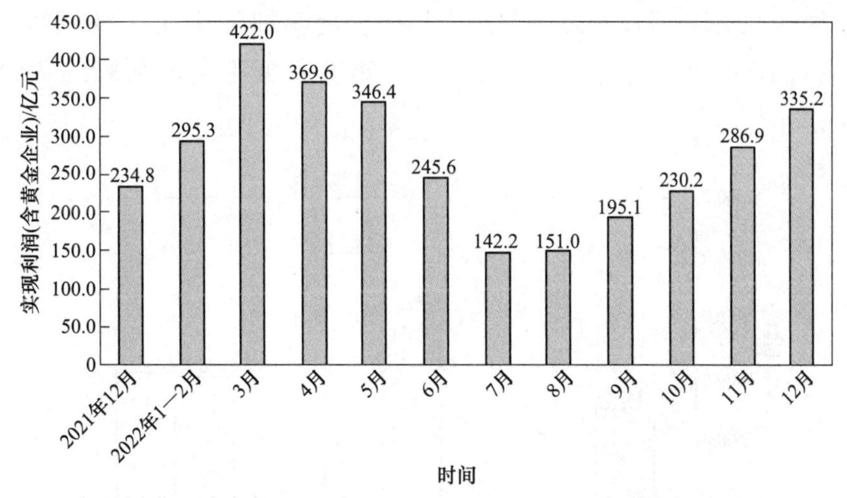

图 49　2022 年规模以上有色金属企业月度实现利润图

数据来源：国家统计局、中国有色金属工业协会

（2022 年 1 月、2 月实现利润为两月的简单平均数）

开始逐月下跌，三季度跌至不足500亿元，四季度恢复性回升至852.3亿元（见图50）。三是规模以上有色金属企业累计实现利润增幅一季度增长56.1%，上半年增长22.8%，前三个季度下降6.0%，全年下降8.0%。

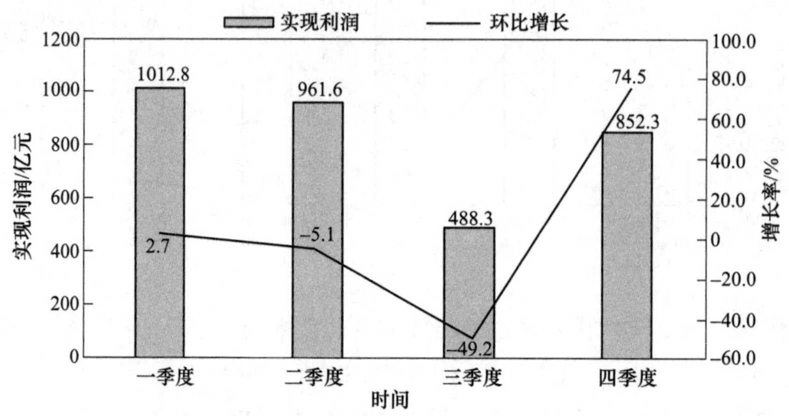

图50　2022年规模以上有色金属企业季度实现利润及其环比增幅图

数据来源：国家统计局、中国有色金属工业协会

2. 有色金属矿山企业实现利润增加，冶炼、加工企业实现利润减少

2022年规模以上有色金属独立矿山企业实现利润743.5亿元，比上年增长37.3%，占规模以上有色金属企业实现利润的比重为22.4%；规模以上有色金属冶炼企业实现利润1581.3亿元，比上年下降22.1%，占规模以上有色金属工业企业实现利润的47.7%；规模以上有色金属加工企业实现利润990.2亿元，比上年下降4.2%，占规模以上有色金属工业企业实现利润的29.9%（见图51）。

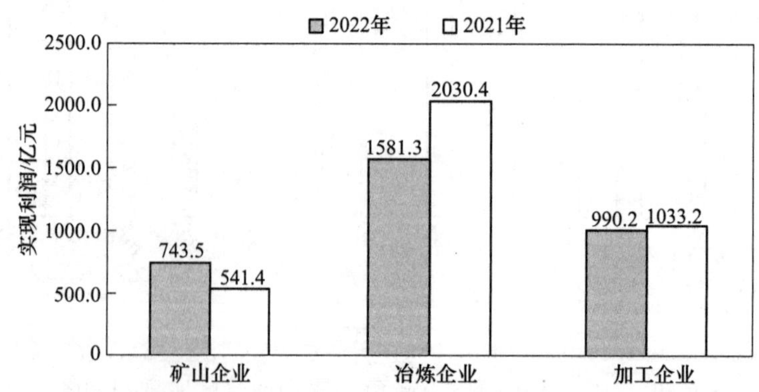

图51　2022年规模以上有色金属矿山、冶炼、加工企业实现利润图

数据来源：国家统计局、中国有色金属工业协会

3. 2022 年实现利润超百亿元七个金属品种四升三降

2022 年实现利润超百亿元七个主要金属品种依次是：铝、铜、铅锌、黄金、钨钼、稀土、镍钴，2022 年这七个主要品种分别实现利润为 951. 5 亿元、693. 9 亿元、290. 5 亿元、179. 5 亿元、160. 9 亿元、153. 8 亿元、128. 0 亿元。这七个金属品种中，铜、铅锌、黄金、稀土四个金属品种实现利润比上年增长，这四个金属品种分别增加利润 94. 1 亿元、30. 9 亿元、42. 2 亿元、48. 1 亿元；铝、钨钼、镍钴三个金属品种实现利润比上年下降，这三个金属品种分别减少利润 598. 5 亿元、9. 4 亿元、4. 8 亿元（见图 52）。从分行业小类看，铝冶炼是有色金属行业中比上年减利最多的行业小类，但仍是实现利润最多的行业小类。2022 年铝冶炼比上年减少利润 449. 7 亿元，拉动规模以上铝企业实现利润下降 29 个百分点，拉动规模以上有色金属工业企业实现利润下降 12. 5 个百分点，但 2022 年铝冶炼实现利润仍达 612. 6 亿元，占规模以上铝企业实现利润的比重 64. 4%，占规模以上有色金属企业实现利润的比重 18. 5%，居有色金属产业中各行业小类之首。

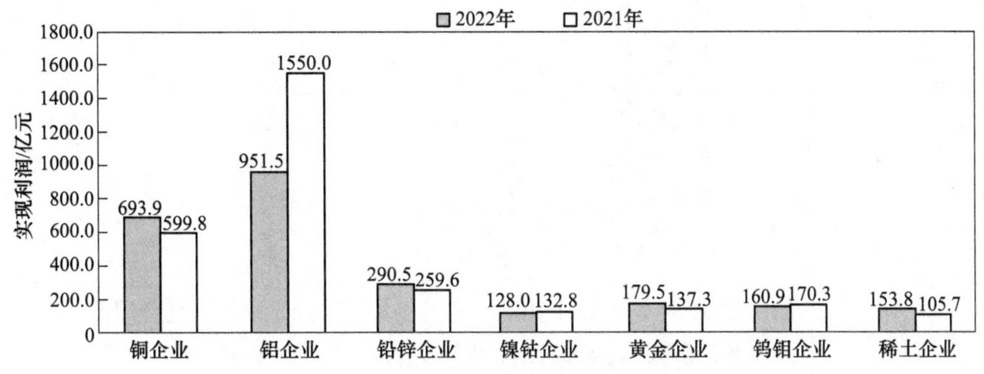

图 52　2022 年规模以上分金属品种有色企业实现利润图

数据来源：国家统计局、中国有色金属工业协会

4. 铝冶炼百元营业收入中的成本上升，实现利润下跌

电解铝（铝冶炼行业小类的主要产品）是耗电、耗煤（自备电厂）的重要金属，煤、电价格大幅度上涨，推高铝冶炼生产成本大幅度增加。具体来看，2022 年规模以上铝冶炼企业每百元营业收入中的成本上升到 90. 2 元，比上年增加了 7. 6 元（见图 53）；虽然每百元营业收入中的三项费用下降为 2. 6 元，比上年减少 1. 1 元（见图 54）。但三项费用减少难以抵消生产成本的大幅度增加，2022 年铝冶炼企业每百元营业收入中的成本费用高达 92. 8 元，比上年增加了 6. 5 元。初步测算，2022 年电解铝的完全成本（含三项费用）高达

18560 元/吨，比上年上涨 13. 5%，比当年国内市场电解铝价格涨幅高出 7. 9 个百分点，单位电解铝产品盈利明显下降。

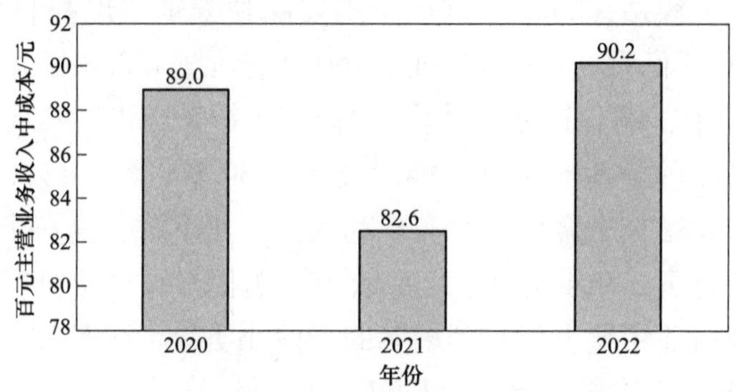

图 53　2020—2022 年规模以上铝冶炼企业百元营业收入中成本图

数据来源：国家统计局、中国有色金属工业协会

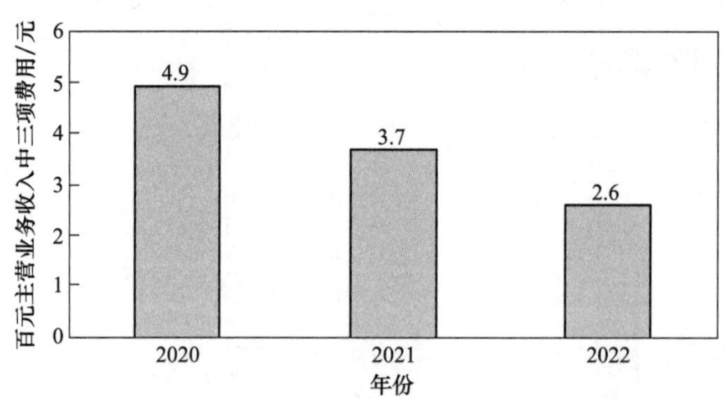

图 54　2020—2022 年规模以上铝冶炼企业百元营业收入中三项费用图

数据来源：国家统计局、中国有色金属工业协会

（六）有色金属产业节能减排的效果初步显现

1. 有色金属单位产品能耗下降、碳排放量减少

据初步统计，2022 年中国电解铝综合交流电耗为 13448 千瓦时/吨，比上年下降了 63 千瓦时/吨。按当年煤电生产电解铝占 75%测算节约电量 19. 1 亿千瓦时，按单位煤电发电量所消耗的标准煤计算（每千瓦时 0. 31 千克标准煤，下同），节约标准煤 59. 1 万吨，按消耗 1 吨标准煤产生 2. 7 吨二氧化碳测算（下同），二氧化碳排放量减少 159. 6 万吨。2022 年铜冶炼综合能耗（以标准标计）为 205. 1 千克/吨，比上年减少了 10. 9 千克/吨。按 2022 年的矿产精炼铜产量测算节约标准煤 9. 2 万吨，二氧化碳排放量减少 24. 8 万吨。2022 年铅冶炼综合能耗（以标准标计）为 303. 1 千克/吨，比上年减少了 22. 4 千克/

吨。按 2022 年的矿产精铅产量测算节约标准煤 6. 9 万吨，二氧化碳排放量减少 18. 7 万吨。

2. 再生有色金属节能减排的作用进一步显现

2022 年再生铜供应量为 375 万吨，按生产再生铜能耗占矿产精炼铜能耗的 30%测算，375 万吨再生铜综合能耗比生产等量矿产精炼铜少消耗标准煤 53. 8 万吨，二氧化碳排放量少 145. 3 万吨。2022 年再生铝供应量为 865 万吨，按生产再生铝能耗占原铝能耗的 5%测算，865 万吨再生铝综合能耗比生产等量原铝少消耗标准煤 3425. 4 万吨，二氧化碳排放量少 9248. 6 万吨。2022 年再生铅供应量为 285 万吨，按生产再生铅能耗占矿产精铅能耗的 30%测算，285 万吨再生铅综合能耗比生产等量矿产精铅少消耗标准煤 60. 5 万吨左右，二氧化碳排放量少 163. 4 万吨左右。2022 年再生锌供应量 90 万吨，按生产再生锌能耗占矿产锌能耗的 15%测算，90 万吨再生锌综合能耗比生产等量矿产锌少消耗标准煤 68. 5 万吨左右，二氧化碳排放量少 185 万吨左右。

3. 电解铝用电结构调整，减排效果初步显现

近年来，电解铝企业积极落实“双碳”目标，主动把部分使用煤电的电解铝产能等量减量转移到水电较为丰富的云南等省区。转移到云南等省区的电解铝产能已逐步投产达产，2022 年云南省的电解铝产量达到 415. 5 万吨，比上年增加了 105. 2 万吨，可以理解为这 105. 2 万吨电解铝是由使用煤电生产电解铝转移而来，即使用煤电的电解铝产量减少了 105. 2 万吨。按当年电解铝综合交流电耗及单位发电量所消耗的标准煤计算，电解铝行业消耗标准煤减少了 438. 6 万吨，二氧化碳排放量减少了 1184. 2 万吨左右。

三、2023 有色金属工业运行环境及趋势判断

1. 2023 有色金属工业运行环境

从全球经济环境看，2023 年美联储加息幅度放缓，但加息周期尚未结束，受世界流动性紧缩、需求放缓、地缘冲突、产业链重构等多重因素影响，全球经济下行压力加大，外需对中国经济的支撑进一步减弱，尤其是对具有金融属性较强，并且产业链、供应链与国际市场密切相关的有色金属的影响不可低估。从国内经济环境看，2023 年是全面贯彻落实党的二十大精神的开局之年，中央经济工作会议明确了 2023 年做好经济工作的思路和重点任务，大力提振了市场信心。国家出台的扩大内需、稳定房地产等一系列稳增长政策在 2023 年将会逐步显效，支撑有色金属工业平稳运行，一是光伏、风电等可再生能源的发展进一步拉动铝、工业硅、稀土等有色金属需求；二是电动汽车、新能源

电池及储能设备等产业的快速发展，也在不断提高铜、铝、镍、钴、锂等金属的应用；三是铝材消费有望回稳，2023 年，房地产业下行的趋势有望缓解，建筑、家电等行业对铝材的需求，尤其是对建筑铝型材需求的收缩将有所改观，加上以新能源汽车、光伏为代表的新兴领域对铝材需求的增长，2023 年中国铝材需求规模有望回稳。

2. 2023 有色金属工业运行趋势判断

2023 年是中国经济重回正常运行轨道的一年，也是有色金属行业迈向高质量发展的关键时期，全行业将依托政府制定的各项经济增长目标，在充分用好当前系列政策、坚持绿色低碳目标，以及稳中求进、安全发展的前提下，对 2023 年有色金属工业主要指标判断如下：

（1）2023 年有色金属工业生产总体仍会保持平稳运行，十种常用有色金属产量增幅在 3.5%左右，工业增加值增速在 4.5%左右。

（2）2023 年有色金属行业固定资产投资有望保持较快增长，增幅保持在 5%~10%之间。

（3）2023 年有色金属产品进出口保持增长，铜、铝等矿山原料进口有望保持稳定或略有增加，但 2023 年铝材出口增幅减缓是大概率事件。

（4）预计 2023 年有色金属价格走势各金属品种间将会有所分化，部分金属品种受能源成本支撑价格将以宽幅震荡为主基调，部分金属价格或将出现高位回调。总体来看，2023 年有色金属价格或呈稳中有降的趋势。

（5）2023 年主要有色金属品种价格回调、能源等原材料成本上升，单位产品盈利能力收窄。预计 2023 年规模以上有色金属工业企业全年实现利润在 3000 亿元左右。

注释：

1. 2022 年有色金属行业经济效益、固定资产投资、进出口贸易额汇总数据均为包括黄金（企业）数据。

2. 2022 年统计数据为初步统计数，比上年增幅按可比口径计算。2022 年十种有色金属产量初步统计数仍按原口径统计。

3. 有色金属年度生产、消费数据、来自国家统计局、中国有色金属工业协会。

4. 经济效益数据、固定资产投资数据来自国家统计局。

5. 进出口数据来自海关总署，由中国有色金属工业协会整理。

6. 主要有色金属价格数据来自金属交易所。

7. 主要生产技术指标来自中国有色金属工业协会。

8. 营业总成本=营业成本+销售费用+管理费用+财务费用；三项费用=销售费用+管理费用+财务费用。

9. 本文测算综合能耗及二氧化碳排放量采用的系数分别为：2022年煤电生产电解铝约占当年电解铝产量的75%；煤电折标准煤系数按单位煤电发电量所消耗的标准煤计算（每千瓦时0.31千克标准煤）；二氧化碳排放量按消耗1吨标准煤产生2.7吨二氧化碳计算；再生铜、再生铝、再生铅、再生锌单位产品能耗分别占矿产精炼铜、原铝、矿产精铅、矿产锌单位产品能耗的30%、5%、30%、15%。

10. 部分数据因四舍五入的原因，存在总计与分项合计不等的情况。

撰稿人：王华俊、张淑宁

审稿人：陈学森、彭　勃

稳中求进，提振信心，增强产业发展活力
——2023年行业发展展望

2023年是全面贯彻落实党的二十大精神，扎实推进中国式现代化的开局之年，我国有色金属工业面临难得的发展机遇，也将遇到严峻的挑战。按照中央经济工作会议部署和全国两会精神，坚持稳中求进，提振市场信心，把实施扩大内需战略同深化供给侧结构性改革有机结合起来，有效防范化解重大风险，实现发展的质的有效提升和量的合理增长是产业发展的中心任务。

一、对有色金属工业发展形势的判断

2023年世界政治经济形势错综复杂，走势扑朔迷离。在过去的一年里，为了抑制通货膨胀，美联储退出宽松货币政策七次加息，严重打击大宗商品的市场预期，主要有色金属价格上涨势头受到抑制，镍、锡价格冲高回落。同时，在战略性新兴产业持续发展的拉动下，锂、钼、硅等“新兴矿产”供需矛盾突出，价格出现暴涨。展望2023年，由于美联储加息预期已经基本出尽，大宗商品金融属性弱化，市场有望回归供需基本面；“新兴矿产”产能迅速扩张，市场供给逐步改善，价格将逐步回归合理区间。但是，当前世界经济发展依然存在下行压力，影响有色金属需求稳定增长；国际上逆全球化思潮泛滥，资源民族主义抬头，各种社会矛盾激化，对有色金属的供给造成冲击，产业链供给链安全面临挑战。

（一）供给端的扰动因素时有发生

2023年伊始，世界铜供给就出现不稳定因素。全球第二大矿山铜生产国秘鲁社会动乱加剧，造成南部地区的部分铜矿暂停运营，这是继2022年初社区矛盾造成铜矿停产的再延续。这种事件一再出现，虽然不会影响世界铜市场的整体格局，但必然引发市场价格出现短期剧烈波动。2023年1月中旬，受秘鲁政局动荡影响，LME铜价曾上涨到9550.5美元/吨，然而由于缺乏需求基本面的支撑，2月初又震荡回落到9039美元/吨，一个月内波动范围超过5.5%。预计2023年世界有色金属供给端的扰动因素频发，将使价格大幅度震荡成为

常态。

从供需基本面看，过去几年全球铜、铝、锌等大宗有色金属的消费量一直超过生产量，不足部分完全依靠库存弥补，从而导致 LME 主要有色金属库存量逐年下降。2023 年 2 月初，LME 精炼铜库存量 6.75 万吨，原铝库存量 39.22 万吨，锌锭库存量 1.64 万吨，分别比 2022 年同期下降了 17.88%、49.43%和 89.43%。从全球范围看，由于主要有色金属库存总量减少，长期依靠库存弥补生产不足已经难以为继。

尽管扰动世界有色金属供给端的不确定因素时有发生，但对产业的冲击仍然限于局部范围。例如，2022 年俄乌武装冲突爆发后，美国及其盟国全面制裁俄罗斯的石油和天然气产品，引发欧洲能源供应紧张，导致其部分电解铝、锌冶炼产能关闭。在这种背景下，欧盟顾及俄罗斯在世界有色金属产业链供给链的地位，从自身利益出发，并没有出台针对其铝、镍、锌、钛等产品的制裁措施，从而使全球有色金属供给端的基本格局没有发生重大变化。

2023 年，世界有色金属供给端基本面总体向好。随着新项目的建成投产和完成爬坡达产，矿铜原料供应情况良好，铜冶炼规模进一步扩大，供给能力得到提升。随着能源价格的下降，欧洲停产的 166 万吨/年电解铝产能复产愿望强烈，中国云南、内蒙古新建电解铝产能将投入运行，供给端增量明显。在丰厚利润刺激下，“新兴矿产”供给能力得到显著提升，全球锂、硅等产品产量将大幅度增加。预计 2023 年是世界有色金属产量明显上升的一年。

（二）需求端有待新的动能加力

有色金属是国际化程度很高的大宗商品，世界任何国家和地区的供给链和需求侧都不可能封闭式运行。中国作为全球最大的有色金属生产、消费和进出口贸易国，其产业动态变化既对国际市场走势产生重要影响，也会受到国际市场走势的波及。2023 年，世界经济运行面临较大的下行压力，国际货币组织（IMF）最新发布的《世界经济展望报告》预测，2023 年全球经济增长率为 2.9%，尽管比前期报告提高了 0.2 个百分点，但仍低于 2000 年到 2019 年的平均值 3.8%，也低于 2022 年的 4.4%，是一个低增长年份。

交通运输、建筑地产、能源电力、电子信息、民用消费品等是有色金属消费的传统领域，在经济下行压力加大的背景下，这些行业发展的“亮点”不多，对有色金属消费增长的拉动力明显不足。2022 年世界汽车销售量约为 8100 万辆，比上年下降 0.6%；中国新建商品房成交规模在连续 5 年达到 17 亿平方米以上之后，2022 年降至约 14 亿平方米；全球智能手机出货量 2022 年不足 12 亿部，比上年下降 12%。展望 2023 年，传统消费领域的复苏直接关系有色金属市场的活跃程度，中国作为世界有色金属第一消费大国，通过政策引导，扩大内需，培育消费新动能，不仅对国内经济平稳发展具有重要意义，对保持世界有色金属需求稳定也具有重要影响。

世界新技术革命和产业变革浪潮的推进，正在改变全球有色金属产业的分布格局，新能源、新能源汽车等战略性新兴产业的发展使锂、硅、镓等稀有金属成为市场瞩目的“新兴矿产”，需求量暴增。特别是全球锂市场规模从2015年的16万吨碳酸锂当量，猛增到2022年的85万吨碳酸锂当量，2023年将超过100万吨碳酸锂当量。随着战略性新兴产业的发展，2023年稀有金属的战略地位将进一步凸显，成为推动有色金属需求增长的最活跃因素。

二、保持我国有色金属工业平稳发展的举措

面对错综复杂的发展环境，2023年我国有色金属工业的发展思路是：坚持以习近平新时代中国特色社会主义思想为指导，深入贯彻落实党的二十大精神，坚持稳中求进工作总基调，完整、准确、全面贯彻新发展理念，加快构建新发展格局，着力推动高质量发展，牢牢把握有色金属在制造业中的基础地位，以推动高质量发展为主题，以深化供给侧结构性改革为主线，把提升有色金属供给质量摆在更加突出位置，着力补短板、锻长板、强基础，为推动我国工业经济高质量发展打下坚实基础。主要是做好以下工作。

（一）开发新兴矿产，满足消费升级需要

一是加强镍、锂、硅、钴、铂族金属等新兴矿产资源的勘探开发和增储上产，大胆突破不合理的约束条件，重点建设一批合理、高效、集约、清洁矿产开发利用示范基地，拉动投资增长，增加有效供给，支撑新能源和新能源汽车等战略性新兴产业发展，保证国内消费升级需要。

二是聚焦战略矿产资源供给安全，从维护国家资源安全的高度稳步推进国内铜、铝、铅锌等大宗金属矿山基地建设，全面提升短缺矿产保障能力。合理安排钨、钼、稀土、金属镁等优势矿产开发，提升在全球产业分工中的地位和竞争力，释放国内资源开发潜力，拉动投资消费。

三是积极开发“城市矿产”，充分利用国内外废旧有色金属资源，稳步推进规则、规制、管理、标准等制度建设，进一步规范废旧金属回收利用市场。

（二）发展关键材料，实现供给自主可控

一是把补短板作为当前有色金属工业促消费、稳增长的重点任务，围绕增强集成电路、仪器仪表、数控机床、新能源和新能源汽车、航空航天器、海洋工程、生命健康等领域有色金属关键材料的自主供给能力，着力突破核心工艺

和技术装备瓶颈，打通产业链供给链“堵点”“痛点”，构建新型产业生态，确保有色金属关键材料自主可控。

二是加速推动有色金属新材料产业聚集区培育，推进新材料产业链与相关产业、科研机构、成果转化机构、高等院校、服务贸易机构、金融机构等各类业态与新材料产业聚集区融合协同，实现有色金属新材料产业体系自主可控和安全可靠。

三是高度重视材料高端化发展，加大培育专精特新“小巨人”“单项冠军”企业的支持力度，切实帮助企业纾困解难，增强新材料产业发展活力，形成专业化发展格局，促进消费，扩大内需。

（三）抓住发展机遇，拉动终端消费

一是抓住国家扩大内需和促进消费的机遇，增强有色金属消费能力，改善消费条件，创新消费场景。特别是要密切跟踪国家促进住房改善、新能源汽车、食品包装和国家重大工程建设等大宗传统有色金属消费领域的配套政策，扩大高端建筑铝型材、铜水管、包装铝箔、电池铜箔和铝箔、碳纤维芯铝绞线等适销对路的产品生产，满足市场需要，切实拉动国内有色金属终端消费。

二是抓住国家继续实施家电下乡和绿色建材下乡、家电以旧换新、汽车购置、充电桩和分布式电网建设等优惠政策的机遇，引导铜铝家电材料、铝镁汽车轻量化材料、电缆等导体材料生产，有效扩大内需，释放国内消费需求。

（四）聚焦自立自强，布局前沿领域研发

一是积极完善新型举国科技创新体制，以钙钛矿光伏电池、钠离子和氢燃料等动力电池，钒液流储能电池，常温超导体，氧化镓等半导体等新一代有色金属材料的开发和应用为重点，超前布局一批有色金属前沿材料研发，争取占据未来竞争新赛道，培育持续扩大有色金属消费的能力。

二是加强以企业为主体的科研创新体系建设，围绕产业发展的重大共性关键技术，统筹教育、科技、人才力量，以基础研究为切入点，创建更多的有色金属科技创新型工业企业，为扩大内需，促进消费提供可靠的技术支撑。

（五）稳定国际贸易，优化出口产品结构

一是发挥政策性金融、矿产品和废旧有色金属进口加工贸易等政策的引导作用，适度增加铜精矿、铝土矿、镍钴精矿、铅锌精矿、锂精矿、铜铝废料等原料进口，利用国内、国际两个市场、两种资源满足扩大内需需要。

二是精准落实国家支持出口的各项政策，健全重点出口企业服务保障制度，加大出口信用保险支持力度，努力保持我国有色金属产品国际市场占有的合理份额。重点是稳定有色金属加工产品出口退税政策，支持铝板带箔、精密铜管、镁制品、硬质合金、稀土永磁材料等加工产品出口，推动有色金属产品出口结构优化。

三是加大对展览会、论坛等活动的支持力度，具有产业发展基础的地区可以定期举办国际产业博览会，邀请全球汽车、电子、电力、通信等有色金属应用领域的知名跨国公司参加，畅通国际国内需求，稳定有色金属产品出口。

（六）健全储备体系，防范重大安全风险

一是进一步完善有色金属储备体系建设，形成国家战略储备、企业商业储备、矿产资源地储备和开发利用技术储备相结合，常规储备和应急储备相结合，收储与投放相结合的国家储备调节机制，发挥有色金属储备在防范重大风险中的作用。重点增加战略性新兴产业和国防建设所需资源的储备品种和规模。

二是铜、铝等大宗有色金属市场现货与期货并存，是典型的衍生金融商品，金融市场波动，必然冲击有色金属市场。要从防范化解金融风险的高度，做好有色金属的保供稳价工作，防止发生由有色金属企业生产经营不善带来区域性、系统性金融风险。

（七）强化产业协同，确保链条运行通畅

一是促进有色金属消费需要产业链供应链上下游联动，需求侧左右岸协同才能取得实效。聚焦重点区域、重点企业，重点产品，建立促进有色金属应用的协同机制，实现产业之间的超前介入、相互渗透、互惠互利、密切配合。

二是充分发挥煤电油气运保障协调机制作用，加强资源统筹协调，制定能源保供应急预案，实施优化有序的用电措施，保障电力电煤供应安全，满足有色金属生产合理的用能要求，确保有色金属产业链供给链通畅，增强产业韧性，提高产业安全水平。

（八）推动绿色发展，统筹资源环境承载

一是全面落实《有色金属行业碳达峰实施方案》《重点用能产品设备能效先进水平、节能水平和准入水平（2022 年版）》《高耗能行业重点领域能效标杆水平和基准水平（2021 年版）》，防止有色金属冶炼及加工低端产能盲目扩张，在实施碳达峰碳中和目标任务过程中锻造新的产业竞争优势。

二是统筹区域资源环境承载力，合理规划布局有色金属工业发展。在满足产业、能源、碳排放等政策的条件下，支持符合生态环境分区管控要求和环保、能效、安全生产等标准要求的电解铝、工业硅、金属镁等高载能行业向西部水电等清洁能源优势地区集聚。支持有色金属高载能企业参与光伏、风电等可再生能源和氢能、储能系统开发建设。

三、促进产业发展的政策建议

（一）强化财政引导

争取国家财政专项资金加大对矿山、新材料项目的支持力度，有效带动社会投资，建设一批补短板项目，支撑有色金属工业扩内需、促消费、稳增长。稳定和优化国家出口退税政策和进口环节免征增值税政策，促进有色金属产品进出口贸易。支持企业参加国家重点新材料首批次应用保险补偿机制试点，充分利用市场化手段对新材料应用进行风险控制和责任分担。适度延长科技创新税前扣除政策期限，激励企业增加科技投入。

（二）优化金融支持

推动金融机构精准有力地实施国家稳健的货币政策，确保实施有色金属促消费、稳增长重大措施的资金需求。用好政策性开发性金融工具、设备更新改造再贷款和贴息、制造业中长期贷款等政策工具，加大对符合国家发展规划的有色金属重大项目的融资支持。鼓励商业性金融抓住扩内需、促消费机遇，完善“黑白名单”企业制度，增加对适销对路有色金属产品的金融支持力度，保持实体经济流动性合理规模。

（三）推动示范引领

聚焦新一代信息技术、高端装备、新能源、生命健康等重点领域，加快有色金属现代化产业体系建设，支持对促消费、稳增长具有重要引领作用的新材料产业链，找准关键薄弱环节，集中优质资源合力攻关，通过示范引领，保证产业体系自主可控和安全可靠，确保国民经济循环畅通。

（四）注重风险防范

当前国际形势复杂多变，经济运行态势很不稳定，导致世界有色金属市场动荡的因素增加。在这种背景下，为了保障国家有色金属供给链安全，确保国家经济运行安全，需要强化国家、行业、企业各层面的预警体系建设，制定能够有效应对各种突发事件的预案，防范有色金属市场可能出现的重大风险。

撰稿人：宋　超、赵武壮

审稿人：李明怡

专题篇

ZHUANTI PIAN

2022 年有色金属工业科技进步情况报告

习近平总书记强调，必须坚持科技是第一生产力、人才是第一资源、创新是第一动力，深入实施科教兴国战略、人才强国战略、创新驱动发展战略，开辟发展新领域新赛道，不断塑造发展新动能新优势。2022 年，是党和国家事业发展进程中十分重要的一年，是党的二十大召开之年，也是“十四五”规划的关键之年，在以习近平同志为核心的党中央领导下，中国有色金属工业科技发展聚焦国家重大需求和行业企业急需解决的共性关键技术难题，围绕加强行业科技自主创新、加快发展方式绿色转型、积极稳妥推进行业碳达峰碳中和、完善科技创新体系等系列重大布局，大力推动行业产业优化升级，加快工艺革新和数字化转型，坚定地向着第二个百年奋斗目标迈进。2022 年有色金属行业通过产学研用联合攻关，取得了一批重大科技成果，行业重点骨干企业主体生产工艺技术达到国际先进水平，产业技术创新能力不断增强。

一、行业科技工作取得新进展

2022 年，行业科技工作着重围绕国家重点科技计划及项目推荐、科技成果评价和推广、科技奖励与人才推荐等有关事项，不断推动行业科技进步，为打造科技创新的有色策源地和建设具有全球影响力世界一流行业协会持续发力。

（一）组织项目推进工作

为加快突破绿色低碳领域产业化关键技术，中国有色金属工业协会科技部与轻金属部、中国有色金属工业技术交流中心等单位协同开展工作，制定了项目推进工作方案，组织相关企业召开项目辅导汇报会，通过到相关企业现场调研、与企业电话交流对接、视频会议等方式辅导企业编写项目实施方案等。2022 年度绿色低碳技术领域 6 个项目获得立项批复。

（二）国家重点研发计划项目过程管理工作

根据国家科技部通知和项目申报指南要求，积极组织行业相关单位开展项目申报工作，推荐了战略性矿产资源、循环经济关键技术与装备、稀土新材料、先进结构与复合材料等重点专项共 41 个项目。

根据《国家重点研发计划管理暂行办法》有关规定，为加强“十三五”国家重点研发计划“固废资源化”重点专项组织管理，切实做好项目验收工作，确保完成项目目标任务，组织开展项目课题指标测评会。2 月，中国有色金属工业协会组织了矿冶科技集团有限公司牵头承担的“华南中小城市多源固废区域化利用处置集成示范”项目指标测评会。11 月，组织由株洲冶炼集团股份有限公司牵头承担的“铜铅锌综合冶炼基地多源固废协同利用集成示范”项目和赣州富尔特电子股份有限公司牵头承担的“高性能再生烧结钕铁硼固废绿色短流程产业化示范线”项目指标测评会。12 月，组织召开了江西华赣瑞林稀贵金属科技有限公司牵头完成的“多源有色冶炼固废中稀散金属的可控富集关键装备与示范”项目和“稀土熔盐渣”指标测评会。

（三）工信部相关工作

组织行业专家召开专题座谈会，对有色金属行业相关领域方向进行研讨，梳理凝练行业绿色低碳应用示范和创新服务平台等方向。有色行业一批项目获得立项支持。协助规划司征集有色金属行业制造业“锻长板”重点领域清单，梳理相关领域锻长板目标任务及措施建议等。

（四）开展国防科工局部署的相关工作

为推进《国防科技工业知识产权转化目录（第八批）》编制工作，积极组织推荐有色金属行业相关项目。组织相关企业梳理项目信息，推荐 7 个项目并编写项目材料。根据有关通知要求，为推进《产业基础领域先进技术产品转化应用目录（2022 年度）》编制，组织行业相关单位填报科技成果征集表、提供成果照片，并完成了科技成果信息汇总表，共推荐 15 个项目。

（五）一批企业技术中心和创新示范企业通过国家审批

2023 年 2 月，国家发改委等部门印发了第 29 批新认定及全部国家企业技术中心名单，沈阳铝镁设计研究院有限公司技术中心、浙江华友钴业股份有限公司技术中心、湖南长远锂科股份有限公司技术中心、长沙有色冶金设计研究院有限公司技术中心、中国有色金属工业昆明勘察设计研究院有限公司技术中心等 5 家有色金属行业企业通过认定。

2022 年 12 月，国家工信部办公厅公布了通过 2022 年复核评价的国家技术创新示范企业名单，广东坚美铝型材厂（集团）有限公司、辽宁忠旺集团有限公司、湖南稀土金属材料研究院有限责任公司、西部矿业股份有限公司、株洲硬质合金集团有限公司、云南临沧鑫圆锗业股份有限公司、虔东稀土集团股份有限公司、安徽楚江科技新材料股份有限公司、惠州亿纬锂能股份有限公司、成都硅宝科技股份有限公司等 10 家企业上榜。

二、一批重大成果和人才获得奖励表彰

（一）一批科技成果被授予 2022 年度中国有色金属工业科学技术奖

2022 年度中国有色金属工业科学技术奖评审会于 11 月 9—11 日在厦门市召开，时逢“十四五”关键之年，行业创新显著，申报项目数量达到 432 项。经过网络和会议两轮评审，参与申报的 432 项成果中，有 204 项成果获奖，其中一等奖 100 项、二等奖 82 项、三等奖 22 项。

（二）开展科技成果评价及成果登记

为加强“三服务”，组织开展行业科技成果评价、登记及推广工作，全年组织科技成果评价 234 项，登记入库国家科技成果网 160 项，撰写 2022 年《全国科技成果统计汇总表》和《2022 年中国有色金属工业协会科技成果统计分析报告》。7 月，中国有色金属工业协会在河南省郑州市组织召开“铝电解槽双端节能关键技术研究与开发”技术推广，中国工程院院士殷瑞钰、邱定蕃、王国栋、邱冠周、潘复生、聂祚仁、柴立元等 15 位专家学者参与此次评价，会后专家组考察了 400 千安工业试验槽、城市供热及火力发电机组应用现场。该项成果将铝电解槽逸散热能进行有效回收，成功与城市供暖系统、火力发电机组的回热系统联网，实现电解铝大规模低温热能资源的高效利用。

（三）有色金属行业多位专家获得何梁何利奖

中国有色金属工业协会组织开展 2022 年何梁何利奖提名工作。2023 年 2 月 17 日，何梁何利基金 2021 年度和 2022 年度颁奖大会在北京钓鱼台国宾馆隆重举行，国务院副总理刘鹤出席会议并讲话。有色金属行业多位专家获奖，郑州大学何季麟院士、北京科技大学曲选辉教授分别荣获 2021 年和 2022 年科学与技术进步奖，昆明理工大学王华教授、中信戴卡股份有限公司徐佐董事长分别荣获 2021 年和 2022 年区域创新奖。

（四）有色金属行业多名专家荣获杰出工程师奖

第五届“杰出工程师奖”的评选工作于 2022 年 4 月 15 日启动，中国有色金属工业协会作为推荐机构，积极开展行业单位进行申报，组织行业专家择优遴选后，将候选人申报材料统一提交至中华国际科学交流基金会。2023 年 2 月 11 日，第五届“杰出工程师”获奖名单揭晓，有色金属行业 5 名专家上榜，其中，中国有研科技集团有限公司熊柏青、陕西有色金属控股集团有限责任公司吴群英、中国恩菲工程技术有限公司刘育明、北京科技大学张深根荣获“杰出工程师奖”，有研稀土新材料股份有限公司刘荣辉荣获杰出工程师青年奖。

（五）一批专利获得第二十三届中国专利奖

2022 年 7 月 29 日，国家知识产权局和世界知识产权组织揭晓了第二十三届中国专利奖的获奖项目。有色金属行业共有 25 项专利获奖，包括中国专利金奖 1 项、银奖 2 项、优秀奖 22 项。其中中国有色金属工业协会推荐的 3 项专利中有 2 项获奖，有研工程技术研究院有限公司、西南铝业（集团）有限责任公司的“一种适合于结构件制造的铝合金制品及制备方法”获专利银奖，西安赛隆金属材料有限责任公司的“一种可进行随形退火热处理的金属零件制造工艺”获专利优秀奖。

三、企业技术装备水平不断提高，创新能力显著增强

2022 年全行业始终以建设有色金属工业强国为使命，围绕推动有色金属工业高质量发展不断补齐短板，在“卡脖子”技术领域取得显著突破，生产技术装备水平持续增强，技术创新能力不断提高，骨干企业综合效益快速增长。据 2022 年统计，2021 年全国规模以上有色金属工业企业拥有研发机构企业数 2033 个，同比增长 10. 25%；研发人员约 13 万人，同比增长 16. 33%，其中女性占 15%，同比增长 7. 22%。2021 年规模以上工业企业申请专利达到 22335 件，同比增长 14. 05%，其中申请发明专利 6918 件，同比增长 10. 60%，有效发明专利 24924 件，同比增长 13. 47%。新产品开发力度持续加大，2021 年新产品开发项目 17909 项，同比增长 24. 96%；新产品开发经费支出 684. 73 亿元，同比增长 44. 53%[1]。

中国铝业集团有限公司积极参与国家政策制定和实施，参与《“十四五”原材料工业发展规划（2021—2025 年）》和《有色金属行业碳达峰实施方案》编制与实施。全年集团研发投入 3%以上，争取各类国家支持经费同比增长 100%以上，在绿色节能技术赋能低碳转型、资源利用技术实现“资源有限价值无限”、战略性前沿技术引领未来发展等重点攻关项目上取得了突破，同时加强产业上下游协作，与中国航天科技、中国船舶、中国兵器工业等央企集团对接。持续完善创新平台建设，“有色金属强化冶金新技术”全国重点实验室重组成功；原有 11 家国家级企业技术中心通过年度评估，新增 3 家国家级企业技术中心；新增国家工信部国家技术创新示范企业 1 家；东北轻合金有限责任公司“航空航天用高性能 2×××系铝合金预拉伸板”入选 2022 年度国家制造业单项冠军产品。全年完成国家标准、行业标准和团体标准 100 多项；新增国家知识产权示范企业 1 家、国家知识产权优势企业 5 家；2 件产品成功入选首批国家标准样品试点项目。

中国五矿集团有限公司以“不动体制动机制”的方式组建“中国五矿中央研究院+科技型企业重点学科”科技创新体系，首批建设10个学科，助推科技型企业错位发展、协同发展；高端硬质合金、深海资源开发、固废资源化等技术和产品亮相“奋进新时代”主题成就展和国家科技创新成就展。突破了深井矿山开采、硅基负极材料、特大型高炉、超级电弧炉、钢结构建筑等领域突破关键核心技术难点。成功揭榜国家重点专项项目22项，获批国拨经费达历史最高水平，数十项成果入选国务院国资委、自然资源部、工信部科技成果推广目录，全年科技成果转化收入360亿元。国家级科技平台建设取得新突破，2家国家工程研究中心战略转型和4家国家重点实验室优化重组工作顺利推进，海洋矿产资源开发国际合作基地进入新序列，新获批2个国家认定企业技术中心，建设国家级科技平台数量达45个。荣获第二十三届中国专利金奖，获得百项省部级科技奖项，全年新授权发明专利1800余件、有效专利总量达5.2万件，7户企业入选2022年度国家知识产权优势企业，累计入选28户。

中国有色矿业集团有限公司召开集团科技大会，推出科技创新“6个1”举措，聚焦国家重大战略需求和产业发展瓶颈，与天津市政府签署共建创新研究院（国际研发中心）战略合作框架协议；组织“双百”和“科改”企业圆满完成5项“1025”攻关任务，共新获批牵头承担国家项目9项，其中国家重点研发计划项目3项，“1025工程”二期任务2项，军工项目4项；航空航天用电容器钽粉、核电用高纯铌箔等新产品实现国产化零的突破；压延铜箔、高端钛合金带材、铍铜箔材等产品成功打开5G市场。全年投入23.66亿元，研发经费投入强度2.4%，全年共申请发明专利78件、实用新型专利85件，授权发明专利44件、实用新型专利91件，参与3项国家标准编制工作，编制行业标准25项；作为第一完成单位获得有色金属工业科技奖励一等奖1项、二等奖3项，获得省部级科技奖励一等奖1项、二等奖1项。

江西铜业集团有限公司深入实施创新驱动发展战略，努力塑造高质量发展新优势，集聚高质量发展新动能，全年营业收入突破5000亿元。“露大金属矿大规模安全高效开采关键技术”等3项技术成功入选“2022年度矿产资源节约和综合利用先进适用技术”；德兴铜矿入选国家自然资源部首批8家“智能矿山”建设试点单位；贵溪冶炼厂自主研发世界首条极板无人智能化转运生产线投入运行，获得央视《新闻联播》特别报道。围绕采选冶加产业提能升级、新材料研发、数智赋能等领域，持续加大研发投入，10项科技成果荣获中国有色金属工业科学技术奖、江西省科学技术奖励，其中“复杂铜金属矿露天-地下协同高效联采关键技术与实践”等5项成果荣获一等奖；获得授权专利

180件，其中发明专利29件；主持修订行业标准1项。

铜陵有色金属集团控股有限公司组建了新型研发机构——安徽铜冠产业技术研究院，新增充实了采矿、选矿、冶化、双碳、环保、有色金属材料等6个研究院所，持续完善以技术中心、安徽铜冠产业技术研究院为创新核心、成员企业为创新主体、产学研用深度融合的集团公司科技创新体系；充分发挥科技创新的主体作用，攻克了一批制约集团公司发展的技术瓶颈，转化了一批重大科技成果。实现营业收入2334亿元，利润43.5亿元，研发投入约36.1亿元；组织开展重点科技研发项目394项（含国家重点项目4项、省重点项目4项）；荣获省部级以上科技成果奖10项，其中一等奖2项、二等奖3项；获授权专利312件，其中发明专利60件。主持、参与制（修）定各类标准8项，其中国家标准1项、行业标准5项、团体标准2项。

广西华锡集团股份有限公司在广西北部湾国际港务集团的坚强领导和各级政府部门的大力支持下，全年完成选矿处理量168.70万吨，选矿产品综合金属量6.35万吨，冶炼金属量9.34万吨，完成工业总产值61.87亿元，利润总额3.10亿元。公司自主成功开发出锌基合金、锡基合金等新产品，首次综合回收碲合金，为进一步建强产业链中深加工环节打下了良好基础；巴里选厂铅锑浮选提质降锌科研项目成果见真效，创效约1300万元；梧州环科“危废渣资源化利用与安全处置关键技术”成果实现产业化。高峰公司、设计研究院入围广西瞪羚企业；新增“广西铟锡锑关键金属高效利用中试基地”“柳州新材料人才小高地”等科研平台。1项成果荣获广西科学技术进步奖一等奖，5项成果囊括中国有色金属工业科学技术奖一、二、三等奖，1项课题荣获广西科技重大专项立项。全年获受理专利41件，获授权专利3件，组织参与制定国家/行业标准7项。

山东南山铝业股份有限公司严格落实国家政策方针，不断改进产业结构，加速产业转型升级，逐渐向航空、汽车用高端铝材靠拢，积极参与“液化石油气船用大规格高均匀性铝合金宽厚板制备研究（应用示范类）”和“高端领域铜铝废材深度净化与循环再造关键技术”国家重点研发计划及“航空用铝合金中厚板辊底式连续固溶淬火技术及装备研发”“基于铝基的交通轻量化科技示范工程”“面向重点行业的轻质合金及复合材料制备与智能加工关键技术研发”等山东省重大科技创新工程。全年共获授权专利58项，其中发明专利13项、实用新型专利45项；获受理发明专利70项、实用新型专利20项；参与制（修）订国家标准22项、行业标准29项。“汽车覆盖件用高性能6×××系铝合金薄板及其产业化”和“再生铸造铝合金原料”项目分别获得中国有色金属工业科学技术奖一等奖和三等奖。

丛林铝业科技（山东）有限责任公司全力推进技术创新工作，投入研发资金5000余万元，完成研发项目25项，并进行产业化推广应用。成功研发的铝合金城市配送厢式货车和铝合金二轴一体厢式半挂车，轻量化效果好、车身强度高、车厢容积大、综合性能高，现已进行批量生产，使用效果显著；建设完成了年产10000台铝合金轻量化厢式车的生产能力，新建设的生产线采用模块化作业，实现了高度自动化生产，可满足高质高效的生产需求。全年获得受理及授权专利46件，其中发明专利10件；制（修）订国家标准2项，团体标准2项。

金川集团有限公司全年承担国家、甘肃省重大科技计划类课题共12项，其中国家级项目6项、省级项目6项，累计获得国拨资金4061.2万元；组织开展公司级科技攻关项目共80项，已完成研究36项，科研项目成果转化率75%。积极推进组建投资主体多元化、管理制度现代化、运行机制市场化、用人机制灵活的高水平新型研发机构，解决新兴产业人才和技术短缺、发展效能较慢、下游产业延伸不足等问题。全年申请专利806项，获得授权736项，专利成果转化率68%；完成报批发布46项标准，其中国家标准11项、行业标准35项；组织31项成果进行成果评价，3项成果达到国际领先水平，14项成果达到国际先进水平；荣获得中国有色金属工业协会科技进步奖4项，甘肃省金属学会科技进步奖34项。

宁波兴业盛泰集团有限公司从事生产不同类型的高精度铜合金板带材，截至目前已开发出青铜、黄铜、紫铜、白铜、电子铜、多元合金、高精度铜、锡黄铜、热浸镀锡等9大系列80余个合金牌号的产品，目前已成为中国高精度铜合金板带行业的领先制造商。2022年，“电子元器件用CuNi系合金带箔材”产品被评为工信部制造业单项冠军示范企业（产品），高强高弹Cu-Ni-Co-Si系（C7035）被评定为浙江省首批次新材料。拥有国家级企业技术中心、国家级博士后科研工作站、浙江省工程研究中心等工程技术研发平台。先后与中南大学、北京发平科技大学、中国有研科技集团等单位进行“产学研用”合作，设立校企合作奖学金，培养有色金属领域的专业技术人才。

四、行业科研院所综合实力稳步提升，推动高质量发展

有色金属行业科研院所通过深化改革，创新体制机制，院所收入连创新高，综合实力显著增强。初步统计，2022年有色金属行业21个原直属科研院所实现综合收入1138亿元，同比增长21.71%；实现利润总额59亿元，同比

增长 42.28%。4 个院所收入过百亿元。云南省贵金属新材料控股集团有限公司综合收入突破 400 亿元，达到 407.6 亿元，同比增长 7.54%；矿冶科技集团有限公司综合收入 241.2 亿元，同比增长 122.71%；西北有色金属研究院综合收入达到 197 亿元，同比增长 15.67%；中国有研科技集团有限公司综合收入 196 亿元。

中国有研科技集团有限公司实现营业总收入 196.0 亿元，利润总额 5.3 亿元，超额完成了国资委下达的年度考核任务；国家和地方政府科技项目经费收入 5.26 亿元、企业科技服务收入 1.23 亿元、分析检测收入 3.57 亿元，上述三项科技收入之和首次超过 10 亿元，创历史新高。集团立足新发展阶段全面深化科技创新工作，召开 2022 年科技创新大会，发布“科创 30 条”，提出了全面深化科技创新工作的“1+7+N”任务体系。全年制（修）订技术标准共计 122 项，其中国际标准 2 项、国家标准 46 项；获授权专利 368 项，其中海外专利 36 项、国家发明专利 203 项；发表科技论文 227 篇，单篇科技论文最高影响因子达到 29；获中国专利奖银奖和优秀奖各 1 项、国防科技进步奖一等奖 1 项、北京市技术发明二等奖 1 项、中国有色金属工业科学技术一等奖 11 项。

矿冶科技集团有限公司实现营业收入 241.22 亿元，同比增长 124%，利润总额 25.88 亿元，同比增长 88.91%，净利润 21.52 亿元，同比增长 79.44%，再创历史最好水平。集团以国家战略需求为导向，加快实施创新驱动发展战略，聚焦打造原创技术策源地，重点开展重大关键技术攻关，获批各类纵向科研项目 96 项，其中战略性矿产资源开发利用专项立项数量连续两年保持行业第一。新获批国家级创新平台 1 个，新获批国家级机构 4 个，新获批省部级创新平台和机构 10 个；北矿新材、北矿检测、北矿磁材（阜阳）有限公司获批国家专精特新“小巨人”企业。负责或参与制（修）订的正式发布的国际标准 3 项、国家标准 38 项、行业标准 59 项、团体标准 16 项。获授权专利 302 项，其中国际专利 6 项；获准软件著作权登记 75 项。获各类科技奖励 73 项，其中省部级 11 项、市区级和社会力量设奖 46 项。

长沙矿山研究院有限责任公司新签合同总额 7.38 亿元，营业收入 3.59 亿元，创造利润 2555 万元，研发投入 2802 万元。初步完成由国家发改委和应急管理部批复的“矿用电梯安全准入分析验证实验室”建设任务，正在开展实验室设备的安装、调试、培训及验收准备等工作，预计 2023 年 5 月完成建设。获纵向项目/任务立项或批复 26 项，其中国家和省部级任务 22 项，承担国务院攻关任务 1 项。获科技成果奖励 19 项，其中省部级科学技术一等奖 9 项。

 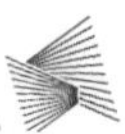

全年制（修）订 3 项国家标准、1 项行业标准、2 项团体标准。获授权专利 142 件，其中发明专利 44 件、国际发明专利 1 件。主编了《采矿手册　第七卷 矿山安全》等专业书籍，发表学术论文 105 篇。

广东省科学院 5 家有色金属研究所实现科技新突破。其中，工业分析检测中心全年总收入 4880 万元，其中技术服务收入 3043 万元，技术服务收入较去年同期增长约 22%，中标国家市场监督管理总局发布的铝合金建筑型材第 3、第 4 标组的抽样检验技术服务资格，参与制（修）订标准 68 项，其中国际标准 1 项、国家标准 19 项、行业标准 40 项、团体标准 8 项。中乌焊接所承担项目 68 项，总经费 1106.66 万元，其中国家级项目 10 项、省级项目 39 项；在复杂结构钛合金焊接材料及技术等方面持续加强应用基础研究，制备出具有强韧综合力学性能的超细晶中熵合金（$(NiCoCr)_{94}Al_3Ti_3$），实现了铝-铜异种金属高质量的搅拌摩擦焊接，利用表面微观形貌调控获得了具有纳米复合结构的氧化镓材料。

中国有色桂林矿产地质研究院有限公司以人才建设为根本支撑，持续深化科技改革和创新能力，获批国家级研发课题 4 项，推进 8 项在研国家课题任务。积极筹建、运营赞比亚实验室，得到 ILAC-MRA 国际互认，获得国家 CNAS 认证，具备了按国际准则在铜、钴等领域开展分析检测的技术能力。组建了广西特种矿物材料技术创新中心——桂林第 1 家工程技术创新中心。参与合作共建自然资源部“南方石山地区矿山地质环境修复工程技术创新中心”，联合申报广西地质环境综合防治与生态修复创新联合体；分公司再次顺利通过国家高新技术企业认定。获得广西技术发明奖一等奖，6 年来再次摘得省部级最高奖项；地质和环保业务科研成果分获中国有色金属工业科技奖一等奖 1 项、二等奖 2 项，工程公司获中国有色金属建设协会优秀工程勘察一等奖两项。获授权专利 20 件，发明专利 17 件（美国专利 2 件）；发布国家及行业等标准 14 项。

云南省贵金属新材料控股集团有限公司科研项目立项 44 项，签订合同经费 1.23 亿元，到位经费 1.72 亿元。集团拥有国家技术创新示范企业 1 家，国家级绿色制造示范企业 1 家，国家级、省级专精特新“小巨人”企业 3 家，高新技术企业 7 家，省级科技型中小企业 1 家，省级制造业单项冠军示范和培育企业各 1 家。大力推进稀贵金属材料基因工程项目，建成高通量实验平台、数据库平台和专业数据库系统并投入使用，累计入库数据 3000 余万条，获批立项国家大数据产业试点示范项目，被国家工信部、国务院国资委和省国资委作为数字化转型的典型案例。积极建设国家创新体系和国防体系的重要关键平台，形成首批300人规模的“研发—孵化—产业化”创新团队和管理团队。荣获云南省科技进步奖、自然科学奖二等奖和全国有色标准化技术委员会技术标准优秀奖二等奖共计3项。全年获授权专利39件，制（修）订标准10件，发表科技论文80余篇。

中铝郑州有色金属研究院有限公司拥有国家铝冶炼工程技术研究中心、国家轻金属质量检验检测中心等国家级平台8个，河南省企业技术中心、河南省工程技术研究中心等省级平台5个。2022年全院共获得5项省部级科技成果奖，其中省部级一等奖2项；4项科技成果通过中国有色金属工业协会组织的专家评价，2项达到国际领先水平，2项达到国际先进水平。形成可产业化应用技术4项，18项科技成果在公司内外推广应用，累计为公司创效3.5亿元以上，氧化铝蒸发节能技术改造实现了蒸水量提高8%以上、汽水比下降6%以上；金属镓提取技术产业化项目在山西、广西建成投产，年新增金属镓产能80吨；FHEST1.0技术在多家企业推广，平均吨铝节电400千瓦时。2022年省部级及以上科技成果奖、制（修）订标准、获授权发明专利数量较科改前分别增长60%、78%、56%。

西北有色金属研究院综合收入达到197亿元，同比增长16.6%，其中科技收入6.9亿元，增长23%；销售收入同比增长30.7%；利润总额超20亿元，同比增长46.8%。创新平台建设成效显著，成功获批“‘科创中国’首批创新基地——稀有金属材料创新基地”“国家新材料测试评价平台—西安区域中心”2个国家级平台，发起设立全国第一个省级“双碳”计量技术委员会“陕西省碳达峰碳中和计量技术委员会”。获得省部级及以上科技成果奖励10项，其中一等奖5项。项目立项274项，其中国家和省部级项目213项。获授权专利414件，其中发明专利300件。核心期刊发表文章443篇（SCI收录242篇）。科技成果转化36项。制（修）订国家标准6项。

北京矿产地质研究院有限责任公司营业总收入1895.10万元，实现净利润344.48万元。立足矿产地质、地质科研、生态地质、矿业咨询四大业务板，加快业务转型布局。精准对接地方政府需求，积极开展矿山生态修复与遥感监测、土壤与地下水污染监测及综合治理等领域项目跟踪，成功进入第三次全国土壤普查市场，顺利承接“昌平”“延庆”2个区域项目。加强与中国工程院、自然资源部等国家项目主管部门的联系，保障“承德地表基质调查示范”和“古生代斑岩铜矿成矿系统保存条件”等项目的顺利推进；服务紫金矿业集团，实施“重要矿床类型成矿规律与找矿预测研究”项目。2022年获得授权实用新型专利3项，软件著作权2项，获中国有色金属工业科学技术奖一、

二、三等奖各 1 项；发表科技论文 20 余篇；出版专著 2 部。

赣州有色冶金研究所有限公司实现营业收入 35.8 亿元，实现利润 5600 余万元。全年研发项目 23 项，研发经费 5200 余万元，对外技术服务项目 72 项，服务经费 2000 余万元，承担国家和省部级科研项目（课题）14 项，其中国家重点研发计划项目 1 项，江西省科技计划项目 13 项，纵向科研经费 611 万元。新增获批 4 个省级科研平台和 1 个市级科研平台。完成了多台套智能矿石分选机迭代新产品的销售。网状硬质合金产品推广并获得订单，同时开发出的 JW02 和 JW04 两款网状合金旋挖齿及 JW18 高压辊柱钉产品正在推广试用。宜春钽铌矿锂云母资源高效开发利用等项目成果已在企业应用，有效提升锂资源回收率并实现显著效益。全年获省部级科技奖励 10 项，承担 18 项国家标准、9 项行业标准和 1 项江西省地方标准的研制任务，以及 3 项国家标准外文版（英文）翻译项目的主笔翻译任务。

湖南稀土金属材料研究院有限责任公司实现主营收入 59692 万元，创建高纯稀土金属与靶材、稀土阴极材料、轻合金材料、高纯稀土化合物和稀土永磁材料 5 个创新团队，建成国内稀土行业具有明显影响的专精特新稀土应用高科技企业，高纯稀土金属及靶材团队荣获 2022 年度首届长沙市“优秀发明团队”称号。镁锆合金制备新工艺的工程试验取得了重大突破，小批量连续试制性能稳定；由湖南高创稀土新材料有限责任公司投资建设的高纯稀土金属靶材项目正式启动，开始前期生产试运行。全年成功申报科研项目 6 项，获授权发明专利 15 件，发表科技论文 6 篇，参与制定颁布实施标准 8 项。

有色金属技术经济研究院全院全年承接各类咨询课题 80 余项，承接工信部委托的“信息通信设备材料生产应用示范平台”等百万级课题 2 个，中国稀土集团委托的“中国稀土集团‘十四五’规划项目”等 50 万元以上课题 13 个。承担的 TC26 铜及铜合金等 5 个国际标准秘书处按 ISO 导则要求有效运行，组织中方有色专家 300 余人次参加 40 余次国际会议，顺利推进 10 余项中国牵头国际标准项目，发布 5 项由我国牵头制（修）订的国际标准，参与的科技部“民机铝材关键基础共性技术标准研究”等 NQI 项目进展顺利。全年完成知识产权代理和科技查新约 800 件，新增专利快速预审代理服务及专利奖申报咨询服务；获中国有色金属工业科学技术奖一等奖 3 项、二等奖 3 项、三等奖 3 项。下达国标、行标、国军标、协会标准计划 449 项，论证并上报各类标准制修订计划 399 项，标样有效期延长评审 68 项。

五、行业设计单位工程技术开发能力不断提高

有色金属行业设计研究单位不断深化改革、加快发展，工程设计和技术开发能力持续增强。初步统计，2022 年有色金属行业原 8 个直管设计研究院实现综合收入 140 亿元，同比增长 32.08%；实现利润 10.7 亿元，同比增长 224.24%。4 个单位实现综合收入超 10 亿元。中国恩菲工程技术有限公司综合收入超 60 亿元，同比增长 15.83%；中国瑞林工程技术股份有限公司综合收入达到 25.8 亿元，同比增长 53.57%；长沙有色冶金设计研究院有限公司综合收入 15.9 亿元，同比增长 1.92%；沈阳铝镁设计研究院有限公司综合收入 14.8 亿元，同比增长 362.50%。

中国恩菲工程技术有限公司成功入选国务院国资委“科改示范企业”名单，全年营业收入超 60 亿元，利润总额近 5 亿元。牵头承担“十四五”国家重点研发计划“工业软件”重点专项任务 1 项，参与承担“循环经济关键技术与装备”重点专项任务 1 项，成功申报 2 项国资委第二批“1025”专项项目。获批“北京市科技服务业机构品牌建设”项目，联合申报天津市信创海河实验室科研项目“显式动力学数值模拟软件”和山东省重点研发计划“难处理尾砂高质量充填关键技术与装备研发及工程示范”。国家“金属冶炼重大事故防控技术支撑基地”通过专家评审，联合北方矿业组建“中非膏体充填联合研究中心”。“露天坑全尾砂充填治理与深部资源协同安全开采关键技术”入选 2022 年度自然资源部矿产资源节约和综合利用先进适用技术目录。全年荣获 17 项省部级科技奖项，其中一等奖 9 项。牵头编制并发布国家标准 1 项（主编），参编 2 项，新立项国家标准 2 项。发布团体标准 3 项（参编），新立项行业标准 5 项、团体标准 5 项。

沈阳铝镁设计研究院有限公司持续加大科研投入，研发强度近 4%，科研平台建设再上新台阶，公司获得国家企业技术中心认定。先后投入 600 余万元开展硬件、软件服务平台升级，搭建完成平台主体架构。铝电解节能技术集成工业试验项目在 5 家铝厂投产运行，吨铝直流电耗平均值 12248 千瓦时，达到行业领先水平。数字化节能电解槽项目理论研究及工程设计方案已开展工业试验建设；氧化铝 HCC 沉降技术及装备开发项目完成静态实验和数值模拟工作；氧化铝沉降过程智能控制技术开发项目实现预期目标；电解系列短路口自诊断智能快切技术在霍煤鸿骏实现应用。获得省部级科学技术奖二等奖 3 项；获授权专利 17 件，其中发明专利 9 件，获得软件著作权 9 项。

中色科技股份有限公司实现营业收入 9.51 亿元，同比增长 25.6%，利润

1619 万元，同比增长 122%。瞄准有色金属加工新工艺、高端装备、首台（套）、“5G+”和“双碳”等方向选题立项，争取重大科技项目支持资金 2000 余万元；2 项战略单元重点项目、1 项市级重大专项顺利通过验收；2800 毫米六辊铝带冷轧机组，被认定为河南省首台（套）重大技术装备、洛阳市十大标志性高端装备，并入选中铝集团年度质量提升“十佳案例”；依托关键核心技术，科技成果转化合同额近 5 亿元。国家企业技术中心和国家知识产权优势企业顺利通过复评，成功入选河南省创新龙头企业，获批建立河南省博士后创新实践基地，有色金属加工工业互联网平台列为省级平台，有色金属加工装备中试基地入选市级中试基地；牵头组建的“有色金属加工先进工艺和高端装备产业研究院”入选市级产业研究院。1 项成果入选工信部 2022 年工业互联网平台创新领航应用案例，荣获中国有色金属工业科学技术奖一、二等奖各 1 项，中国发明协会发明创业奖二等奖 1 项，中国专利优秀奖 1 项。

昆明有色冶金设计研究院股份公司以“科改示范行动”为契机，结合中铝国际“科技+国际”的战略部署，激发科技创新动能，加大对科技工作的引领与管理。申报省级重点研发项目 1 项，开展 8 个横向联合的科研项目，争取到政府科研资金 100 万元，初步形成技术包 43 个，完成核心技术成果评价 2 项，获得科技成果奖 2 项，咨询、设计工程奖（部级）27 项，年度内共受理和授权专利 28 项，主编、参编标准 13 部。同时，加强协同创新，与中兴通讯股份有限公司共建“有色金属矿山、冶炼及加工全产业智能化发展联合创新实验室”。蓝蓉大师带领的尾矿团队项目“镇雄县坡头镇海塘历史遗留硫黄冶炼废渣综合处置及生态恢复工程”荣获矿山生态修复十大典型案例；在中铝集团第五届创新创意大赛上，“矿井多级通风系统的智能控制技术”获得能源贸易与工商服务板块的创新创意大赛一等奖，“负压式竖向排渗技术在尾矿库中的创新应用”获得矿山与冶炼技术板块三等奖，“长距离、大高差矿浆管道输送”获得工程技术领域板块三等奖。

六、行业高校发挥人才培养与创新活力

中南大学获批国家自然科学基金项目 592 项，连续四年直接经费超过 3 亿元，获国家重点研发计划首席项目 19 项、课题 63 项。2 项单项金额过亿元重大科技成果成功转让，学校累计 10 项单项金额过亿元重大科技成果成功转让，学校技术支撑的赛恩斯成功上市。新增 1 个国家工程研究中心，1 个国家重点实验室进入新序列，新增 2 个作为共同依托单位的全国重点实验室。首次荣获中国科协求是杰出青年成果转化奖；获教育部高等学校科学研究优秀成果

奖（科学技术）12项、湖南省科学技术奖47项、其他各类奖励100项。2人入选湖南省“最美科技工作者”；10人入选湖南省科技人才托举工程项目。全年获授权专利2512项，学校科技成果转化93项，合同总金额8.23亿元，转化专利285项，技术成交金额和转化专利同比增长86.5%和26.1%，均创历史新高。

昆明理工大学科研到款7.49亿元，同比增长4.76%，其中，横向科研经费到款2.46亿元。获国家自然科学基金项目188项，资助直接经费7266万元；获批科技部科技计划项目18项，合同总额7331万元，其中科技部重点研发计划项目2项，合同金额4466万元；科技部重点研发计划课题3项，合同金额1553万元；获批云南省科技厅重大专项、基础研究计划等各类科技计划项目251项，合同总额7000万元。申报国家科技奖励4项、省部级奖励17项，带动企业产值超300亿元。王华教授获2022何梁何利奖“科学与技术创新奖”；那靖教授获霍英东青年科学奖；马文会教授团队在国际顶级期刊*Nature Astronomy*发表研究论文，对嫦娥5号月壤样品的微区分析结合冶金热力学理论计算，首次发现了月表存在歧化反应成因的纳米相铁的证据。全年获专利授权1465项，其中发明专利873项。

江西理工大学全年签订横向合同215份，科研总经费达2.92亿元，牵头承担“十四五”国家重点研发计划项目“磁悬浮等轨道交通系统用高等可靠性稀土永磁材料制备技术”，于2022年8月9日顺利竣工。主持承担“十四五”国家重点研发计划课题4项、子课题9项，获批国家自然科学基金项目56项，省科技厅揭榜挂帅项目3项、区域创新体系建设-跨区域研发合作2项、省重点研发计划重点项目2项。获批国家级科技创新平台培育项目“稀有金属资源高效开发与利用重点实验室”、2022年“科创中国”创新基地，与宜春市人民政府共建江西理工大学宜春锂电新能源产业研究院、与抚州市人民政府共建有色金属产业技术创新中心、与宜丰县人民政府共建江理（宜丰）锂电产业创新研究院。全年获江西省科学技术奖励9项，获奖总数连续四年蝉联全省第二；获评湖南省技术发明奖一等奖1项、福建省科学技术奖二等奖1项。授权国内外发明专利307件，专利转让35件，作价入股18件。

东北大学有色金属冶金学科（冶金工程）入选新一轮“双一流”建设学科名单。新增包括国家重点研发项目2项在内的国家级项目10多项，累计科研进款5000多万元。完成重大科研成果转化3项，累计转化合同额达1.2亿元；研发的铝电解质中锂盐提取技术，实现了1亿元的技术转让。开发的黄金矿山深部矿石工艺矿物学综合研究及资源增储和高效利用技术，开创了工艺矿

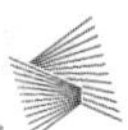

物学、勘探增储、矿物加工等交叉学科研究新途径、探索出了矿石高效综合回收的创新发展模式，潜在工业价值 523439 万元。研发的短流程铂钯铑清洁高效分离与精炼技术及装备，突破了铂钯铑分离与精炼过程工艺流程冗长、贵金属溶解效率低及精炼过程高浓度氮氧化物处置困难等技术难题。2022 年获省部级一等奖 3 项；发表论文 400 余篇，出版专著 3 部；申请国家发明专利 120 多项，获授权国家发明专利 90 多项、国际发明专利 4 项。

北方工业大学依据国家战略需求和首都"四个中心"城市功能定位，积极服务有色金属行业企业开展科技攻关和成果转化，以有色冶金现代检测技术及装置工程中心等相关研发机构为基地，先后承接和完成铜电解极间短路机理、有色金属生产过程多相多场先进工艺控制与优化软件、炭素材料生产全流程人工智能系统研发及产业化。先后与中铝郑州有色金属研究院有限公司、中铝视拓智能科技有限公司合作，开展了中国铝业卓越技术中心"数据服务平台"（二期）建设项目的研究与开发工作。基于磁光效应原理的铝电解槽阳极电流、立柱母线电流和阴极电流的光纤电流传感测量技术及产品，有效解决了预焙多阳极铝电解槽的电极电流精准测量，为下一代电解槽控制系统和铝电解槽数字化、实现智能诊断与最优控制奠定了技术基础。主持制定国家标准《安全与韧性业务连续性管理体系要求》，围绕高价值特富残矿回采面临残矿稳定性更差、回采安全系数更低、灾害因素复杂等诸多难题，建立了区域传感器阵列数据重构及同步快速匹配方法，实现了回采环境下人车物及灾源信息准确定位。

桂林理工大学获国家自然科学基金项目 80 项，直接经费 3216 万元，增长 20. 4%；获得省部级科技项目 78 项，项目经费 2448. 7 万元，同比增长 145%。新增获得省部共建协同创新中心 1 个——"有色金属矿产勘查与资源高效利用省部共建协同创新中心"，自治区科技成果转化中试研究基地 1 个——"广西固废资源化高效利用科技成果转化中试研究基地"，自治区工程研究中心 2 个。签订"四技"合同 221 项，合同金额 6002 万元，其中胡振光团队"三种稀土改性高性能铝合金材料制备方法与工艺技术"转让合同金额为 2500 万元，创下科技成果转化单项合同金额最高纪录；先后与兴安县、平乐县、南宁市西乡塘区、桂林华信制药有限公司、中国铝业股份有限公司广西分公司、桂林力源粮油食品集团有限公司等多家企业签订了产学研合作协议。全年 11 项成果获得广西科学技术奖，授权国内专利 304 项（发明专利 199 项），国外专利 5 项。

嘉兴学院以中国革命红船起航地高校的政治担当，自觉传承红色基因、守牢红色根脉，先后隶属于国家重工业部、冶金工业部、中国有色金属工业总公司，被誉为中国有色行业经济管理人才的“摇篮”，时刻牢记习近平总书记“努力把学校办成一所有特色、善创新的综合性大学”的殷切嘱托，大力弘扬伟大建党精神、红船精神，秉承“方正为人 勤慎治学”校训，践行“求是求真求正”校风，勇猛精进、追求卓越，大力实施“1358”战略，获得2022年度中国有色金属工业科学技术奖一等奖1项、二等奖2项。

重庆科技学院全面落实国家创新驱动发展战略，抢抓成渝地区双城经济圈建设重大战略机遇，持续深化“放管服”改革，提升学术治理水平，培育高水平科技成果，连续两年跻身中国科技成果转化百强高校，获批国家自然科学基金23项。全年共获得省部级科技奖励27项，完成专利交易22批次，转让（许可）经费合计267.1万元。编制国家标准5部，行业标准3部，地方标准2部。获授权专利245件，其中发明188件。

参 考 文 献

[1] 国家统计局社会科学和文化产业统计司，科学技术部战略规划司.《中国科技统计年鉴 2022》. 北京：中国统计出版社，2022.

撰稿人：赵婧琳、张　龙、
王怀国、张洪国
审稿人：贾明星

2022 年有色金属国际交流与合作

2022 年，世界百年未有之大变局加速演进，疫情仍在全球范围内存在，中国有色金属工业协会继续发挥民间外交作用，开展国际交流与合作，努力推进中国有色金属工业在国际有色金属业界的参与度、融合度。

一、稳步开展日常对外交流活动

有色金属工业国际化程度高，中国有色金属工业协会（以下简称有色协会）积极配合国家整体外交，代表中国有色金属工业开展对外交流与国际合作，丰富国际活动，树立友好开放的负责任工业形象。

（一）举办第十一届亚洲铜业周活动

有色协会自 2016 年起与智利铜与矿业研究中心（CESCO）合作，共同举办亚洲铜业周。受疫情影响，该活动自 2020 年以来改为线上会议。2022 年的亚洲铜业周恢复线下活动，在新加坡举办，包括世界铜业会议、CEO 首脑峰会、亚洲铜晚宴等活动。葛红林会长、贾明星常务副会长通过视频参加相关活动。

（二）积极参与国际有色金属研究工作及交流

中国是国际铅锌研究组和国际铜研究组成员国，而且是国际铅锌研究组主席国和国际铜研究组副主席国。有色协会一直代表国家履行成员国义务，借助研究组平台，全面、准确展示行业形象，增进国际有色金属行业对中国有色金属行业的了解。4 月，有色协会相关人员在国际铅锌研究组第 67 次会议（线上）上作《电动汽车发展以及能源转型对中国有色金属工业的影响》报告。

（三）参加中芬经贸联委会第 24 次会议

11 月 18 日，商务部召开中芬经贸联委会第 24 次会议（线上）。会议对 2021 年中芬经贸关系、双方营商环境、关键领域双边合作、中芬创新企业合作委员会合作情况及联委会项下工作组工作开展情况进行交流。有色协会作为联委会项下有色金属工作组代表发言。商务部、中国驻芬兰大使馆、国家卫健委、国家林业和草原局、有色协会、机电商会、国家经开区、中国机械工业集团及芬兰外交部、经济事务和就业部、环境部、卫生部、芬兰驻华使馆、芬兰驻沪总领馆均派代表参加会议。

2022 年，有色协会还与世界经济合作与发展组织（OECD）、法国驻华大使馆、国际镍协会及中非发展基金、中国纺织工业联合会、中国建筑材料联合会等积极开展线上及线下交流，就有色金属产品负责任采购、有色金属行业在非洲投资现状、面临风险、加强中国镍行业在国际镍行业融合度、社会责任体系、欧盟金属原材料行业情况等话题开展相关工作。

二、以联盟为平台，助力行业走出去

有色协会以中国有色金属国际产能合作企业联盟（以下简称联盟）为平台，以务实尽责为海外开展项目的企业做好服务为导向，主动作为，不断提升服务水平。截至 2022 年，联盟成员单位已从成立初期的 53 家发展至 70 家，涵盖了有色工业开展国际产能合作的相关企业和机构。

（一）发布企业海外社会责任工作亮点宣传图册

长期以来，中国有色金属企业的特点是“做得多，说得少”，随着“走出去”企业国际化经营水平的不断提高，全球对 ESG 关注的不断提升，有色企业需要充分展示社会责任、社区贡献，树立中国“一带一路”负责任的大国形象。

据此，有色协会以非洲刚果（金）为切入点，联合中国有色金属杂志社共同完成《走进刚果（金）——中国有色企业社会责任工作亮点》宣传图册。中国驻刚果（金）大使朱京亲自为画册题序。该画册为中、法双语，用文字、图片相结合的方式展现了十几年来在刚投资有色企业在人文、教育、医疗、环境保护和基础设施建设等方面为当地经济社会发展所作出的贡献。

（二）开展国别研究工作

有色金属资源的稳定供应，影响着产业链和供应链的安全。联盟依据有色金属品种关注度，对铜矿产资源集中地南美秘鲁进行国别研究，初步完成《有色金属行业对外投资合作国别（地区）指引——秘鲁》。

（三）召开联盟年会暨中国有色金属“一带一路”技术装备论坛

11 月 16 日，联盟召开执委会会议。会议回顾了联盟上一年度工作，审议通过联盟相关事项，为行业企业搭建增进交流、推进合作的平台。中国恩菲工程技术有限公司任联盟一届五任轮值主席单位。

11 月 17 日，中国有色金属国际产能合作企业联盟年会暨中国有色金属“一带一路”技术装备论坛顺利召开。会议旨在推进有色金属国际合作可持续、高质量发展，围绕更高水平开展对外交流合作，保障资源安全供应等话题

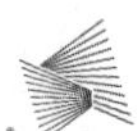

进行探讨交流。协会会长葛红林出席会议并讲话，外交部非洲司、发改委外资司有关领导以视频形式为大会致辞。协会常务副会长、联盟执行主席贾明星主持会议。来自中国有色矿业集团有限公司、五矿有色金属股份有限公司、中国恩菲工程技术有限公司、紫金矿业集团有限公司、盛屯矿业集团股份有限公司、云南铝业股份有限公司、山东南山铝业股份有限公司、宁波力勤资源科技股份有限公司及成都利君实业股份有限公司等联盟成员企业、相关单位、金融投资机构的百余位代表出席会议。

（四）举办新能源金属线上主题研讨会

疫情下，对外交流与合作受到相当大影响，联盟以海外投资新热点为主题，在6月22日主办“新能源金属对外投资机遇”线上研讨会。有色协会镍分会、中国恩菲就新能源金属对外投资做相关主题报告，比亚迪、紫金矿业及盛屯矿业等骨干企业主要负责人参加圆桌对话。会议就新能源产业发展趋势、新能源金属基础材料产业链技术体系、新能源矿产资源投资机遇与风险等话题进行了探讨。

三、中国国际贸易促进委员会有色金属行业委员会相关工作

2022年有色金属行业委员会积极参与中国国际贸易促进委员会一系列工作，如RCEP问卷调查、服务企业数据库及大平台建设调研座谈会等。

5月20日，国家主席习近平在庆祝中国国际贸易促进委员会建会70周年大会暨全球贸易投资促进峰会上发表视频致辞。胡春华副总理主持大会开幕式。大会主题为“汇聚贸促力量、共促开放发展”。有色协会常务副会长、有色金属行业委员会会长贾明星线上参加中国国际贸易促进委员会建会70周年座谈会。

四、中资有色金属行业企业2022年海外投资项目进展

在全球新冠疫情蔓延、外部环境复杂多变的背景下，有色金属企业“走出去”面临更多压力和挑战。尽管如此，有色金属企业仍然以贸易、股权收购（参股）、资产收购及联合开发等方式积极开拓资源。据不完全统计，2022年，有色金属企业“走出去”仍然主要聚焦“新能源矿产”项目及相关冶炼项目。

（一）矿冶类项目

1. 津巴布韦Bikita锂矿项目

1月，中矿资源集团全资子公司中矿（香港）稀有金属资源有限公司以1.8亿美元收购African Metals Management Services Ltd. 和Southern African

Metals & Minerals Ltd. 合计持有 Bikita Minerals（Private）Ltd. 公司 74%权益，Bikita 公司主要资产是位于津巴布韦的 Bikita 锂矿项目。

Bikita 锂矿项目处于生产阶段，主要产品为技术级透锂长石精矿和铯榴石精矿。Bikita 锂矿区累计探获的保有锂矿产资源量为 2941. 40 万吨矿石量，Li_2O 平均品位为 1. 17%，Li_2O 金属含量为 34. 40 万吨，折合 84. 96 万吨 Li_2CO_3 当量。SQI6 矿体伴生钽矿产资源量 840 万磅 Ta_2O_5，Ta_2O_5 平均品位 0. 0186%。

6 月，Bikita 矿山改扩建及新建项目开工，中矿资源计划投资 2 亿美元，对现有生产线进行扩产改造，并新建一条年处理 200 万吨矿石的新生产线，预计 2023 年 6 月建成达产。2022 年 8 月，津巴布韦 Bikita 矿山首批透锂长石精矿（Li_2O 含量 3. 5%~4%）到达宁波港。

2. 坦桑尼亚 Ngualla 稀土矿项目

2 月，盛和资源（新加坡）有限公司以约 3924. 82 澳元收购澳大利亚 Peak 公司 19. 9%的股权。Peak 公司核心资产是坦桑尼亚 Ngualla 稀土矿项目。按照 JORC(2012）标准，以 1%为边界品位，矿石资源量 2. 14 亿吨，平均品位 2. 15%，折合 461 万吨 REO。稀土储量 1850 万吨，平均品位 4. 8%，折合 88. 7 万吨 REO。稀土氧化物中的镨钕氧化物占比约为 21. 26%。

3. 印尼镍钴资源开发项目

3 月，浙江华友钴业股份有限公司与大众汽车（中国）投资有限公司和青山控股集团有限公司就动力电池正极材料产业链上下游合作分别达成战略合作意向，拟共同布局印尼镍钴资源开发，以及镍钴硫酸盐精炼、前驱体加工和正极材料生产等动力电池正极材料一体化业务。合资公司规划建设规模为年产约 12 万吨镍金属量和约 1. 5 万吨钴金属量的产品，可满足约 160 吉瓦时电池所需的镍钴原料供应。

4. 印尼波马拉矿区项目

4 月，华友钴业与巴西淡水河谷印尼签署合作框架协议，双方计划合作波马拉（Pomalaa）矿区项目。该项目位于印尼东南苏拉威西省科拉卡县，以褐铁矿矿石为原料，采用高压酸浸湿法技术，规划产能为年产不超过 12 万吨镍金属量的氢氧化镍钴产品。11 月，项目启动，投资总额（包括高压酸浸冶炼厂和矿山）预计将达 67. 5 万亿印尼盾（约 305 亿元人民币），将创造约 1. 2 万个施工岗位。

5. 蒙古国仙乐都矿业项目

4 月，紫金矿业集团有限公司（以下简称紫金矿业）以约 556 万澳元投资获得仙乐都矿业合计 19.9%股权，以及仙乐都矿业下属 Khuiten Metals Pte. Ltd.（以下简称辉腾金属）50%股权，进而拥有蒙古国哈马戈泰（Kharmagtai）铜金矿项目约 45.9%权益。

仙乐都矿业主要资产为 3 个勘探项目，包括哈马戈泰铜金矿高级勘探项目、红山（Red Mountain）铜金矿高级勘探项目和黄山（Yellow Mountain）铜矿初级勘探项目，其中哈马戈泰项目是旗舰资产。哈马戈泰铜金矿项目位于蒙古国南戈壁省斑岩铜矿带，距离乌兰巴托约 420 千米。根据仙乐都矿业 2021 年年报，哈马戈泰铜金矿项目估算矿石量约 11 亿吨，含铜约 293 万吨，含金约 780 万盎司（约 243 吨）。

6. 南非黄金项目

4 月，鹏欣环球资源公司控股子公司 CAPM Tau Mine Proprietary Limited 以 1.3 亿南非兰特收购 Heaven Sent Gold Processing Company Proprietary Limited 旗下的 West Gold Plant（Pty）Ltd. 100%公司股权及卖方债权；同时以 5000 万南非兰特收购 Tau Lekoa Gold Mining Company Proprietary Limited 持有的 Weltevreden 矿权项目。

West Gold Plant（Pty）Ltd. 公司的核心资产是西选厂，是一座以黄金矿石选冶为主的加工厂，生产规模为年处理矿石量 190 万吨。Weltevreden 项目位于约翰内斯堡西南约 160 千米处，根据南非 SRK 咨询公司 2021 年 11 月 11 日出具的符合 JORC 规范的资源量估算报告，截止到 2021 年 6 月 30 日，矿区保有资源量（探明+控制+推断）为矿石量 1158 万吨，平均品位 4.06 克/吨，金金属量 47.01 吨。

7. 刚果（金）Manano 锂矿项目

5 月，紫金矿业通过受让刚果（金）国家矿业开发公司（Cominiere）股权，获得了 Manono 锂矿 15%的股份。

Manono 锂矿为全球已发现最大可露天开发的富锂 LCT（锂、铯、钽）伟晶岩矿床之一，2021 年 7 月更新的 JORC 报告显示，总资源量达到 4.01 亿吨，氧化锂平均品位为 1.63%，折合碳酸锂（LCE）当量 1632 万吨。

8. 印尼华山项目

6 月，华友钴业拟通过全资子公司华拓国际与 Glaucous International Pte. Ltd. 合资建设华山镍钴年产 12 万吨镍金属量氢氧化镍钴湿法项目。经初步测算，华山镍钴总投资为 26 亿美元，尚处于设计阶段。

9. 阿根廷 PPG 项目

7 月，赣锋锂业全资子公司赣锋国际以 9.62 亿美元收购阿根廷 Lithea 公司

100%股份。Lithea公司成立于2009年7月，主要从事收购、勘探及开发锂矿业权，旗下主要资产PPG项目，位于阿根廷萨尔塔省的锂盐湖项目，包括Pozuelos和Pastos Grandes两块锂盐湖资产。项目资源量为1106万吨碳酸锂当量，品位459毫克/升，计划年产能3万吨碳酸锂。

10. 墨西哥Sonora锂黏土项目

8月，赣锋锂业完成对英国上市公司Bacanora Lithium Plc及旗下Sonora锂黏土项目收购。目前赣锋锂业旗下全资子公司上海赣锋持有Bacanora公司100%股权。收购完成后，赣锋锂业计划在当地建立年产10万吨的氢氧化锂加工厂。首期建设5万吨产能，预计投资约4亿美元。

11. 印尼Sorowako矿山项目

9月，华友钴业与PT Vale Indonesia Tbk（下文简称淡水河谷印尼）签署合作框架协议，计划合作建设高压酸浸湿法项目。项目所需褐铁矿由淡水河谷印尼在印尼南苏拉威西的Sorowako矿山供应，采用高压酸浸湿法技术，计划年产能为6万吨镍金属量的氢氧化镍钴产品（MHP）。

12. 科特迪瓦阿布贾金矿项目

9月，赤峰吉隆黄金矿业股份有限公司全资子公司赤金（国际）香港有限公司以4930万澳元收购澳大利亚铁拓矿业有限公司7.9%股份。

铁拓矿业的主要资产是西非科特迪瓦阿布贾（Abujar）金矿，铁拓矿业持有阿布贾项目88%股权，科特迪瓦政府持有10%股权，当地合作方持有2%股权。根据JORC标准，项目资源量为104.2吨，平均品位1.2克/吨，目前仍在继续加密钻探提升储量及资源量级别。阿布贾金矿服务年限预计为11年，总产量52.88吨、平均年产黄金4.82吨，预计前六年平均产量6.22吨，第一年产量8.08吨。

13. 苏里南Rosebel金矿项目

10月，紫金矿业与加拿大多伦多上市公司IAMGOLD Corporation（以下简称IMG）签署《股份收购协议》，将通过境外全资子公司Silver Source Group Limited出资3.6亿美元收购IMG持有的Rosebel Gold Mines N. V.（以下简称RGM）95%的A类股份股权和100%的B类股份股权。RGM拥有苏里南Rosebel金矿项目（包含Rosebel矿区和Saramacca矿区）。

Rosebel金矿项目位于南美洲苏里南北部Brokopondo地区和Sipaliwini地区，截至2021年底，Rosebel金矿项目按100%权益的总资源量为矿石量1.96亿吨，金金属量为699.2万盎司（约217吨），平均品位1.11克/吨。

（二）工程设计类

有色金属企业除了矿产资源项目的“走出去”，在开拓工程承包与项目建设方面也取得了有效成果，中国技术、中国设计及中国制造的“走出去”，也为中国有色金属工业走向世界提供了有力的技术支撑。

1. 印尼阿曼铜冶炼项目

1 月，中国有色金属建设股份有限公司与印度尼西亚阿曼矿业公司陆续签署了 90 万吨铜冶炼厂项目合同，合同总金额超 9 亿美元，由中色股份及其印尼子公司联合签署，提供设计、采购、施工、调试交付一揽子工程。

2. 罗马尼亚铝热法炼镁技术合作

4 月，中铝郑州有色金属研究院有限公司与罗马尼亚有关企业签订了镁矿石炼镁工艺试验协议，旨在用铝热法炼镁新技术对罗马尼亚有关企业提供的水镁石试样进行新法炼镁实验室试验评价。该试验已顺利完成。

3. 印尼 CNI 镍铁项目

6 月，中国恩菲工程技术有限公司与印尼大型工程建设企业 PT PP 组成联合体总承包的印尼 CNI 镍铁项目一期工程正式开工。CNI 公司是一家印尼本土民营企业，在东南苏拉威西省拥有丰富的镍矿资源。该项目全面建成后，年处理干基矿 378 万吨，生产品位 22%的镍铁，折合年产镍金属 5. 56 万吨。其中，一期工程设置 1 条中国恩菲自主创新的 72 兆伏安电炉 RKEF 生产线，年产镍金属 1. 39 万吨。CNI 还将建造高压酸浸（HPAL）冶炼厂，生产含镍金属 4 万吨/年的氢氧化镍钴（MHP）用于生产新能源电池。

4. 韩国高冰镍精炼项目

10 月，韩国浦项制铁（POSCO）高冰镍精炼项目在韩国光阳市浦项钢铁园区开工。项目以高冰镍为原料，年处理高冰镍约 3 万吨，采用中国恩菲工程技术有限公司核心专长的压力浸出技术，使用两段常压浸出+一段氧压浸出，浸出液通过萃取工艺净化除杂，生产电池级硫酸镍、硫酸钴产品，以及副产品无水硫酸钠，设计规模为年产 2 万吨镍金属量。

（三）现有项目进展情况

1. 阿根廷 3Q 锂盐湖项目

3 月，阿根廷 3Q 锂盐湖项目开工建设，10 月成功生产出 20 千克合格碳酸锂产品，一期计划年产 2 万吨电池级碳酸锂，预计 2023 年底建成投产。

2. 刚果（金）卡莫阿项目

卡莫阿铜矿项目一期 380 万吨/年选厂于 2021 年 5 月建成投产，二期 380 万吨/年选厂于 2022 年 3 月建成投产。三期扩建及配套 50 万吨/年铜冶炼厂前期工作加快推进，三期预计2024年第四季度建成投产。2022年卡莫阿生产精矿含铜金属量同比增长215%至33.35万吨，达到当年生产指导目标（29万~34万吨）。

3. 华钰矿业塔铝金业锑金采选项目

经过3年建设，中塔合资企业塔铝金业5000吨/天锑金采选项目于4月建成投产。项目达产后，预计年处理矿石量为150万吨，年产金精矿（以金属计）2.2吨，锑精矿（以金属计）1.6万吨。目前华钰矿业可控锑资源量（以金属计）达到43.46万吨，年锑矿的产出量约为2.1万吨，全球供应占比接近15%。

4. 中矿资源加拿大Tanco矿山项目

加拿大Tanco矿山现有12万吨产能的锂辉石采选系统，8月扩建到17万吨处理能力。此外，Tanco公司正积极推进矿区的露天开采方案，在露采方案的条件下保有锂矿产资源量将会大幅度增加。关于新建100万吨/年处理能力选矿厂的可行性研究也正在进行之中。

5. 华友钴业印尼系列项目

华友钴业华越公司6万吨镍金属量红土镍矿湿法冶炼项目于上半年全面达产，华科公司4.5万吨镍金属量高冰镍项目于6月底4台电炉均进入试产，华飞公司12万吨镍金属量红土镍矿湿法冶炼项目按计划顺利推进。

6. 印尼青美邦镍资源项目

9月，印尼青美邦镍资源项目一期工程年产3万吨金属镍正式投产运行。项目二期年产4.3万吨金属镍已进入设计与关键设备采购阶段。

7. 中铝几内亚博法项目

10月，在中铝几内亚博法铝土矿项目开工建设4周年之际，项目累计装船量突破3000万吨。

8. 金塞维尔矿山项目

3月，五矿资源有限公司（MMG）批准了位于非洲刚果（金）东南部加丹加铜钴成矿带的金塞维尔矿山改扩建项目。项目将新建包括浮选厂、焙烧系统及钴回收系统在内的多项设施，以开采和加工矿山的硫化铜及钴资源。项目预计2023年开始产钴，2024年开始从硫化矿生产阴极铜。该项目总投资为5.5亿~6亿美元，可将金塞维尔矿山的服务年限延长到2035年以后。建成达产后，金塞维尔可年产电解铜8万吨，氢氧化钴（含钴）4000~6000吨。

9. 印尼宾坦工业园氧化铝项目

山东南山铝业股份有限公司在印尼宾坦工业园投资建设的200万吨氧化铝

项目已正式投产。项目在印尼铝土矿产地修建工厂，直接利用当地铝土矿和煤炭资源。

撰稿人：黄雪娇、曹明玥、刘 斌、刘 睿
审稿人：贾明星、李宇圣

2022年有色金属质量、标准、专利工作发展报告

2022年是党的二十大召开之年，是实施“十四五”规划的关键之年，也是推动有色金属行业实现高质量发展、实现从有色大国向有色强国加速转变的重要节点。有色金属行业坚决贯彻落实党中央国务院的决策部署，积极谋划以国内大循环为主体、国内国际双循环相互促进的发展新格局，促进有色金属行业固基础、补短板、扬长项，向先进制造业迈进。

这一年，国内零星疫情反复出现，国际环境更是复杂多变。原料短缺、价格波动、贸易摩擦、物流不畅、能源断供等各类状况时有发生，对有色金属行业的平稳运行产生较大影响。有色金属行业按照疫情要防住、经济要稳住、发展要安全的工作方针，坚持生态优先绿色低碳发展，不断提升供给高端化水平，在稳字当头、稳中求进中主动担当作为，整体运行呈现出回稳向好的势头。

在这一年中，有色金属质量（计量）、标准、专利工作紧紧围绕行业发展需求，以满足国家的要求、行业的诉求、市场的需求为使命，克服各种困难，通过各种方式，全方位地为有色金属行业高质量发展提供有力支撑和保障。

一、2022年度有色金属质量主要工作

（一）行业内多家企业荣获中国工业大奖和制造业单项冠军称号

第七届中国工业大奖发布会于2023年3月19日在北京友谊宾馆举行。宝钛集团有限公司、浙江海亮股份有限公司的精密铜管的低碳智能制造技术及装备研究项目、山东国瓷功能材料股份有限公司的“片式多层陶瓷电容器用介质材料关键技术研究开发及产业化应用”项目获中国工业大奖；新疆众和股份有限公司、紫金铜业有限公司、阳谷祥光铜业有限公司的“高端绿色旋浮铜冶炼关键技术及装备与产业化应用”项目获中国工业大奖表彰奖。

受工信部委托，中国有色金属工业协会组织了第七批制造业单项冠军限定性条件论证工作，同时推荐行业专家参与评审。经过专家论证和网上公示等程

序，工信部发布了第七批制造业单项冠军企业和单项冠军产品名单。江西赣锋锂业集团股份有限公司等3家企业和东北轻合金有限责任公司的航空航天用高性能2×××系铝合金预拉伸板等13个产品荣获第七批制造业单项冠军称号，具体信息见表1。

表1　第七批制造业单项冠军名单（有色金属行业）

单项冠军示范企业		
序号	示范企业名称	主营产品
1	江西赣锋锂业集团股份有限公司	氢氧化锂
2	河南明泰铝业股份有限公司	高性能再生平扎铝合金材
3	湖南泰嘉新材料科技股份有限公司	双金属带锯条
单项冠军产品		
序号	单项冠军产品名称	生产企业名称
1	航空航天用高性能2×××系铝合金预拉伸板	东北轻合金有限责任公司
2	小粒度海绵钛	朝阳金达钛业股份有限公司
3	高纯钒材料	承德钒钛新材料有限公司
4	锂离子动力电池结构件用铝合金板带	浙江永杰铝业有限公司
5	电子元器件用CuNi系合金带箔材	宁波兴业盛泰集团有限公司
6	新型镀锡铜带材	安徽鑫科铜业有限公司
7	PCB阳极磷铜球	江西江南新材料科技股份有限公司
8	泡沫镍	常德力元新材料有限责任公司
9	四氧化三钴	湖南中伟新能源科技有限公司
10	锯齿刀片	株洲欧科亿数控精密刀具股份有限公司
11	铝合金装饰型材	广东新合铝业新兴有限公司
12	钒氮合金	攀钢集团钒钛资源股份有限公司
13	耐高温长寿命隐身材料	陕西华秦科技发展股份有限公司

（二）持续开展行业QC小组及质量信得过班组活动，不断夯实高质量发展的群众基础

2022年，在工信部、国家市场监管总局等有关部门的指导下，在中国质量协会的联合推动下，继续组织全行业广大质量工作者，以“强能力、激活力、聚合力、提效能”为主题，坚持以人为本、以质为先、创新发展，充分发挥联动优势和团队作用，努力探索质量改进和创新思路，多策并举，深入扎实推进质量管理小组、质量信得过班组活动，行业质量工作取得新的突破和显著

成效，并呈现以下亮点：第一，申报数量持续增长。2022 年共有 235 个小组、54 个班组申报行业优秀质量管理小组及质量信得过班组，较 2021 年增加 52 个成果，申报数量再创历史新高。据不完全统计，2022 年度行业共注册 QC 小组 3098 个、质量信得过班组 454 个，年创可计算经济效益近 10 亿元，与 2021 年相比增长明显。第二，活动成效显著提高。行业中广大小组、班组活动各级推进者和一线员工紧跟时代步伐，将小组班组活动与经济社会发展大局相结合，与所在企业发展战略相结合，紧密围绕“全面提升质量水平、降本增效、品牌培育、节能减排、安全环保”等广泛关注的热点、重点和难点问题，开展质量改进和创新，尤其是 QC 小组活动，呈现出参与面广、关注度高、效果突出、可推广性强的鲜明特点。技术研发的创新型课题也逐年增多，并填补了许多专业技术空白，多项成果获得了国家专利，同时为企业带来了可观的经济效益。活动过程中，小组成员直面问题与挑战，集众智、汇众力、攻坚克难，不断激发创新、创造活力，充分彰显出小组成员主人翁的责任与担当，为企业做强产业链注入创新奋发的源泉。

2022 年行业加大了对质量管理小组活动及质量信得过班组建设理论的培训力度，继续以《质量管理小组活动准则》及《质量信得过班组建设准则》两个标准的宣贯和学习交流为抓手，先后为厦门金鹭、金堆城钼业、江西铜业、章源钨业等多家企业开展专项指导，以培训促活动开展，以交流促水平提升，迅速掀起小组活动新高潮。

（三）开展有色金属产品实物质量认定，持续加强行业质量品牌建设

为不断提升有色金属产品实物质量，推进有色金属企业技术进步，进一步完善质量管理体系，多年来持续开展有色金属产品实物质量认定活动，目前已有千余个有色金属产品通过行业实物质量认定，成为行业质量品牌标杆产品。认定活动以提高用户满意度、提升产品实物质量、增强质量保证能力、提高产品可靠性水平为目标，树立用户信心。同时为打造有色金属行业品牌、加强自主品牌建设、鼓励企业创名牌、指导企业提高产品质量水平、增强有色金属产品的市场竞争力，为推动中国有色金属工业高质量发展，鼓励企业实行质量效益型增长方式，培育具有国际竞争力的世界一流产品，打下了坚实牢固的基础。

2022 年，共有 37 家企业 77 个产品参加了有色金属产品实物质量认定活动，目前已经完成对申请材料及证实性材料的初审，该项工作现已进入到现场质量核查阶段。后期将通过对用户满意度评价、产品质量检测、现场答辩及专家评审等环节，严格把控实物质量认定评审工作。

（四）推进行业市场质量信用等级评价，提高企业质量诚信意识和质量法制意识

为深入贯彻落实《中共中央 国务院关于开展质量提升行动的指导意见》和《国务院关于建立完善守信联合激励和失信联合惩戒制度加快推进社会诚信建设的指导意见》的有关精神，2022 年，继续稳步推进行业市场质量信用体系建设活动，通过开展第三方用户满意度测评，推荐用户满意度综合指数较高的企业、产品及服务到中国质量协会市场质量信用评价办公室，其中山东南山铝业股份有限公司荣获 2022 年“市场质量信用 AA 等级”企业称号；河南豫光金铅股份有限公司的“阴极铜”产品荣获 2022 年“市场质量信用 AA 等级”产品称号。

（五）推广先进的质量管理技术方法，加大行业质量品牌人才队伍培养

以企业需求为导向，以《质量管理小组活动准则》及《质量信得过班组建设准则》两个标准宣贯为抓手，继续加大对质量品牌素质的教育力度，系统地推进行业质量人才培养，加强质量管理小组活动、质量信得过班组建设、品牌培育等专业人才能力。截至 2022 年，行业共组织开展了 18 期质量管理小组活动及质量信得过班组创建工作的相关培训。培养了多批高素质的 QC 小组活动及质量信得过班组建设活动管理者、推进者和骨干成员，目前他们已成为企业中推进行业质量活动的中坚力量，和广大一线员工紧紧围绕“全面提升质量水平、降本增效、品牌培育、节能减排、安全环保”等企业广泛关注的热点、重点和难点问题，积极开展质量改进和创新，为企业提质增效、高质量发展作出了巨大的贡献。

（六）稳步推进有色金属行业计量规范，助力有色金属产品的高质量发展

质量是标准的体现，标准是衡量质量的尺度，计量是控制质量和检验质量，使之达到标准要求的手段，是保障高质量产品的重要支撑。三者是相辅相成的有机统一整体。行业的高质量发展不仅需要质量管理体系的建设，计量管理也是重要组成部分，为完善行业计量体系，助力有色金属产品高质量发展，行业着重从以下三方面开展计量工作。

1. 审定完成多项行业计量技术规范

2022 年有色金属行业报批计量技术规范项目 5 项，分别为《腐蚀试验用高压釜校准规范》《真空退火炉校准规范》《材料高温力学性能检测用筒式炉校准规范》《费氏粒度测定仪校准规范》和《管式电阻炉校准规范》。此外，下达计量技术规范制定计划 15 项，审定完成计量技术规范项目 7 项。2018—2022 年下达计划数量对比见图 1。截至目前，有色金属领域计量技术规范项目

共有38项，其中已发布11项，在研27项。

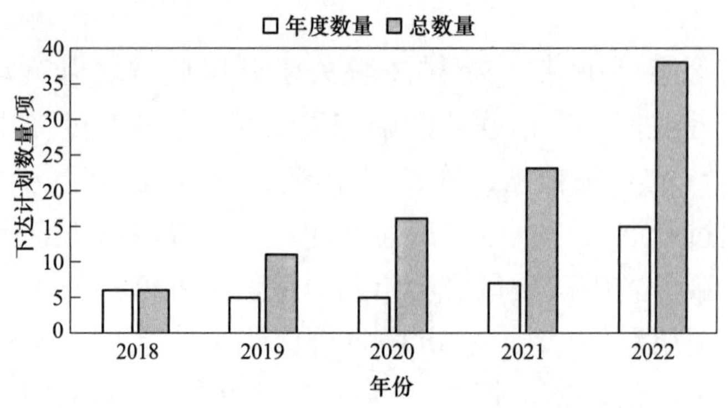

图1　2018—2022年下达计量规范计划数量对比图

2. 围绕国家相关政策，构建行业计量技术规范体系

根据《计量发展规划（2021—2035年）》《关于加强计量技术委员会建设的指导意见》及《建立健全碳达峰碳中和标准计量体系实施方案》等相关政策文件的具体要求，系统梳理了现有计量技术规范清单，初步形成了有色金属领域计量技术规范体系框架图，下设“行业通用、产业专用、智能制造、绿色低碳”子体系（见图2），为今后建立分类更加科学合理、涵盖面更加广泛、行业特色更加鲜明的计量技术规范体系提供了强有力的支撑。

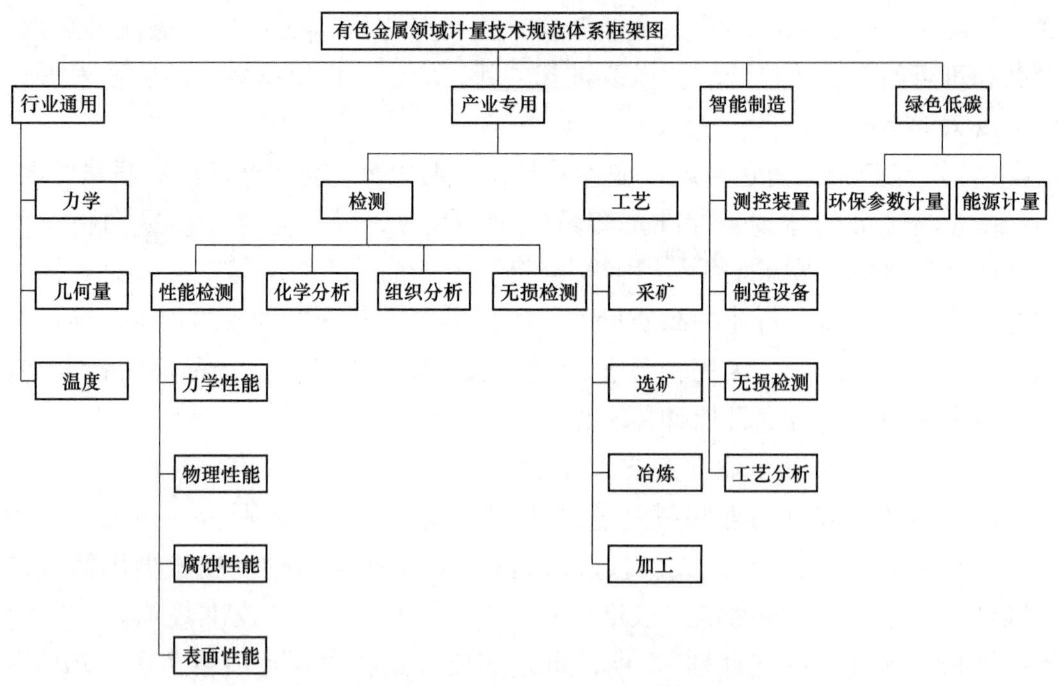

图2　有色金属领域计量技术规范体系框架图

3. 规范行业计量认证评审工作，不断提升行业资质认定评审能力

2022 年，国家级资质认定（计量认证）有色金属行业评审组共审核完成 15 项行业机构复查换证、能力扩项评审及能力取消工作；指导行业内 2021 年度 13 家机构认可与检验检测服务业数据统计上报工作；组织有色金属行业国家级资质认定评审员参加继续教育培训，推荐 1 名评审员为国家级主任评审员，扩充 4 名评审员加入有色金属行业评审组队伍，提升了行业计量人才的专业素养。

二、2022 年有色金属标准化工作（非工程建设类）

（一）贯彻落实《国家标准化发展纲要》，围绕重点全力推进标准化工作

2022 年，为全面贯彻中共中央、国务院印发的《国家标准化发展纲要》《建设高标准市场体系行动方案》《2030 年前碳达峰行动方案》相关要求，积极落实国家市场监管总局、国家标准化管理委员会（以下简称“国标委”）、工信部、国家发改委、生态环境部等各部委下发的《“十四五”推动高质量发展的国家标准体系建设规划》《“十四五”原材料工业发展规划》《工业领域碳达峰实施方案》等各类规划、计划、方案和指南，有色金属标准化工作紧紧围绕“四个转变”发展目标，加速建设有色金属新型标准体系。在这一过程中，标准化工作紧紧围绕行业发展需求，以推动有色金属行业高质量发展为目标，以市场为导向，以企业为主体，建设和完善协调配套的国家标准、行业标准、团体标准的标准群，全面启动重点产业链稳链工程、质量提升、新材料、绿色制造、智能制造等领域的标准化工作，更加积极地参与和主导国际标准制定，全方位地为有色金属行业转型升级、提质增效、创新发展、绿色发展及产业走出去提供有力支撑和保障。

1. 围绕“新产业标准化领航工程”

在兼顾国家重点工程用关键材料的同时，着力在先进基础材料、关键战略材料和前沿新材料等领域进行布局。

2. 围绕“高端装备制造标准化强基工程”

完成《有色金属行业智能制造标准体系建设指南》的编写，该指南已经完成征求意见，即将由工信部发布。此外，打通了智能制造行业标准立项流程。24 项行标经过智能制造总体组的审核，6 项智能制造行标已经下达计划。另有 12 项团体标准计划已经下达，研制进展顺利。

3. 围绕“碳达峰碳中和提升工程”

2022 年 1 月，中国有色金属工业协会发布了《有色金属行业绿色低碳标

准化三年行动计划（2021—2023)》，整体推动了有色行业“绿色低碳”标准化工作。根据行业需求，加紧开展了《绿电铝评价及交易导则》标准的研制，受到企业的高度关注。

4. 围绕“标准化助力重点产业稳链工程”

完成一批战略性有色金属回收标准的制定。此外，根据《再生黄铜原料》等3项再生原料标准的实际应用情况，对3项标准进行了修订，此次修订扩大了标准适用范围，并修改相关技术指标，明确了“出厂检验”和“入厂检验”内容。新标准既能作为海关监管的关键依据，又能够满足贸易需求。目前3项标准已经完成了报批工作，预计将在2023年发布。

5. 围绕“重点行业节能减排重点工程”

加快完成能耗限额标准的更新升级，经过两年多艰苦卓绝的工作，全国有色金属标准化技术委员会（以下简称“有色标委会”）已经完成了8项强制性能耗限额国家标准的整合修订，目前3项已经发布，5项完成报批工作。

（二）克服疫情影响，有序推进标准项目进展

2022年度共计下达393项标准制修订计划，其中国家标准计划两批45项、行业标准计划三批290项（含3项外文版研制计划)、协会标准计划四批58项。

2022年度共计审定完成289项标准，其中国家标准98项、行业标准146项（含行业标准外文版1项)、协会标准45项。

2022年度共计报批152项标准，其中国家标准56项、行业标准54项（含行业标准外文版1项)、协会标准42项。

2022年度共计发布248项标准，其中国家标准72项、行业标准136项、协会标准40项。

1. 标准计划下达情况

2022年度下达《重有色金属精矿产品中有害元素的限量规范》《高损伤容限铝合金型材、管材》《钛及钛合金阳极氧化膜》《增材制造用铝合金粉》《工业用硝酸银》等45项国家标准计划，计划数量有较大减少；下达《航空用铝及铝合金拉（轧）制管材》《高强高弹铜合金带箔材》《碳氮化钛基硬质材料》《高纯钛铝合金靶材》《有色金属加工智能工厂通用技术要求》等290项行业标准计划，相比2021年有大幅增加；下达《电解铝企业温室气体排放核查技术规范》《有色金属矿山高浓度膏体智能充填系统技术规范》《低品位锂矿制备碳酸锂单位产品能源消耗限额》等58项协会标准计划。

2020—2022年下达标准制修订计划数量对比情况见图3。

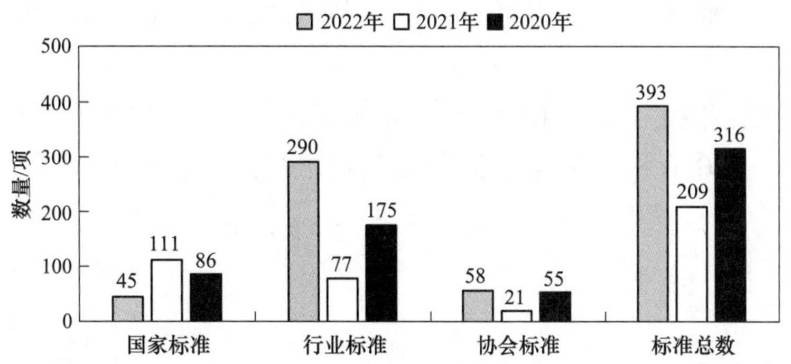

图 3　2020—2022 年下达标准制修订计划数量对比图

2. 标准审查讨论情况

2022 年度共审定完成 289 项标准，其中国家标准 98 项，如《航空用铝合金管、棒、型材通用技术规范》《再生铜合金原料》《钛及钛合金无缝管》《增材制造用高熵合金粉》《金及金合金靶材》等；行业标准 146 项，如《再生氧化铝原料》《电子薄膜用高纯铜环》《电池级碳酸锂》《硬质合金精磨圆棒》《贵金属废催化剂包装规范》等；协会标准 45 项，包括《高导热铝合金采暖散热器铸件》《钨渣利用处置技术规范》等。

2020—2022 年审定完成标准数量对比情况见图 4。

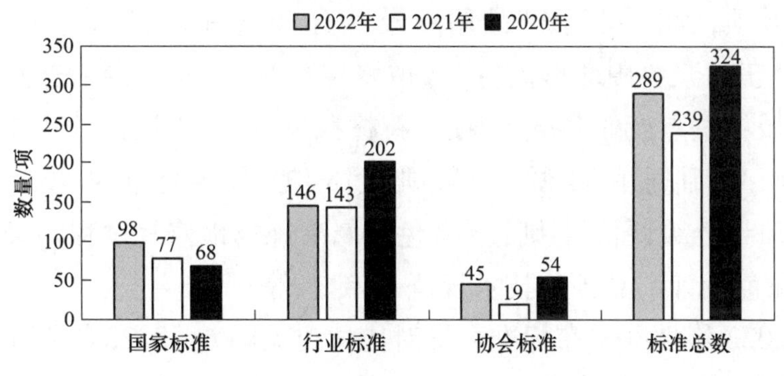

图 4　2020—2022 年审定标准数量对比图

3. 标准项目报批情况

2022 年度共报批 152 项标准，其中国家标准 56 项，如《电工圆铝杆》《海水淡化装置用铜合金无缝管》《粉末床熔融增材制造钽及钽合金》《钛及钛合金带、箔材》等；行业标准 54 项（含 1 项外文版），包括《热喷涂用氧化铬粉末》《锻造钛合金无缝管》《铝幕墙板　第 1 部分：基材》《铂电极浆料》等；协会标准 42 项，如《绿色设计产品评价技术规范 铸造用锌合金锭》《铝及铝合金加工行业绿色工厂评价导则》《锂电废匣钵处置及回收利用技术规范》等。

2022 年度在报批协会标准方面数量基本持平，报批国家标准和行业标准数量少于往年。2020—2022 年报批标准项目数量对比情况见图 5。

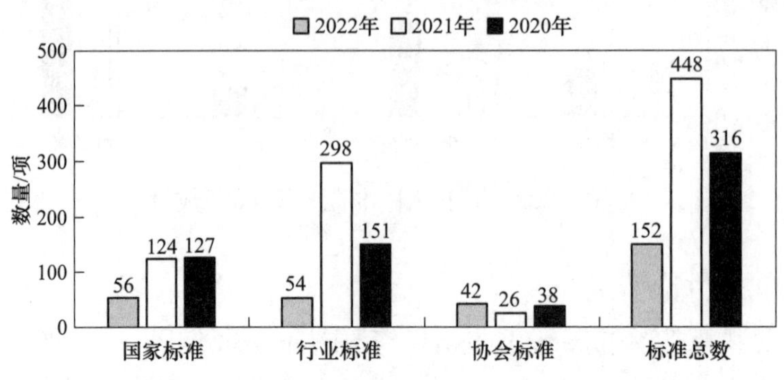

图 5　2020—2022 年报批标准数量对比图

4. 标准批准发布情况

2022 年度共发布 248 项标准，其中国家标准 72 项，如《铝及铝合金术语 第 4 部分：回收铝》《加工铜及铜合金牌号和化学成分》《紧固件用钛及钛合金棒材和丝材》《粉末床熔融增材制造镍基合金》《回收铂族金属原料》等；行业标准 136 项，如《电子产品用钛及钛合金丝材》《铜合金 Y 型拉链线》《太阳能电池正面浆料用球形银粉》《取水定额 锌冶炼》等，这些标准分布在下面 6 个领域：重点产业稳链 45 项、新材料 20 项、质量提升 7 项、节能与综合利用 13 项、基础通用 33 项、一般项目 18 项；协会标准 40 项，如《有色金属加工产品质量分级评价 通则》《有色金属冶炼场地修复过程污染综合防控技术指南》《绿色设计产品评价技术规范 金锭》等。

2020—2022 年批准发布标准数量对比情况见图 6，2022 年发布行业标准分布领域情况见图 7。

2022 年度发布的 72 项国家标准、136 项行业标准及外文版、40 项协会标准详见附表 1 及附表 2。

（三）稳步有序推动，国际标准化工作进入新常态

1. 承担的 4 个国际标准秘书处有效运行

2022 年度，作为有色金属领域 4 个国际标准化技术委员会秘书处承担单位，按 ISO 导则要求开展相应的工作。

TC26 铜及铜合金和 TC79/SC12 铝土矿技术委员会完成了主席换届，江西

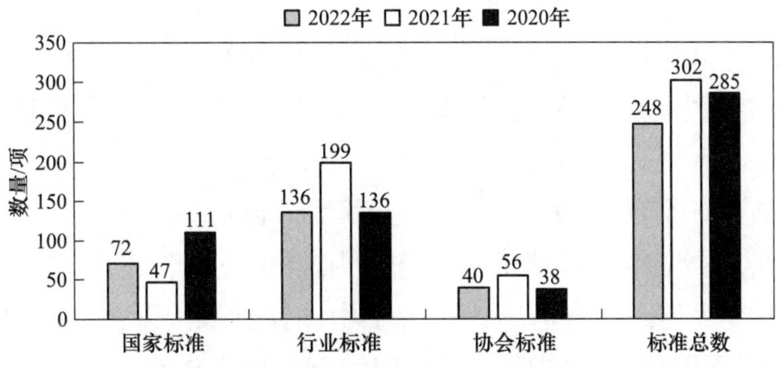

图 6　2020—2022 年发布标准数量对比图

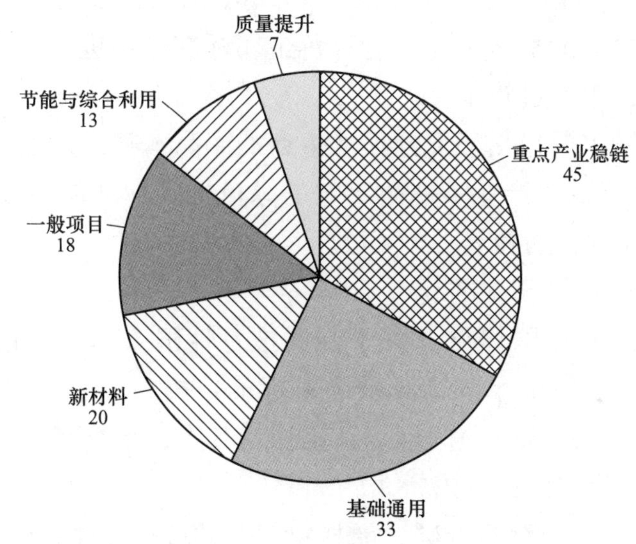

图 7　2022 年发布行业标准分布领域图

铜业集团查克兵同志和有色技经院李子健同志分别接任主席，任期至 2027 年。

TC333 锂技术委员会成功推动立项 12 项国际标准，其中，中国牵头 3 项。共组织投票 20 次，组织国内专家参加会议 10 余次。

TC79/SC5 镁及镁合金秘书处，持续推进产品及分析方法国际标准的研制工作，其中，由中国提出并主导制定的国际标准 2 项，此外，根据 WG4 工作组会议要求，整合了 4 项 ICP 测定方法。

2022 年度，4 个秘书处按照要求召开了年会，特别是 TC26 铜及铜合金，时隔 9 年，顺利召开年会，7 个国家的 20 余位代表参会，启动了技术委员会战略商业计划（SBP）的修订工作，成立了工作组，标志着 TC26 的工作已经复苏，国际标准化工作正式启动。

2. 全面参与国际标准化活动

2022 年度，共组织 200 余人次中方专家参加 30 次国际会议，为企业实质性参与国际标准化活动、提出国际标准项目提供了条件。共发起投票 103 次，投票率 100%。

3. 顺利推进十余项中国牵头在研的国际标准项目

2022 年度，中国牵头在研的十余项国际标准进展顺利，5 项发布实施。其中，发布的 2 项钛及钛合金标准，实现了中国钛领域国际标准的重大突破。

（四）加强顶层设计，构建科学合理的新型标准体系

1. 重新梳理标准体系，适应国家标准申报新要求

2022 年 1 月，根据国标委印发的《2022 年国家标准立项指南》要求，有色标委会结合国家标准复审工作，对有色金属标准体系进行了重新梳理，修改了整体框架，并在平台进行上传。

新的标准体系主要包括三部分：从生产的产品本身出发的传统原材料标准体系（M），从生产的全产业链视角出发的绿色低碳标准体系（G），从生产的全流程出发的智能制造标准体系（CI）。

2. 开展有色金属国家标准复审工作

2022 年 2 月，根据国标委《关于开展推荐性国家标准复审工作的通知》，有色标委会将列入复审清单的 288 项国家标准，按照规定程序，补充 48 项国家标准。最终，共完成 336 项国标复审工作，其中，继续有效 205 项，修订 57 项，整合修订 67 项，废止 7 项。

3. 开展“十四五”绿色低碳、原材料工业领域标准体系建设

2022 年 8 月和 10 月，有色标委会先后接到工信部节能司和原材料司的通知，要求配合做好绿色低碳领域和原材料工业领域“十四五”标准体系建设工作，有色标委会紧急向会员单位征集了两批标准计划项目。提出了“十四五”绿色低碳标准需求 139 项。提出了原材料工业“十四五”重点标准需求 533 项。

4. 开展有色金属领域标准体系评估和优化试点工作

2022 年 9 月，有色标委会结合自身特点，同步开展国家标准与行业标准的体系评估和优化试点工作。此次试点工作通盘考虑有色标委会归口管理的全部标准，包括现行有效的标准，以及 2022 年 8 月 31 日前下达的在研标准计划。

标准体系评估重点围绕单项标准和计划进行，系统考虑标准的必要性、适用性、规范性、时效性和协调性，从实施的实际效果出发，合理定位和确定国标、行标、团标的边界，协调和明确产业链上下游标准的配套关系，优化存量

标准、按需提出增量标准。

最终形成的标准体系规划，包括标准体系框架和标准体系表，以及“六个一批”清单，最终形成“结构合理、水平先进、国际兼容”的新型标准体系，推动有色金属工业高质量发展。

（五）加强平台建设，标委会管理服务水平稳步提升

1. 持续加大标准宣贯与培训

一是2022年1月，以网络形式召开了《再生铜铝原料标准实施指引2.0》发布会。超过200个终端、300多位代表参加会议。邀请多位专家对标准实施指引及典型案例进行分析解读，为再生铜铝原料标准的实施和应用提供帮助。

二是2022年4月21—24日，以线上会议的形式召开了智能制造与低碳标准工作组第一次全体委员大会，会议邀请多位专家作了主题报告，还分别论证了一批标准计划项目。

三是召开了重要标准宣贯会。其中，有色标委会主办、上海期货交易所协办的《氧化铝》国家标准宣贯会于2022年8月在郑州召开。《锡锭》等锡锑领域标准宣贯会于2022年9月在太原召开。此外，还通过大会报告等形式对《铝用炭素单位产品能源消耗限额》等多项重点标准进行宣贯解读。

四是参与工信部节能司组织的各类宣传活动。参加了全国工业节能监察培训班，录制了《电解铝行业节能监察培训》课程。还参加“节能服务进企业”暨工业节能与绿色标准宣贯会和新疆工业水效提升交流会，分别在会上作了有色金属行业绿色工厂体系建设和有色金属行业节水现状的专题报告。

五是举办标准编写培训会。2022年8月28—30日，由国家标准技术审评中心指导，中国有色金属工业标准计量质量研究所主办，江苏容汇通用锂业股份有限公司协办的“有色金属标准编写培训会”在湖北宜昌举行。300余位有色标准化工作者参加培训。会议邀请国家标准技术审评中心牛利芳、于亚笛两位副主任和中国有色金属工业质量计量标准研究所的多位专家进行授课。会议提供了多份教材，增设了测试、点评和解答环节。

六是加强与标准制定、应用、监管部门的沟通和协调，围绕行业热点进行标准宣贯和研讨。2022年12月28日，通过网络召开《粗氢氧化镍钴》《粗碳酸锂》《磷酸锂》3项标准宣贯会及研讨会，邀请主编单位进行标准解读，邀请环保、海关和高校专家对相关产品鉴别和标准实施情况进行专题介绍和研讨，有效促进相关方对标准的理解和认识，为支撑相关产品的规范化生产、使用和回收提供助力。

七是加大对重点标准重要领域标准体系的宣传解读，进一步扩大标准化工作的影响力。2022年度，秘书处共组织撰写、发表标准宣传和解读文章40余篇，此外，在镁业大会、锂业峰会、亚洲锡业周等多个场合，对相关领域标准体系建设作专题报告，让更多的生产企业、贸易商、用户、监管部门、第三方机构等了解、理解并更好地执行标准，共同推动行业高质量发展。

2. 探索召开专题标准工作会议及研讨会

为了配合有色金属标准体系优化试点工作，各分标委会组织召开多个专题标准化工作会议，效果良好。后续，有色标委会将延续此类做法，联合协会所属各分会，召开专题标准研讨会，进一步发挥行业各方作用，满足需求，解决问题。

3. 成体系、一体化推进标准制修订

针对民机铝材，有色标委会组织开展了以产品标准为龙头，以基础、方法、原辅料标准为支撑，由国标、行标、团标共同构成的民机铝材标准体系。创造性地联合上下游企业，一体化推进民机铝材重点标准的研制工作，2022年共完成了40余项标准研制，效果显著，助推我国民用飞机等高端制造领域产业化实现重大跨越。

4. 全方位向会员单位提供服务

2022年度，有色标委会秘书处为会员单位提供各类证明、说明50余份，给会员单位及时寄送到库的标准20000余册，对17项国家标准和行业标准进行解释；同时，应多部委的要求，对反映到部委的多个问题进行专题回复。另外，完成8个国内铝合金牌号注册、3个国内硅合金牌号注册、4个国内镁合金牌号注册。

2022年度，有色标委会秘书处还对多家会员单位进行培育、辅导和培训。

5. 动态调整，确保委员高效履职

2022年度，秘书处申请对总标委会及5个分标委会进行了委员动态调整，已于8月得到正式批复。一批高水平专家成为委员，推动标委会工作高效运转。

三、2022年有色金属工程建设标准化工作

2022年有色金属行业工程建设标准化工作重点是落实《国家标准化发展纲要》，落实住房和城乡建设部、工信部年度标准化工作安排，持续推进工程建设标准化改革，结合有色工程建设实际，组织有色金属行业工程建设国家规范、国家标准、行业标准及团体标准的制修订工作，提高标准编写质量，发挥有色工程建设标准对行业高质量发展的技术支撑作用。

（一）工程建设标准总体情况

1. 现行工程建设标准数量

截至 2022 年 12 月 31 日，现行工程建设国家标准 80 项、行业标准 72 项、团体标准 5 项。各分领域现行工程建设标准数量见表 2。

表 2　现行工程建设标准数量

序号	专业类别	现行国家标准/项	现行行业标准/项	现行团体标准/项
1	测量与工程勘察	5	27	1
2	矿山工程	22	4	
3	有色金属冶炼与加工工程	28	5	4
4	公用工程	25	36	
合计		80	72	5

2. 2022 年批准发布的工程建设标准

2022 年发布标准 12 项，其中国家标准 4 项（修订 3 项，制定 1 项），标准名称为《钼冶炼厂工艺设计标准》《有色金属企业总图规划及运输设计标准》《尾矿堆积坝岩土工程技术规范》《氧化铝厂工艺设计规范》；行业标准 5 项（修订 4 项，制定 1 项），标准名称为《地面与楼面工程施工操作规程》《工程测量作业规程》《屋面工程施工操作规程》《有色金属工业建筑工程绿色施工评价标准》《门窗安装工程施工操作规程》；团体标准 3 项，标准名称为《有色金属矿山渗漏尾矿库治理工程技术标准》《搭配砷物料铜熔池熔炼及烟气收砷技术标准》《废线路板低温热解技术标准》。各分领域 2022 年发布的工程建设标准数量见表 3。

表 3　2022 年发布的工程建设标准数量

序号	专业类别	国家标准发布数量	行业标准发布数量	团体标准发布数量
1	测量与工程勘察		1	
2	矿山工程	1		1
3	有色金属冶炼与加工工程	2		2
4	公用工程	1	4	
合计		4	5	3

3. 2022 年报批的工程建设标准

2022 年报批 1 项行业标准和 3 项团体标准。报批的行业标准为《有色金属冶炼污染场地稳定化后土壤再利用技术标准》；报批的团体标准为《有色金属矿山渗漏尾矿库治理工程技术标准》《搭配砷物料铜熔池熔炼及烟气收砷技术标准》《废线路板低温热解技术标准》。

（二）工程建设标准编制及管理工作有序开展

1. 工程建设标准立项工作

2022 年，有色行业根据住房和城乡建设部标准化改革精神，重点制定工程建设国家规范，以及促进产业结构调整和优化升级的社会公益属性行业标准项目，积极引导制定能够促进技术成果转化的团体标准。

国家标准方面，下达 3 项修订标准计划，分别为《尾矿设施技术标准》(《尾矿设施设计规范》（GB 50863—2013）和《尾矿设施施工及验收规范》（GB 50864—2013）整合)、《铜及再生铜冶炼厂工艺设计标准》(《铜冶炼厂工艺设计规范》（GB 50616—2010）和《再生铜冶炼厂工艺设计规范》（GB 51030—2014）整合)、《有色金属加工厂节能设计规范》（GB 50758—2012)。

行业标准方面，下达 9 项制定标准计划，分别为《锌冶炼废水处理工程技术标准》《金属矿山工程数字孪生技术标准》《赤泥堆场岩土工程勘察标准》《有色金属矿山边坡地质环境治理技术标准》《铜冶炼炉渣选矿工程技术标准》《金属矿井巷工程注浆技术标准》《金属矿山关闭工程技术标准》《再生铝厂工艺设计标准》《活性炭干法脱硫脱硝安装工程施工及质量验收标准》。

团体标准方面，下达 7 项标准计划，分别为《城镇有机固废协同处置工程技术标准》《垃圾焚烧炉内干法脱酸工程技术标准》《垃圾焚烧飞灰二噁英低温热分解工程技术标准》《有色金属智能矿山工程设计标准》《有色金属智能选矿工程设计标准》《重有色金属冶炼智能工厂工程设计标准》《有色金属工程数字化交付标准》。

2. 重点工程建设标准制（修）订工作

截至 2022 年底，在编工程建设标准 45 项。

在编国家标准 20 项，含制定 11 项、修订 8 项、中译英 1 项。重点标准包括《有色金属工业工程术语标准》《尾矿设施技术标准》《铜及再生铜冶炼厂工艺设计标准》等。

在编行业标准 14 项，为 2020—2022 年下达的制定项目。重点标准包括《有色金属矿山工程项目可行性研究报告编制标准》《金属矿山深竖井工程技术标准》《赤泥堆场原位生态修复工程技术标准》等。

在编团体标准 11 项，均为制定。重点标准包括《有色金属工程数字化交付标准》《有色金属智能矿山工程设计标准》《有色金属智能选矿工程设计标准》《重有色金属冶炼智能工厂工程设计标准》等。

3. 工程建设标准复审情况

根据住建部《关于印发〈2022年工程建设规范标准编制及相关工作计划〉的通知》（建标函〔2022〕21号）要求，有色金属行业对2021年12月31日以前批准发布的77项工程建设国家标准，组织18家主编单位进行了逐项复审。审议结论为继续有效67项（含正在修订中11项），修订10项，废止0项。

根据工信部科技司《关于印发2022年行业标准复审项目计划的通知》（工科函〔2022〕679号），有色金属行业2022年组织了64项标龄5年以上行业标准复审工作，复审结论为继续有效18项、修订18项、废止28项。目前复审报告拟报送工信部审批。

4. 国际标准方面的工作

国家《深化标准化工作改革方案》指出，要鼓励社会组织积极参与国际标准化活动，增强话语权，加大国际标准跟踪、评估和转化力度，加强中国标准外文版翻译出版工作，推动与主要贸易国之间的标准互认，推进优势、特色领域标准国际化，创建中国标准品牌，结合海外工程承包、重大装备出口和对外援建，推广中国标准，以中国标准走出去带动我国技术和服务走出去。

国际标准制修订方面，有色金属行业积极参与国际标准化工作，由中国有色金属学会和中国恩菲工程技术有限公司联合主导制定的《生活垃圾焚烧厂渗滤液处理及回用导则》（ISO 24297:2022）发布，为全球利益相关方提供了适于垃圾焚烧渗滤液处理回用的工艺组合模式、相关技术原则和建议，填补了渗滤液水处理及回用国际标准空白，有利于推动全球范围内垃圾焚烧渗滤液的规范化、合理化处理。

中国工程建设标准推广应用方面，有色金属行业结合海外工程承包、重大装备设备出口和对外援建，推广中国标准，以中国标准“走出去”带动我国产品、技术、装备、服务“走出去”。如厄瓜多尔米拉多铜矿项目采选工程、刚果（金）庞比铜钴矿工程中，除环保、安全和职业健康方面采用项目所在国的标准或国际标准外，在工程整体设计中积极推广采用中国标准，有力推动了中国标准国际化。

（三）工程建设标准体系日趋完善

据工信部规划司《关于编制〈工业领域“十四五”工程建设标准体系建设方案〉的通知》（工规函〔2022〕295号），为落实《国家标准化发展纲要》，加强顶层设计，标准处组织行业内主要设计、施工企业，分析行业发展形势和新的标准需求，对有色工程建设标准体系进行了全面梳理和完善，编制完成《工业领域“十四五”工程建设标准体系建设方案（有色金属）》。标准体系在保持原有体系框架基础上在公用工程领域增加了安全、环保、智能化分项，并制定了“十四五”期间拟制修订标准项目计划，更好地发挥标准对工程建设发展的指导、规范和引导作用。

四、2022年有色金属专利工作

（一）有色金属行业专利申请情况

1. 中国专利申请量维持高位

根据已公开专利数据统计[1]，2022年有色金属行业公开的专利总量为176610件（见图8），与2021年相比减少2574件，同比下降1.4%。但有色金属行业专利申请仍处于高位状态运行。其中，发明68850件，占比39.0%；实用新型96133件，占比54.4%；外观设计11590件；占比6.6%。从创新主体来看，有色金属行业的创新主力军以企业为主，大专院校为辅。创新主体占比情况见图9，其中，企业占比81.5%，大专院校占比11.9%，个人占比5.4%，其他占比1.2%。

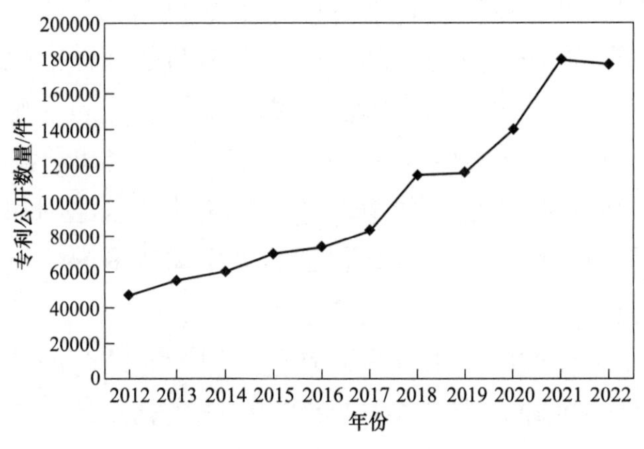

图8　有色金属行业中国专利申请趋势图

2. 发明专利授权率略高于全国平均值

2022年有色金属行业专利授权总量为113500件，与去年同期相当。其中，含金量最高的发明专利授权量为5744件。与全国平均授权率相比，2015—2019年有色金属行业发明专利授权率高出全国平均授权率2~9个百分点。表4列出了2015—2019年发明专利授权情况。

[1] 本报告专利数据统计自incopat数据库，且与时间相关的数据均以公开日进行统计。

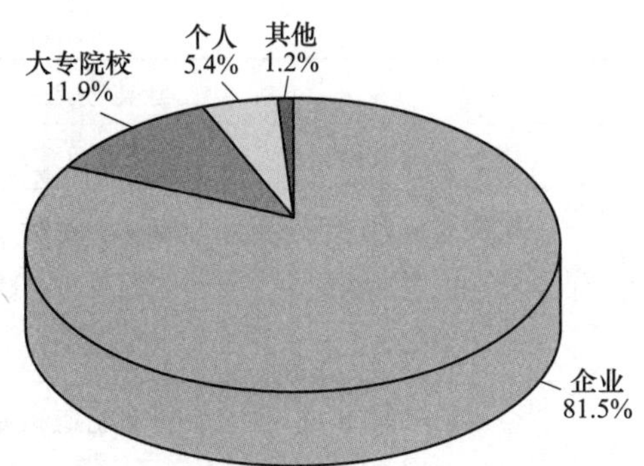

图 9　创新主体占比情况

表 4　2015—2019 年发明专利授权情况

序号	申请年	有色行业结案量/件	有色行业授权率/%	全国平均授权率/%
1	2015 年	40874	47.96	44.33
2	2016 年	48701	45.12	42.24
3	2017 年	50116	40.87	38.06
4	2018 年	52257	43.09	42.58
5	2019 年	41949	53.56	44.30

3. 技术领域覆盖面较广

2022 年公开专利中热点技术领域分别是有色金属合金（对应国际分类号 C22C），占比 5.24%，其次为有色金属加工（对应国际分类号 B21D），占比 4.42%。此外，焊接技术、分析检测方法、分离技术、粉末冶金和加工设备等领域也有大量申请。表 5 列出了有色金属行业 2022 年排名前十的专利技术领域。

表 5　有色金属行业 2022 年排名前十的专利技术领域

序号	分类号	专利数量/件	分类号含义
1	C22C	9263	合金
2	B21D	7801	金属板或管、棒或型材的基本无切削加工或处理；冲压金属
3	B01D	6969	分离
4	B08B	6595	一般清洁；一般污垢的防除
5	B23K	6445	钎焊或脱焊；焊接；用钎焊或焊接方法包覆或镀敷；局部加热切割，如火焰切割；用激光束加工
6	G01N	6268	借助于测定材料的化学或物理性质来测试或分析材料
7	B23Q	6192	机床的零件、部件或附件，如仿形装置或控制装置；以特殊零件或部件的结构为特征的通用机床；不针对某一特殊金属加工用途的金属加工机床的组合或联合

续表 5

序号	分类号	专利数量/件	分类号含义
8	B24B	5931	用于磨削或抛光的机床、装置或工艺
9	C23C	5791	对金属材料的镀覆；用金属材料对材料的镀覆；表面扩散法、化学转化或置换法的金属材料表面处理；真空蒸发法、溅射法、离子注入法或化学气相沉积法的一般镀覆
10	B22F	5357	金属粉末的加工；由金属粉末制造制品；金属粉末的制造；金属粉末的专用装置或设备

4. 海外专利申请量稳步上升

有色金属企业通过 PCT 条约向海外申请的专利数量持续上涨（见图 10），2022 年，有色金属行业公开的 PCT 国际专利申请达到 1548 件，同比增长 14.8%。

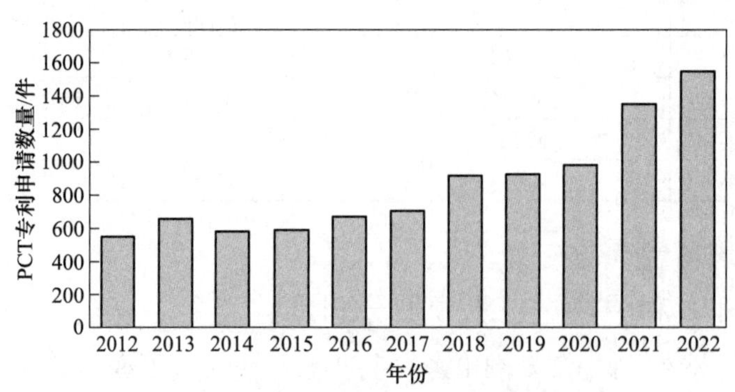

图 10　有色金属行业 PCT 国际申请趋势

（二）有色金属行业专利转让、许可情况[1]

1. 专利转让量不断攀升

近年来，有色金属行业专利转让件数不断攀升（见图 11），2022 年专利转让量达到 13040 件，同比增长 6.1%。从专利转让涉及的专利类型占比情况来看，发生转让的发明专利件数最多，占专利转让总量的 61.3%，实用新型和外观设计占比分别为 35.6%和 3.1%。从图 12 可以看出，近三年来发生专利转让最活跃的技术领域主要为有色金属合金、金属的生产或精炼及金属粉末加工等领域（对应国际专利分类号分别是 C22C、C22B、B22F）。

2. 专利许可量呈波动态势

有色金属行业专利许可无明显单边趋势（见图 13），但总体看，2014 年达

[1] 基于已在国家知识产权局备案的数据，未备案专利转让或许可未统计在内。

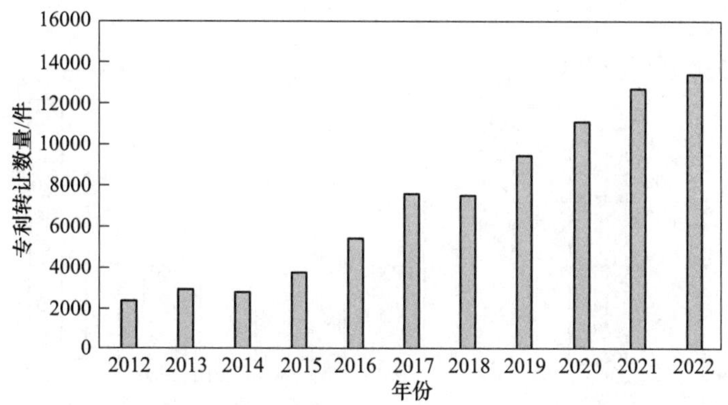

图 11　有色金属行业专利转让趋势

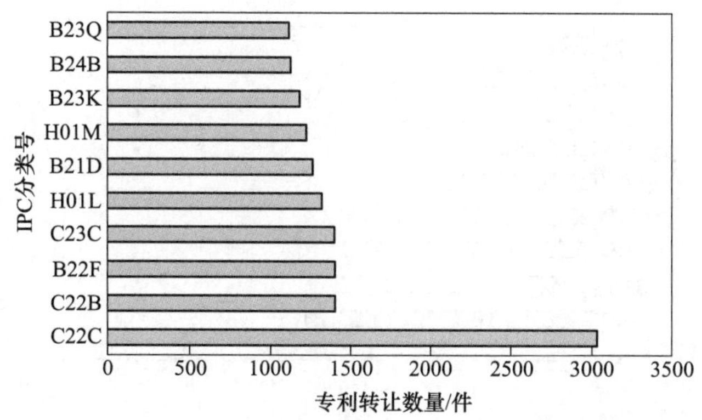

图 12　近三年有色金属行业专利转让的技术领域

到顶峰后有所下滑，2018 年起有所回升，2022 年专利许可数量为 719 件。近三年来发生许可的专利主要集中在有色金属合金、金属粉末的加工等领域（对应国际专利分类号 C22C、C04B、B22F）（见图 14）。

（三）有色金属行业荣获中国专利奖情况

2022 年，有色金属行业共有 25 项专利获得中国专利奖（获奖名单见附表 8），其中，中国专利金奖 1 项、中国专利银奖 2 项、专利优秀奖 22 项。获得中国专利金奖的是长沙矿冶研究院的“在线高压水射流喷砂表面清理系统（ZL200910044036.9）”。获得中国专利银奖的分别是有研工程技术研究院有限公司、西南铝业（集团）有限责任公司的“一种适合于结构件制造的铝合金制品及制备方法（ZL201010104082.6）”和中国科学院宁波材料技术与工程研究所的“一种二硫化钼/铅钛合金纳米多层薄膜及其制备方法（ZL201611033386.1）”。

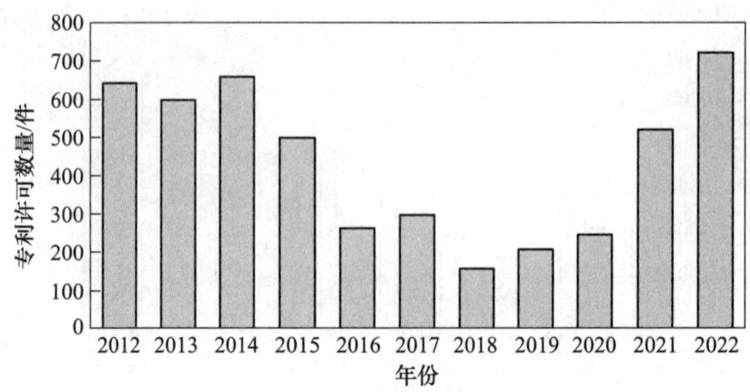

图 13　有色金属行业专利许可趋势

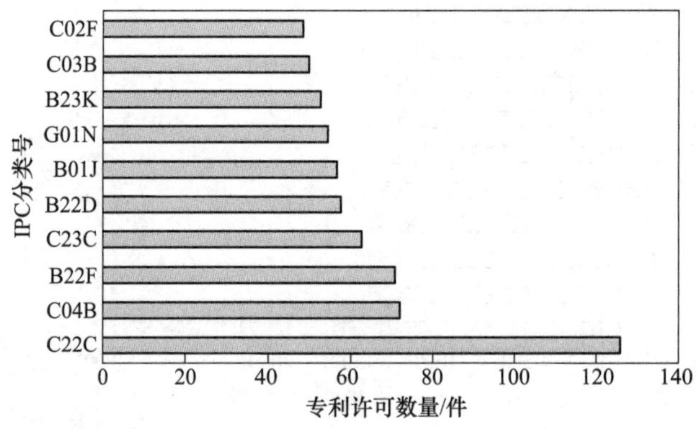

图 14　近三年有色金属行业专利许可的技术领域

据统计，2022 年度获奖的专利主要集中在锂离子电池、高性能铝合金、选矿及半导体等领域，涉及锂离子电池领域 4 项、高性能铝合金领域 3 项、选矿领域 3 项、半导体用硅材料领域 2 项、薄膜材料领域 1 项。

（四）有色金属行业知识产权保护情况

2022 年，国家知识产权局印发《2022 年全国知识产权行政保护工作方案》《国家知识产权保护示范区建设方案》《企业知识产权保护指南》《知识产权纠纷调解工作手册》等，全国 31 个省（区、市）和新疆生产建设兵团统筹部署、协同推进全国“一盘棋”知识产权保护工作。在国家的大力支持和政策的准确引导下，有色金属行业知识产权保护工作有条不紊。洛阳市有色金属合金制造产业知识产权联盟成立，部分有色金属企业制定了知识产权保护方案，越来越多的企业开始拿起法律武器维护自身合法权益。据统计，有色金属行业的知识产权诉讼案件近 30 件，其中，侵权纠纷 6 件、不正当竞争纠纷 5 件、权属纠纷 2 件、合同纠纷 3 件、商标纠纷 9 件[1]。

除了通过司法途径解决知识产权纠纷以外，有色金属企业也可以通过知识产权保护中心、快速维权中心和维权援助中心等渠道进行维权。目前，全国共建设 60 家知识产权保护中心、35 家快速维权中心和 76 家维权援助中心，成为多元化知识产权保护格局的重要组成部分。其中，与新材料相关的知识产权保护中心有 13 家（见附表 9），相关有色金属企业可以重点关注。

（五）有色金属行业专利信息公共服务情况

中国有色金属工业协会作为有色金属行业的专利信息公告服务网点，为有色金属企业提供专题培训、专利咨询、专利检索等公共服务，并提供专利信息公共资源。目前已有的有色金属领域专题专利检索平台包括：铝行业专利检索和分析平台、稀土永磁材料专利检索和分析平台、云南省稀贵金属知识产权与标准信息平台等，具体网址见附表 10。其中，云南省稀贵金属知识产权与标准信息平台已经落地云锡集团，该平台提供锡铟领域标准查询、专利检索、专利导航和专利预警等功能。

撰稿人：杨　鹏、赵永善、李　兵、李子健、金丽君、张　蕴、汪玲玲、贾志杰

审稿人：贾明星

附表

附表 1　2022 年有色金属国家标准、行业标准发布情况汇总表

附表 2　2022 年中国有色金属工业协会、中国有色金属学会联合发布的团体标准汇总表

附表 3　2021—2022 年度有色金属行业优秀质量管理小组名单

附表 4　2021—2022 年度有色金属行业质量信得过班组名单

附表 5　2021—2022 年度有色金属行业质量管理小组活动优秀推进者名单

附表 6　2021—2022 年度有色金属行业质量信得过班组建设先进个人名单

附表 7　有色金属行业计量技术规范发布情况汇总表

附表 8　2022 年有色金属行业获中国专利奖名单

附表 9　新材料领域知识产权保护中心

附表 10　有色金属行业专利信息公共服务平台

[1] 数据统计自知产宝（www. iphouse. cn）。

附表 1　2022 年有色金属国家标准、行业标准发布情况汇总表

序号	标准编号	标准名称
有色金属国家标准		
1	GB/T 1475—2022	镓
2	GB/T 1481—2022	金属粉末（不包括硬质合金粉末）　在单轴压制中压缩性的测定
3	GB/T 1482—2022	金属粉末　流动性的测定　标准漏斗法（霍尔流速计）
4	GB/T 1819. 1—2022	锡精矿化学分析方法　第 1 部分：水分含量的测定　热干燥法
5	GB/T 3249—2022	金属及其化合物粉末费氏粒度的测定方法
6	GB/T 3459—2022	钨条
7	GB/T 3488. 4—2022	硬质合金　显微组织的金相测定　第 4 部分：孔隙度、非化合碳缺陷和脱碳相的金相测定
8	GB/T 3621—2022	钛及钛合金板材
9	GB/T 3623—2022	钛及钛合金丝
10	GB/T 3954—2022	电工圆铝杆
11	GB/T 4296—2022	变形镁合金显微组织检验方法
12	GB/T 5154—2022	镁及镁合金板、带材
13	GB/T 5155—2022	镁及镁合金热挤压棒材
14	GB/T 5156—2022	镁及镁合金热挤压型材
15	GB/T 5231—2022	加工铜及铜合金牌号和化学成分
16	GB/T 6150. 2—2022	钨精矿化学分析方法　第 2 部分：锡含量的测定　碘酸钾滴定法和电感耦合等离子体原子发射光谱法
17	GB/T 6150. 13—2022	钨精矿化学分析方法　第 13 部分：砷含量的测定　原子荧光光谱法和 DDTC-Ag 分光光度法
18	GB/T 6150. 17—2022	钨精矿化学分析方法　第 17 部分：锑含量的测定　原子荧光光谱法
19	GB/T 6609. 2—2022	氧化铝化学分析方法和物理性能测定方法　第 2 部分：300℃和 1000℃质量损失的测定
20	GB/T 6609. 30—2022	氧化铝化学分析方法和物理性能测定方法　第 30 部分：微量元素含量的测定　波长色散 X 射线荧光光谱法
21	GB/T 6893—2022	铝及铝合金拉（轧）制管材
22	GB/T 8005. 4—2022	铝及铝合金术语　第 4 部分：回收铝

续附表 1

序号	标准编号	标准名称
23	GB/T 8152.16—2022	铅精矿化学分析方法　第 16 部分：氧化钙含量的测定　火焰原子吸收光谱法
24	GB/T 8750—2022	半导体封装用金基键合丝、带
25	GB/T 8754—2022	铝及铝合金阳极氧化膜及有机聚合物膜　绝缘性的测定
26	GB/T 11106—2022	金属粉末　用圆柱形压坯的压缩测定压坯强度的方法
27	GB/T 12966—2022	铝及铝合金电导率涡流测试方法
28	GB/T 12967.3—2022	铝及铝合金阳极氧化膜及有机聚合物膜检测方法　第 3 部分：盐雾试验
29	GB/T 12967.4—2022	铝及铝合金阳极氧化膜及有机聚合物膜检测方法　第 4 部分：耐光热性能的测定
30	GB/T 12967.5—2022	铝及铝合金阳极氧化膜及有机聚合物膜检测方法　第 5 部分：抗破裂性的测定
31	GB/T 12967.6—2022	铝及铝合金阳极氧化膜及有机聚合物膜检测方法　第 6 部分：色差和外观质量
32	GB/T 13747.9—2022	锆及锆合金化学分析方法　第 9 部分：镁含量的测定　火焰原子吸收光谱法和电感耦合等离子体原子发射光谱法
33	GB/T 13747.10—2022	锆及锆合金化学分析方法　第 10 部分：钨含量的测定　硫氰酸盐分光光度法和电感耦合等离子体原子发射光谱法
34	GB/T 13747.18—2022	锆及锆合金化学分析方法　第 18 部分：钒含量的测定　苯甲酰苯基羟胺分光光度法和电感耦合等离子体原子发射光谱法
35	GB/T 13747.26—2022	锆及锆合金化学分析方法　第 26 部分：合金及杂质元素的测定　电感耦合等离子体原子发射光谱法
36	GB/T 17472—2022	微电子技术用贵金属浆料规范
37	GB/T 17473.7—2022	微电子技术用贵金属浆料测试方法　第 7 部分：可焊性、耐焊性测定
38	GB/T 19076—2022	烧结金属材料规范
39	GB/T 21182—2022	硬质合金废料
40	GB/T 22639—2022	铝合金产品的剥落腐蚀试验方法
41	GB/T 23517—2022	钌炭
42	GB/T 23520—2022	阴极保护用铂复合阳极板
43	GB/T 23608—2022	回收铂族金属原料
44	GB/T 24487—2022	氧化铝

续附表 1

序号	标准编号	标准名称
45	GB/T 25942—2022	核级银-铟-镉合金棒
46	GB/T 26047—2022	一次柱式锂电池绝缘子
47	GB/T 26052—2022	硬质合金管状焊条
48	GB/T 26055—2022	再生碳化钨粉
49	GB/T 26287—2022	电热水器用铝合金牺牲阳极
50	GB/T 26727—2022	回收铟原料
51	GB/T 30586—2022	铜包铝扁棒
52	GB/T 33143—2022	锂离子电池用铝及铝合金箔
53	GB/T 41079. 2—2022	液态金属物理性能测定方法　第 2 部分：电导率的测定
54	GB/T 41322—2022	硬质合金　钴粉中硅量的测定　分光光度法
55	GB/T 41329—2022	金属粉末流动性的测定　标准漏斗法（古斯塔弗森流速计）
56	GB/T 41335—2022	增材制造用镍粉
57	GB/T 41337—2022	粉末床熔融增材制造镍基合金
58	GB/T 41338—2022	增材制造用钨及钨合金粉
59	GB/T 41658—2022	金属粉末（不包括硬质合金）　铜基浸渗粉检验方法
60	GB/T 41662—2022	高能射线探测及成像材料用碲锌镉多晶
61	GB/T 41704—2022	锂离子电池正极材料检测方法　磁性异物含量和残余碱含量的测定
62	GB/T 41706—2022	金属粉末　粉末锻造用金属粉末中非金属夹杂物的测定方法
63	GB/T 41750—2022	钛及钛合金方形和矩形管材
64	GB/T 41769—2022	碲锌镉化学分析方法　锌和镉含量的测定　电感耦合等离子体原子发射光谱法
65	GB/T 41875—2022	无缝薄壁钼管
66	GB/T 41882—2022	增材制造用铜及铜合金粉
67	GB/T 41883—2022	粉末床熔融增材制造钽及钽合金
68	GB/T 42159—2022	紧固件用钛及钛合金棒材和丝材
69	GB/T 42161—2022	磷酸铁锂电化学性能测试　首次放电比容量及首次充放电效率测试方法
70	GB/T 42260—2022	磷酸铁锂电化学性能测试　循环寿命测试方法
71	GB/T 42273—2022	锆化合物化学分析方法　钙、铪、钛、钠、铁、铬、镉、锌、锰、铜、镍、铅含量的测定　电感耦合等离子体原子发射光谱法
72	GB/T 42275—2022	硬质合金　总碳量的测定　高频燃烧红外吸收法/热导法

续附表 1

序号	标准编号	标准名称
有色金属行业标准		
1	YS/T 76—2022	易切削黄铜拉花棒
2	YS/T 285—2022	铝电解用预焙阳极
3	YS/T 301—2022	钴精矿
4	YS/T 341.6—2022	镍精矿化学分析方法　第 6 部分：金、铂和钯含量的测定　火试金富集-电感耦合等离子体原子发射光谱法
5	YS/T 341.7—2022	镍精矿化学分析方法　第 7 部分：银含量的测定　火焰原子吸收光谱法
6	YS/T 424.1—2022	二硼化钛粉化学分析方法　第 1 部分：钛含量的测定　硫酸铁铵滴定法
7	YS/T 424.2—2022	二硼化钛粉化学分析方法　第 2 部分：总硼含量的测定　中和滴定法
8	YS/T 424.3—2022	二硼化钛粉化学分析方法　第 3 部分：铁含量的测定　1,10-邻二氮杂菲分光光度法
9	YS/T 424.4—2022	二硼化钛粉化学分析方法　第 4 部分：碳含量的测定　高频燃烧红外吸收法
10	YS/T 424.5—2022	二硼化钛粉化学分析方法　第 5 部分：氧含量的测定　脉冲加热惰气熔融-红外吸收法
11	YS/T 443—2022	铜加工企业检验、测量和试验设备配备导则
12	YS/T 476—2022	照相用硝酸银
13	YS/T 482—2022	铜及铜合金分析方法　火花放电原子发射光谱法
14	YS/T 483—2022	铜及铜合金分析方法　X 射线荧光光谱法（波长色散型）
15	YS/T 536.14—2022	铋化学分析方法　第 14 部分：铜、铅、锌、铁、银、砷、碲和锑含量的测定　电感耦合等离子体原子发射光谱法
16	YS/T 568.12—2022	氧化锆、氧化铪化学分析方法　第 12 部分：氧化锆中硼、钠、镁、铝、硅、钙、钛、钒、铬、锰、铁、钴、镍、铜、锌、钼、镉、铪、铅、铋含量的测定　电感耦合等离子体质谱法
17	YS/T 577—2022	钛及钛合金网篮
18	YS/T 580—2022	制表用纯钛板材
19	YS/T 592—2022	电镀用氰化亚金钾
20	YS/T 593—2022	水合三氯化铑

续附表 1

序号	标准编号	标准名称
21	YS/T 595—2022	氯铱酸
22	YS/T 596—2022	二亚硝基二氨铂
23	YS/T 637—2022	磷酸锂
24	YS/T 660—2022	钼及钼合金加工产品牌号和化学成分
25	YS/T 693—2022	铜精矿单位产品能源消耗限额
26	YS/T 729—2022	铝塑复合型材
27	YS/T 750—2022	热轧钛带卷
28	YS/T 828—2022	阴极保护用钛阳极
29	YS/T 1055—2022	硒化锌
30	YS/T 1057.3—2022	四氧化三钴化学分析方法　第 3 部分：硅含量的测定　电感耦合等离子体原子发射光谱法
31	YS/T 1057.4—2022	四氧化三钴化学分析方法　第 4 部分：钾和钠含量的测定　火焰原子吸收光谱法和电感耦合等离子体原子发射光谱法
32	YS/T 1057.5—2022	四氧化三钴化学分析方法　第 5 部分：碳含量的测定　高频燃烧-红外吸收光谱法
33	YS/T 1075.9—2022	钒铝、钼铝中间合金化学分析方法　第 9 部分：氯含量的测定　氯化银分光光度法
34	YS/T 1075.10—2022	钒铝、钼铝中间合金化学分析方法　第 10 部分：钠含量的测定　火焰原子吸收光谱法
35	YS/T 1075.11—2022	钒铝、钼铝中间合金化学分析方法　第 11 部分：氮含量的测定　惰性气体熔融热导法
36	YS/T 1075.12—2022	钒铝、钼铝中间合金化学分析方法　第 12 部分：磷含量的测定　钼蓝分光光度法
37	YS/T 1075.13—2022	钒铝、钼铝中间合金化学分析方法　第 13 部分：铁、硅、钼、铬含量的测定　电感耦合等离子体原子发射光谱法
38	YS/T 1516—2022	高纯镍铸锭
39	YS/T 1517—2022	细晶无氧铜带箔材
40	YS/T 1518—2022	氢燃料电池用锆带
41	YS/T 1519—2022	钛及钛合金台阶轴锻件
42	YS/T 1520—2022	掺杂型镍钴锰酸锂

续附表 1

序号	标准编号	标准名称
43	YS/T 1521—2022	镍钴酸锂
44	YS/T 1522—2022	镍锰二元素复合氧化物
45	YS/T 1523—2022	镍钴铝锆复合氢氧化物
46	YS/T 1524—2022	锇酸钾
47	YS/T 1525—2022	镍铂合金化学分析方法　氧和氮含量测定　脉冲-红外吸收法和热导检测法
48	YS/T 1526—2022	镓镁合金
49	YS/T 1527—2022	铟镁合金
50	YS/T 1528—2022	铜合金 Y 型拉链线
51	YS/T 1529—2022	粗二氧化碲
52	YS/T 1530—2022	高纯锡化学分析方法　杂质元素含量的测定　辉光放电质谱法
53	YS/T 1531—2022	铑炭化学分析方法　铑含量的测定　电感耦合等离子体原子发射光谱法
54	YS/T 1532—2022	金属注射成形钛及钛合金异形件
55	YS/T 1533—2022	氧化铟
56	YS/T 1534—2022	单水氢氧化铯
57	YS/T 1535—2022	超导用铌钛合金棒材再结晶率的测定方法
58	YS/T 1536—2022	钛钢复合板界面显微组织检验方法
59	YS/T 1537. 1—2022	锂硼合金化学分析方法　第 1 部分：锂含量的测定　硫酸锂称量法
60	YS/T 1538—2022	烧结金属多孔材料　阻尼性能的测定
61	YS/T 1539—2022	铝基氮化硼粉末中氮化硼含量的测定　电感耦合等离子体原子发射光谱法
62	YS/T 1540—2022	铜及铜合金管材生产绿色工厂评价要求
63	YS/T 1541—2022	铜及铜合金板、带、箔材生产绿色工厂评价要求
64	YS/T 1542—2022	铜及铜合金棒、型、线材生产绿色工厂评价要求
65	YS/T 1543—2022	金属锂单位产品能源消耗限额
66	YS/T 1544—2022	钨冶炼行业绿色工厂评价要求
67	YS/T 1545—2022	铸造铝合金行业绿色工厂评价要求
68	YS/T 1546—2022	钼铜合金板

续附表 1

序号	标准编号	标准名称
69	YS/T 1547—2022	熔炼铌
70	YS/T 1548—2022	电子产品用钛及钛合金丝材
71	YS/T 1549—2022	氢化锆
72	YS/T 1550.1—2022	铍合金化学分析方法　第 1 部分：铍含量的测定　氟化钾滴定法
73	YS/T 1550.2—2022	铍合金化学分析方法　第 2 部分：银、钴和锗含量的测定　电感耦合等离子体原子发射光谱法
74	YS/T 1550.3—2022	铍合金化学分析方法　第 3 部分：硅含量的测定　钼蓝分光光度法
75	YS/T 1550.4—2022	铍合金化学分析方法　第 4 部分：碳含量的测定　红外吸收法
76	YS/T 1550.5—2022	铍合金化学分析方法　第 5 部分：氧含量的测定　惰气熔融红外吸收法
77	YS/T 1551—2022	钛合金室温高应变速率压缩试验方法
78	YS/T 1552—2022	粗碳酸锂
79	YS/T 1553—2022	二硼化钛粉
80	YS/T 1554—2022	钨、钼及其合金棒材和管材超声检测方法
81	YS/T 1555—2022	铂钴铬硼合金溅射靶材
82	YS/T 1556—2022	银-钢复合板
83	YS/T 1557—2022	太阳能电池正面浆料用球形银粉
84	YS/T 1558—2022	高纯锆锭
85	YS/T 1559—2022	高纯氧化铪
86	YS/T 1560—2022	高纯铌锭
87	YS/T 1561—2022	钨铜合金板
88	YS/T 1562.1—2022	钨铜合金化学分析方法　第 1 部分：铜含量的测定　碘量法和电感耦合等离子体原子发射光谱法
89	YS/T 1562.2—2022	钨铜合金化学分析方法　第 2 部分：钨含量的测定　辛可宁重量法
90	YS/T 1562.3—2022	钨铜合金化学分析方法　第 3 部分：钴、铁、镍、锌含量的测定　电感耦合等离子体原子发射光谱法
91	YS/T 1562.4—2022	钨铜合金化学分析方法　第 4 部分：碳含量的测定　高频燃烧红外吸收法

续附表 1

序号	标准编号	标准名称
92	YS/T 1563. 1—2022	钼铼合金化学分析方法　第 1 部分：铼含量的测定　电感耦合等离子体原子发射光谱法
93	YS/T 1563. 2—2022	钼铼合金化学分析方法　第 2 部分：钼含量的测定　钼酸铅重量法
94	YS/T 1563. 3—2022	钼铼合金化学分析方法　第 3 部分：铝、钙、铜、铁、镁、锰、硅、钛含量的测定　电感耦合等离子原子发射光谱法
95	YS/T 1563. 4—2022	钼铼合金化学分析方法　第 4 部分：铝、钙、铜、铁、镁、锰、镍、锡、钨含量的测定　电感耦合等离子体质谱法
96	YS/T 1563. 5—2022	钼铼合金化学分析方法　第 5 部分：碳和硫含量的测定　高频燃烧红外吸收法
97	YS/T 1563. 6—2022	钼铼合金化学分析方法　第 6 部分：氧和氮含量的测定　惰性气体熔融-红外吸收法和热导法
98	YS/T 1563. 7—2022	钼铼合金化学分析方法　第 7 部分：氢含量的测定　惰性气体熔融-红外吸收法和热导法
99	YS/T 1564—2022	铜包石墨复合粉
100	YS/T 1565—2022	热喷涂用高纯氧化铝粉末
101	YS/T 1566—2022	碳氮化钛粉末
102	YS/T 1567—2022	铌铝合金
103	YS/T 1568—2022	电池级无水氢氧化锂
104	YS/T 1569. 1—2022	镍锰酸锂化学分析方法　第 1 部分：镍含量的测定　丁二酮肟重量法
105	YS/T 1569. 2—2022	镍锰酸锂化学分析方法　第 2 部分：锰含量的测定　电位滴定法
106	YS/T 1569. 3—2022	镍锰酸锂化学分析方法　第 3 部分：锂含量的测定　火焰原子吸收光谱法
107	YS/T 1569. 4—2022	镍锰酸锂化学分析方法　第 4 部分：硫酸根含量的测定　离子色谱法
108	YS/T 1569. 5—2022	镍锰酸锂化学分析方法　第 5 部分：氯离子含量的测定　离子选择性电极法
109	YS/T 1569. 6—2022	镍锰酸锂化学分析方法　第 6 部分：钾、钠、钙、铁、铜、铬和镉含量的测定　电感耦合等离子体原子发射光谱法

续附表 1

序号	标准编号	标准名称
110	YS/T 1570—2022	栅栏型铅合金包覆铝芯阳极板
111	YS/T 1571—2022	高频高速印制线路板用压延铜箔
112	YS/T 1572—2022	铜合金无缝盘管
113	YS/T 1573—2022	氧化亚锡
114	YS/T 1574—2022	二碳酸氢根四氨合铂（Ⅱ）
115	YS/T 1575—2022	醋酸四氨合钯
116	YS/T 1576—2022	醋酸钌
117	YS/T 1577—2022	醋酸铱
118	YS/T 1578—2022	铜及铜合金无缝管　残余应力测试方法　切割法
119	YS/T 1579—2022	焊材用铜粉
120	YS/T 1580—2022	锡及锡合金拉伸试验方法
121	YS/T 1581—2022	加工铜及铜合金扁铸锭
122	YS/T 1582. 1—2022	粗锑化学分析方法　第 1 部分：锑含量的测定　硫酸铈滴定法
123	YS/T 1582. 2—2022	粗锑化学分析方法　第 2 部分：金含量的测定　火试金重量法
124	YS/T 1582. 3—2022	粗锑化学分析方法　第 3 部分：砷、铅、铜、硒和铁含量的测定　电感耦合等离子体原子发射光谱法
125	YS/T 1583—2022	包壳管激光标记通用要求
126	YS/T 1584—2022	无水氟化铝
127	YS/T 1585. 1—2022	银钨合金化学分析方法　第 1 部分：银含量的测定　电位滴定法
128	YS/T 1585. 2—2022	银钨合金化学分析方法　第 2 部分：钨含量的测定　辛可宁重量法
129	YS/T 1585. 3—2022	银钨合金化学分析方法　第 3 部分：钴、铬、铜、镁、铁、钾、钠、锡、镍、硅、锌含量的测定　电感耦合等离子体原子发射光谱法
130	YS/T 1585. 4—2022	银钨合金化学分析方法　第 4 部分：碳含量的测定　高频感应炉燃烧红外吸收法
131	YS/T 1586—2022	节水型企业　锌冶炼行业
132	YS/T 1587—2022	节水型企业　铅冶炼行业
133	YS/T 1588—2022	取水定额　锌冶炼

续附表 1

序号	标准编号	标准名称
134	YS/T 1512.10—2022	铜冶炼烟尘化学分析方法　第 10 部分：铜、铅、锌、铋、砷、铟、银、镉、锑、钙、镁和铁含量的测定　电感耦合等离子体原子发射光谱法
135	YS/T 1589—2022	氧化铝行业绿色工厂评价要求
136	YS/T 1590—2022	多晶硅行业绿色工厂评价要求

附表2　2022年中国有色金属工业协会、中国有色金属学会联合发布的团体标准汇总表

序号	标准编号	标准名称	实施日期
1	T/CNIA 0128—2022	汽车防撞梁总成及总成用铝合金型材	2022-06-01
2	T/CNIA 0129—2022	电动汽车用铝合金电池包下壳体	2022-06-01
3	T/CNIA 0130—2022	绿色设计产品评价技术规范　四氧化三钴	2022-08-01
4	T/CNIA 0131—2022	锌湿法冶炼中镓铟锗同步富集技术规范	2022-08-01
5	T/CNIA 0132—2022	绿色设计产品评价技术规范　铝电解用预焙阳极	2022-08-01
6	T/CNIA 0133—2022	石油焦黏结指数测定方法	2022-08-01
7	T/CNIA 0134—2022	有色金属加工产品质量分级评价　通则	2022-08-01
8	T/CNIA 0135—2022	有色金属加工产品质量分级评价　航空用铝合金板材	2022-08-01
9	T/CNIA 0136—2022	有色金属加工产品质量分级评价　轨道交通用铝及铝合金板材	2022-08-01
10	T/CNIA 0137—2022	试验筛网孔尺寸与筛网目数对应关系	2022-08-01
11	T/CNIA 0138—2022	硬质合金铣刨刀具	2022-08-01
12	T/CNIA 0139—2022	绿色设计产品评价技术规范　金锭	2022-08-01
13	T/CNIA 0140—2022	绿色设计产品评价技术规范　银锭	2022-08-01
14	T/CNIA 0141—2022	多晶硅生产用氢气中金属杂质含量的测定　电感耦合等离子体质谱法	2022-08-01
15	T/CNIA 0142—2022	氮化硅造粒粉	2022-08-01
16	T/CNIA 0143—2022	半导体材料痕量杂质分析用超纯树脂器皿	2022-08-01
17	T/CNIA 0144—2022	半导体洁净环境用丁腈手套	2022-08-01
18	T/CNIA 0145—2022	绿色设计产品评价技术规范　铸造用锌合金锭	2022-12-01
19	T/CNIA 0146—2022	绿色设计产品评价技术规范　铜钼分离抑制剂	2022-12-01
20	T/CNIA 0147—2022	湿法炼锌副产氧化铁	2022-12-01
21	T/CNIA 0148—2022	有色金属冶炼场地修复过程污染综合防控技术指南	2022-12-01
22	T/CNIA 0149—2022	铝及铝合金熔体在线渣含量检测方法	2022-12-01
23	T/CNIA 0150—2022	铝及铝合金熔体离线渣含量检测方法	2022-12-01
24	T/CNIA 0151—2022	电解铝企业碳排放权交易技术指南	2022-12-01
25	T/CNIA 0152—2022	有色金属矿山渗漏尾矿库治理工程技术标准	2022-12-01
26	T/CNIA 0153—2022	低品位锂矿生产碳酸锂单位产品能源消耗限额	2022-11-01
27	T/CNIA 0154—2022	锂电废匣钵处置及回收利用技术规范	2023-04-01
28	T/CNIA 0155—2022	绿色设计产品评价技术规范　镍钴酸锂	2023-04-01

续附表 2

序号	标准编号	标准名称	实施日期
29	T/CNIA 0156—2022	绿色设计产品评价技术规范　球形氢氧化镍	2023-04-01
30	T/CNIA 0157—2022	铝及铝合金加工行业绿色工厂评价导则	2023-04-01
31	T/CNIA 0158—2022	镁及镁合金加工行业绿色工厂评价导则	2023-04-01
32	T/CNIA 0159—2022	锂盐加工行业绿色工厂评价要求	2023-04-01
33	T/CNIA 0160—2022	搭配砷物料铜熔池熔炼及烟气收砷技术标准	2023-03-01
34	T/CNIA 0166—2022	电解铝阳极炭渣处置利用管理规范	2023-06-01
35	T/CNIA 0167—2022	废线路板低温热解工程技术标准	2023-03-01
36	T/CNIA 0168—2022	绿电铝评价及交易导则	2023-03-01
37	T/CNIA 0169—2022	采暖散热器用高导热率铝合金压铸件	2023-06-01
38	T/CNIA 0170—2022	绿色设计产品评价技术规范　铝合金建筑型材	2023-06-01
39	T/CNIA 0171—2022	绿色设计产品评价技术规范　铝合金家具型材	2023-06-01
40	T/CNIA 0172—2022	绿色设计产品评价技术规范　铝合金模板型材	2023-06-01
41	T/CNIA 0173—2022	钨渣利用处置技术规范	2023-06-01
42	T/CNIA 0174—2022	硅片切割废料回收硅	2023-06-01
43	T/CNIA 0175—2022	多晶硅生产固定污染源含氢排气中气态污染物采样方法	2023-06-01

附表 3　2021—2022 年度有色金属行业优秀质量管理小组名单

序号	企业名称	小组名称
1	楚雄滇中有色金属有限责任公司	污水处理 QC 小组
2	安徽铜冠有色金属（池州）有限责任公司	“螺丝钉” QC 小组
3	云南铜业股份有限公司西南铜业分公司	仪电 QC 小组
4	中铝山西新材料有限公司	计控信息中心焙烧 QC 小组
5	金川集团铜业有限公司	酸水 QC 小组
6	广西华银铝业有限公司	探索 QC 小组
7	广西华锡矿业有限公司铜坑矿业分公司	选矿二车间设备先锋 QC 小组
8	来宾华锡冶炼有限公司	综合分厂回转窑先锋 QC 小组
9	中国铝业股份有限公司广西分公司	开源 QC 小组
10	云南锡业股份有限公司锡业分公司	烟化炉 QC 小组
11	广西华磊新材料有限公司	合力 QC 小组
12	株洲冶炼集团股份有限公司	匠人匠心 QC 小组
13	河南豫光锌业有限公司	锌业五厂锌窗口 QC 小组
14	中铝山东新材料有限公司	原料二区 QC 小组
15	山西中条山集团胡家峪矿业有限公司	飞跃 QC 小组
16	金堆城钼业股份有限公司	开创未来 QC 小组
17	江西铜业股份有限公司贵溪冶炼厂	熔炼车间 QC 小组
18	西安菲尔特金属过滤材料股份有限公司	镍基合金网滤袋制备技术开发 QC 小组
19	楚雄滇中有色金属有限责任公司	蓝天 QC 小组
20	金隆铜业有限公司	电解课“启航” QC 小组
21	铜陵有色金属集团铜冠建筑安装股份有限公司	“蓝弧” QC 小组
22	铜陵有色金属集团股份有限公司金冠铜业分公司	阳光电解 QC 小组
23	大冶有色金属集团控股有限公司	冶炼厂净化 QC 小组
24	大冶有色金属集团控股有限公司	冶炼厂飞跃 QC 小组
25	大冶有色金属集团控股有限公司	冶炼厂白银 QC 小组
26	易门铜业有限公司	化验分析 QC 小组
27	云南铜业股份有限公司矿山研究院	KY-启航 QC 小组
28	凉山矿业股份有限公司	采矿 QC 小组
29	云南云铜锌业股份有限公司	火麒麟 QC 小组
30	云南驰宏锌锗股份有限公司	云南驰宏资源综合利用有限公司勇者无疆 QC 小组

续附表 3

序号	企业名称	小组名称
31	云南驰宏锌锗股份有限公司	云南驰宏资源综合利用有限公司美丽硫酸 QC 小组
32	云南驰宏锌锗股份有限公司	呼伦贝尔驰宏矿业有限公司硫回收 QC 小组
33	中国铝业股份有限公司贵州分公司	急先锋 QC 小组
34	中国铝业股份有限公司贵州分公司	坛罐窑铝矿 QC 小组
35	自贡硬质合金有限责任公司	刀片分厂压制 QC 小组
36	中铝中州铝业有限公司	挑战者 QC 小组
37	中铝中州铝业有限公司	步步高 QC 小组
38	金川集团股份有限公司三矿区	运输工区第一 QC 小组
39	金川集团股份有限公司选矿厂	“开拓者” QC 小组
40	金川集团股份有限公司镍冶炼厂	闪速炉车间第四 QC 小组
41	兰州金川新材料科技股份有限公司	金昌工厂第一 QC 小组
42	西南铝业（集团）有限责任公司	设备产能提升 QC 小组
43	中船重工黄冈贵金属有限公司	把握机遇 QC 小组
44	浙江华友钴业股份有限公司	先锋队 QC 小组
45	广西华银铝业有限公司	精英 QC 小组
46	西安西部新锆科技股份有限公司	铸锭熔炼 QC 小组
47	西安西部新锆科技股份有限公司	脱脂与酸洗 QC 小组
48	云南文山铝业有限公司	金手指 QC 小组
49	云南云铝涌鑫铝业有限公司	飓风 QC 小组
50	云南云铝绿源慧邦工程技术有限公司	降本增效 QC 小组
51	西北稀有金属材料研究院宁夏有限公司	铍材研究所制粉 QC 小组
52	宁夏东方钽业股份有限公司	钽粉分厂中高压 QC 小组
53	西北稀有金属材料研究院宁夏有限公司	分析检测所气体分析 QC 小组
54	晋能控股山西电力股份有限公司河津发电分公司	燃化运行部燃运五班 QC 小组
55	山东南山铝业股份有限公司	乘风破浪 QC 小组
56	山东南山铝业股份有限公司	冲锋 QC 小组
57	中国长城铝业有限公司	环保新材料厂飞跃 QC 小组
58	崇义章源钨业股份有限公司	二次钨资源高效利用 QC 小组

续附表 3

序号	企业名称	小组名称
59	广西华锡矿业有限公司铜坑矿业分公司	选矿二车间锡锡相关 QC 小组
60	河池五吉有限责任公司	选矿车间锌浮选技术 QC 小组
61	包头铝业有限公司	化学分析 QC 小组
62	包头铝业有限公司	创新学习 QC 小组
63	中国铝业股份有限公司广西分公司	耐高压 QC 小组
64	中国铝业股份有限公司广西分公司	旭日 QC 小组
65	中国铝业股份有限公司广西分公司	探索者 QC 小组
66	白银有色集团股份有限公司铜业公司	化验 QC 小组
67	白银有色集团股份有限公司铜业公司	烈焰 QC 小组
68	云南锡业股份有限公司铜业分公司	铜业熔炼沉降电炉 QC 小组
69	云南锡业股份有限公司铜业分公司	电解车间贵金属 QC 小组
70	云南锡业股份有限公司锡业分公司	顶吹炉 QC 小组
71	株洲冶炼集团股份有限公司	小蜜蜂 QC 小组
72	株洲冶炼集团股份有限公司	挑战者 QC 小组
73	河南豫光金铅股份有限公司	薪火相传 QC 小组
74	河南豫光金铅股份有限公司	玉川冶炼厂开拓者 QC 小组
75	河南豫光金铅股份有限公司	再生铅厂塑造未来 QC 小组
76	河南豫光锌业有限公司	锌业四厂锌之火 QC 小组
77	中铝山东有限公司	第二氧化铝厂生产中心 QC 小组
78	中铝山东有限公司	功能材料厂刚玉工区火炉 QC 小组
79	中铝山东有限公司	研究院“博迈特”QC 小组
80	中铝山东有限公司	热电厂化学车间水处理 QC 小组
81	厦门金鹭特种合金有限公司	精喷无缺 QC 小组
82	厦门金鹭特种合金有限公司	争先 QC 小组
83	厦门金鹭特种合金有限公司	乘风破浪 QC 小组
84	山西北方铜业有限公司铜矿峪矿	雄鹰 QC 小组
85	山西北方铜业有限公司铜矿峪矿	电气自控部 QC 小组
86	金堆城钼业股份有限公司	秦创 QC 小组
87	江西铜业股份有限公司贵溪冶炼厂	硫酸车间 QC 小组
88	江西铜业股份有限公司贵溪冶炼厂	倾动炉车间 QC 小组
89	江西铜业股份有限公司德兴铜矿	检化中心化验 QC 小组

续附表 3

序号	企业名称	小组名称
90	青海桥头铝电有限责任公司	电解厂阳极组装车间综合检修二班 QC 小组
91	青海桥头铝电有限责任公司	技术质量中心化验室物性班 QC 小组
92	青海桥头铝电有限责任公司	电解厂供料净化车间检修班 QC 小组
93	株洲硬质合金集团有限公司	大制品合金事业部内孔加工 QC 小组
94	株洲硬质合金集团有限公司	异型合金事业部深加厂 QC 小组
95	甘肃蓝野建设监理有限公司	李家沟锂辉石矿项目监理 QC 小组
96	兰州有色冶金设计研究院有限公司	暖通热工 QC 小组
97	铜陵有色金属集团股份有限公司金威铜业分公司	“卓越” QC 小组
98	铜陵有色金属集团股份有限公司铜冠冶化分公司	球团车间绿色 QC 小组
99	大冶有色金属集团控股有限公司	冶炼厂守护蓝天 QC 小组
100	大冶有色金属集团控股有限公司	冶炼厂精炼 QC 小组
101	大冶有色金属集团控股有限公司	冶炼厂粗炼 QC 小组
102	大冶有色金属集团控股有限公司	金格公司水电运维分公司总降班 QC 小组
103	云南铜业股份有限公司西南铜业分公司	成品 QC 小组
104	云南铜业股份有限公司西南铜业分公司	亮眼睛 QC 小组
105	易门铜业有限公司	硫酸分厂精益战队 QC 小组
106	玉溪矿业有限公司	度分秒 QC 小组
107	玉溪矿业有限公司	检验检测中心 QC 小组
108	中国铝业股份有限公司青海分公司	电解厂净化生产部第一 QC 小组
109	中国铝业股份有限公司青海分公司	铸造厂第二 QC 小组
110	中国铝业股份有限公司青海分公司	炭素厂设备管理部生产技术 QC 小组
111	中国铝业股份有限公司青海分公司	阴极事业部彩虹 QC 小组
112	中铝山西新材料有限公司	电解厂精准 QC 小组
113	中铝山西新材料有限公司	氧化铝厂分解工区 QC 小组
114	中铝山西新材料有限公司	技术研发中心青鸟 QC 小组
115	云南云铜锌业股份有限公司	硫酸 QC 小组
116	云南驰宏锌锗股份有限公司会泽矿业分公司	跃进坑技术组 QC 小组

续附表 3

序号	企业名称	小组名称
117	中国铝业股份有限公司贵州分公司	扁锭 345 QC 小组
118	中国铝业股份有限公司贵州分公司	猫场铝矿质量攻关 QC 小组
119	乳源瑶族自治县东阳光高纯新材料有限公司	精益求精 QC 小组
120	矿冶科技集团有限公司	华泰龙果郎沟尾矿库子坝堆筑 EPC 项目 QC 小组
121	矿冶科技集团有限公司	北矿新材科技有限公司铁基激光粉 QC 小组
122	东北轻合金有限责任公司	提质攻关队 QC 小组
123	东北轻合金有限责任公司	中厚板厂制造部 QC 小组
124	东北轻合金有限责任公司	火焰 QC 小组
125	自贡硬质合金有限责任公司	耐磨合金事业部探索 QC 小组
126	中铝中州铝业有限公司	蒸蒸日上 QC 小组
127	中铝中州铝业有限公司	工业煤分析 QC 小组
128	中铝中州铝业有限公司	响尾蛇 QC 小组
129	广西南南铝加工有限公司	引锭头排水塞优化 QC 小组
130	金川集团股份有限公司二矿区	提高回采效率 QC 小组
131	金川集团镍盐有限公司	金柯分厂质量 QC 小组
132	新乡市金龙精密铜管制造有限公司	起飞的小鸟 QC 小组
133	西南铝业（集团）有限责任公司	汽车板项目组 QC 小组
134	西安凯立新材料股份有限公司	氯乙酸催化剂 QC 小组
135	西北铝业有限责任公司	“求是” QC 小组
136	西北铝业有限责任公司	“飞跃” QC 小组
137	浙江华友钴业股份有限公司	排忧解难 QC 小组
138	浙江华友钴业股份有限公司	BN12 产品质量攻坚 QC 小组
139	浙江华友钴业股份有限公司	循锂先锋队 QC 小组
140	赤峰金通铜业有限公司	电解厂 QC 小组
141	赤峰金通铜业有限公司	硫酸厂 QC 小组
142	赤峰金通铜业有限公司	渣选厂 QC 小组
143	西安西材三川智能制造有限公司	钛合金型材 QC 小组
144	中铝洛阳铜加工有限公司	“探索者” QC 小组
145	中铝洛阳铜加工有限公司	“火焰” QC 小组

续附表3

序号	企业名称	小组名称
146	云南金鼎锌业有限公司	阳光不锈QC小组
147	云南金鼎锌业有限公司	优能QC小组
148	青铜峡铝业股份有限公司青铜峡铝业分公司	电算站QC小组
149	青铜峡铝业股份有限公司宁东铝业分公司	净化车间QC小组
150	宁夏中色金航钛业有限公司	熔炼QC小组
151	晋能控股山西电力股份有限公司河津发电分公司	发电部三值一班QC小组
152	山西华兴铝业有限公司	质量先锋QC小组
153	山西中铝华润有限公司	化验QC小组
154	山东南山铝业股份有限公司	百炼成金QC小组
155	山东南山铝业股份有限公司	梦在铝途QC小组
156	山东南山铝业股份有限公司	品牌精创QC小组
157	中国长城铝业有限公司	环保新材料厂木兰QC小组
158	崇义章源钨业股份有限公司	压制QC小组
159	来宾华锡冶炼有限公司	综合分厂提镉QC小组
160	广西佛子矿业有限公司	机电创优攻关QC小组
161	广西佛子矿业有限公司	创新先锋队QC小组
162	包头铝业有限公司	技术克难研发QC小组
163	包头铝业有限公司	维检区QC小组
164	包头铝业（集团）有限责任公司	精密创新QC小组
165	中铝矿业有限公司	猎鹰QC小组
166	中铝矿业有限公司	提质增效QC小组
167	中铝山西铝业有限公司	山西中铝工业服务有限公司压力容器分公司QC小组
168	中国铝业股份有限公司广西分公司	火神QC小组
169	中国铝业股份有限公司广西分公司	拓荒牛QC小组
170	广西中铝工业服务有限公司	检修一车间QC小组
171	甘肃厂坝有色金属有限责任公司成州锌冶炼厂	综合势高QC小组
172	白银有色集团股份有限公司西北铅锌冶炼厂	220kV总降压变电站卓越QC小组
173	白银有色集团股份有限公司	西北铅锌冶炼厂JCCJQ QC小组
174	云南锡业锡化工材料有限责任公司	硫酸亚锡QC小组

续附表 3

序号	企业名称	小组名称
175	云南锡业股份有限公司老厂分公司	测量 M-QC 小组
176	云南华联锌铟股份有限公司	新征程 QC 小组
177	青海中铝铝板带有限公司	生产部 QC 小组
178	青海中铝铝板带有限公司	质量部 QC 小组
179	广西华磊新材料有限公司	超宏 QC 小组
180	株洲冶炼集团股份有限公司	开拓者 QC 小组
181	株洲冶炼集团股份有限公司	技术 QC 小组
182	河南豫光锌业有限公司	锌业三厂超越 QC 小组
183	中铝山东有限公司	动力厂煤气站 QC 小组
184	中铝山东有限公司	氧化铝厂峥嵘 QC 小组
185	金堆城钼业股份有限公司	钼酸铵 007 QC 小组
186	金堆城钼业股份有限公司	乘风破浪 QC 小组
187	江西铜业股份有限公司德兴铜矿	大山选矿厂磨浮工段 QC 小组
188	江西省江铜铜箔科技股份有限公司	质量计量部 QC 小组
189	四川江铜稀土有限责任公司	选矿厂维修工段 QC 小组
190	江苏仓环铜业股份有限公司	盘拉 QC 小组
191	紫金矿业集团黄金冶炼有限公司	黄金冶炼公司金提纯 QC 小组
192	中色科技股份有限公司	提升高速轧机机前展平辊质量 QC 小组
193	中色科技股份有限公司	概预算所市政工程造价咨询质量改进 QC 小组
194	佛山市三水凤铝铝业有限公司	氧化槽冷却冰机运行控制 QC 小组
195	中铝山西新材料有限公司	建安公司起重滑线攻关 QC 小组
196	广西南南铝加工有限公司	谱写新篇章 QC 小组
197	浙江华友钴业股份有限公司	提升 QC 小组
198	浙江华友钴业股份有限公司	冶金攻坚队 QC 小组
199	西安欧中材料科技有限公司	筛网质量提升 QC 小组
200	中电投宁夏能源铝业青鑫炭素有限公司	青鑫炭素高新技术研发 QC 小组
201	山东南山铝业股份有限公司	飞跃挑战攻关 QC 小组
202	内蒙古华云新材料有限公司	华云电解二厂组装区 QC 小组
203	中铝矿业有限公司	战狼 QC 小组

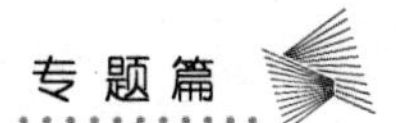

续附表 3

序号	企业名称	小组名称
204	中铝矿业有限公司	过程管控攻关 QC 小组
205	甘肃厂坝有色金属有限责任公司成州锌冶炼厂	污酸污水处理车间质量提升 QC 小组
206	甘肃厂坝有色金属有限责任公司成州锌冶炼厂	中心化验室质量提升 QC 小组
207	上海龙阳精密复合铜管有限公司	盘拉 QC 小组
208	福建紫金矿冶测试技术有限公司	第二检测室 QC 小组

附表 4 2021—2022 年度有色金属行业质量信得过班组名单

序号	企业名称	班组名称
1	铜陵有色金属集团股份有限公司金冠铜业分公司	电解运转班
2	中铝山西新材料有限公司	计控信息中心智能应用部
3	云南驰宏锌锗股份有限公司	新材料厂锌熔铸压铸合金班
4	宁夏东方钽业股份有限公司	分析检测中心化学组
5	中国长城铝业有限公司	环保新材料厂分析班
6	广西高峰矿业有限责任公司	探井电工班
7	中国铝业股份有限公司广西分公司	电气车间试验班
8	云南锡业锡化工材料有限责任公司	甲基锡锡化工工序
9	株洲冶炼集团股份有限公司	锌湿冶厂银浮选班
10	河南豫光金铅股份有限公司	再生铅厂 ABS 塑料分选班
11	中铝山东有限公司	第二氧化铝厂溶出车间溶出乙班
12	金隆铜业有限公司	熔炼课闪速炉班
13	大冶有色金属集团控股有限公司	冶炼厂电解车间 PC 班
14	凉山矿业股份有限公司	质检中心化学分析班
15	云南驰宏锌锗股份有限公司	会泽冶炼分公司分析三班
16	云南驰宏锌锗股份有限公司	云南驰宏资源综合利用有限公司技术部检验二组
17	浙江华友钴业股份有限公司	硫铵班
18	浙江华友钴业股份有限公司	碳酸锂班
19	宁夏东方钽业股份有限公司	钽粉分厂调制 1 班
20	宁夏中色新材料有限公司	铍铜分厂热处理组
21	晋控电力河津发电分公司	设备维护部仪控二班
22	山东南山铝业股份有限公司	东海热电信通班
23	广西华锡矿业有限公司铜坑矿业分公司	生产技术中心（研究所）取样班
24	中国铝业股份有限公司广西分公司	供配矿车间转运班
25	株洲冶炼集团股份有限公司	锌焙烧厂焙烧炉一班
26	河南豫光金铅股份有限公司	股份化验室玉川区仪器班
27	云南铜业股份有限公司西南铜业分公司	制氧作业区操作二班
28	玉溪矿业有限公司	选矿组
29	云南云铜锌业股份有限公司	质量检验分析中心取制样室

续附表 4

序号	企业名称	班组名称
30	云南驰宏锌锗股份有限公司	呼伦贝尔驰宏矿业有限公司硫酸二班
31	中铝中州铝业有限公司	蒸发班
32	浙江华友钴业股份有限公司	志高班
33	西安欧中材料科技有限公司	粉末生产组
34	宁夏中色金辉新能源有限公司	分析组
35	山西中铝华润有限公司	供电运行三班
36	山东南山铝业股份有限公司	焙烧车间运行二班
37	来宾华锡冶炼有限公司	质量技术监督站中心化验室
38	中铝矿业有限公司	热电厂电力运行部区域配
39	云南锡业股份有限公司锡业分公司	质量监督部化验二组
40	中铝山东有限公司	氧化铝厂原料区溶出工序甲班
41	金堆城钼业股份有限公司	铼生产班
42	紫金矿业集团黄金冶炼有限公司	黄金冶炼公司金提纯班
43	株洲硬质合金集团有限公司	异型事业部深加厂生产二班
44	广西南南铝加工有限公司	挤压质检班
45	广西南南铝加工有限公司	冷轧气垫炉班
46	赤峰金通铜业有限公司	电解厂机组班
47	青铜峡铝业股份有限公司青铜峡铝业分公司	电解三车间生产四班
48	青铜峡铝业股份有限公司宁东铝业分公司	电解四车间天车班

附表5　2021—2022年度有色金属行业质量管理小组活动优秀推进者名单

序号	企业名称	优秀推进者名单
1	西安菲尔特金属过滤材料股份有限公司	常亚超
2	大冶有色金属集团控股有限公司	方　庆
3	大冶有色金属集团控股有限公司	杜锋清
4	玉溪矿业有限公司	俞艳波
5	中铝山西新材料有限公司	王云飞
6	云南驰宏资源综合利用有限公司	李宗兴
7	中国铝业股份有限公司贵州分公司	郑明丽
8	乳源瑶族自治县东阳光高纯新材料有限公司	文素雅
9	东北轻合金有限责任公司	仇　平
10	广西南南铝加工有限公司	刘俊生
11	兰州铝业有限公司	韩加龙
12	浙江华友钴业股份有限公司	孙江南
13	浙江华友钴业股份有限公司	张绍东
14	浙江华友钴业股份有限公司	赵建军
15	云南金鼎锌业有限公司	乞文才
16	晋能控股山西电力股份有限公司河津发电分公司	王　倩
17	山西华兴铝业有限公司	马新亮
18	山西中铝华润有限公司	高宏伟
19	山东南山铝业股份有限公司	房　辉
20	中国长城铝业有限公司	段　岩
21	河池五吉有限责任公司	林运用
22	广西华锡矿业有限公司铜坑矿业分公司	李泽茂
23	来宾华锡冶炼有限公司	尹　芳
24	来宾华锡冶炼有限公司	黄　诚
25	包头铝业有限公司	李福宝
26	中铝矿业有限公司	高　慧
27	广西百色银海铝业有限责任公司	全兰荣
28	中国铝业股份有限公司广西分公司	黄文杰
29	中国铝业股份有限公司广西分公司	朱　华
30	白银有色集团股份有限公司	强雪茹
31	云南锡业锡材有限公司	席培根

续附表 5

序号	企业名称	优秀推进者名单
32	云南锡业锡化工材料有限责任公司	李明凤
33	青海中铝铝板带有限公司	熊增彩
34	株洲冶炼集团股份有限公司	王浩宇
35	河南豫光金铅股份有限公司	高冬生
36	河南豫光金铅集团有限责任公司	常改竹
37	河南豫光锌业有限公司	原和平
38	中铝山东有限公司	刘潮滢
39	中铝山东有限公司	邵　静
40	金堆城钼业股份有限公司	王丽丽
41	紫金矿业集团黄金冶炼有限公司	梁正霖
42	山西北方铜业有限公司	李国琴
43	山西北方铜业有限公司铜矿峪矿	杨成虎
44	山西北方铜业有限公司铜矿峪矿选矿厂	杨利平
45	中国铝业股份有限公司青海分公司	刘文辉

附表6　2021—2022年度有色金属行业质量信得过班组建设先进个人名单

序号	企业名称	先进个人名单
1	株洲硬质合金集团有限公司	吴　峰
2	中铝山西新材料有限公司	董美杰
3	云南驰宏锌锗股份有限公司	杨春玉
4	广西南南铝加工有限公司	李树飞
5	浙江华友钴业股份有限公司	杨昌东
6	浙江华友钴业股份有限公司	辜志峰
7	浙江华友钴业股份有限公司	钟明伟
8	宁夏东方钽业股份有限公司	王晖晖
9	西北稀有金属材料研究院宁夏有限公司	黄晓梅
10	山东南山铝业股份有限公司	张瑞宁
11	中国长城铝业有限公司	赵　楠
12	中铝矿业有限公司	宋　婧
13	中国铝业股份有限公司广西分公司	刘贵红
14	云南锡业股份有限公司老厂分公司	马藜丹
15	云南华联锌铟股份有限公司	李文有
16	株洲冶炼集团股份有限公司	杨权义
17	株洲冶炼集团股份有限公司	贺　治
18	河南豫光金铅集团有限责任公司	杨海波
19	河南豫光锌业有限公司	车拥霞
20	中铝山东有限公司	黄恩杰
21	金堆城钼业股份有限公司	徐元博
22	紫金矿业集团黄金冶炼有限公司	丘杭新
23	山西北方铜业有限公司	李国琴
24	中国铝业股份有限公司青海分公司	赵慧强

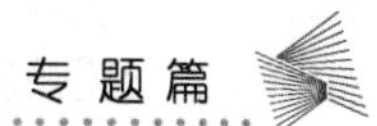

附表 7　有色金属行业计量技术规范发布情况汇总表

序号	规范编号	规范名称
1	JJF(有色金属)0001—2020	巴克霍尔兹压痕仪校准规范
2	JJF(有色金属)0002—2020	铝合金阳极氧化膜及有机聚合物膜用紫外老化试验箱校准规范
3	JJF(有色金属)0003—2020	直流辉光放电质谱仪校准规范
4	JJF(有色金属)0004—2020	铝合金阳极氧化膜及有机聚合物膜用喷磨试验仪校准规范
5	JJF(有色金属)0005—2020	铝合金阳极氧化膜及有机聚合物膜电动势耐腐蚀试验仪校准规范
6	JJF(有色金属)0006—2020	双联电解分析仪校准规范
7	JJF(有色金属)0007—2021	慢应变速率应力腐蚀试验机校准规范
8	JJF(有色金属)0008—2021	激光诱导击穿光谱仪校准规范
9	JJF(有色金属)0009—2021	周期浸润试验箱校准规范
10	JJF(有色金属)0010—2021	材料力学性能测试用非接触式视频引伸计校准规范
11	JJF(有色金属)0011—2021	有色金属材料用多维探测器 X 射线衍射仪校准规范

附表8 2022年有色金属行业获中国专利奖名单

序号	专利号	专利名称	专利权人	发明人
中国专利金奖项目				
1	ZL200910044036.9	在线高压水射流喷砂表面清理系统	长沙矿冶研究院	毛桂庭
中国专利银奖项目				
1	ZL201010104082.6	一种适合于结构件制造的铝合金制品及制备方法	有研工程技术研究院有限公司、西南铝业（集团）有限责任公司	熊柏青、张永安、朱宝宏、李志辉、刘红伟、王锋、李锡武
2	ZL201611033386.1	一种二硫化钼/铅钛合金纳米多层薄膜及其制备方法	中国科学院宁波材料技术与工程研究所	蒲吉斌、王立平、李浩、薛群基
中国专利优秀奖项目				
1	ZL200410023289.5	一种铝电解电容器及其制造方法	湖南艾华集团股份有限公司	王安安
2	ZL200810010437.8	一种钛及钛合金铸造用石墨型涂料	沈阳铸造研究所有限公司	谢华生、娄延春、张春辉、赵军、苏贵桥、于志强、刘时兵
3	ZL200810232604.3	一种可进行随形退火热处理的金属零件制造工艺	西安赛隆金属材料有限责任公司	贾文鹏、汤慧萍、刘海彦、贺卫卫、黄瑜
4	ZL201110229932.X	一种新型多晶硅碳头料的物理分离方法	亚洲硅业（青海）股份有限公司	鲍守珍、汪成洋、陈芝文、宗冰、王体虎、施正荣
5	ZL201310523232.0	一种合金球铁铜量的添加控制方法	天润工业技术股份有限公司	丛建臣、邵诗波、戴学忠、田学雷、姜涛、于海明、刘进军
6	ZL201310734622.2	太阳能边框铝型材挤压模具	江苏江顺精密科技集团股份有限公司	殷李全、李伟平
7	ZL201410068740.9	一种二维纳米金属氧化物复合涂层锰酸锂正极材料及其制备方法	安徽益佳通电池有限公司	李庆余、赖飞燕、张晓辉、王红强、黄有国、李玉、崔李三、吴永生

续附表8

序号	专利号	专利名称	专利权人	发明人
8	ZL201410076330.9	一种动力型镍钴锰酸锂正极材料的制备方法	广东邦普循环科技有限公司、湖南邦普循环科技有限公司、湖南邦普汽车循环有限公司、宁德邦普循环科技有限公司	谢英豪、余海军、李长东
9	ZL201410112269.9	磷酸铁锂基复合导体正极材料及制备方法、正极和锂电池	佛山市德方纳米科技有限公司、深圳市德方纳米科技股份有限公司	孔令涌、尚伟丽、赖玉丽、黄永侃、陈玲震、胡秋琴
10	ZL201510138233.2	一种立式砂仓风水两级分时绕壁造浆系统及其使用方法	北京矿冶研究总院	许文远、郭利杰、杨小聪、杨超、侯国权、李宗楠、史采星
11	ZL201510555242.1	一种核壳型沉淀二氧化硅及其制备方法	广州市飞雪材料科技有限公司、金三江（肇庆）硅材料股份有限公司	胡荷燕、林英光、王宪伟、李丽峰
12	ZL201510729783.1	稀土金属靶材及其制备方法	有研稀土新材料股份有限公司	王志强、吴道高、张小伟、陈德宏、张虎、程军、杨宏博、杨秉政
13	ZL201610183407.1	一种细粒尾矿模袋分级充灌系统	北京矿冶研究总院	周汉民、崔旋、刘晓非、甘海阔、王新岩、郄永波、董威信、李彦礼、韩亚兵、张树茂
14	ZL201610651932.1	一种高维形性硬质合金成型剂及其拌料工艺	厦门金鹭硬质合金有限公司	陈成艺、吴其山、王年、张守全、林高安
15	ZL201610683858.1	从银阳极泥中制备高纯金并富集银、铂和钯的方法	紫金矿业集团股份有限公司	衷水平、苏秀珠、吴健辉、王俊娥、林泓富、张焕然、熊家春、张永锋、刘建强、张宏宪、陈杭
16	ZL201610935582.1	一种非晶母合金锭连铸系统及其使用方法	东莞市逸昊金属材料科技有限公司	朱旭光

续附表 8

序号	专利号	专利名称	专利权人	发明人
17	ZL201611143869. 7	一种智能电网用高导电高强度铝合金导线的制造方法	远东电缆有限公司、新远东电缆有限公司、远东复合技术有限公司	张志力、徐静、夏霏霏、孔涛、周飞
18	ZL201711425516. 0	用于扁管成型的模具及其加工方法	广东和胜工业铝材股份有限公司	丁小理、李建湘、邓汝荣、王新华
19	ZL201711448338. 3	一种镍钴锰三元前驱体生产过程废料的回收工艺	广东佳纳能源科技有限公司	吴理觉、张晨、文定强、汪华、郑江峰、张颖、秦汝勇、黄亚祥、何玉娴
20	ZL201810049397. 1	一种伟晶岩型稀有金属矿的识别方法及系统	中国地质调查局西安地质调查中心	金谋顺、高永宝、李侃、滕家欣、燕洲泉
21	ZL201810944758. 9	一种有效降低金属铍原料中铬元素的方法	西北稀有金属材料研究院宁夏有限公司	李军义、王东新、钟景明、谢垚、李峰、王战宏、刘兆刚、苏峰、王治、李金瑞、田青、刘宁、赵克俊
22	ZL201910410451. 5	多晶硅智能生产方法及系统	亚洲硅业（青海）股份有限公司、青海省亚硅硅材料工程技术有限公司	宗冰、王体虎、肖建忠、尹东林、郑连基

附表 9　新材料领域知识产权保护中心

序号	中心名称	领域	所在地（详细地址）	联系方式
1	中国（中关村）知识产权保护中心	新材料、生物医药	北京市海淀区成府路 45 号中关村智造大街 A 座	010-83454118
2	中国（天津）知识产权保护中心	新一代信息技术、新材料	天津市滨海新区高新区华苑产业区开华道 22 号普天创新园 2 号楼	022-23768809
3	中国（苏州）知识产权保护中心	新材料、生物制品制造	江苏省苏州市工业园区金鸡湖大道 1355 号国际科技园 3 期 8 楼	0512-88182714
4	中国（广州）知识产权保护中心	高端装备制造、新材料产业	广东省广州市天河区天河北路 892 号 12 楼	020-38217376
5	中国（克拉玛依）知识产权保护中心	石油开采加工、新材料产业	新疆维吾尔自治区克拉玛依市银河路 51 号	19909909119 0990-6260812
6	中国（成都）知识产权保护中心（筹建中）	成都生物医药、新材料产业	待定	待定
7	中国（赣州）知识产权保护中心（筹建中）	新型功能材料和装备制造产业	待定	待定
8	中国（辽宁）知识产权保护中心（筹建中）	新材料和新一代信息技术产业	待定	待定
9	中国（内蒙古）知识产权保护中心（筹建中）	生物和新材料	待定	待定
10	中国（江苏）知识产权保护中心（筹建中）	高端装备和新型功能和结构材料产业	待定	待定
11	中国（淄博）知识产权保护中心（筹建中）	新材料	待定	待定

续附表 9

序号	中心名称	领域	所在地（详细地址）	联系方式
12	中国（德州）知识产权保护中心（筹建中）	新材料和生物医药	待定	待定
13	中国（广州）知识产权保护中心（筹建中）	高端装备制造和新材料产业	广州市天河区天河北路 892 号 12 楼	020-38217376

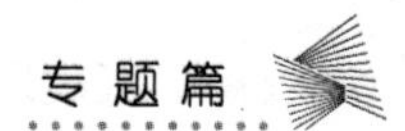

附表 10　有色金属行业专利信息公共服务平台

序号	平台名称	网　　址
1	有色金属行业知识产权服务平台	www. youseip. com
2	稀土行业专利检索平台	http：//xt. youseip. com
3	云南省稀贵金属知识产权与标准信息平台	http：//yn. youseip. com
4	国家重点产业专利信息服务平台	http：//chinaip. cnipa. gov. cn/
5	专利信息服务平台	http：//search. cnipr. com/
6	中外专利-万方数据知识服务平台	http：//c. et. wanfangdata. com. cn/PatentIndex. aspx
7	专利检索及分析	http：//pss-system. cnipa. gov. cn/sipopublicsearch/ portal/uilogin-forwardLogin. shtml

2022年有色金属工业节能减排发展报告

党的二十大报告中明确提出建设现代化产业体系、加快发展方式绿色转型、积极稳妥推进碳达峰碳中和，特别强调了加快推动产业结构、能源结构、交通运输结构等调整优化，立足我国能源资源禀赋，坚持先立后破，有计划分步骤实施碳达峰行动。党的二十大报告为产业结构调整、绿色低碳产业发展擘画了蓝图。我们要学习贯彻党的二十大精神，扎实推进有色金属行业碳达峰碳中和的各项重点工作，加快形成节约资源和保护环境的产业结构、生产方式，推动我国有色金属行业绿色低碳发展取得新的更大的成效。

一、有色金属工业节能降碳取得了新进展

2020年我国有色金属工业能源消耗2.66亿吨标准煤，约占全国能源消耗总量的5%，从工艺环节来看，有色金属工业的能源消耗主要集中在矿山、冶炼和加工，其中冶炼和加工环节的能耗占比约为有色金属行业能源消耗总量的96%。

自“十三五”以来，有色金属工业节能取得了新进展，主要表现在以下两个方面。

1. 主要产品能耗稳中有降

2022年，我国十种常用有色金属冶炼产量6793.6万吨，同比增长4.9%。电解铝综合交流电耗13448千瓦时/吨，同比下降0.6%，原铝可比交流电耗13131千瓦时/吨，同比下降0.4%；铜冶炼综合能耗（以标准煤计）205.13千克/吨，同比下降4.9%；铅冶炼综合能耗（以标准煤计）303.5千克/吨，同比下降7.3%；锌冶炼精馏锌综合能耗（以标准煤计）1522.1千克/吨，同比上升2.3%；电锌综合能耗（以标准煤计）895千克/吨，同比上升1%。有色金属行业主要产品的能耗指标接近或达到世界领先水平。2018—2022年主要有色金属产品能耗指标见表1。

表 1　2018—2022 年主要有色金属产品能耗指标

指标	单位	2018 年	2019 年	2020 年	2021 年	2022 年
铜冶炼综合能耗	千克/吨	285.8	286.4	270.8	267.01	205.13
氧化铝综合能耗	千克/吨	415.3	388.9	370.4	369.4	320.7
电解铝综合交流电耗	千瓦时/吨	13533	13525	13518	13518	13448
铅冶炼综合能耗	千克/吨	335.9	331.7	331	326.7	303.1
电解锌综合能耗	千克/吨	872.4	804.4	818.8	845.2	895.0
锡冶炼综合能耗	千克/吨	1324	1410	1318.5	1528.9	1420.7
铜加工材综合能耗	千克/吨	193.15	179.5	179.1	178.0	—
铝加工材综合能耗	千克/吨	268.4	246.8	203.2	207.9	—

数据来源：中国有色金属工业协会；2022 年数据为初步统计数。

2. 部分技术经济指标进一步提升

2022 年，有色金属工业主要技术经济指标进一步提升，部分关键指标再创最好水平，铜选矿回收率等技术经济指标已接近或达到世界先进水平，大大提高了有色金属工业的国际竞争力。2018—2022 年有色金属工业主要技术经济指标见表 2。

表 2　2018—2022 年有色金属工业主要技术经济指标

技术经济指标		单位	2018 年	2019 年	2020 年	2021 年	2022 年
1. 选矿回收率	铜选矿回收率	%	86.1	86.0	86.2	86.7	87.0
	铅选矿回收率	%	86.0	86.1	86.5	86.4	86.5
	锌选矿回收率	%	91.5	91.8	91.0	90.9	89.6
	镍选矿回收率	%	84.1	83.5	83.3	82.7	83.3
	锡选矿回收率	%	69.5	70.0	68.6	69.7	70.7
	锑选矿回收率	%	87.3	86.9	87.1	86.3	87.0
	钨选矿回收率	%	78.9	79.1	80.1	79.5	78.1
	钼选矿回收率	%	84.0	85.2	85.8	87.6	87.3
2. 铜冶炼回收率		%	98.5	98.9	98.6	98.5	98.8
3. 铝冶炼	氧化铝碱耗	千克/吨	172.3	158.9	141.9	136.6	131.5
	氧化铝总回收率	%	78.3	79.4	80.2	79.0	80.5
	原铝氧化铝单耗	千克/吨	1911.8	1911.9	1914.1	1914.6	1909.4
	原铝消耗炭阳极（毛耗）	千克/吨	477.6	476.9	475.21	472.9	—
	原铝氟化盐单耗	千克/吨	18.4	18.4	17.51	17.26	—

续表 2

技术经济指标	单位	2018 年	2019 年	2020 年	2021 年	2022 年
4. 铅冶炼总回收率	%	97.0	97.1	97.2	97.3	97.7
5. 电锌冶炼总回收率	%	96.2	96.1	97.0	96.4	96.7
6. 镍冶炼总回收率	%	94.1	94.1	94.4	94.2	94.2
7. 锡冶炼总回收率	%	97.5	97.7	97.6	97.8	98.6
8. 铜材综合成品率	%	73.0	77.2	78.2	80.4	85.2
9. 铝材综合成品率	%	74.6	73.4	75.9	75.5	69.0

数据来源：中国有色金属工业协会；2022 年数据为初步统计数。

二、大气污染物排放强度大幅度下降

随着环保标准的提高，重点区域的主要电解铝企业加强了对烟气脱硫技术的研究应用，实现了电解铝脱硫设施从“无”到“有”的转变，二氧化硫排放浓度有效控制在 35 毫克/米^3 以下，远远低于特别排放标准；重点区域的氧化铝企业加大攻关力度，采用电袋复合技术，解决了氧化铝焙烧炉颗粒物排放浓度高的难题，将颗粒物排放浓度稳定控制在 10 毫克/米^3 以下；针对氧化铝烧结法熟料窑烟气特点，采用高温金属膜过滤除尘器后，效果显著，颗粒物排放浓度稳定控制在 10 毫克/米^3 以下；重点区域的铝用炭素企业通过采用干式非催化还原法脱硝工艺和装备，不仅解决了低浓度氮氧化物脱硝难的问题，而且降低了运行成本，基本实现了超低排放。

铜冶炼大气污染物排放浓度和排放总量大幅下降，重点大气污染防控区的 SO_2、NO_x 和颗粒物分别控制在 100 毫克/米^3、100 毫克/米^3 和 10 毫克/米^3 以下，铜冶炼行业绩效分级 A 级企业 SO_2、NO_x 和颗粒物达到 50 毫克/米^3、60 毫克/米^3 和 10 毫克/米^3 以下，达到超低排放水平。随着环保形势的日益严格，执行排放限值要求的铜冶炼企业范围势必会扩大，执行特别排放限值甚至超低排放将成为一种趋势。

三、有色金属行业废水处理技术水平逐步提高

有色金属冶炼行业废水处理方法有常规中和法、硫化法、膜处理法、生物法等。其中，常规的石灰中和法是目前应用最广泛的一种方法，优点是工艺简单、成本低，但存在结垢严重、容易堵塞管道、污泥密度低及输送困难等问题。在深度处理方面，膜法、离子交换、选择性纳米吸附等方法已经广泛应

用，废水技术研究、筛选、集成先进实用工艺技术十分重要。

氧化铝厂产生的废水主要来源为生产工艺排水、生产生活杂用水排水、部分设备冷却水、循环水系统排污水及工艺排水等。多数企业通过采用废水回用技术，吨氧化铝生产新水消耗降低至 1. 05 吨左右，基本实现生产废水的零排放；电解铝废水主要是生产冷却水，通过废水重复循环，吨铝新水单耗下降到 0. 96 吨左右，生产废水不外排；金属表面处理铝合金型材生产企业生产过程中产生大量含重金属酸性废水，普遍采用硫化沉淀、中和后回用，少量废水达标排放。氧化铝、电解铝、铝加工、再生铝、铝用炭素生产企业的生活污水经处理达标后返回生产工艺或用于厂区绿化等，部分企业生活污水并入园区管网，基本杜绝了铝工业废水污染事件的发生。

铜火法冶炼过程中产生污水的环节较多，但污酸的产生主要在熔炼环节，该环节是硫化矿中硫氧化成二氧化硫，在进入制酸系统之前，需要进行水洗净化处理，大量的酸性物质和砷、氟、氯等污染物质都在此进入污酸。另外，在精炼、浇注、吹炼、电炉贫化、电解精炼和电解液净化过程中都会产生一般酸性废水；在余热锅炉等环节会产生循环冷却水。铜冶炼污酸废水具有较为复杂的成分，包括铜、锌、铅等种类繁多的重金属。目前，污酸废水的处理技术主要有硫化+中和法、硫化+石膏+中和法、离子交换法、生物制剂法、膜处理方法等。在污酸达标排放上，采用传统处理方法仅能满足排放的目的，但在实际处理的过程中会出现诸如二次污染、酸无法回用等问题。因此，资源化及清洁化处理污酸在经济及环保效益上具有非常重要的意义。

四、危险废物处置处理水平大幅度提升

有色金属行业危险废物安全处置是困扰行业的难题。随着环保要求的逐步提高，铝工业危险废物安全管理水平大幅度提升，骨干企业积极探索，对大修渣、铝灰等危险废物集成了一批处理技术，减少一定的环境风险。大修渣处理方法主要是无害化和资源化处理。无害化处理主要是高温脱氰固氟和湿法脱氰固氟，中铝集团包头铝业、酒钢集团东兴铝业、国电投集团宁夏铝业分别建成年产 1 万吨的大修渣无害化生产线。郑州大学利用大修渣生产氟化镁和防渗料/石墨粉已建成工业示范线，大修渣处置处理取得新进展。电解铝企业将铝灰返电解槽资源综合利用，压制成电解槽阳极钢爪保护环直接返回铝电解工序循环使用。铝加工、再生铝的企业积极尝试利用铝灰提取氧化铝，并且脱氮脱盐后制备炼钢用预熔型铝酸钙和制备高铝料取得了突破性进展。铝加工企业表面处理产生的废水处理污泥减量化、资源化也迈出了实质性步伐。

在铜的火法冶炼过程中，一般固体废物主要在废水处理、渣选矿环节中产生，包括石膏渣、中和渣和渣选尾矿等，其中，产生量最大的是石膏渣和渣选尾矿。危险废物主要在烟气制酸、熔炼炉和吹炼炉电除尘器收尘、电解液净化、废水处理等环节中产生，包括砷滤饼、铅滤饼、白烟尘、黑铜粉、废触媒等，其中产生量最大、利用处置困难的重点危险废物为砷滤饼、铅滤饼和白烟尘，均为高砷物料，其产生量占铜冶炼企业危险废物产生总量的80%以上。在湿法冶炼过程中，危险废物主要为电积工序产生的铅泥，而浸出工序产生的浸出渣则需要鉴定才能判断是危险废物还是一般固体废物。大部分冶炼企业对砷滤饼采取堆存的方式，对环境造成了极大的威胁。一部分企业对砷滤饼进行了综合利用，方法有火法和湿法。火法处理砷滤饼是采用氧化燃烧的方法将硫化砷燃烧挥发，砷以三氧化二砷的形式回收，铜留在渣中，可作为铜冶炼原料使用。由于火法处理砷滤饼的方法脱砷不彻底、工艺复杂且易造成砷的二次污染，因此大部分砷滤饼综合利用的冶炼企业倾向选择湿法浸出的方法处理砷滤饼。例如以 NaOH 或 Na_2S 为浸出液的碱浸方法将砷从砷滤饼的原渣中分离出来，其他有价金属如铜、铋等留在渣中。

五、当前有色金属行业绿色低碳发展面临的问题

虽然有色金属行业在绿色低碳发展方面取得了显著成绩，但是依然面临一些突出问题。

一是能源消费增长压力大。我国有色金属产量持续上升，造成了能源消费总量的进一步提高。此外，光伏、风电等可再生能源的发展进一步拉动铝、工业硅、稀土等有色金属的需求，电动汽车、新能源电池及储能设备等产业的快速发展，也在不断提高铜、铝、镍、钴、锂等金属的应用。

二是能源结构有待优化。有色金属行业能源消耗主要以电为主，我国电解铝生产用电模式分为自备电和网电。国内电解铝生产采用煤电占比77%，水电占比17%，太阳能、风能等清洁能源占比6%。有色金属行业清洁能源使用占比远低于世界平均水平，能源结构有待进一步优化。

三是国内企业间能源管控水平参差不齐，能耗水平相差大。我国电解铝综合交流电耗已处于世界先进水平，但是电解铝企业之间差距较大，部分技术装备领先的企业电解铝综合交流电耗能达到13200千瓦时/吨，相对较差的企业超过13750千瓦时/吨，相差550千瓦时/吨左右。

四是矿产资源品质下降造成产品单耗指标上升。我国有色金属矿产资源经过多年开采后，原矿和精矿品位出现普遍下降趋势。2015年国内铜矿坑采出

矿品位为 0.75%，而 2022 年为 0.69%；2015 年锌露天开采出矿品位为 4.46%，而 2022 年为 3.75%。矿山原矿品位的下降，必然导致能源消耗上升。

五是环保逐步收紧，随着“大气十条”“水十条”“土十条”三方面行动计划的落地实施，有色金属行业积极增加环保投入，增加废气、废水处理装备和设施，一定程度上增加了能源消耗。

六、有色金属工业节能降碳工作扎实推进

一是组织申报有色金属碳达峰碳中和公共服务平台建设项目。为更好地为有色金属行业碳达峰碳中和服务，中国有色金属工业协会联合中铝集团有限公司等相关行业企业、科研院所成功申报工信部有色金属行业碳达峰碳中和公共服务平台建设项目。项目建设有色金属行业（包括铝、铜、铅、锌、镁、硅、稀土及其他有色金属专业板块）碳达峰碳中和公共服务平台，包括了低碳产品检验检测平台、绿色低碳技术验证平台、绿色低碳大数据中心、绿色低碳标准体系等。

二是配合发改委、工信部等相关部委开展一系列行业双碳工作，有力推动了行业双碳目标的实现。配合工信部编制并解读《有色金属行业碳达峰实施方案》，通过解读文章，一图读懂和视频宣讲材料，积极组织开展《实施方案》解读宣传工作，推动行业实现碳达峰目标。

三是组织编制有色金属行业低碳技术发展路线图。按照《有色金属行业碳达峰实施方案》要求，对有色金属行业重点绿色低碳技术进行研究分析，形成了包括重点推广应用、共性攻关示范、前沿颠覆性三大类 38 项绿色低碳技术，绘制了有色金属行业低碳技术发展路线图，完成了相应的研究报告。

四是组织开展一系列绿色低碳节能研究工作。配合工信部组织开展有色金属企业碳达峰“解剖麻雀”研究。结合有色金属行业碳排放特点，聚焦重点难点，通过选择重点企业开展碳达峰“解剖麻雀”式研究，为有色金属企业实现碳达峰目标提供参考路径；受工信部节能与综合利用司委托，组织开展《有色金属行业节能诊断服务指南》研究工作，分析研究了有色金属行业能耗特点与能源利用特性，编制形成了有色金属行业节能诊断服务指南；与中科院生态文明研究所等相关单位联合申报国家重点研发计划“战略性科技创新合作”重点专项“‘双高’工业集聚区低碳零碳技术比较与应用联合研究”项目研究，获得立项。选取霍林河铝工业园区作为重点，总结梳理有色行业低碳零碳技术，推动低碳零碳技术在工业园区应用推广。

五是组织开展碳市场的相关研究工作。组织开展“电解铝行业碳排放配额

分配方案及碳排放核查技术指南”相关工作。组织编制《铝电解工序温室气体排放核查技术指南》。《指南》规定了铝冶炼企业的铝电解工序温室气体排放的核查步骤、准备、策划、实施、报告的技术规范；组织开展有色金属行业碳市场相关碳排放数据质量提升研究等相关工作。

六是组织开展《重污染天气重点行业绩效分级及减排措施技术指南　铝工业》编制工作。根据生态环境部要求，中国有色金属工业协会联合中国环境科学院共同承担了《重污染天气重点行业绩效分级及减排措施技术指南　铝工业》标准编制工作，目前针对《重污染天气重点行业绩效分级及减排措施技术指南》中氧化铝、电解铝、炭素行业征求意见行业企业意见，积极反映行业企业诉求。

七是组织开展《国家工业资源综合利用先进适用工艺技术设备目录》征集工作。为贯彻落实《中华人民共和国固体废物污染环境防治法》，加快推进工业资源循环利用、发展高端智能再制造，协助工信部办公厅开展《国家工业资源综合利用先进适用工艺技术设备目录》遴选工作。推荐江苏新春兴再生资源有限责任公司“废铅蓄电池绿色低碳循环利用关键技术”项目申报工艺技术设备目录。

撰稿人：李　丹、王建雷

审稿人：贾明星

2022 年再生有色金属工业发展报告

2022 年，中国再生有色金属产业克服疫情多点散发、全球经济恢复疲弱、主要经济体货币政策收紧、有色金属价格剧烈波动、财税新政实施、原料供应紧张等影响，紧抓“双碳”目标机遇，积极融入双循环发展格局，产业规模持续扩大、产品产量稳步增长、原料保障有所增强、产业链协同持续深化、项目投资快速增长，节能降碳效益突出，整体呈现稳中有进的良好发展态势。

一、2022 年中国再生有色金属产业发展现状

（一）产量稳步增长，规模持续扩大

2022 年中国再生铜、铝、铅、锌产量稳步增长，总量达到 1655 万吨，同比增长 5.3%。其中再生铜 375 万吨，同比增长 2.74%；再生铝 865 万吨，同比增长 8.13%；再生铅 285 万吨，同比增长 5.56%；再生锌 130 万吨，同比下降 5.11%。2013—2022 年中国再生有色金属产量持续增长，见图 1。同时再生镍、钴、锂共 6 万吨，约有翻倍的增长。

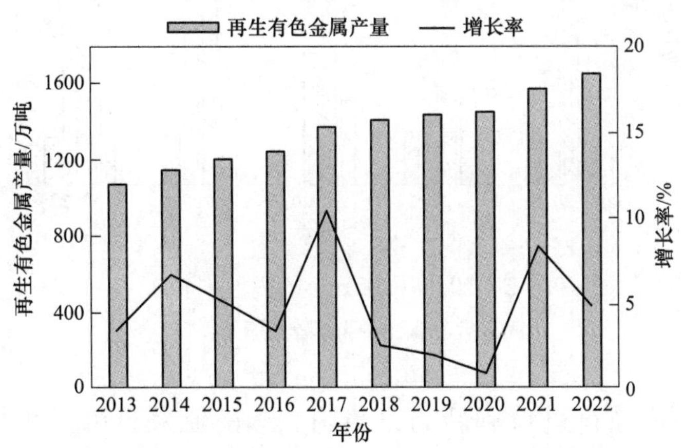

图 1　2013—2022 年中国再生有色金属产量

数据来源：中国有色金属工业协会再生金属分会（以下简称“再生金属分会”）

中国再生有色金属产业产能持续扩大。据再生金属分会统计，截至 2022 年底，再生铜、再生铝产能分别达 800 万吨和 1800 万吨以上，废铅蓄电池、

废锂离子电池处理能力分别达 1200 万吨和 200 万吨以上。

（二）原料保障有所增强，原料格局发生变化

随着中国有色金属社会报废量的快速增长，以及再生铜、铝原料进口政策的稳步实施，再生有色金属原料形成以“国内为主，进口补充”的格局。

一是国内原料持续增长，原料品种范围扩大。2022 年国内废铜回收量 235 万吨（金属量），同比下降 2. 49%，占再生铜供应的 62. 67%；废铝回收量 725 万吨（金属量），同比增长 3. 57%，占国内再生铝供应的 83. 82%；废铅蓄电池的回收量 438 万吨（含铅金属量 285 万吨），同比增长 5. 54%；废锌 130 万吨（金属量），同比下降 5. 11%。同时，新兴领域废旧金属回收量快速增长，2022 年废旧锂离子电池及极片约 44 万吨，同比翻倍增长；铂族金属年回收利用量约 25 吨。近 5 年国内主要原料情况见图 2。从主要回收市场看，山东临沂华东有色金属城回收交易废铜约 60 万吨、废铝 102 万吨；河南长葛大周废铝回收利用量超过 200 万吨；江西丰城市循环经济园区废铜回收量约 40 万吨，废铝回收量超 30 万吨；江西省鹰潭（贵溪）铜产业循环经济基地废铜加工利用量约为 120 万吨（以国内原料为主）。

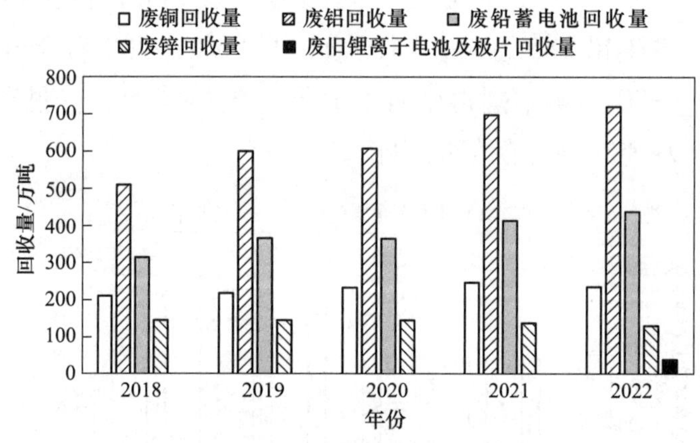

图 2　2018—2022 年国内原料情况

数据来源：再生金属分会

二是再生铜铝原料进口创新高，美国、东南亚及日韩是重要进口来源地。据海关统计数据，2022 年中国进口再生铜和黄铜原料共计 177. 1 万吨，同比增长 4. 65%；进口再生铸造铝合金原料 151. 61 万吨，同比大增 47. 39%，近三年再生铜、铝原料进口量见图 3。受进口政策调整影响，部分美国及欧洲的铜、铝废料在东南亚预处理达到再生铜、铝原料标准后以一般贸易形式进入国内，2022 年从东南亚及日韩进口的再生铜、铝原料分别为 73. 09 万吨和 69. 5 万吨，占比分别为41.27%和45.84%。但美国仍是重要进口来源地，2022年从美国进口的再生铜、铝原料分别为32.10万吨和16.59万吨，占比分别为18.13%和10.94%。

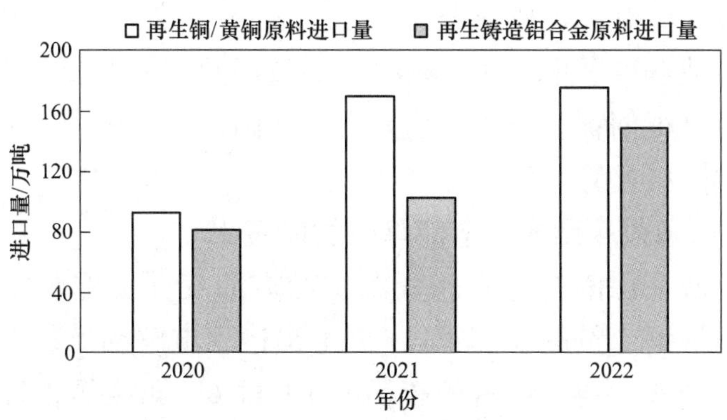

图3　2020—2022年进口原料情况

数据来源：海关总署

（三）产业集中度明显提升，产业链协同持续深化

产业集中度明显提升。江西再生铜产能达总产能的40%以上；广西、江苏、广东、河南、江西五省再生铝产能占总产能的61%；安徽、河南、江苏、江西、内蒙古五省区废铅蓄电池处理能力占总处理能力的60%。

产业链协同加速。有色系统的原生冶炼企业如中铝集团、魏桥集团等加快进入再生金属领域，加工企业如海亮股份、楚江新材、明泰铝业、创新集团等利废比例稳定增长；豫光金铅、万洋、金利金铅等企业已形成原生铅和再生铅双轮驱动；压铸及汽车零部件制造企业向再生铝延伸；高能环境等环保企业布局含铜危废处置、铝灰处置；锂离子电池上下游企业积极布局废旧锂离子电池回收利用。

（四）项目投资快速增长，资本关注度持续升温

2022年再生有色金属项目投资延续高速增长。据再生金属分会统计，全年新建项目涉及产能超过1500万吨，其中再生铜项目涉及产能320万吨，主要集中在江西；再生铝项目涉及产能850万吨，主要集中在广西；再生铅项目涉及废铅蓄电池处理能力240万吨，主要集中在广西、河北、河南等地区；废旧锂离子电池回收利用项目涉及废电池和极片处理能力200万吨，主要集中在江西、广东、安徽、湖南等地区。特别是再生铝、铝灰资源化利用和废旧锂离子电池成为投资热点，项目数量大幅攀升。伊电集团启动了两个50万吨再生铝项目，广西平铝集团80万吨再生铝项目投产，明泰铝业建设70万吨再生铝项目，山东创新建成50万吨废铝回收项目，吉利在宁夏布局的20万吨再生铝项目开工；荆门动力再生废旧锂电池及极片废料综合处理项目建成投产，赣锋锂业和天赐材料均有多个10万吨的锂离子电池回收利用项目启动建设。

目前，涉及再生有色金属业务的上市公司已超过50家。2022年多家动力电池回收利用企业获得资本青睐，频频完成数亿元大额融资，包括湖北融通高科、杰成新能源、恒创睿能、武汉动力再生、湖南顺华锂业、北京赛德美、金凯循环科技、瑞隆科技等。

（五）资源保障效应凸显，节能降碳贡献突出

再生有色金属在保障有色金属资源供给方面发挥了重要作用。2022年中国再生铜达到精炼铜产量的32.24%，再生铝达到电解铝产量的21.5%，再生铅占铅产量的47.9%，再生锌占锌产量的19.11%，再生锂占锂盐产量的6%，再生钴占精炼钴产量的14.49%，成为有色金属资源的重要渠道。

再生有色金属产业是有色金属工业实现“双碳”目标的重要方式和重要支撑。2022年再生有色金属主要品种实现二氧化碳减排量约1.1亿吨，其中再生铜减排1050万吨，再生铝减排9515万吨，再生铅减排500万吨。预计到2025年，再生有色金属减排超1.4亿吨，将为推动有色金属行业碳达峰作出重要贡献。

二、2022年中国再生有色金属产业经济运行状况

（一）总体经营形势分析

2022年再生有色金属行业总体承压经营。一季度，有色金属等大宗商品价格走势上扬，再生有色金属产业供需两旺；随着4月国内新冠疫情多点散发，主要再生有色金属生产基地物流受到不同程度的影响，部分企业生产受限。二季度，全球主要经济体开启加息进程，有色金属价格和原料价格急速下跌，企业生产经营风险增大，叠加下游消费不及预期，废铜、铝及废铅蓄电池产生量偏少，也降低再生有色金属企业生产积极性。但随着一系列保障经济平稳发展政策的发布实施，原料、运输、消费逐步恢复，有色金属价格也恢复式上涨，企业生产经营好转。另外，在政策的推动下，2022年再生有色金属产业新增项目较多，加剧了原料紧张的情况，但2022年再生铜、铝原料进口增长明显，一定程度上弥补了原料的不足。

（二）市场与价格

2022年，再生铜、铝原料价格和铜、铝价格趋势一致，年初延续2021年的涨势，在4月中旬达到历史高点；随着6月美联储激进加息，引发对全球经

济衰退担忧，有色金属价格大幅下跌，废铜、铝价格也随之下调；7 月后铜、铝及原料价格恢复性震荡上行。

铜及再生铜原料市场（见图 4）：2022 年长江有色网 1 号铜均价 67503 元/吨，同比下降 1.77%；再生铜原料价格以江浙沪地区为例，2022 年光亮铜均价 61398 元/吨，同比下降 1.38%；1 号废铜均价 60958 元/吨，同比下降 1.13%；黄杂铜均价 44474 元/吨，同比增长 3.05%。

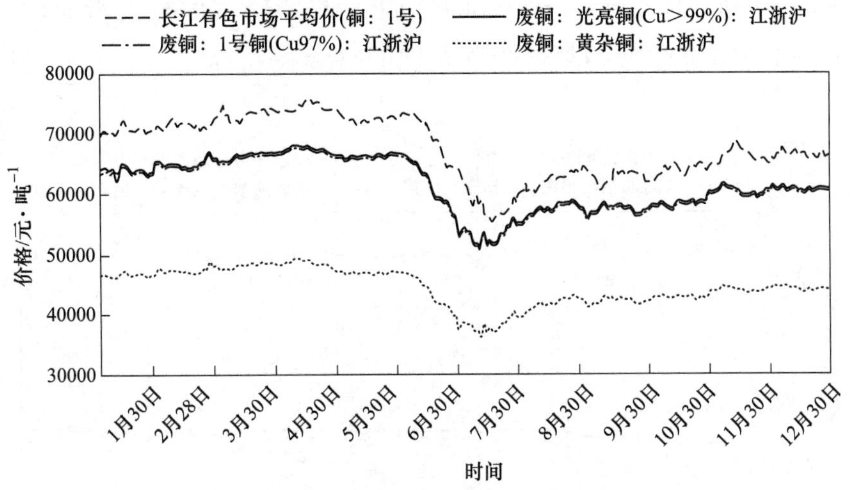

图 4　2022 年铜及再生铜原料价格

数据来源：万得数据

铝及再生铝原料市场（见图 5）：2022 年长江有色网铝 A00 均价 19936 元/

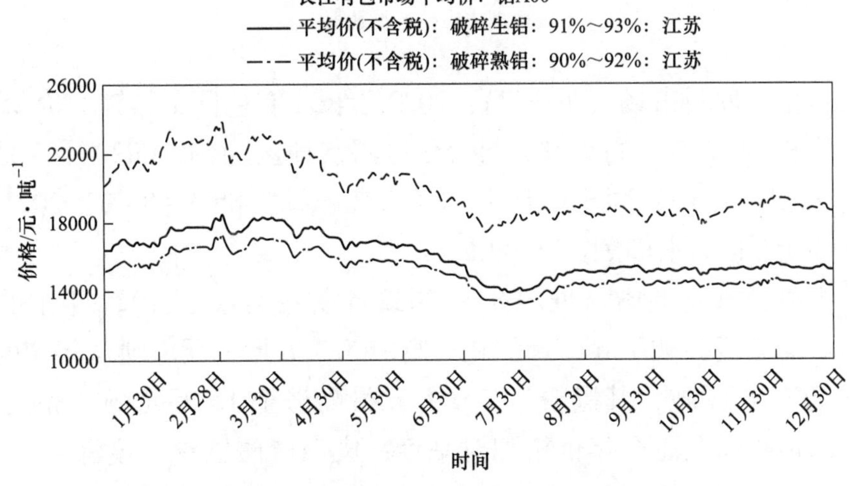

图 5　2022 年铝及再生铝原料价格

数据来源：万得数据

吨，同比增长 5.49%；再生铝原料价格以江苏地区为例，2022 年破碎生铝（91%～93%）均价 16046 元/吨，同比增长 5.85%；破碎熟铝（90%～92%）均价 15095 元/吨，同比增长 5.84%，原料价格涨幅略高于铝价涨幅。

再生铅及废铅蓄电池市场（见图 6）：2022 年再生铅均价 14798 元/吨，同比持平。但废旧铅蓄电池 2022 年价格高企，废电动自行车电池均价 8951 元/吨，同比增长 4.07%；废启动型汽车电池白壳和黑壳均价分别为 8251 元/吨和 8696 元/吨，分别同比增长 4.95%和 7.81%。总体呈现原料上涨而产品价格不涨的局面，再生铅生产利润维持小幅亏损的状态。

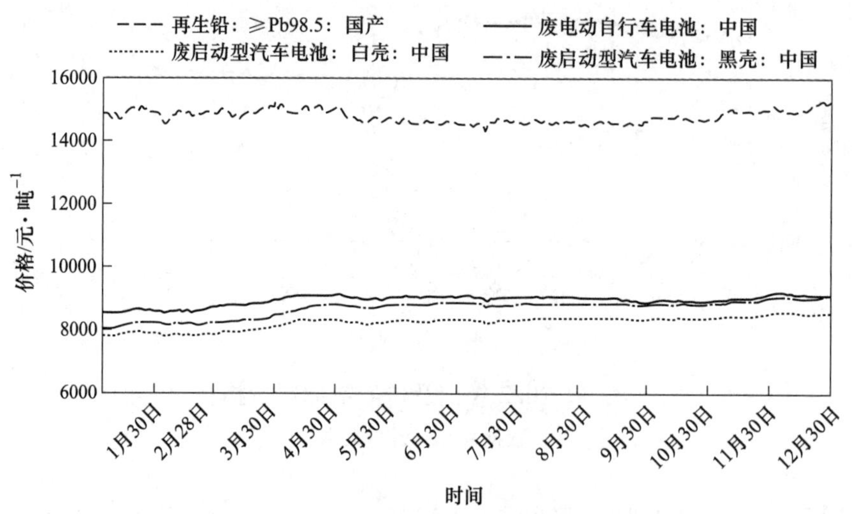

图 6　2022 年再生铅及废铅蓄电池价格

数据来源：万得数据

锌及再生锌原料市场（见图 7）：2022 年长江有色网 1 号锌均价 25131 元/吨，同比增长 11.94%；再生锌原料价格以浙江地区为例，2022 年 5 号锌合金的均价为 22591 元/吨，同比增长 11.1%；破碎锌（85%～86%）2021 年的均价为 19030 元/吨，同比增长 13.09%。

废旧锂离子电池市场（见图 8）：2022 年锂盐延续了 2021 年末的价格涨势，最高价格甚至突破了 60 万元/吨。废旧 523 方形三元电池从年初的 3.1 万元最高涨至 7 万元/吨，其黑粉从 7.6 万元最高涨至 15 万元/吨，较年初都有翻倍；废旧钴酸锂电池全年价格相对平稳；废旧磷酸铁锂一度涨至 3.5 万元/吨，废旧磷酸铁锂黑粉（4%<Li<5%）一度超过 11.5 万元/吨，但年末废旧锂离子电池价格随着锂价格回调而降低。

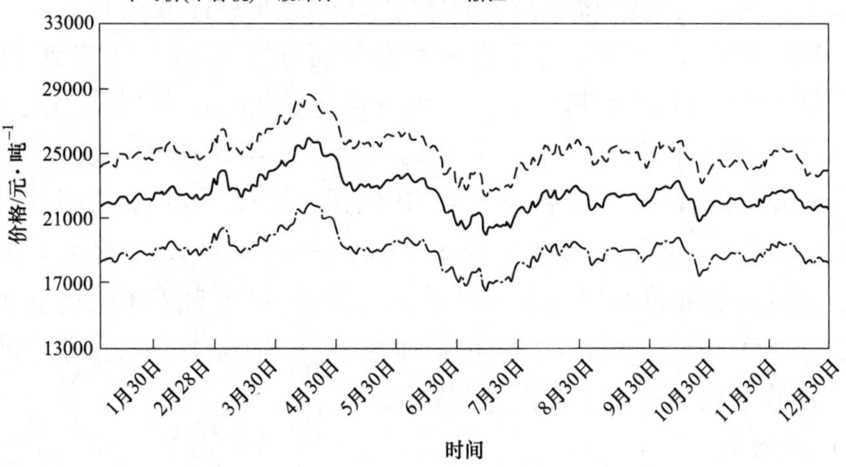

图 7　2022 年锌及再生锌原料价格

数据来源：万得数据

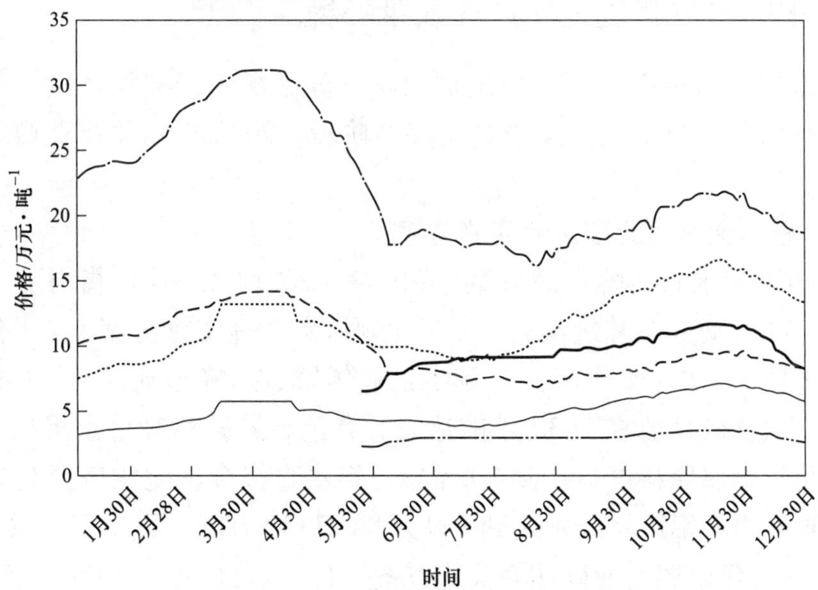

图 8　2022 年废旧锂离子电池及极片价格

数据来源：上海有色网

（三）典型企业情况

2022 年，再生有色金属企业承压较大，各企业具体经营情况不一。据公开数据，2022 年，立中集团营业收入和净利润分别为 213. 71 亿元和 4. 92 亿元，分别同比增长 14. 69%和 9. 41%；顺博合金营业收入为 110. 66 亿元，同比增长 10. 83%，但毛利率有 3 个百分点的下降；金田铜业营业收入为 1101. 90 亿元，同比增长 24. 68%，净利润为 4. 20 亿元，同比下降 43. 30%；楚江新材营业收入为 405. 96 亿元，同比增长 8. 69%，净利润为 1. 34 亿元，同比下降 76. 43%；豫光金铅铅产品产量和营业收入分别为 47 万吨和 64. 75 亿元，同比分别增长 6. 65% 和 7. 7%；格林美年回收动力电池 1. 74 万吨，同比增长 98. 11%，回收利用业务进入全面盈利阶段。

（四）消费情况

2022 年，中国再生有色金属消费稳中有增。基建、新能源、电子电器等领域持续发展带动有色金属消费增长，据相关数据，2022 年中国电力工程建设投资同比增长 13. 3%，空调产量同比增长 1. 88%，带动铜消费的增长；汽车产量同比增长 3. 4%，特别是新能源汽车产量 705. 8 万辆，同比激增 96. 9%，带动动力电池和启停电池、铜、铝消费增长；但 2022 年房屋竣工面积和住宅竣工面积均有约 5%的下降，减少了铜铝消费。

三、中国再生有色金属产业政策环境

在“双碳”目标引领下，中国加快建立健全绿色低碳循环发展的经济体系，再生有色金属产业进入高质量发展新阶段。2022 年相关产业政策更加具有指导性。

（一）有色金属行业碳达峰实施方案

在《2030 年前碳达峰行动方案》（国发〔2021〕23 号）指引下，2022 年各领域碳达峰行动方案陆续出台。《工业领域碳达峰实施方案》（工信部联节〔2022〕88 号）指出：“十四五”筑牢工业领域碳达峰基础，“十五五”确保工业领域二氧化碳排放在 2030 年前达峰。有色金属碳达峰重点提出：鼓励增加高品质再生金属原料进口；到 2025 年，铝水直接合金化比例提高到 90%以上，再生铜、再生铝产量分别达到 400 万吨、1150 万吨，再生金属供应占比达 24%以上。《有色金属行业碳达峰实施方案》（工信部联原〔2022〕153 号）再次强调：再生有色金属“十四五”供应占比达到 24%以上，“十五五”循环发展产业体系基本建立的目标；提出：建设绿色制造体系重点要求发展再生金属产业，完善再生有色金属资源回收和综合利用体系，引导在废旧金属产量大的地区建设资源综合利用基地，布局一批区域回收预处理配送中心。完善再生有色金属原料标准，鼓励企业进口高品质再生资源，推动资源综合利用标准化，提高保级利用水平。

为加快建立统一规范的碳排放统计核算体系，助力区域、行业、企业降碳及完善碳排放权交易市场，《关于加快建立统一规范的碳排放统计核算体系实施方案》（发改环资〔2022〕622号）发布。指出：2023年，初步建成统一规范的碳排放统计核算体系，2025年建立健全重点产品碳排放核算方法。方案重点部署了四项任务，包括建立全国及地方碳排放统计核算制度，完善行业企业碳排放核算机制，建立健全重点产品碳排放核算方法，完善国家温室气体清单编制机制。

（二）推动工业资源综合利用的政策

《加快推动工业资源综合利用实施方案的通知》（工信部联节〔2022〕9号）提出：有色金属行业着力提高再生铜、铝、锌等供给。实施废有色金属、废旧动力电池等再生资源综合利用行业规范管理。鼓励大型有色金属企业与再生资源加工企业合作，建设一体化大型废有色金属绿色加工配送中心。明确提出：完善废旧动力电池回收利用体系。完善管理制度，强化新能源汽车动力电池全生命周期溯源管理。推动产业链上下游合作共建回收渠道，构建跨区域回收利用体系。推进废旧动力电池在备电、充换电等领域安全梯次应用。在京津冀、长三角、粤港澳大湾区等重点区域建设一批梯次和再生利用示范工程。培育一批梯次和再生利用骨干企业，加大动力电池无损检测、自动化拆解、有价金属高效提取等技术的研发推广力度。同时提出：着力延伸再生资源精深加工产业链条，促进钢铁、铜、铝、锌、镍、钴、锂等战略性金属废碎料的高效再生利用，提升再生资源高值化利用水平。

（三）实施税收优惠的税收政策

《关于进一步实施小微企业所得税优惠政策的公告》（财政部 税务总局公告2022年第13号）明确：自2022年1月1日至2024年12月31日，对小型微利企业（从事国家非限制和禁止行业，且同时符合年度应纳税所得额不超过300万元、从业人数不超过300人、资产总额不超过5000万元等三个条件的企业。）年应纳税所得额超过100万元但不超过300万元的部分，减按25%计入应纳税所得额，按20%的税率缴纳企业所得税。《关于对增值税小规模纳税人免征增值税的公告》（财政部 税务总局公告2022年第15号）明确：自2022年4月1日至2022年12月31日，增值税小规模纳税人适用3%征收率的应税销售收入，免征增值税；适用3%预征率的预缴增值税项目，暂停预缴增值税。

（四）提升环境安全的相关政策

《生态环境损害赔偿管理规定》（环法规〔2022〕31号）规定，违反国家规定造成生态环境损害的，依法追究生态环境损害赔偿责任。《新污染物治理行动方案》（国办发〔2022〕15号）指出：有毒有害化学物质的生产和使用是新污染物的主要来源，国内外广泛关注的新污染物主要包括国际公约管控的持久性有机污染物等。

《减污降碳协同增效实施方案》（环综合〔2022〕42号）提出，到2025年，减污降碳协同推进的工作格局基本形成；到2030年，减污降碳协同能力显著提升，助力实现碳达峰目标。重点领域提出：加快再生有色金属产业发展，铝行业提高再生铝比例，推广高效低碳技术，2025年再生铝产量达到1150万吨。推进退役动力电池、光伏组件、风电机组叶片等新型废弃物回收利用。

危废管理方面，《关于进一步推进危险废物环境管理信息化有关工作的通知》（环办固体函〔2022〕230号）要求持续推进危险废物环境管理信息化工作，包括实现危险废物电子转移联单统一管理，实行危险废物跨省转移商请无纸化运转，规范危险废物集中利用处置情况在线报告等。地方各级生态环境部门应强化国家固废信息系统的推广与应用。

（五）再生有色金属相关标准

根据中国有色金属工业协会印发的《有色金属行业绿色低碳标准化三年行动计划（2021—2023）》（中色协科字〔2022〕1号），与再生有色金属相关的20项标准需开展制修订工作。全国有色金属标委会组织开展了《再生铜合金原料》《有色重金属冶炼企业单位产品能源消耗限额》等标准修订工作。《再生铜合金原料》标准修订主要针对原料标准品种覆盖不全的问题，增加青铜、白铜和高铜类原料，并对标准中的部分技术要求需要进行调整和明确。有《有色重金属冶炼企业单位产品能源消耗限额》标准将铜、铅、锌、镍、锡、锑冶炼企业单位产品能源消耗限额及再生铅单位产品能源消耗限额进行合并修订，增加钴、铋冶炼能源消耗限额。

2022年3月，《再生变形铝合金原料》和《再生纯铝原料》实施，但是由于未发布公告，相关原料还无法进口。

（六）地方鼓励再生有色金属发展的相关政策

《河南省“十四五”循环经济发展规划》提出2025年再生有色金属产量达到495万吨；《河南省加快材料产业优势再造换道领跑行动计划（2022—

2025年)》提出，做大做强再生铜，加快发展再生铅；《江西省碳达峰实施方案》强调加快再生有色金属产业发展，提高再生铜、再生铝、再生稀贵金属产量；《湖南省制造业绿色低碳转型行动方案（2022—2025年)》明确，2025年全省有色金属资源综合循环利用产业年产量突破2000万吨；《云南省绿色铝产业发展三年行动（2022—2024年)》提出科学有序发展再生铝；《广西关于促进铝产业高质量发展的决定》提出促进发展再生铝，形成稳定、可持续的再生铝产能规模。

四、中国再生有色金属产业发展趋势

（一）原料回收逐步规范化，保障能力增强

《2030前碳达峰行动方案》明确提出完善废弃有色金属资源回收、分选和加工网络。随着下一步相关规范条件的发布和实施，将培育一批规模化的加工配送企业或基地，促进废有色金属就近集聚、分选，再生有色金属原料回收逐步规范化、规模化、标准化。

近20年中国铜、铝产量累计分别达到1.2亿吨和4.4亿吨，铅蓄电池社会积蓄量约2000万吨，锂离子电池社会蓄积量约800吉瓦时。预计未来三年中国年废有色金属回收量约1600万吨，再生铜铝原料进口量保持在300万吨以上，再生有色金属供应链韧性增强。

（二）产业规模继续增长，科技创新能力进一步提升

大型企业布局再生有色金属领域，如中铝集团计划未来再生铝产能规模达到300万吨，魏桥集团在邹平规划发展200万吨再生铝；地方政府打造规模化再生金属产业基地，如广西百色规划发展500万吨再生铝产业，河南长葛、江西丰城都在打造再生金属千亿集群，鹰潭打造江西万亿有色产业集群核心区。预计到2025年再生有色金属产量达到2000万吨的目标有望提前实现。

大型企业的进入，不断激发市场活力和潜力。如精细化分选水平进一步加强，促进保级利用水平提升；废弃物资源化、无害化处置利用相关的配套工艺装备科技研发投入持续增加，再生有色金属企业逐步向智能工厂方向发展。

（三）市场需求快速上升，高值产品应用扩大

随着产业结构、能源结构、交通运输结构逐步调整优化，新能源汽车、光伏、风电等产业快速发展，带动有色金属消费量增长。如交通运输领域，汽车轻量化成为必然趋势，新能源汽车铜使用量较传统内燃机汽车显著增加，初步预测2025年新能源汽车用铝、铜量将分别超过170万吨和70万吨；光伏和风电新增用铝、铜量达到150余万吨和100万吨；动力电池用碳酸锂超过80万

吨、钴超 20 万吨。

越来越多的企业为实现自身碳减排目标增加再生有色金属使用占比。奔驰承诺未来欧洲所有冲压和铸造车间仅采购获得铝业管理倡议 ASI 认证的原铝；宝马新一代 MINI Countryman 从 2023 年起搭载由 70%再生铝制成的轮毂；沃尔沃将由力拓提供低碳铝和“铜标”认证的铜产品。欧盟新电池法规对动力电池碳足迹、再生原材料含量提出了要求，达不到该要求的产品将无法进入欧盟市场。

再生有色金属产品竞争力逐步增强，应用潜力巨大。立中集团利用再生铝原料生产铝合金轮毂、四会辉煌生产 5G 通信设备结构件、上海永茂泰及帅翼驰等企业的再生铝产品广泛应用于新能源汽车零部件。同时，全铝家居、铝幕墙、铝合金黑板、铝制咖啡胶囊、铝杯等再生有色金属的新应用场景逐步开发，拓展了再生有色金属产品的应用范围；以再生有色金属为原料的铸造铝合金、三元前驱体等产品研发持续进行，产品科技含量和性能提高，应用潜力将持续释放。

（四）国际合作持续深化，挑战与机遇并存

虽然世界银行、国际金融论坛等预测，2023 年全球经济仍将继续疲软，但在全球越来越多的国家和地区采取积极的防疫政策、全球通胀预期缓和背景下，世界经济增长或将好于之前的预测。人员流动、资本流动、各种要素流动，对于经济复苏和消费刺激都会起到极大的推动作用。

中国与世界再生金属产业合作空间依然巨大，海亮股份在美国得克萨斯州休斯顿地区的一座全新铜管厂即将投产，格林美计划在匈牙利建立 5 万吨的动力电池回收利用生产线。但全球原料竞争将更加激烈，发达国家争夺优质废铜、废铝作为生产原料，印度、马来西亚、越南等国家对废铜、废铝的需求也不断增长，这将对中国再生有色金属产业带来挑战。在全球碳减排目标下，中国与世界各国，特别是“一带一路”国家和地区合作将更加密切，合作模式更加多样，“投资+贸易”成为主要的合作方式，合作领域从单一的原料采购、产能转移向完整产业链拓展，并和当地经济发展相结合，参与到所在国固体废物回收利用、环境治理和产业链配套等建设，增强中国再生有色金属产业的国际影响力。

撰稿人：张　华、刘　龙、张儒昊
审稿人：王　健、王吉位、刘　巍

2022年铜加工工业发展报告

一、2022年中国铜加工发展现状

（一）经济运行情况概述

1. 铜加工材及各分品种产量增长情况

2022年，中国全年实现铜加工材综合产量（包括铜排板、铜带、铜管、铜棒、铜箔、铜线、铸造铜合金、其他）2025万吨，同比增长1.8%。图1为2006—2022年中国铜加工材产量及增幅图，从图中可以看出，我国铜加工材产量每年稳步增长。2022年增长速度略低于2020年和2021年，但总体呈现良好发展态势。

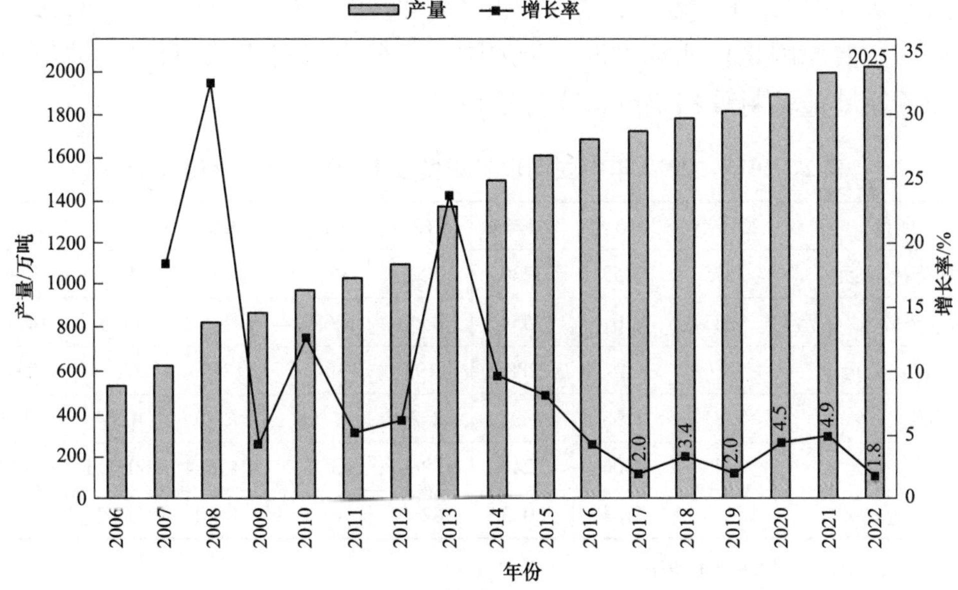

图1　2006—2022年中国铜加工材产量

数据来源：中国有色金属工业协会、中国有色金属加工工业协会

表1为2022年中国铜加工材分品种产量。铜箔、铜线、铜排板有较大的增幅，铜带、铜管略增或保持稳定，铜棒2022年有所下降。其中铜排板130

万吨，同比增加 6.6%；铜带材 229 万吨，同比增加 0.4%；铜管材 212 万吨，同比下降 0.9%；铜棒材 198 万吨，同比下降 5.7%；铜箔材 80 万吨，同比增加 29.0%；铜线材 1026 万吨，同比增加 2.1%；铸造铜合金 80 万吨，其他 70 万吨。

表 1　2022 年中国铜加工材分品种产量

品种	铜排板	铜带材	铜管材	铜棒材	铜箔材	铜线材	铸造铜合金	其他	合计
产量/万吨	130	229	212	198	80	1026	80	70	2025
增幅/%	6.6	0.4	-0.9	-5.7	29.0	2.1	0.0	1.4	1.8

数据来源：中国有色金属加工工业协会。

2. 铜加工产业资产、利润情况

据中国有色金属工业协会统计，2022 年，中国铜加工行业规模以上企业主营业务收入 14972.0 亿元，实现利润 221.0 亿元，利润率仅为 1.48%，比 2021 年的 1.64%进一步降低；固定资产总额 4596.0 亿元，负债总额 3432.6 亿元，资产负债率为 74.7%，比 2021 年的 67.0%增加 7.7 个百分点，见表 2。利润率低的主要原因是行业竞争进一步加剧，部分市场需求减弱，加工费有所下跌，而铜及其他辅料价格仍维持高位造成的。

表 2　2015—2022 年中国铜加工规模以上企业资产、利润情况

项目	2015 年	2016 年	2017 年	2018 年	2019 年	2020 年	2021 年	2022 年
总资产/亿元	3875	3753	3730	3203	3626.5	3658.6	4459.9	4596.0
主营业务收入/亿元	9883	8201	9554	8548	10686.4	10726.8	14456.3	14972.0
利润/亿元	377	244	288	193	194.6	188.6	236.4	221.0
利润率/%	3.81	2.98	3.01	2.26	1.98	1.76	1.64	1.48
负债/亿元	2343	2306	2248	1986	2360.4	2415.4	3077.1	3432.6
资产负债率/%	60.5	61.4	60.3	62.0	65.1	66.0	67.0	74.7

数据来源：中国有色金属工业协会。

（二）产业结构

中国铜加工材生产仍主要以江西、江苏、浙江、广东、安徽五个省份为引领，自 2010 年以来五省产量一直占到全国铜加工材生产总量的 70%以上，是中国铜加工材生产的主要供应基地，未来若干年还将继续主导中国铜加工材的生产格局。除此五个大省，河南、山东、湖北、甘肃、湖南、天津铜加工材产量分别达到 99.4 万吨、89.5 万吨、79.8 万吨、67.9 万吨、61.8 万吨、60.0 万吨。图 2 为 2013—2022 年五个铜加工材大省产量的变化情况，从图中看出，江西铜加工材产量从 2017 年开始超过浙江成为全国第一，2021 年跃升到 500 万吨以上，2022 年进一步增长。江苏省为全国第二，广东省铜材产量超过浙江，为全国第三。浙江、安徽 2022 年铜加工材产量保持稳定。

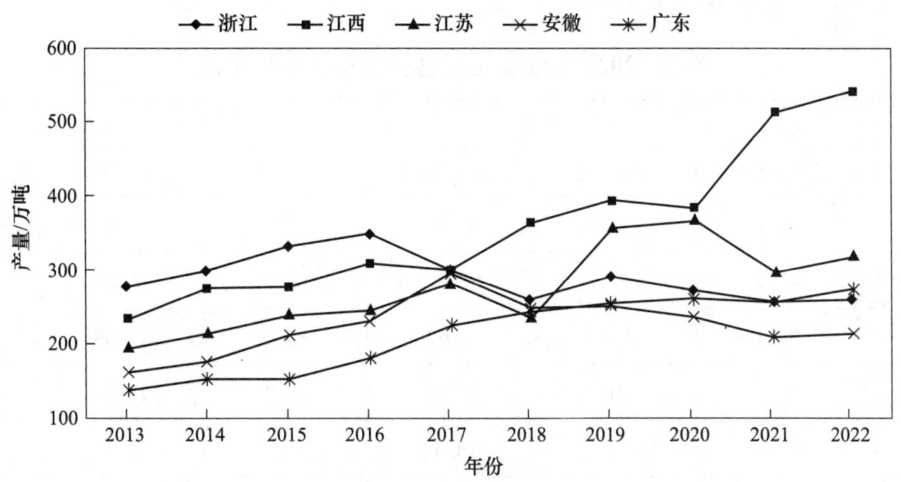

图 2　2013—2022 年中国五个主要铜加工材大省铜材产量对比

数据来源：中国有色金属工业协会、中国有色金属加工工业协会

（三）进出口贸易

图 3 为 2006—2022 年中国铜材进出口情况。

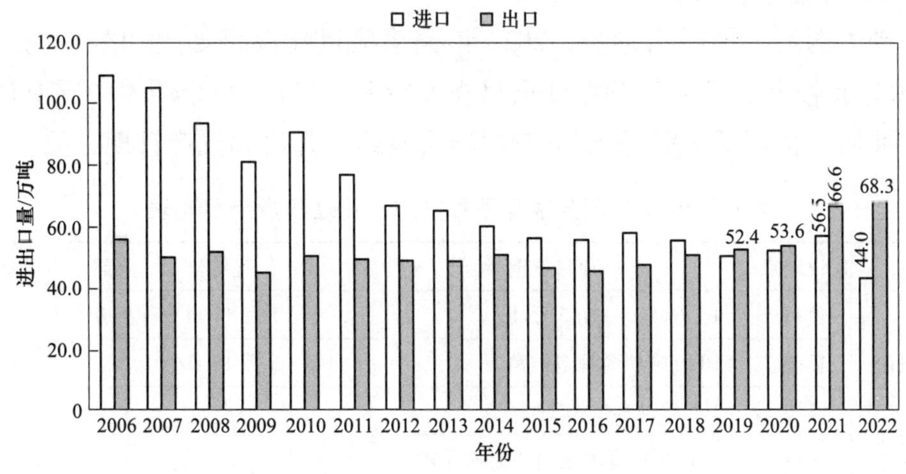

图 3　2006—2022 年中国铜材进出口情况

数据来源：海关总署、中国有色金属加工工业协会

表3为2022年铜加工材各分品种进出口情况。2022年，中国铜材进口44.11万吨，同比下降21.9%；出口68.43万吨，同比增加2.7%；净出口24.32万吨，实现连续4年净出口。出口量和净出口量再创历史新高。所有品种进口均下降，大部分产品出口增长。铜板带2022年进口9.99万吨，出口9.95万吨，达到进出口基本平衡。铜箔材净进口量降为3.77万吨，在未来两到三年也将达到进出口平衡。

表3　2022年铜加工材各分品种进出口情况

品种	2022年				2021年	
	进口/万吨	同比/%	出口/万吨	同比/%	进口/万吨	出口/万吨
铜粉	0.31	-23.2	0.30	-13.1	0.40	0.34
铜条杆型材	4.32	-42.8	1.96	29.7	7.55	1.51
铜丝	9.91	-10.7	7.62	-1.3	11.09	7.72
铜板带	9.99	-21.9	9.95	23.7	12.78	8.04
铜箔	17.21	-21.1	13.44	1.1	21.81	13.30
铜管	1.97	-16.9	23.33	1.1	2.36	23.08
管子附件	0.42	-20.2	11.82	-6.4	0.52	12.63
合计	44.11	-21.9	68.43	2.7	56.51	66.62

数据来源：海关总署、中国有色金属加工工业协会。

（四）投建项目情况

受锂电铜箔下游需求影响，2022年铜箔项目建设仍如火如荼。规划产能超过100万吨/年，新开工和在建项目规模庞大，多达20余项。中国有色金属加工工业协会整理了2022年部分铜箔项目签约、开建和投产日期，见表4。

表4　2022年部分铜箔项目签约、开建和投产日期表

企业	建设地点	项目规模/年产	签约	开建	投产
诺德股份	黄石	10万吨，一期5万吨	1月17日	5月28日	
	贵溪	10万吨超薄锂电铜箔	5月13日		
	青海	1.5万吨锂电箔（二期）			7月
南京龙鑫	南京	一期规划锂电铜箔产能3万吨			8月27日
灵宝华鑫	灵宝	年产8000吨HVLP电解铜箔			已投产
陕西汉和	宝鸡	二期5000吨高端锂电铜箔			6月14日

续表 4

企业	建设地点	项目规模/年产	签约	开建	投产
盈华电子	梅州	年产 5.66 万吨（其中一期 3 万吨，二期 2.66 万吨）			9 月 28 日一期投产，二期动工
金川铜业		3 万吨/年		2 月 19 日	
江铜铜箔	上饶	10 万吨锂电铜箔（一期）		2 月 28 日	
	南昌	四期 2 万吨/年高档电解铜箔改扩建项目		9 月 5 日	
华创新材	南昌	10 万吨锂电铜箔	1 月 20 日	3 月 18 日	
	玉林	10 万吨铜箔（分期）			一期 3 月下旬，二期 10 月 25 日
	鄂尔多斯	年产 10 万吨电解铜箔	7 月 22 日		
	上饶	年产 10 万吨	已签约		
	遂宁	投资 90 亿元的锂电	9 月 25 日		
嘉元科技	梅州	一期 1.5 万吨			7 月 3 日
		二期 1.6 万吨			9 月 6 日
嘉元时代	梅州	10 万吨电解铜箔	5 月 16 日	6 月 8 日	
豫光金铅	济源	年产 1 万吨铜箔		3 月 31 日	
杭电股份	南昌	年产 5 万吨的新能源汽车锂电池超薄铜箔	5 月 9 日	9 月 5 日	
海亮股份	兰州	首期 5 万吨一段 1.25 万吨			9 月 15 日
安徽慧儒	潜山	8 万吨铜箔（一期）2 万吨		建设中	
麦德豪	宜春	2 万吨超薄电子铜箔			12 月
花园新能源	东阳	二期 1.5 万吨电解铜箔			10 月 15 日
四川铭丰	铜陵	2 万吨超薄电子铜箔（二期）			10 月 20 日
	四川宜宾	年产 10 万吨铜箔		10 月 28 日	
紫金铜箔	龙岩	一期 2 万吨高性能电子铜箔			2022 年底
		二期规模 1.5 万吨/年	8 月 15 日		
宝明科技	赣州	投资 60 亿元	7 月 28 日		

据调查统计，2022 年共计新增电解铜箔产能约 41.1 万吨/年，2023 年将新增在建产能约 105.56 万吨/年。由于有很多在建项目，当前还未出现明显的

产能过剩现象，但风险已存。2022 年 6 家电解铜箔上市公司仅一家净利润上涨，其余均下降。

产能是否过剩与下游需求密切相关。当下游市场好时，几乎每家企业都盈利，产能不过剩；当市场弱时，会普遍出现产能过剩现象。如铜板带材 2021 年市场好，相关生产企业均实现盈利，2022 年就有企业开始出现亏损。当前在已经成熟的铜加工材品种如铜板带、铜管、铜棒、铜杆新上项目还较为审慎。新兴市场一旦产能扩张速度加快，需求转弱，产能过剩风险就会凸显。

电解铜箔上项目火热主要原因一是市场呈现较好的发展态势，企业蜂拥而上；二是地方政府招商引资内卷，为新建项目给予的优惠很多。企业在审慎评估市场环境、自身优势的情况下，可以参与市场竞争，但也应注意防范风险。

（五）下游消费市场

中国铜消费方面：

（1）电力行业年均耗铜量占 50%左右，是中国最大的铜消费行业。制作电线电缆耗铜量占电力行业用铜的 80%～85%，其余的用于制造发电设备、电动机、变压器、电工器件等。

（2）电子通信年均耗铜量占 15%左右，是中国第二大铜消费行业。电子通信是中国新兴产业，包括广播通信、电视、电子计算机、雷达、电子元器件、手机等行业，使用大量精细的铜、铜合金及加工材。

（3）日用消费品年均耗铜量占 14%左右，是中国第三大铜消费行业。主要用于冰箱、空调、洗衣机、电风扇及小家电等家用电器制造，炊具、门锁、水具、文教体育用品、工艺美术品、衡器、小工具等家用五金制造，玩具制造，家具制造，自行车及其零配件制造及服饰装饰制造等。

（4）机械制造业年均消耗铜量占全国铜消费量的 10%，是中国第四大铜消费行业。工程机械、仪器仪表、石油化工、机械、机床工具、通用基础件、食品及包装机械、民用机械等行业。应用形式有常用的铜合金、铸造用铜合金及各种铜加工材。

（5）交通运输业年均耗铜量占全国铜消费量的 7%左右。尤以汽车工业最为突出，中国汽车产量增长速度很快，耗铜量也相对增加；铁路、船舶、航空等部门也是耗铜大户。

（6）建筑用水管、装饰材料、结构材料等年均耗铜量占中国铜消费量的 3%左右，远低于美国和日本。

（7）其他，如铜的化合物也广泛用于农牧业、工业、人体保健等领域。

1. 电力行业带动铜材需求增长

表 5 为 2022 年电力行业主要产量或投资情况。从表中可以看出，全国电源工程投资、电网工程投资增幅分别达到 22.8%、2.0%。其中太阳能发电装机增幅很大，达到 60.3%。全国电源投资、电网工程投资对铜排、铜线拉动幅度较大。

表 5　2022 年电力行业主要产量或投资情况

类　　别	装机容量/万千瓦 投资额/亿元	同比/%
电源工程建设投资完成额	7208	22.8
其中，水电	863	-26.5
火电	909	28.4
核电	677	25.7
全国电网工程建设投资完成额	5012	2.0
基建新增发电装机容量	19974	11.5
其中，水电	2387	1.6
火电	4471	-9.5
风电	3763	-21.0
太阳能发电	8741	60.3

数据来源：国家能源局、国家统计局。

2. 电子通信领域下降幅度较大，对相关铜材产品需求减弱

2022 年，我国电子通信领域产量和出口均呈现下降趋势，见表 6。2022 年集成电路产量 3241.9 亿块，下降 9.8%；出口 2734 亿个，下降 12%，进口 5384 亿个，下降 15.3%。手机产量 15.6 亿台，同比下降 6.2%，国内市场手机出货量累计 2.72 亿台，同比下降 22.6%，手机出口 8.2 亿台，同比下降 13.8%。电子计算机产量 4.5 亿台，同比下降 8.1%，笔记本电脑出口 1.66 亿台，同比下降 25.3%。

表 6　2022 年电子通信行业主要产品产量

类别	产量	同比/%	出口	同比/%	其他
集成电路	3241.9 亿块	-9.8	2734 亿个	-12	进口 5384 亿个， 下降 15.3%
电子计算机	45314.8 万台	-8.1	1.66 亿台 （笔记本电脑）	-25.3	
手机	15.6 亿台	-6.2	8.2224 亿台	-13.8	国内手机出货 2.72 亿部， 下降 22.6%

数据来源：国家工信部、海关总署。

电子通信行业产量和出口的下降，对高端铜合金板带、电子电路铜箔等冲击明显，均出现了产需量下降情况。

3. 家用电器领域对铜材需求总体保持稳定

2022年，全国家用电冰箱产量8664.4万台，同比下降3.6%；空调产量2.22亿台，同比增长1.8%；家用洗衣机产量9106.3万台，同比增长4.6%，彩电产量1.96亿台，同比增长6.4%（见表7）。出口方面，除了液晶电视有所上涨，冰箱、空调、洗衣机均下降。总体来说，家用电器领域保持稳定，相关铜加工材需求也保持稳定。

表7　2022年家电行业产量和增幅

类别	产量/万台	同比/%	出口量/万台	同比/%
冰箱	8664.4	-3.6	5489	-22.90
家用冷柜	2260.2	-23.1		
空调	22247.3	1.8	4592	-13
洗衣机	9106.3	4.6	2062	-5.90
彩电	19578.3	6.4	液晶电视：9226	10.40

数据来源：国家发改委。

4. 机械制造对铜材需求仍在拉动

2022年机械工业增加值同比增长4%，高于全国工业增加值增速0.4个百分点，高于制造业增加值增速1个百分点。其中专用设备、汽车、电气机械及器材、仪器仪表制造业增加值同比分别增长3.6%、6.3%、11.9%、4.6%，通用设备制造业增加值同比下降1.2%。

主要表现为：一是汽车产销实现增长，全年产销量分别完成2702.1万辆和2686.4万辆，同比增长3.4%和2.1%，产销量连续14年稳居全球第一；二是能源领域建设加速，带动发电设备、输变电设备和能源存储相关产品高速增长，发电机组产量增长17.3%、太阳能电池产量增长47.8%；三是服务于原材料行业的装备产量增速较上年放缓，金属冶炼设备、水泥专用设备产量分别增长0.7%和6.7%；四是加工制造类装备产量下降，金属切削机床、金属成型机床产量分别下降13.1%和15.7%；五是前期产销高速增长的产品产量回落，金属集装箱、包装专用设备、挖掘机产量分别下降36.9%、17%、21.7%。

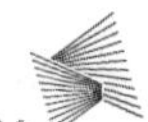

5. 交通运输领域中，新能源汽车产量增长是最大亮点，拉动铜材消费增长

2022 年，交通运输行业增长较快，汽车产量 2747.6 万辆，同比增长 3.4%，铁路机车产量 1463 辆，同比增长 34.8%，民用钢质船舶产量同比下降 4.5%。其中的亮点是新能源汽车，产量同比增长 97.77%，大幅带动了相关铜材产量的增长（见表 8）。

表 8　交通运输行业产品产销量和增速情况

类　别	产销量/万辆	同比/%
汽车产量	2747.6	3.40
其中狭义乘用车零售乘用车销量	2336.7	11.60
新能源汽车销量	705.8	97.77
铁路机车产量	0.1463	34.80
民用钢质船舶产量	3001.4 万载重吨	-4.50

数据来源：国家统计局、中国汽车工业协会。

6. 房地产对铜材需求大幅下降

表 9 为 2022 年房地产行业投资和施工、新开、竣工面积，出现全面下跌态势。2022 年，全国房地产开发投资、施工面积、新开工面积、竣工面积分别下降 10%、7.2%、39.4%、15%。房地产对铜材需求也出现了大幅下降。

表 9　2022 年中国房地产行业投资和施工、新开和竣工面积

类别	投资		房屋施工面积		房屋新开工面积		房屋竣工面积	
	投资额/亿元	同比/%	施工面积/万平方米	同比/%	新开工面积/万平方米	同比/%	竣工面积/万平方米	同比/%
合计	132895	-10	904999	-7.2	120587	-39.4	86222	-15
其中：住宅	100646	-9.5	639696	-7.3	88135	-39.8	62539	-14.3

数据来源：国家统计局。

二、2022 年中国铜加工工业经济运行情况分析

（一）政策环境分析

1. 2023 年中国经济前景向好

2023 年是全面贯彻落实党的二十大精神的开局之年，也是实施“十四五”规划承上启下的关键之年，尽管外部环境复杂严峻，世界经济陷入滞胀风险上升，国内经济恢复基础尚不牢固，但是我国经济韧性强、潜力大、活力足、长期向好基本面没有改变，资源要素条件也可以支撑。2023 年我国经济主要预

期目标是国内生产总值增长5%左右。我国具备长期积累的物质基础，具有超大规模国内市场优势，新动能支撑作用进一步增强，坚持深化改革开放红利持续释放，宏观调控经验丰富。

铜加工企业在发展中必然面临一些困难和挑战，要冷静应对、积极应对、系统应对、有效应对，增强信心。全力以赴打好“当期保生存、长远促发展”攻坚战，既要耕耘，也要收获，干出节奏、干出效果、干出信心，在危机中育新机、于变局中开新局。

2. 下游消费市场出现明显变化

2022年铜加工材产需量主要呈现两个特点。一是“黄减紫增”。2022年，黄铜带、黄铜棒、黄铜管产需量均出现下滑，与之形成鲜明对比的是，紫铜带、紫铜线、紫铜排需求出现明显增长。主要是由于与居民生活消费相关度较高的消费电子、通信半导体、家用电器、建筑家装、水暖卫浴、服装首饰等行业出现需求下滑，相关的铜合金板带、铜合金棒线产品需求下滑。新能源、电力等领域呈现增长态势，对紫铜相关产品需求量增加。二是新能源领域仍是铜消费新亮点。中国有色金属加工工业协会初步统计，2022年电动汽车、光伏、风电、储能等新能源领域比2021年增加用铜量超过56万吨。其中，新能源汽车增加用铜量约40万吨，光伏发电新增用铜量约10万吨，储能用铜量增加约6万吨。

3. 铜价高位运行且波动明显

2022年铜价呈现震荡上行—大幅下跌—震荡反弹的运行态势，运行重心大幅下移（见图4）。3月上旬沪铜主力合约最高触及77270元/吨高位，较2021年末涨幅达9.8%。7月15日，沪铜主力合约最低触及53400元/吨低点，为2020年11月下旬以来的最低点，较6月10日跌幅达26.4%。之后铜价呈现超跌后的反弹行情，维持在7万元/吨震荡。铜价处于高位且大幅波动对铜加工行业资金占用和风险控制带来挑战。有严格制度的套期保值操作对大型企业尤为重要。

4. 产业自律有所提高，但互相伤害问题犹存

2022年，在消费市场环境总体不太乐观的情况下，铜管、铜棒等行业总体保持了生态平衡稳定，但黄铜板带出现了价格恶性竞争现象。行业生态要靠大家共同营造和维护，企业一定要树立行业命运共同体意识。坚决反对低于成本的恶性价格竞争。中国有色金属加工工业协会组织召开了铜板带、铜管的分品种高峰论坛，为规范行业经营秩序起到了非常积极、正向的作用，以后还将召开铜箔的企业家高峰论坛。

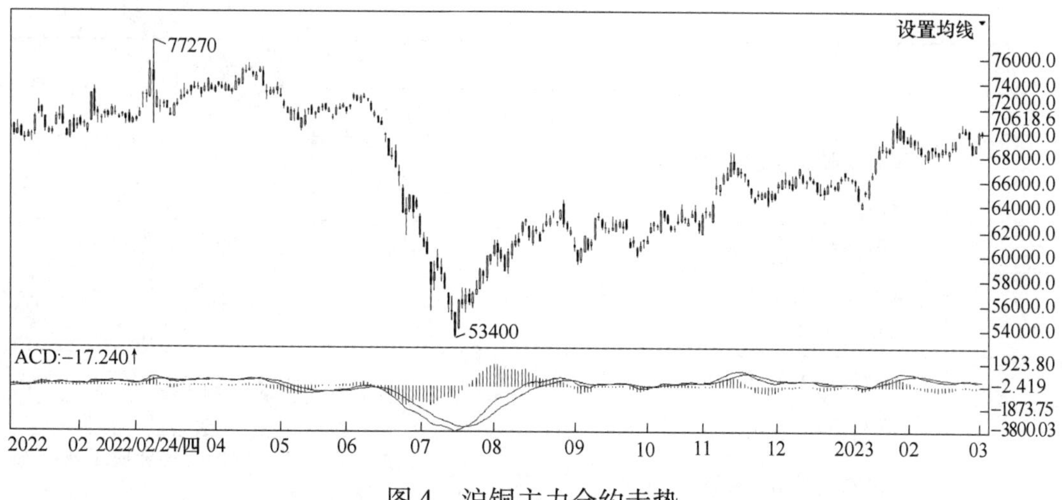

图 4　沪铜主力合约走势

（二）产业结构调整情况和经营形势分析

1. 高质量发展不断取得新成果

4 家铜加工及配套企业入选第七批国家级制造业单项冠军企业（产品）。2022 年，湖南泰嘉“双金属带锯条”获单项冠军示范企业，宁波兴业“电子元器件用 CuNi 系合金带箔材”、安徽鑫科“新型镀锡铜带材”、江南新材料“PCB 阳极磷铜球”获单项冠军产品。

13 项铜加工行业项目获 2022 年度中国有色金属工业科学技术奖，其中一等奖 6 项、二等奖 6 项、三等奖 1 项，见表 10。

表 10　铜加工项目获 2022 年度中国有色金属工业科学技术奖情况

序号	题　　目	获奖单位
一等奖 6 项		
1	高性能电解铜箔成套装备用关键材料的开发与应用	西安泰金
2	铜与铝合金真空搅拌剪切深度净化与流变铸造一体化成型技术与应用	大连交通大学、东北大学等
3	IC 引线框架铜合金带材应用性能及其控制技术	中铜华中铜、中铝洛阳铜加工等
4	复杂条件下架空线路用耐损伤输电材料关键技术及应用	中南大学、远东电缆、亨通集团等
5	精密铜线绕制技术研究与装备开发	嘉兴学院、浙江田中精机等
6	高精度铜合金板带热轧装备及组织调控关键技术开发与应用	中色科技、河南科技大学、中铝洛阳铜加工、楚江新材等

续表 10

序号	题目	获奖单位
二等奖 6 项		
1	铜合金随钻设备抗冲蚀梯度涂层关键技术及应用	常州大学等
2	耐磨耐蚀铜合金研发及应用	中国机械总院集团宁波智能机床等
3	高性能典型有色金属材料深冷轧制技术及应用（发明）	中南大学、烟台万隆等
4	铜始极片工艺加工机组智能化技术研究及应用	江西瑞林装备、金川集团等
5	火箭发动机用铬青铜系列产品标准研制	中铝洛阳铜加工、中国有色金属工业标准计量质量研究所等
6	再生铜和黄铜原料国家标准研制和实施	有色金属技经院、金田铜业、楚江新材、长振铜业、广东兴奇
三等奖 1 项		
1	高强耐高温低残余应力 CuSnP 合金高精度带材关键制备技术及产业化	金田铜业、中南大学

浙江力博实业股份有限公司承担的“低能耗铜材制造新技术的开发”项目荣获浙江省科学技术进步奖二等奖。宁波兴业高强高弹 Cu-Ni-Co-Si 系（C7035）被浙江省经信厅认定为浙江省首批次新材料。宁波博德高科股份有限公司获第二十三届中国专利优秀奖。

5 家铜加工企业获工信部 2021 年第五批绿色制造绿色工厂称号：江西省江铜台意特种电工材料有限公司、江西江南新材料科技股份有限公司、甘肃德福新材料有限公司、江西铜业（清远）有限公司、广西南国铜业有限责任公司。

企业智能制造和数字化也有新进展。2022 年 11 月 30 日，海亮集团共 88 个系统全面上云，正式步入“高效、安全、低成本”的云时代，开启数智新征程。海亮股份上海基地实施了年产 17.7 万吨精密铜管低碳智能制造技术改造项目。10 月 18 日博威举办新材料高峰论坛。博威集团“数字博威”研发制造一体化改革项目获浙江省改革突破奖，博威合金“数字化研发”获 2022“鼎革奖”数字化转型先锋榜“年度研发转型典范”。

2. 六家铜加工企业上市或过会

2022 年，铜冠铜箔、陕西斯瑞、中一科技、逸豪新材、隆达股份实现首发上市，德福科技通过 IPO 审核。通过上市，铜加工企业能够有效拓宽融资渠道，降低成本改善公司治理结构，提升品牌影响力，有更多的资金加大研发投

入和科技创新，改善公司治理结构，推动铜加工行业高质量发展。

（三）管理水平持续提升，产能合作和企业交流常态化

规模化、精细化、差异化管理水平大幅提升，涌现了一大批优秀企业。海亮、博威、金田、金龙等大型企业开展全球化布局。海亮股份铜管国际一流，铜箔项目快狠准；金田铜业全方位多产品多元化经营；楚江新材经营理念 3 个 100%，再生铜利用水平最高；博威合金向高端化、合金化、数字化发展；宁波兴业中高端牌号最多，职业经理人制度执行最好；力博集团无氧铜带世界领先，规模逐步扩大；长振铜业紧跟下游市场，产品结构调节能力强，黄铜棒专业化特色化；众源新材从紫铜带拓展到铝电池托盘，市场感知力敏锐；鑫科材料近年经营较好，新建项目稳健。

企业间优势互补，产能合作加强。中国铜板带、铜管高峰论坛召开后，企业家之间交流走动更加频繁。如企业间互供铸锭和带坯，企业间交流和技术合作进一步深入，互相学习，极大地推动了行业各方面的进步，也形成了良好的合作、竞争氛围。

三、当前中国铜加工工业发展中存在的突出问题和对策建议

（一）存在的突出问题

1. 铜消费趋顶

中国自 2002 年首次超过美国成为全球最大铜消费国，至 2021 年全铜表观消费量达到 1461 万吨，全球占比超过 60%，年均增速 8. 2%。2021 年我国人均 GDP 为 1. 25 万美元，人均精铜消费约 10 千克，对比美国人均 GDP 为 1 万~2 万美元时，人均铜消费达峰值 12 千克后开始下滑并保持在 10 千克的情况，根据中国经济结构，预计 2027 年前后，中国精铜消费筑顶。

2. 高端产品有的受制于人，高端装备依赖进口

部分高端产品弱于国外先进水平，甚至受制于人。

铜带材，首先是制造上，钛铜、铍铜、引线框架用途带材质量弱于国外；其次带材特性上，原创合金少，比如 C7035 以上，双 60、65、70 合金等；再次是同质化严重，细分化基本很少考虑，缺少特性差异化合金。比如，半蚀刻用途要求残余应力低的，汽车端子用途要求耐应力松弛性好的，复杂连接器用途要求折弯性好的等特性化合金。

箔材部分产品仍存差距，如芯片封装用 3 微米及以下载体铜箔、高频用埋阻铜箔、高频高速电解铜箔、9 微米及以下附载体铜箔、二层法挠性覆铜板用电解（压延）铜箔、HDI 板用高档高性能电解铜箔。

线材部分产品仍存差距，如汽车线束拉丝线径在0.15毫米左右，在拉制0.02毫米以下的铜合金极细线材料领域稳定性方面还是比日本要弱一些；ϕ0.03毫米微细铜线的母线（要求拉3000米不断丝）也存在短板。

有的新产品在国内缺少高端应用场景。以铜铁合金为例，铜铁合金带材应用于韩国、日本OLED屏，丝材在国外用于屏蔽效能。但未在我国OLED、电磁屏蔽上应用。主要原因在于OLED领域基本被韩国垄断。我国在诸多高端制造业领域均弱于国外，如数控机床、芯片、光刻机、医疗器械、高端传感器、折叠屏、OLED等。只有我国的高端制造业全面赶超，我国铜加工产业才会随之全面赶超。我国下游企业还没有充分认识到构建高端产业链的重要性。

发达国家高端产品供应链难以进入。目前欧美、日韩高端市场的供应链上下游协同机制完整。中国铜加工产业作为后进者，质量有时候不稳定，很难进入其供应链系统，并且发达国家对供应链设置了门槛和壁垒，只有我们能生产过硬产品的时候，才能进入高端市场。

3. 行业整体负债率偏高，利润率偏低

铜加工行业整体利润率偏低且逐年下降，2022年仅为1.48%。产能相对过剩、同质化严重、无序竞争依然存在，急需调整和自律。2021年以来，黄铜板带、铜杆无序竞争更为恶劣，铜管和铜箔稍好。

铜管在2018年以前盈利效益良好，之后产能过剩，利润率下降。铜箔2021年行业利润创历史新高，2022年利润下降；黄铜板带2022年下游市场需求下滑，企业竞争残酷；铜杆行业产能利用率不到60%，加工费仅数百元；铜棒行业利润率一直不高。

（二）对策建议

1. 奋力打造自主创新策源地，头部企业向世界一流迈进

作为后进者，中国铜加工产业一直以来跟踪、模仿、消化吸收再创新国外的先进技术、工艺、产品、应用等，经过多年来的快速发展，品种、质量、技术总体达到与发达国家并行的水平，有些领域已处于领跑的位置，个别领域还存在落后，亟须自主创新。

奋力打造自主创新策源地，就是要以市场需求为导向，主动研发新的合金牌号；对标国际先进水平，提高产品成品率、质量一致性和稳定性，以“质”取胜；逐步实现装备关键零部件国产化（如铜板带精轧设备、控制技术和装备、检测设备等）；主动研发新产品，大力推广铜应用，坚决做好进口替代。

坚持自主创新，要聚焦国家需求、国家战略（新基建、新能源汽车、光伏等民用，船舶、兵器、核工业、航空航天等军工产品等），针对性创新（基础

理论研究、新牌号研发、政产学研用)，在高端电子通信材料、高精尖国防军工材料上实现自给自足；要坚持需求导向和问题导向，与下游客户共同研发，有效创新；按照政产学研用合作机制，整合优化科技资源。

2. 以智能化和绿色化为导向，坚持转型升级不动摇

转型是被迫之策，升级是主动之举。转型：如众源新材转向新能源电池铝包托盘和铝箔，海亮股份转做铜箔。向深加工延伸，提高产品附加值，做铜制零部件和结构件（如斯瑞、正元、长振、兴业、凯安、力博等企业)。升级：技术改造、装备升级（调整产品结构、绿色制造、智能制造)；节能，环保，满足“双碳”目标，如海亮、博威、楚江、金田、力博、长振等。突出产品特色。打造品牌优势，争做单项冠军，强调细分市场领先。

3. 主动适应消费结构变化，谨慎投资，稳中求进

中国铜材消费结构已经产生了变化，我们必须主动适应，谨慎投资，稳中求进。首先是热点领域新增投资须谨慎；其次是不断适应外部环境，并对市场变化做出积极反应，从新产品的开发到价格的确定乃至经营思路和方法等都要做相应的调整；最后是关注新技术新材料迭代突破带来的不确定性。

4. 坚定不移推进铜板带箔全面替代进口

铜板带在2022年实现了进出口基本平衡，努力争取铜箔在2年内实现进口替代，或达到进出口平衡。当前进口替代条件已基本成熟：产业规模、人员储备、生产技术积累完备；装备水平总体全球领先，建成时间短；固定资产投资成本和劳动生产率、生产要素、人力资源等经营成本低；下游市场大，应用前景广阔：下游具有全球最大的铜板带箔材应用市场，国外技术封锁和禁运也为进口替代提供了动力和决心。

5. 坚持底线思维，防控各类风险，行稳致远

（1）企业发展，环保先行。污染物排放必须满足国家标准要求，尤其危险废物必须交有资质单位处理。继续推动环境保护由末端治理向过程控制和源头减量转变。树立持续提升意识，摒弃一次投资就一劳永逸的旧观念，不断提高环保水平。

（2）守住安全生产底线。坚持底线思维，敬畏生命，牢固树立没有安全就没有一切的意识。工艺装备保障方面要优先选用自动化、智能化程度更高，安全更有保障的先进装备；管理保障方面要加强安全培训，完善规章制度，强化监督检查，做到奖罚分明。

（3）坚持现金流至上，确保资金链安全。降低负债率，加强存货和应收账款管理，拒绝不合理的付款账期，实时优化客户结构。铜价大幅波动或呈常

态，要做好套保，做好金融风险防控。

6. 加强交流，强化自律，营造行业良好生态

行业是大家的，好的生态靠大家共同营造和维护；大环境破坏了，个体难独善其身，一定要树立行业命运共同体意识。不反对价格竞争，但坚决反对低于成本的恶性价格竞争，逐步由价格竞争向非价格竞争转变。立足新发展阶段，坚持高质量发展，朝着特色化、精细化、专业化、差异化方向迈进。市场足够大，大家应该携手维护好行业生态，加强沟通交流和自律。

撰稿人：吴　琼、胡　亮

审稿人：范顺科

2022 年铝加工工业发展报告

2022 年，中国铝材产量略有下降，行业利润整体变薄，但同时创新能力持续增强，绿色发展水平再上新台阶，专业化能力与水平进一步提高，铝材出口再创新高，汽车轻量化型材、光伏型材、电池箔等领域持续释放消费活力，中国铝加工产业成绩与困难并存，机遇与挑战同在，在高质量发展新征程上勇毅前行。

一、2022 年中国铝加工工业发展现状

（一）铝材产量略有下降

2022 年中国铝材产量为 6222 万吨（初步统计数），比上年下降 1. 35%。21 世纪以来，除 2009 年受金融危机影响，产量小幅回落之外，二十余年来铝材产量总体保持了正增长发展态势，但自 2015 年后增幅明显放缓，2022 年铝材产量初步统计数较 2021 年初步统计数是负增长（注：国家统计局 2022 年铝材产量为初步统计数，最终数据还未公布，故图 1 看到的数据为正增长），详见图 1。

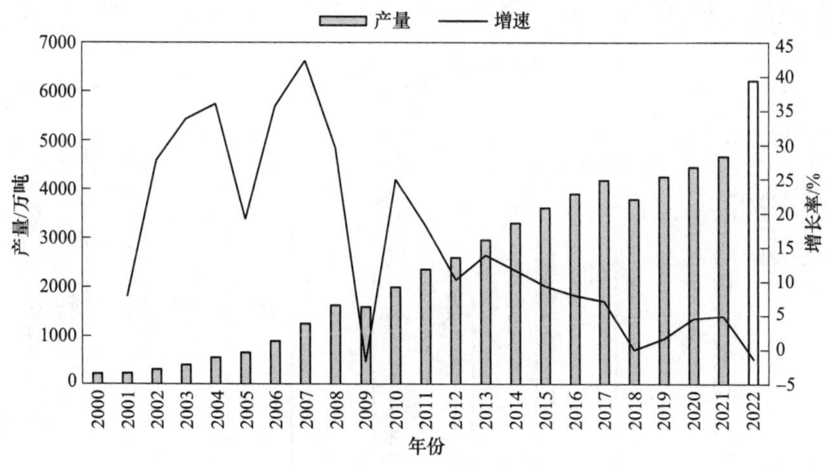

图 1　2000—2022 年中国铝材产量

数据来源：国家统计局、中国有色金属工业协会

（2022 年产量为初步统计数）

从产量分布来看，2022 年铝材产量超过 100 万吨的省（区、市）有 15

个，合计产量为5495万吨，占全国铝材产量的88.3%。2022年铝材产量排名前10位的省（区、市）依次是山东、河南、广东、江苏、广西、浙江、重庆、内蒙古、江西和四川，合计产量为4726万吨，占全国铝材产量的76.13%，前10省（区、市）合计产量占全国产量比例的76.0%，与上年基本持平，详见图2。

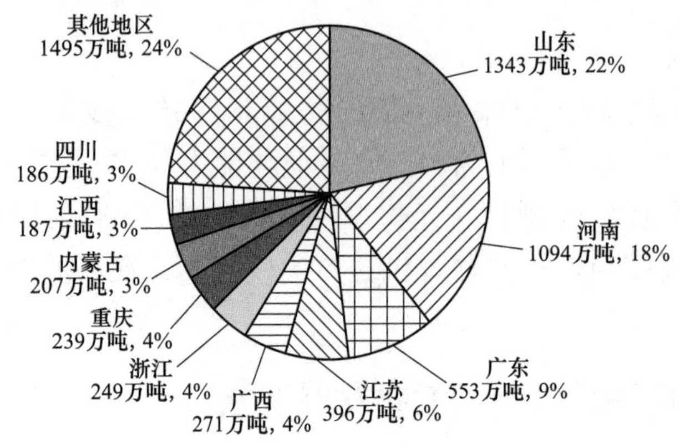

图2　2022年中国铝材产量分布

数据来源：国家统计局、中国有色金属工业协会

（二）行业利润整体变薄

2022年，铝加工行业实现营业收入15236.6亿元，比上年增长8.2%；利润总额334.7亿元，比上年下降31.0%；销售收入利润率2.2%，比上年收窄1.24个百分点（见图3）；负债率63.4%，比上年提高2.1个百分点。受铝价

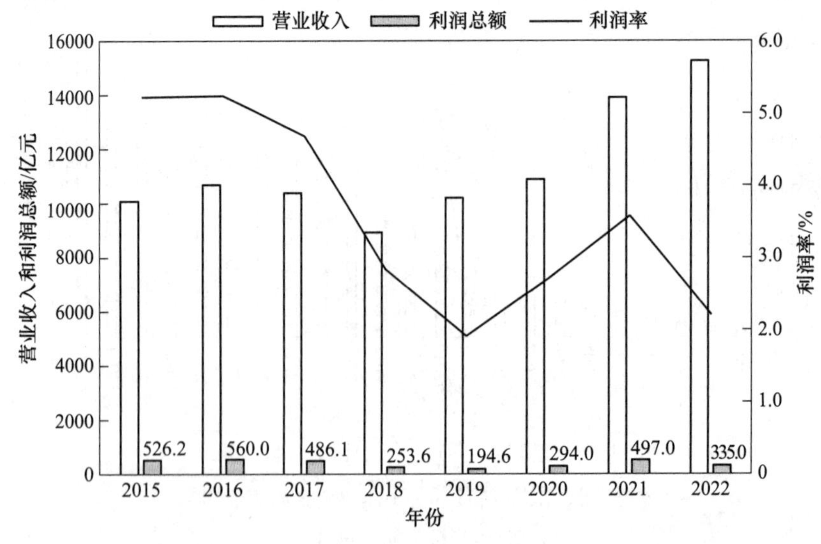

图3　2015—2022年中国铝加工行业利润率

数据来源：国家统计局、中国有色金属工业协会

波动、加工费下降影响，导致铝加工行业整体利润变薄。在细分领域中，铝板带箔行业利润要高于铝挤压行业，部分铝挤压企业出现亏损。

（三）创新能力持续增强

1. 5个项目获2022年度中国有色金属工业科学技术奖

2022年12月，中国有色金属工业协会公布了2022年度中国有色金属工业科学技术奖获奖名单，铝加工行业共有6个项目上榜，详见表1。

表1　2022年度中国有色金属工业科学技术奖铝加工行业获奖项目

序号	奖项类别	项目名称	完成单位
1	一等奖	汽车覆盖件用高性能6×××铝合金薄板及其产业化	有研工程技术研究院有限公司、山东南山铝业股份有限公司、西南铝业（集团）有限责任公司等
2	二等奖	高效成本纯铝定向凝固制备技术与装备	上海交通大学、河南中孚实业股份有限公司
3		汽车用新型高强耐蚀Al-Mg-Si系铝合金关键技术开发	广东兴发铝业（江西）有限公司、佛山科学技术学院
4		再生铝制备高性能铝合金用2300毫米冷轧机组开发及应用	中色科技股份有限公司、中铝国际工程股份有限公司、河南中孚高精铝材有限公司
5		铝合金材料配套国家标准样品研制及其推广应用	西南铝业（集团）有限责任公司、有色金属技术经济研究院有限责任公司、重庆大学等
6	三等奖	汽车轮毂用铝合金模锻件标准研究及产业化应用	山东创新金属科技有限公司、广东省科学院工业分析检测中心、东北轻合金有限责任公司等

数据来源：中国有色金属工业协会。

2. 国产装备取得新突破

2022年4月19日，华南地区超大吨位20000吨挤压生产线在广东凤铝三水基地顺利投产，该生产线可生产的铝型材最大截面为1000毫米×400毫米，管材最大外径为700毫米，可实现高性能、大截面高端铝型材的一体成型，大大提高铝型材的综合利用效率。

7月1日，国家重大短板装备项目2400毫米气垫式连续热处理生产线正式点火启动。该气垫式连续热处理生产线是我国第一条自主研发、设计、制造的高品质铝合金板带材连续热处理生产线，立足国内产业链、供应链、创新链，实现了包括气垫式加热系统、淬火系统、风机、烧嘴、干式静电涂油机、纠偏检测原件、工艺自动控制系统等核心部件自主配套，突破了我国在核心设备气垫式热处理装备制造方面的“卡脖子”难题，实现自主创新，加速大规格高性能铝合金带材产品研发成果自主转化，有力提升了我国在航空航天、新能源汽车、3C泛半导体等重点领域的关键铝合金材料供应保障能力。

3. 国家重大战略项目保障能力不断增强

2022年，中铝高端制造股份有限公司旗下西南铝业（集团）有限责任公司、东北轻合金有限责任公司等单位先后为“问天实验舱”“梦天实验舱”“天舟五号”及“神舟”系列飞船“长征”系列火箭、国产大飞机C919等国家重大项目提供高端铝材，自主创新能力愈发自立自强。

4. 发明专利不断增多

2022年，中国铝加工行业拥有包括发明专利、实用新型、外观设计等在内的有效专利保有量达到39783件，较上年的31935件，专利数量进一步增加，详见表2。

表2　截至2022年底中国铝加工行业有效专利保有量　（件）

品种	有效专利数量	专利类型		
		发明	实用新型	外观设计
铝挤压材	22181	2456	16817	2908
铝板带	10762	1919	8643	200
铝　箔	6840	1335	5228	277
合　计	39783	5710	30688	3385

数据来源：国家专利局。

（四）绿色发展水平再上新台阶

2023年2月，工信部发布2022年度绿色制造公示名单，上海华峰铝业股份有限公司、安徽省金兰金盈铝业有限公司、固美金属股份有限公司、福建祥鑫股份有限公司、邹平宏发铝业科技有限公司、河南中孚高精铝材有限公司、郑州明泰交通新材料有限公司、晟通科技集团有限公司、广西南南铝加工有限公司、广西正润新材料科技有限公司、铭帝集团有限公司等单位榜上有名。截至目前，全行业共有43家铝加工企业获得国家绿色工厂称号。

（五）专业化能力与水平进一步提高

2022年11月10日，工信部、中国工业经济联合会发布《关于印发第七批制造业单项冠军及通过复核的第四批制造业单项冠军企业（产品）名单的通知》（工信部联政法函〔2022〕251号），河南明泰铝业股份有限公司、上海华峰铝业股份有限公司、江苏珀然股份有限公司成功入选工信部第七批制造

业单项冠军示范企业名单，东北轻合金有限责任公司“航空航天用2×××系铝合金预拉伸板”、浙江永杰铝业有限公司“锂离子动力电池结构件用铝合金板带”、广东新合铝业新兴有限公司“铝合金装饰型材”、厦门厦顺铝箔有限公司“无菌包铝箔”获第七批制造业单项冠军产品称号。

11月，由中国工业经济联合会发布的第七届中国工业大奖、表彰奖、提名奖候选企业公示结束，新疆众和股份有限公司入选“中国工业大奖表彰奖”名单。中国工业大奖是2004年经国务院批准设立的我国工业领域最高奖项，包括“中国工业大奖”“中国工业大奖表彰奖”和“中国工业大奖提名奖”3个层次，由中国工业经济联合会牵头，联合煤炭、机械、钢铁、有色金属、国防、船舶等12家全国性行业协会共同组织实施，每两年评选、表彰一次，旨在表彰以制造强国为己任、以产业报国为初心，坚持自立自强，在走中国特色创新发展、绿色发展新型工业化道路等方面做出突出成绩的工业企业和项目。

（六）轻量化、电池箔、光伏等项目投资热度不减，再生铝项目受青睐

2022年，中国铝加工行业继续贯彻落实高质量发展方针政策，抢抓机遇，积极实施产能升级和产品结构调整，推进“风口”项目建设，在汽车轻量化、光伏发电和电池储能为代表的新能源领域用铝需求出现爆发式增长，电池箔、电池壳体等铝材及深加工产品出现新一轮投资热潮。此外，再生铝因能耗低、碳排放少，成为铝行业投资热点，铝加工和再生铝的融合项目受到企业青睐，加工企业通过废铝保级回收利用加快绿色低碳转型，满足铝材终端用户减少碳足迹的需求。

2022年中国投产、开工及拟建的重点铝挤压和铝轧制项目见表3和表4。

表3　2022年中国投产、开工及拟建的重点铝挤压项目

项目	地址	产能	简　　介
佛山市三水凤铝铝业有限公司200兆牛铝挤压机项目	广东佛山		该项目2022年4月19日投产，该生产线可生产的铝型材最大截面为1000毫米×400毫米，管材最大外径为700毫米，可实现高性能、大截面高端铝型材的一体成型，大大提高铝型材的综合利用效率
鑫铂股份年产10万吨光伏铝部件项目	安徽天长	年产10万吨光伏铝部件	该项目已经天长市发改委备案完成，目前正在环评审批中，项目规划产能约为60万吨，分三期投产，预计时间分别为2023年12月底、2024年12月底和2025年底

续表 3

项目	地址	产能	简　介
安徽生信新材料股份有限公司年产4万吨铝合金工业型材项目	安徽宣城	年产4万吨铝合金工业型材	项目占地面积93.75亩，总投资51018万元，建设8条挤压生产线，1条卧式阳极氧化生产线，目前该项目已投资3亿元，正在进行主体建设
中信渤海铝业科技（滁州）有限公司年产15吉瓦光伏组件铝边框	安徽滁州	年产15吉瓦光伏组件铝边框	项目总投资22亿元，2021年11月19日签约，一期项目已于2022年12月竣工投产。两期项目全部达产后预计可实现年产15吉瓦光伏组件铝边框生产能力，年产值可达18亿元
徐州立诺铝业有限公司年产2万吨高强度铝合金型材项目	淮北市	2万吨/年	2022年1月4日开工，由徐州立诺铝业有限公司投资2.6亿元，主要建设年产2万吨高强度铝合金型材、10万平方米智能铝合金门窗生产线
湖北诺麟铝业年产6万吨铝型材项目	安陆市	6万吨/年	2022年1月11日开工，项目总投资5亿元，计划新建年产6万吨铝型材生产线，建成投产后可实现年产值6亿元，税收2000万元，带动150人就业
河南宏星华铝业有限公司年产20万吨铝型材项目	民权县	20万吨/年	2022年1月16日，民权县人民政府与河南宏星华铝业有限公司签约年产20万吨铝型材项目，该县项目达产后预计可实现年产20万吨铝型材，500万平方米的铝模板，引进本科以上人才200余人
河南奋安铝业有限公司年产10万吨工业铝型材项目	河南省焦作市	4万吨/年	2022年2月20日开工，总投资10亿元，占地面积220亩，总建筑面积约10.4万平方米，包含精密设计模具制造车间、智能挤压成型车间、智能立体材料仓库、设计研发中心、展示中心、员工宿舍等。产品广泛应用于汽车零部件、轨道交通、太阳能光伏支架、风力发电、3C电子、船舶、军工等领域

续表3

项目	地址	产能	简　　介
晶科能源拟投建24吉瓦光伏组件和10万吨光伏组件铝型材项目	上饶茶亭经济开发区	10万吨/年	2022年3月18日，与上饶市广信区人民政府签约，项目建设24吉瓦光伏组件+10万吨光伏组件铝型材，项目共分三期建设，其中，一期建设8吉瓦光伏组件；二期建设8吉瓦光伏组件；三期建设8吉瓦光伏组件和10万吨光伏组件铝型材
兴县经开区元泰15万吨高强度铝合金项目	兴县经开区铝镁新材料产业园区	5万吨/年	2022年4月投产，该项目由元泰有色金属（江苏）有限公司（台资）和无锡伦升投资有限公司合资建设，占地面积14831平方米。项目总投资2亿元，分两期，一期生产10万吨高强度铝镁合金铸锭和热轧板锭，二期生产5万吨高导电铝合金线材产品
安徽科蓝特铝业有限公司二期年产10万吨工业铝材项目	安徽省广德市经济开发区	10万吨/年	2022年6月6日，安徽科蓝特铝业有限公司二期年产10万吨工业铝材项目开工，二期项目占地238亩，项目计划总投资8亿元，主要产品为太阳能光伏用铝材和新能源汽车用铝材。项目达产后可实现销售收入25亿元，利税2亿元，新增社会就业千余人，公司铝型材总年产能将达到20万吨/年
新润鑫铝合金棒材和铝合金型材制造基地项目	四川省绵阳市江油市高新技术产业园区	5万吨/年铝棒，3万吨/年铝型材	2022年9月，项目开工，总投资1.8亿元，规划占地61亩，以铝合金棒材及铝合金型材为主要产品，打造一体化生产线。项目建设周期为15个月，预计将在2023年11月完工投产

续表3

项目	地址	产能	简　　介
广西信兰金属科技有限公司年产20万吨铝材深加工项目	桂黔（田林）经济产业园区	20万吨/年	2022年10月16日项目投产。该项目总投资2亿元，占地面积约65亩。项目全部建成投产后，可年产15万吨铝合金棒、铝合金锭等新材料产品及年产5万吨建筑铝模板、大截面铝型材、工业型材等产品，年产值可达35亿元以上
鑫辉铝业年产4万吨全铝家居型材、建筑型材一体化项目	水城经济开发区	4万吨/年	2022年10月25日，水城经济开发区鑫辉铝业年产4万吨全铝家居型材、建筑型材一体化项目举行开工仪式

数据来源：中国有色金属加工工业协会整理。

表4　2022年中国投产、开工及拟建的重点铝轧制项目

项目	地址	产能	简　　介
华北铝业新能源电池箔项目	河北涿州	年产6万吨	该项目于2021年3月20日开工，位于河北省涿州市松林店经济技术开发区，总建筑面积10.5万平方米，主要建设一条高端冷轧生产线和9台铝箔轧机生产线，设计年产铝箔及铝带6.5万吨。2023年3月1日1号进口铝箔轧机带料试车
河南明泰义瑞新材年产70万吨高性能铝板带箔项目	河南巩义	年产70万吨高性能铝板带箔	该项目于2021年7月18日开工建设，以高标准建设热轧生产线、立体智能仓库及自动化冷轧、箔轧生产线，打造数字智能一体化的高科技智能化工厂。开拓军工、航天、交通、新能源、新材料等新领域，实现产品升级换代，目前项目正在建设中
神火新能源动力电池材料项目	河南商丘	6万吨/年	2022年1月4日开工，该项目新建总建筑面积约45000平方米，产品广泛应用于新能源锂电池阳极用铝箔，储能钠离子电池的阳极、阴极用铝箔等。项目预计总投资12亿元，建设周期30个月

续表 4

项目	地址	产能	简　介
东阳光 10 万吨/年低碳电池铝箔项目	湖北宜都	10 万吨/年	2022 年 2 月 8 日开工，项目占地约 1200 亩，一期 5 万吨，计划 2023 年投产，达产后可实现销售收入 20 亿元以上，利税超 5 亿元
华峰铝业年产 15 万吨新能源汽车用高端铝板带箔项目	重庆市涪陵区白涛化工园区	15 万吨/年	2022 年 2 月，该公司发布公告，拟投资 19.8 亿元建设年产 15 万吨新能源汽车用高端铝板带箔项目，该项目通过引进 2400 毫米四机架热精轧机组、高速冷轧机、高速铝箔轧机等先进的铝加工设备和生产工艺，建设高端铝轧制材生产线
众源新材年产 5 万吨电池箔项目	安徽省芜湖经济技术开发区	5 万吨/年	该项目预计投资金额 7 亿元，众源新材拟以新设立的全资子公司为投资主体，在安徽省芜湖经济技术开发区购置土地建设厂房，建设年产 5 万吨电池箔生产线。该投资项目将在现有产能的基础上，为公司新增新能源电池铝箔等产品
贵州高精板箔精深加工项目第 3 条生产线	清镇市经开区王庄铝加工园区	1.2 万吨/年	2022 年 4 月，第三条生产线投产。项目分两期建设，一期项目建设为铸轧搬迁，建设用地约 105 亩，于 2020 年 11 月 26 日正式启动施工，2021 年 8 月，首条生产线联调联试成功顺利投产。项目第二条生产线在 2022 年 3 月 1 日顺利投产，产品主要供应给下游厂商，用于制作药箔、食用箔、酒箔、空调箔等
陕西山河丽铝业年产 5 万吨航汽铝板带项目	董家河循环经济产业园	5 万吨/年	2022 年 4 月，一期 6 条生产线建成投产。该项目由陕西山河丽铝业科技有限公司投资建设，于 2019 年 8 月 6 日签约，总投资 4 亿元，占地面积 126 亩，总建筑面积 54143 平方米。主要生产航汽铝板带、围护板、幕墙板、装饰铝箔、PS 板基、包装铝箔及电子箔

续表4

项目	地址	产能	简　　介
河南瀚华新材料有限公司年产20万吨铝板带箔项目	大周循环经济产业园	20万吨/年	2022年7月5日，项目在大周循环经济产业园举行开工仪式。该项目采用国内的工艺流程和制造技术，投产达效后，将进一步延伸铝产业链条，助推大周千亿级循环经济产业园建设
凯矜锂离子电池铝塑膜及铝箔项目	湖北鄂州	—	2022年7月23日，凯矜锂离子电池铝塑膜及铝箔项目落户鄂州市。项目由上海凯矜新材料科技有限公司联合RKC株式会社、BJAY技术株式会社以外资形式投资兴建，项目总投资约101.9亿元，总需用地面积700亩，主要建设锂离子电池铝塑膜、铝箔生产基地及研发中心。项目全部建成达产后，累计年产值132.8亿元、毛利润55.8亿元、纳税10.6亿元
河南贵冠新材料有限公司年产1万吨铝箔项目	三门峡示范区	1万吨/年	2022年8月3日，三门峡示范区（高新区）与河南贵冠新材料有限公司举行铝箔项目签约仪式。该项目总投资2亿元，分两期建设
明泰铝业年产25万吨新能源电池材料项目	河南巩义	25万吨/年	2022年8月22日，明泰铝业发布公告，拟定增募资不超过40.35亿元，用于年产25万吨新能源电池材料项目，主要产品为近年来市场需求增长较大的锂电池用铝箔、铝塑膜、电池包用铝及电池水冷板等
江苏常铝新能源材料科技有限公司新建锂电池用材料生产项目	常熟高新区	3万吨/年	2022年9月8日，江苏常铝新能源材料科技有限公司新建锂电池用材料生产项目开工。项目规划生产3万吨/年动力电池铝箔，目总建设周期为24个月，总投资金额预计约为3.5亿元
四川万顺年产13万吨高精铝板带箔加工项目	广元经开区	13万吨/年	2022年9月29日，四川万顺中基铝业有限公司年产13万吨高精铝板带箔项目投产活动举行，2条铸轧生产线正式投产。项目拟投资15亿元，拟占地122亩，建设期2年

续表 4

项目	地址	产能	简　　介
万基控股 12 万吨双零箔铸轧带坯项目	河南省洛阳市新安县	12 万吨/年	2022 年 11 月 15 日，洛阳万基铝钛合金新材料年产 12 万吨双零箔铸轧带坯项目建成投产。该项目建设铸轧生产线 10 条，设计产能 12 万吨
商丘阳光铝材 5.5 万吨新能源电池铝箔坯料项目	河南商丘	5.5 万吨/年	2022 年 12 月 1 日，商丘阳光铝材 5.5 万吨新能源电池铝箔坯料项目举行开工仪式。项目总占地面积 130 余亩，总投资 5 亿元，建设工期 18 个月，主要新建 9 条铸轧生产线、1 条冷轧生产线。项目建成投产后，年销售收入将近 40 亿元，创利税超亿元，新增就业 300 余人

数据来源：中国有色金属加工工业协会整理。

（七）资本市场再添新成员

资本市场方面，创新新材料科技股份有限公司于 2022 年 12 月 21 日成功在上海证券交易所 A 股主板上市。截至目前，涉铝加工业务的主要上市公司达到 25 家左右，通过上市，铝加工企业能够有效扩宽融资渠道、降低融资成本、完善治理水平、提升品牌影响力、加大研发投入与科技创新力度，对提升行业整体的竞争实力和高质量发展水平具有积极作用。

（八）铝材进口基本稳定，出口创历史新高

1. 铝材进口略有下降

2022 年，中国进口铝材 44.5 万吨，比上年减少 7.1%，其中，铝挤压材进口 3.9 万吨，占 8.8%，比上年增长 6.7%；铝板带进口 31.5 万吨，占 70.7%，比上年减少 4.1%；铝箔进口 7.9 万吨，占 17.7%，比上年减少 15.8%，见图 4 和图 5。

从进口数量来看，中国铝材进口量自 2015 年后，总体稳定在 40 万吨上下。根据此前工信部对全国 30 多家大型企业 130 多种关键基础材料调研结果显示，目前中国铝材进口主要集中于航空铝材、汽车板坯料及乘用车车身板、动力电池铝箔、电子零部件配套铝材等产品。

从进口来源来看，2022 年中国铝材进口来源地国家和地区共有 79 个，其中韩国、日本、中国台湾、美国、德国分列前五位；前 10 个国家和地区铝材

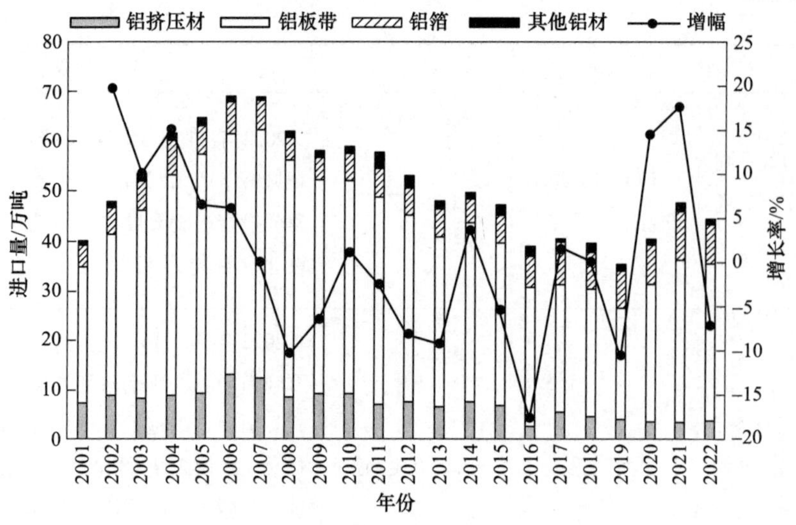

图 4　2001—2022 年中国铝材进口量

数据来源：海关总署

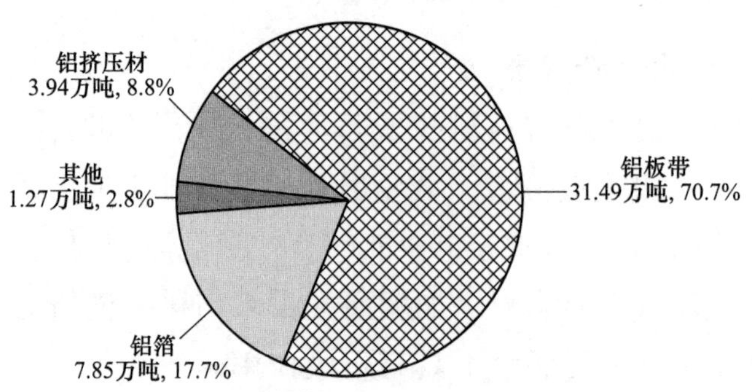

图 5　2022 年中国进口铝材产品结构

数据来源：海关总署

进口量合计为 44.2 万吨，占铝材进口总量的 94.7%；自韩国和日本进口量双双超过 10 万吨，遥遥领先其他国家和地区，自韩国和日本合计进口量达到 33.63 万吨，占中国铝材进口总量的 75.5%，详见表 5。

表 5　2022 年中国铝材进口重点国家和地区

排名	国家和地区	2022 年进口量/万吨	2021 年进口量/万吨	同比增减量/万吨	同比增幅/%
1	韩国	20.93	18.37	2.56	13.94
2	日本	12.7	15.66	−2.96	−18.90
3	中国台湾	2.08	1.81	0.27	14.92

续表 5

排名	国家和地区	2022 年进口量/万吨	2021 年进口量/万吨	同比增减量/万吨	同比增幅/%
4	美国	1. 58	1. 68	-0. 1	-5. 95
5	德国	1. 3	2. 67	-1. 37	-51. 31
6	比利时	1. 14	1. 41	-0. 27	-19. 15
7	法国	1. 01	0. 79	0. 22	27. 85
8	奥地利	0. 49	0. 66	-0. 17	-25. 76
9	俄罗斯	0. 41	0. 46	-0. 05	-10. 87
10	泰国	0. 57	0. 32	0. 25	78. 13
其他国家和地区		2. 34	3. 97	-1. 63	-41. 06

数据来源：海关总署。

2\. 铝材出口量再创新高

2022 年中国铝材出口 618 万吨，创历年新高，比上年增长 13. 2%，其中，铝挤压材出口 107 万吨，占 17%，比上年减少 1. 7%；铝板带出口 357. 1 万吨，占 58%，比上年增长 20. 7%；铝箔出口 146. 4 万吨，占 24%，比上年增长 9. 7%，见图 6 和图 7。

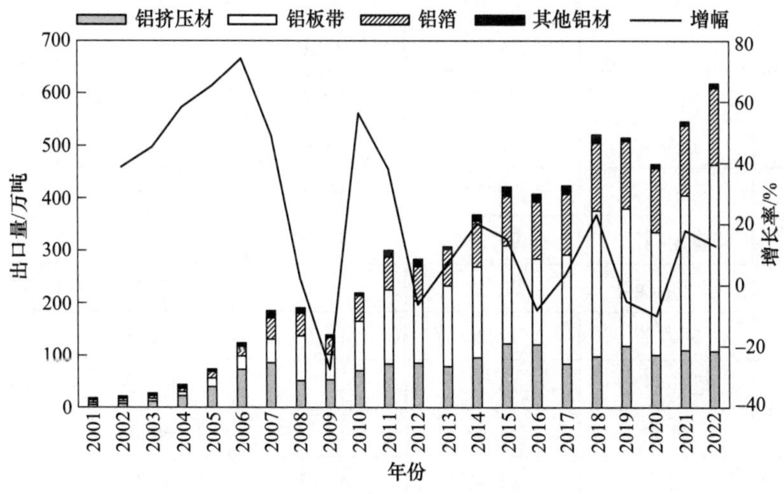

图 6　2001—2022 年中国铝材出口量

数据来源：海关总署

从出口分布来看，2022 年中国铝材出口目的地国家和地区达 214 个。墨西

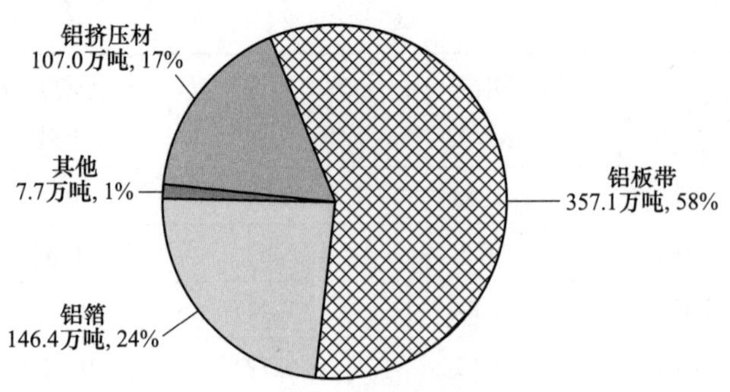

图 7　2022 年中国铝材出口产品结构

数据来源：海关总署

哥、韩国、泰国、越南、美国等国家分列出口前 20 位，见表 6。前 20 个国家出口量合计 444.70 万吨，占铝材出口总量的 71.9%。

表 6　2022 年中国铝材出口重点国家和地区

排名	国家和地区	2022 年出口量 /万吨	2021 年出口量 /万吨	同比增减量 /万吨	同比增幅 /%
1	墨西哥	61.61	48.24	13.37	27.72
2	韩国	40.76	35.23	5.53	15.70
3	泰国	37.42	33.81	3.61	10.68
4	越南	35.86	30.27	5.59	18.47
5	美国	34.18	27.44	6.74	24.56
6	印度	26.29	20.78	5.51	26.52
7	加拿大	21.56	24.49	-2.93	-11.96
8	马来西亚	20.73	19.91	0.82	4.12
9	澳大利亚	20.38	19.94	0.44	2.21
10	印度尼西亚	20.12	16.15	3.97	24.58
11	阿联酋	19.46	14.63	4.83	33.01
12	尼日利亚	16.71	21.1	-4.39	-20.81
13	日本	14.68	15.39	-0.71	-4.61
14	波兰	12.45	6.17	6.28	101.78
15	沙特阿拉伯	11.79	9.11	2.68	29.42
16	英国	11.54	12.54	-1.00	-7.97
17	菲律宾	11.08	10.55	0.53	5.02
18	巴西	10.95	9.92	1.03	10.38

续表 6

排名	国家和地区	2022 年出口量/万吨	2021 年出口量/万吨	同比增减量/万吨	同比增幅/%
19	柬埔寨	8.67	6.73	1.94	28.83
20	土耳其	8.47	6.45	2.02	31.32
其他国家和地区		173.52	155.26	18.26	11.76

数据来源：海关总署。

二、2022 年中国铝加工工业经营形势分析

1. 铝价高位运行，波动幅度大

2022 年，沪铝主力合约均价为 19811 元/吨、最高价为 24255 元/吨、最低价为 17025 元/吨，振幅高达 35.6%。全年 LME 现货月平均价分别为 2703 美元/吨，较 2021 年上涨 9.0%，其振幅较国内更大（见图 8）。铝价处于高位且大幅波动，对铝加工行业资金占用和风险控制带来挑战，企业盈利困难。

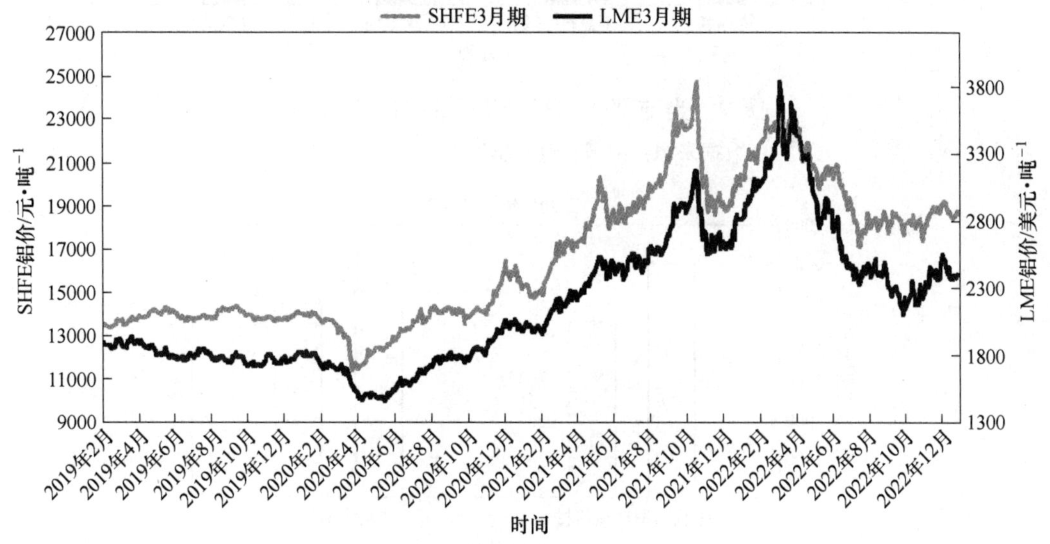

图 8　国内外铝价走势图

数据来源：SHFE、LME

2. 铝板带箔加工费普遍提高，铝挤压行业内卷严重

2022 年铝加工产业不同细分领域加工费持续分化，由于铝板带箔需求量增加，原辅材料涨价，国外地区受到疫情影响造成铝板带箔市场缺口扩大等因素影响，铝板带箔加工费普遍有所提高，四季度加工费有所回落，但相较于疫

前仍处于增长态势。

而铝挤压领域一是受房地产行业降温影响，建筑铝型材需求减少；二是铝挤压行业内卷尤盛，恶性竞争使企业效益受到损失。

据中国有色金属加工工业协会初步调查，与2019年相比，易拉罐罐体料、罐盖料、双零箔、电池箔等产品加工费均实现一定幅度提高（见图9），而建筑型材、光伏型材等产品加工费仍在持续下降（见图10）。

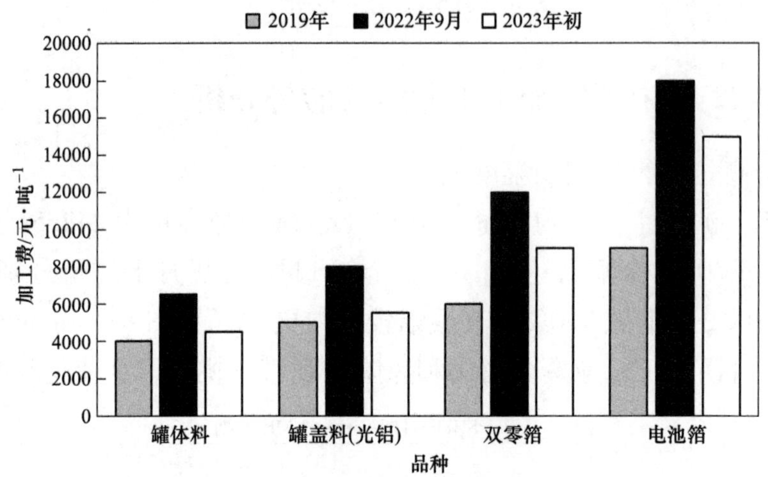

图9 当前部分铝板带箔产品加工费对比

数据来源：中国有色金属加工工业协会整理

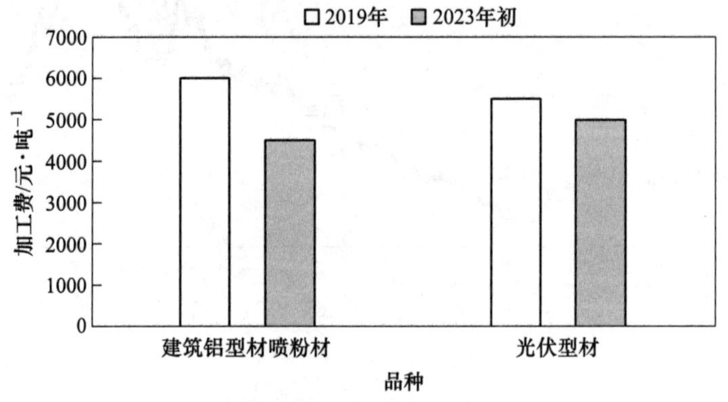

图10 部分铝挤压材产品加工费对比

数据来源：中国有色金属加工工业协会整理

3. 铝材表观消费量基本持平

2022年我国经济下行压力加大，疫情扰动加剧了市场波动。受房地产需求滑坡较大影响，建筑领域的铝材用量下降明显，对铝挤压材表观消费产生较大影响，同时也给耐用消费和机械等领域带来一定影响。根据中国有色金属加

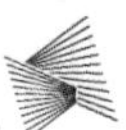

工工业协会测算，2022 年包括轧制材、挤压材、铝线、铝锻件和铝粉在内的铝材表观消费量为 3949.4 万吨，比上年下降 0.6%。其中，挤压材表观消费量为 2046.9 万吨，比上年下降 2.4%；铝板带表观消费量为 1054.3 万吨（其中剔除铝箔毛料量 484.3 万吨，较上年下降 12.7%），比上年下降 1.7%；铝箔表观消费量为 363.5 万吨，比上年增长 9.9%（见表 7）。

表 7　2020—2022 年中国铝材分品种国内表观消费量　（万吨）

品种	2020 年	2021 年	2022 年
铝板带	978.7	1072.1	1054.3
铝箔	299.3	330.9	363.5
挤压材	2041.4	2096.8	2046.9
其他	469.7	475.1	484.7
铝材合计	3789.1	3974.8	3949.4

数据来源：中国有色金属加工工业协会整理。

从国内产品消费领域来看，主要集中在建筑结构、电子电力、耐用消费、机械装备和交通运输行业，2022 年上述领域的铝材消费量占全部消费量的 80.1%。房地产领域：2022 年房地产行业相较上年更加低迷，受此影响建筑铝型材产量大幅下降 10%。电力电子领域：全国累计发电装机容量、全国主要发电企业电源工程完成投资等数据均有所增长，估计铝材在电力电子领域消费量同比增长 9.7%。汽车、家电、3C 等领域产量有增有降，主要指标完成情况详见表 8。

表 8　2022 年中国重点铝消费行业主要指标完成情况

指标	单位	数值	比上年增长/%
房屋竣工面积	万平方米	86222	-15
房地产开发投资	亿元	132895	-10
发电装机容量	亿千瓦	25.6	7.8
电网工程完成投资	亿元	5012	2
汽车产量	万辆	2702.1	3.4
社会消费品零售总额	亿元	439733	-0.2
空调产量	万台	22247.3	1.8
洗衣机产量	万台	9106.3	4.6
冰箱产量	万台	8664.4	-3.6
彩电产量	万台	19578.3	6.4
手机产量	亿台	15.6	-6.2

续表 8

指标	单位	数值	比上年增长/%
微型计算机设备产量	亿台	4.34	-8.3
集成电路产量	亿块	3242	-11.6

数据来源：国家统计局、国家能源局、中国汽车工业协会。

4. 贸易保护犹存，出口压力仍在

2022 年铝加工行业遭遇新增贸易救济案件 1 起，申诉主体为巴拉圭，涉及产品为铝型材（见表 9）。当前国际贸易保护依然盛行，中国铝材出口依然面对外部压力。

表 9　2022 年中国铝加工行业新增贸易救济案件

序号	日期	申诉主体	案件概要
1	2022-12-09	巴拉圭	对华铝型材启动反倾销调查

数据来源：国家商务部。

三、当前中国铝加工工业发展中需要关注的问题

（一）自主创新仍不足

中国铝加工产业经过近三十年快速发展，创新能力已经显著增强，目前中国铝加工产业整体已处于与欧美发达国家并行阶段，部分领域甚至已经处于世界领先，但与美国、德国、日本等发达国家相比，还存在着合金牌号少、成品率低和质量一致性和稳定性不足、装备关键零部件国产化率较低、精细化和新产品研发储备不足等共性问题。

具体在细分领域中，也仍然存在技术短板。如铝挤压方面：航空、核电等少数领域具有特殊性能及特殊认证要求的高端铝挤压材，在质量稳定性和成品率等方面与欧美发达国家仍有不小差距。多数建筑铝型材企业的原料、工艺、装备、产品完全一样，一直在拼价格，在质量上下功夫不够，缺乏其他竞争手段。铝板带箔方面：汽车车身薄板和电池箔在成品率、质量一致性和稳定性方面与美国、德国、日本等国家差距明显。

（二）原铝消费量面临触顶

2022 年，中国原铝消费量约 4099 万吨，比上年增长 1.6%，占全球原铝总消费量的 60%左右。从表面看，中国原铝消费依然为正增长，但考虑到近年来中国限制废铝进口，而导致对原铝需求上升的因素，结合图 11 中 2015 年以来中国原铝消费量变化趋势判断，未来中国原铝消费增长将进一步放缓。

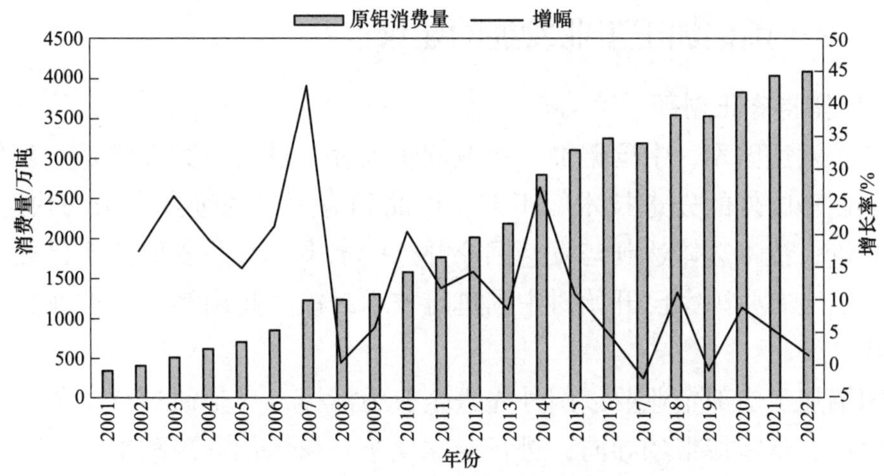

图 11　2001—2022 年中国原铝消费量

数据来源：中国有色金属加工工业协会整理

从人均铝消费量看，目前中国人均铝消费量已经达到 30 千克/人左右。从发达国家的经验来看，人均铝消费量不会无限制增长，而是达到峰值后回落呈抛物线式发展趋势，日本人均铝消费量在 1997 年达到峰值 32 千克/人后开始回落，美国人均铝消费量在 1999 年达到峰值 35 千克/人后开始回落，虽然少部分国家的人均铝消费量超过了 40 千克/人，但总体分析判断，目前中国人均铝消费量已经处于高位。

（三）产品同质化

造成恶性竞争的主要原因是产能过剩和产品同质化严重，尤其是铝挤压行业。铝挤压投资金额是铝加工细分领域最为灵活的，可大可小，铝挤压低端产能重复建设严重，目前中国铝挤压材生产能力已经达到 3000 万吨，产能利用率仅为 70%左右。而铝挤压材产能仍在快速增长，尤其一些头部企业的产能增长依然很快，造成产能进一步过剩，竞争更为惨烈。

铝挤压材行业近几年技术创新匮乏，创新平台不少，但科研投入明显不够，部分企业仍采取粗放型经营模式，真正形成专精特新的企业凤毛麟角，导致产品同质化严重，陷入了价格“肉搏战”。特别是建筑铝型材对房地产业的依赖过大，在当前房地产业下行的大趋势下，给我国铝挤压行业发展造成了极大压力。

除上述几点问题外，前文所提到的铝价高企波幅大给企业带来经营风险及内卷化严重等问题也需要格外关注。

四、对中国铝加工工业发展的建议

（一）坚持守正创新

相较于发达国家，中国铝加工产业起步较晚，过去一直以跟踪、模仿、消化吸收再创新国外的先进技术、工艺、产品和应用，经过多年来的快速发展，品种、质量、技术总体达到与发达国家并行的水平，有些领域甚至已处于领跑的位置，加上有些国家已开始对中国进行技术封锁，我国铝加工产业自主创新迫在眉睫。

中国铝加工头部企业要以国外先进企业为标杆，一是通过自主创新，获得关键技术；二是坚持市场导向，进行全球化布局和优化资源配置；三是走专精特新发展路径，打造细分领域世界龙头，成为具有核心竞争力的世界一流企业。

（二）坚持扩大应用与产业延伸不动摇

当前，中国铝材消费结构已悄然发生变化。中国铝材消费结构有别于发达国家，中国人口众多，过去三十年人口城镇化水平提高和房地产业高速发展，中国建筑铝型材行业也得到巨大发展，而随着人口城镇化率达到一定水平后（2022 年中国城镇化率已达到 65%），建筑铝型材消费量将达到平台期。与之相反，铝板带和铝箔还将有较大发展潜力，其消费量还将进一步提高。

面对消费结构变化新形势，铝加工企业一方面要充分发挥铝的性能优势，持续开发应用新蓝海；另一方面坚持产业链延伸，不仅要向门窗、铝制家具、建筑模板、轻量化车体、过街天桥、汽车零部件等深加工产品延伸，还要进行理念延伸，由制造产品卖给客户，向帮助客户开发产品转变，由铝材生产商向综合解决方案供应商转变。

（三）坚持高水平出口

近两年中国铝材出口量不断创新高，但我们仍需警惕，一是国际贸易摩擦给中国铝材出口带来巨大压力，二是作为中国优势品种的铝挤压材出口不尽如人意，出口量及出口占比在三大品种最小。未来我们仍需稳住出口盘面，积极扩大出口，坚持高水平出口。

这就要求中国铝加工产业，要由中低端向中高端铝材出口转变，由材料向门窗幕墙、光伏组件、汽车零部件、家具等铝制品出口转变，由标准化向客户具有特殊要求的个性化、定制化产品出口转变，由粗放高碳向绿色低碳铝材出口转变。面对贸易摩擦案件，一方面要积极应诉，另一方面要加强替代贸易、转口贸易和新兴市场开拓，有条件的企业可以积极在海外建厂，进行全球化布局。

（四）努力防范各类风险

一要积极参与套期保值，防范铝价大幅波动风险；二要防范环境保护、安全生产等风险；三要注意企业“资金链”“担保链”等经营风险。

撰稿人：靳海明、卢　建
李谦锋、周　飞
审稿人：范顺科

品种篇

PINZHONG PIAN

2022 年铜工业发展报告

2022 年是党的二十大胜利召开之年，是我国踏上全面建设社会主义现代化国家新征程、向第二个百年奋斗目标进军的重要一年。铜行业认真学习贯彻党的二十大精神，高效统筹疫情防控和经济发展，奋力前行，行业整体运行良好，产量稳步增长，经济效益继续回暖，同时在节能减排、工艺装备升级等方面迈上了新的台阶。

一、2022 年世界铜工业发展概述

（一）生产

2022 年世界铜产品生产保持平稳增长。根据国际铜研究组（ICSG）统计，2022 年世界铜矿产能为 2731.7 万吨，较 2021 年增长 4.9%；铜矿产量为 2181.1 万吨，较 2021 年增长 3.4%，增幅有所扩大，其中铜精矿产量 1772.6 万吨，同比增长 3.0%；湿法铜产量 408.6 万吨，同比增长 5.2%；产能利用率为 79.8%。从产量分布来看，智利和秘鲁两国是最主要的铜矿生产国，2022 年合计产量占世界产量的 35.6%；刚果（金）产量超过中国，跃居世界第三，2022 年产量较 2021 年增长 25.8%；前十国合计产量占世界产量的 79.7%，铜矿生产集中度进一步提高；湿法铜主要集中在智利、刚果（金）和美国，合计产量占比达 86.4%（见表 1）。

表 1　2022 年世界铜矿分国别产量统计表　　（万吨）

序号	国家	2021 年			2022 年		
		合计	铜精矿	湿法铜	合计	铜精矿	湿法铜
1	智利	562.5	421.1	141.4	532.8	391.4	141.4
2	秘鲁	232.6	224.6	8.0	243.9	233.7	10.1
3	刚果（金）	169.4	37.3	132.1	213.1	57.4	155.7
4	中国	181.8	175.8	6.0	193.8	187.4	6.4
5	美国	125.8	69.6	56.2	125.9	70.2	55.7
6	俄罗斯	89.7	89.6	0.1	97.2	97.1	0.1

续表 1

序号	国家	2021 年			2022 年		
		合计	铜精矿	湿法铜	合计	铜精矿	湿法铜
7	印度尼西亚	75.2	73.3	1.9	96.0	94.1	2.0
8	澳大利亚	79.4	77.1	2.3	81.9	79.1	2.7
9	赞比亚	84.2	70.3	13.9	80.0	68.4	11.6
10	墨西哥	73.4	60.1	13.3	73.7	59.7	14.0
世界合计		2110.0	1721.6	388.5	2181.1	1772.6	408.6

数据来源：ICSG。

根据 ICSG 统计，2022 年世界精炼铜产能 3104.2 万吨，较 2021 年增长 3.0%，增幅扩大 2 个百分点；世界精炼铜产量 2567.2 万吨，较 2021 年增长 3.5%，其中矿产精炼铜 2146.2 万吨，同比增长 3.9%，再生精炼铜 421.1 万吨，同比增长 1.5%，再生精炼铜占比 16.4%，与 2021 年基本持平；产能利用率 82.7%，与 2021 年基本持平。从产量分布来看，中国是最大的精炼铜生产国，2022 年产量占世界的 43.1%，较 2021 年提高 1 个百分点。其他精炼铜主要生产国还有智利、刚果（金）、日本、俄罗斯等，其中刚果（金）精炼铜产量增长较快，增幅达 17.4%，超过日本跃居世界第三；前十国合计产量占世界产量的 81%，集中度有所提高（见表 2）。

表 2　2022 年世界精炼铜分国别产量统计表　（万吨）

序号	国家	2021 年				2022 年			
		合计	电积铜	电解铜	再生铜	合计	电积铜	电解铜	再生铜
1	中国	1046.6	6.0	814.9	225.7	1106.2	6.4	860.7	239.0
2	智利	227.4	141.4	86.0	0.0	214.9	141.4	73.5	0.0
3	刚果（金）	135.7	132.1	3.6	0.0	159.3	155.7	3.6	0.0
4	日本	151.0	0.0	111.9	39.1	155.1	0.0	121.5	33.6
5	俄罗斯	98.1	0.1	75.4	22.6	107.8	0.1	83.8	23.8
6	美国	97.1	56.2	36.0	4.9	97.2	55.7	37.5	4.0
7	韩国	64.7	0.0	47.6	17.1	65.4	0.0	48.8	16.6
8	德国	61.5	0.0	38.4	23.1	60.9	0.0	36.4	24.5
9	波兰	57.7	0.0	44.9	12.9	58.6	0.0	42.6	16.1
10	印度	49.0	0.0	49.0	0.0	54.5	0.0	54.5	0.0
世界合计		2480.1	388.5	1676.7	414.9	2567.2	408.6	1737.6	421.1

数据来源：ICSG。

（二）消费

根据 ICSG 统计，2022 年世界精炼铜表观消费 2604.8 万吨，较 2021 年增长 3.1%。中国仍然是铜消费第一大国，2022 年精炼铜表观消费量为 1468.4 万吨，占比达 56.4%；美国位居全球铜消费第二，精炼铜消费量 172.6 万吨，较 2021 年有所下降，其他国家精炼铜消费均不超过百万吨（见表 3）。

表 3　2022 年世界铜消费分国别统计表　　（万吨）

序号	国家	2018 年	2019 年	2020 年	2021 年	2022 年
1	中国	1254.3	1275.0	1442.8	1386.4	1468.4
2	美国	181.1	183.8	171.0	177.0	172.6
3	德国	120.8	103.3	104.6	100.9	99.6
4	日本	101.0	97.1	83.8	92.9	90.5
5	韩国	70.0	64.7	64.0	64.5	65.0
6	意大利	54.5	52.5	44.0	49.8	50.8
7	土耳其	48.4	45.1	45.5	47.5	50.5
8	印度	49.7	52.9	41.0	44.1	47.5
9	西班牙	36.5	37.0	34.0	38.5	40.8
10	墨西哥	38.5	39.0	35.5	38.0	39.0
世界合计		2445.7	2435.0	2497.5	2525.6	2604.8

数据来源：ICSG。

二、2022 年中国铜工业发展现状

（一）经济运行情况

1. 产量与经济效益

2022 年中国铜产品产量保持增长，经济效益增幅较 2021 年下降明显。根据中国有色金属工业协会初步统计数据显示，2022 年中国铜工业规模以上企业实现营业收入同比增长 5.3%，实现利润同比增长 15.7%。从产业链来看，采选、冶炼、加工各环节产品产量、实现营业收入和利润均有不同程度增长。2022 年中国铜精矿含铜产量同比增长 5.8%，增幅有所回落，实现营业收入同比增长 15.7%，实现利润同比增长 8.2%；2022 年中国精炼铜产量达 1106.3 万吨，同比增长 4.5%，实现营业收入同比增长 3.9%，实现利润同比增长 27.3%；2022 年中国铜材产量 2286.5 万吨，同比增长 5.7%，铜压延加工业实现营业收入同比增长 5.6%，实现利润同比增长 10.9%（见图 1 和图 2）。

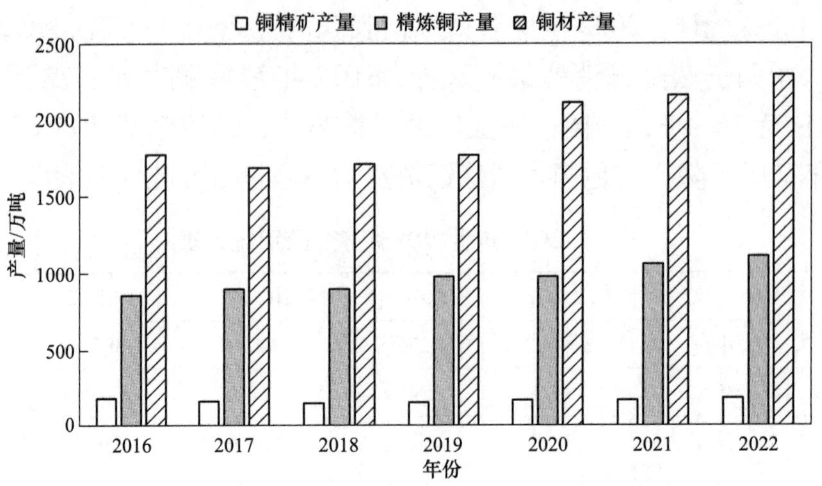

图 1　2016—2022 年中国铜产品产量变化图

资料来源：中国有色金属工业协会

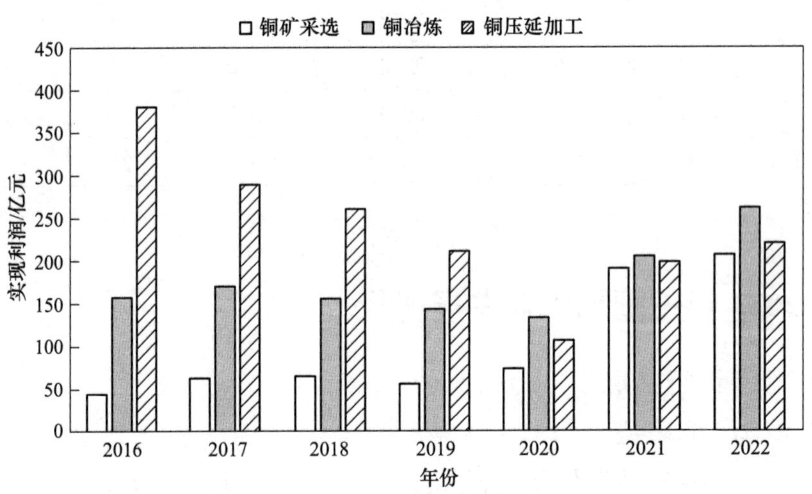

图 2　2016—2022 年中国铜工业实现利润变化图

资料来源：中国有色金属工业协会

2. 主要技术经济指标

2022 年铜矿出矿品位为 0.58%，较 2021 年有较大降幅，从近 7 年的数据来看，铜矿品位已下降了 0.2%，可开采的矿石品质下降明显。但本着对资源“吃干榨净”的原则，中国选矿工艺技术不断提高，选矿回收率和精矿品位等指标也在不断提升（见表 4）。

表 4　2016—2022 年中国铜矿采选主要技术经济指标变化表　（%）

指标	2016 年	2017 年	2018 年	2019 年	2020 年	2021 年	2022 年
出矿品位	0.79	0.74	0.74	0.71	0.67	0.63	0.58
精矿品位	21.84	21.93	21.88	22.08	21.93	22.05	22.06
选矿回收率	87.02	86.77	86.1	86.22	86.35	86.81	86.97

资料来源：中国有色金属工业协会。

中国铜冶炼技术和装备不断升级，铜冶炼相关技术指标水平不断提升。2022 年铜冶炼总回收率 98.75%、精炼铜回收率 99.58%，较 2021 年均有所提高；铜冶炼综合能耗（以标准煤计）205.13 千克/吨，较 2021 年明显下降（见表 5）。

表 5　2019—2022 年中国铜冶炼主要技术经济指标变化表

指标名称	单位	2019 年	2020 年	2021 年	2022 年
铜冶炼总回收率	%	98.55	98.72	98.67	98.75
精炼铜回收率	%	99.63	99.66	98.89	99.58
粗铜回收率	%	98.98	99.09	99.10	99.25
电铜直流电耗	千瓦时/吨	322.18	322.32	322.39	322.64
粗铜电耗	千瓦时/吨	723.90	715.02	712.65	698.90
粗铜煤耗	千克/吨	166.63	140.89	145.48	104.69
铜冶炼综合能耗（以标准煤计）	千克/吨	226.05	211.59	215.03	205.13

资料来源：中国有色金属工业协会。

（二）产业结构

根据中国有色金属工业协会统计，中国铜精矿产量主要集中在西藏、云南、江西、黑龙江、陕西、甘肃、新疆、安徽、内蒙古和福建等地，上述十省区合计产量占全国产量的 85%，生产相对集中，其中西藏产量增长较快，从 2021 年全国第四跃居全国第一，2022 年产量增幅达到 56%（见图 3）。

根据国家统计局初步统计数据，精炼铜产量排名前十的省区合计产量为 910.4 万吨，占总产量的 82.3%，集中度有所提高。其中江西、安徽产量超过 100 万吨，且均有增长；山东产量则继续下滑，排名已落到第九；广西产量继续保持增长，连续三年保持 90 万吨以上（见表 6）。根据国家统计局初步统计数据，铜加工材产量排名前十的省份合计产量为 2009 万吨，占总产量 87.9%，

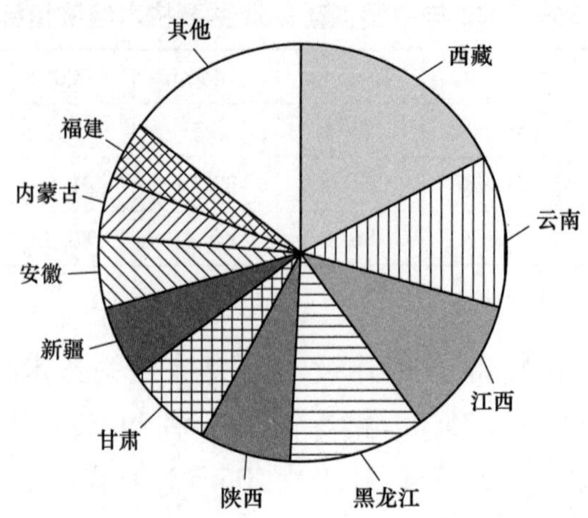

图3　2022年中国铜精矿产量分布图

数据来源：中国有色金属工业协会

其中江西、江苏、广东、浙江和安徽五个省份产量均超过200万吨，合计产量占总产量的70.4%，除江西产量有小幅下滑外，其他省份产量均恢复增长（见表7）。

表6　2022年中国精炼铜产量统计表

序号	地区名称	精炼铜产量/万吨	同比/%	占比/%
1	江西	187.5	7.7	16.9
2	安徽	111.4	1.2	10.1
3	广西	98.9	6.7	8.9
4	甘肃	93.3	38.5	8.4
5	福建	87.2	6.1	7.9
6	内蒙古	76.4	6.1	6.9
7	河南	66.6	11.2	6.0
8	云南	66.3	2.0	6.0
9	山东	64.1	-27.1	5.8
10	湖北	58.7	5.7	5.3
11	其他	195.9		17.7
合计		1106.3	4.5	100.0

数据来源：国家统计局。

表7　2022年中国铜加工材产量统计表

序号	地区名称	铜材产量/万吨	同比/%	占比/%
1	江西	542.4	-0.3	23.7
2	江苏	318.9	7.2	13.9
3	广东	273.8	5.0	12.0
4	浙江	261.5	1.5	11.4
5	安徽	214.0	1.3	9.4
6	河南	99.4	3.5	4.3
7	山东	89.5	31.1	3.9
8	湖北	79.8	37.7	3.5
9	甘肃	67.9	2.3	3.0
10	湖南	61.8	49.8	2.7
11	其他	277.5		12.1
总计		2286.5	5.7	100.0

数据来源：国家统计局。

（三）市场与价格

2022年铜价创新高后逐步下行。上半年有色金属普遍价格上涨，3月7日伦铜再创历史新高，并维持在高位运行，5月后随着美元进入加息周期铜价快速下滑，7月跌至年内最低点，下半年虽有反弹，但始终没有较大的起色，维持在8000美元上下震荡（见图4）。

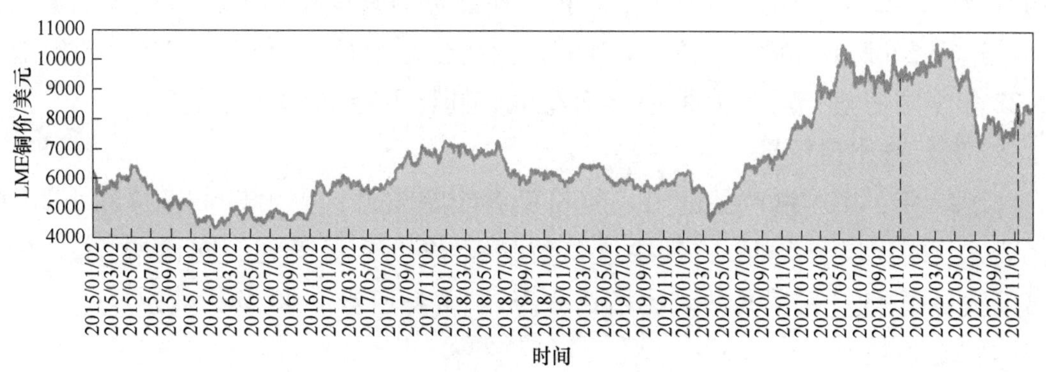

图4　2015—2022年LME铜价走势图

数据来源：LME

2022年LME当月期铜和三月期铜均价分别为8777美元/吨和8771美元/吨，同比分别下降5.8%和5.6%；SHFE当月期铜和三月期铜均价分别为

67019 元/吨和 66485 元/吨，同比分别下降 2.1%和 3.0%（见表 8）。

表 8　2016—2022 年 LME、SHFE 铜价统计表

年份	LME 铜价/美元·吨$^{-1}$		SHFE 铜价/美元·吨$^{-1}$	
	当月期铜	三个月期铜	当月期铜	三个月期铜
2016 年	4863	4867	38152	38203
2017 年	6162	6190	49361	49309
2018 年	6525	6544	50531	50760
2019 年	6005	6019	47701	47735
2020 年	6168	6180	48742	48699
2021 年	9314	9290	68442	68512
2022 年	8777	8771	67019	66485

数据来源：LME、SHFE。

（四）市场消费

2022 年中国精炼铜消费平稳增长，表观消费量 1495 万吨。房地产行业的深度调整带动上下游产业消费疲弱，给铜消费带来压力。从铜消费结构看，电力行业是主要消费领域，2022 年中国电源和电网完成投资均实现同比增长，主要发电企业电源工程完成投资 7208 亿元，同比增长 22.8%；电网工程完成投资 5012 亿元，同比增长 2.0%；发电装机容量约 25.6 亿千瓦，同比增长 7.8%。空调制冷行业，2022 年空调产量 14829 万台，同比下滑 4.3%；交通运输行业，2022 年中国乘用车在稳增长、促消费的政策拉动下，实现较快增长，产销达到 2702.1 万辆和 2686.4 万辆，同比分别增长 3.4%和 2.1%；建筑业，2022 年全国房地产开发投资 13.3 万亿元，同比下降 10.0%。

（五）进出口贸易

2022 年，中国铜产品进出口贸易额有小幅增长，进出口贸易总额 1336.4 亿美元，同比增长 2.1%，其中进口贸易额 1240.7 亿美元，同比增长 2.1%；出口贸易额 95.7 亿美元，同比增长 2.3%。贸易逆差 1145.0 亿美元。

1. 进口情况

2022 年，中国进口精炼铜及铜原料仍呈增长态势，仅铜材进口大幅下降。根据海关总署统计数据，2022 年中国进口精炼铜 388.5 万吨，同比增长 7.1%；进口粗铜 116.5 万吨，同比增长 24.3%；进口铜矿 2527.1 万吨，同比增长 8.0%；进口铜废碎料 177.1 万吨，同比增长 4.6%（见表 9）。经测算，2022 年中国进口铜金属接近 1300 万吨。

2. 出口情况

根据海关总署统计数据，2022 年精炼铜出口同比下降 12.9%，铜材出口同比增长 2.7%（见表 9）。

表 9　2022 年中国铜产品进出口情况变化表

品种	进口量/吨	同比/%	出口量/吨	同比/%
未锻轧铜	4237385	5.7	232101	-12.9
其中：精炼铜	3884534	7.1	232023	-12.9
铜合金	352851	-7.8	78	19.2
铜材	441004	-21.9	683896	2.7
其中：铜粉	3045	-23.2	2954	-13.1
铜条杆型材	43171	-42.8	19607	29.7
铜丝	99063	-10.7	76199	-1.3
铜板带	99886	-21.9	99507	23.7
铜箔	172069	-20.9	134441	1.4
铜管	19658	-16.9	233258	1.1
铜制管子附件	4151	-20.2	117930	-6.6
粗铜	1165353	24.3	127	-25.4
铜矿	25270603	8.0	570	20.5
铜废碎料	1771022	4.6	100	-20.5

数据来源：海关总署。

（六）投资情况

根据国家统计局初步统计数据，2022 年中国有色金属工业固定资产投资同比增长 14.5%，是自 2013 年以来最大增幅（见图 5）。其中，铜工业固定资产投资整体增幅明显，铜矿采选环节投资增长 6.3%，铜冶炼环节投资增长 30.8%，铜压延加工投资增长 23.7%。

从铜矿采选方面来看，2020—2022 年西藏的玉龙铜矿扩建项目和驱龙铜矿新建项目先后建成投产，目前国内在建的两个主要项目是城门山铜矿三期扩建和武山铜矿三期扩建，没有更大的新建扩建项目，因此铜矿采选投资增幅有限；从铜冶炼方面来看，本轮铜冶炼产能增长进入了释放期，2022 年新增粗炼产能、精炼产能分别为 55 万吨和 98 万吨，建成投产最大的项目是大冶有色弘盛铜业，在建的项目还有广西南国铜业二期项目、中条山侯马冶炼厂改扩建项目、烟台国兴搬迁改造项目等，预计这三个项目都将在 2023 年投产；从铜

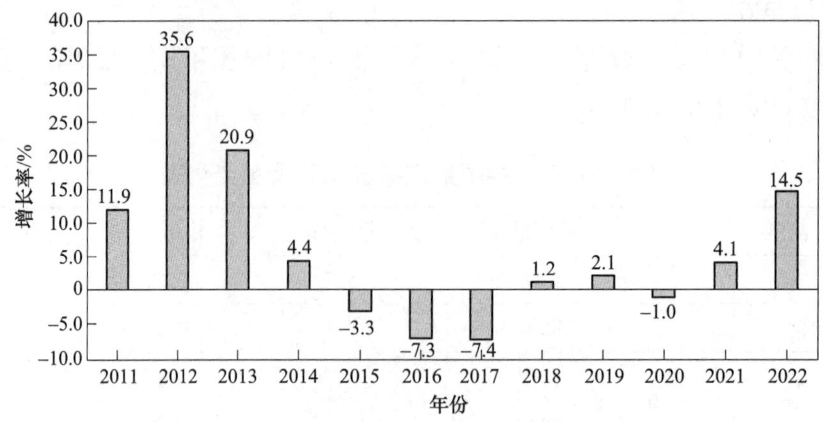

图 5　2011—2022 年中国有色金属工业固定资产投资变化图

数据来源：中国有色金属工业协会

加工方面来看，在新能源、电子通信等高端产业的带动下，中国铜加工产业投资热情不减，投资方向依然集中在铜板带和铜箔生产线，铜管、铜杆在建项目均较少。其中铜板带在建项目近 20 个，合计产能近 50 万吨；铜箔新开工项目多为传统铜箔企业或铜箔的上下游企业，例如诺德股份、江西铜业及宁德时代等，在多地都有产能 10 万吨/年的新开工项目。

三、2022 年中国铜工业经济运行状况分析

（一）政策环境分析

在全球能源转型、“双碳”目标、同质化竞争越发激烈的大背景下，全面推进绿色、低碳、智能发展已成为产业可持续发展的必由之路，同时也是破解铜工业发展瓶颈的根本之策。2022 年国家有关部门围绕“碳达峰实施方案”“污染防控”“绿色装备技术”“智能制造”等方面出台了一系列相关文件引导产业发展。

1. 三部委印发《工业领域碳达峰实施方案》和《有色金属行业碳达峰实施方案》

2022 年 7 月 7 日，工信部、国家发改委、生态环境部联合印发了《工业领域碳达峰实施方案》。《方案》提出“‘十四五’期间，产业结构与用能结构优化取得积极进展，能源资源利用效率大幅提升，建成一批绿色工厂和绿色工业园区，研发、示范、推广一批减排效果显著的低碳零碳负碳技术工艺装备产品，筑牢工业领域碳达峰基础。到 2025 年，规模以上工业单位增加值能耗较 2020 年下降 13.5%，单位工业增加值二氧化碳排放下降幅度大于全社会下降

幅度，重点行业二氧化碳排放强度明显下降。'十五五'期间，产业结构布局进一步优化，工业能耗强度、二氧化碳排放强度持续下降，努力达峰削峰，在实现工业领域碳达峰的基础上强化碳中和能力，基本建立以高效、绿色、循环、低碳为重要特征的现代工业体系。确保工业领域二氧化碳排放在2030年前达峰"的总体目标。《方案》提出六项重点任务和两个重大行动，包括引导有色金属等行业产能向可再生能源富集、资源环境可承载地区有序转移；完善有色金属行业差别电价、阶梯电价等绿色电价政策，鼓励企业对标能耗限额标准先进值或国际先进水平；防范铜冶炼产能盲目扩张，新建及改扩建冶炼项目须符合行业规范条件，且达到能耗限额标准先进值；到2025年，再生铜产量达到400万吨等要求。

2022年11月10日，工信部、国家发改委、生态环境部联合印发了《有色金属行业碳达峰实施方案》。《方案》明确的主要目标是"十四五"期间，有色金属产业结构、用能结构明显优化，低碳工艺研发应用取得重要进展，重点品种单位产品能耗、碳排放强度进一步降低，再生金属供应占比达到24%以上。"十五五"期间，有色金属行业用能结构大幅改善，电解铝使用可再生能源比例达到30%以上，绿色低碳、循环发展的产业体系基本建立。确保2030年前有色金属行业实现碳达峰。《方案》提出五项重点任务，在推广绿色低碳技术任务中要求，其中铜重点推广低品位铜矿绿色循环生物提铜技术、绿色高效短流程大型浮选装备成套技术、氧气底吹连续炼铜技术、铜锍连续吹炼技术、双炉连续炼铜技术、阳极炉纯氧燃烧技术、废杂铜低碳处理技术，重点研发铜火法冶炼中低温余热回收利用等技术。

2. 生态环境部印发《关于进一步加强重金属污染防控的意见》

为进一步强化重金属污染物排放控制，有效防控涉重金属环境风险，2022年3月7日，生态环境部印发了《关于进一步加强重金属污染防控的意见》。《意见》明确了重金属污染防控工作重点，包括重点污染物、重点行业和重点区域。主要目标包括：到2025年，全国重点行业重点重金属污染物排放量比2020年下降5%，重点行业绿色发展水平较快提升，重金属环境管理能力进一步增强，推进治理一批突出历史遗留重金属污染问题；到2035年，建立健全重金属污染防控制度和长效机制，重金属污染治理能力、环境风险防控能力和环境监管能力得到全面提升，重金属环境风险得到全面有效管控。

3. 四部门部署开展2022年度智能制造试点示范行动

工信部、国家发改委、财政部、市场监管总局联合发布《关于开展2022年度智能制造试点示范行动的通知》。《通知》明确，要遴选一批智能制造优秀场景，以揭榜挂帅方式建设一批智能制造示范工厂，树立一批各行业、各领域的排头兵，推进智能制造高质量发展。其中在揭榜任务中明确，聚焦石化化工、钢铁、有色金属等细分领域，建设绿色、高效、安全和可持续的原材料行业智能制造示范工厂，探索应用分子级物性表征、实时优化控制、人工智能、5G 等新技术和数字孪生工厂建设、碳资产管理等典型场景，实现资源优化配置、生产运行平稳、生产过程清洁化。

4. 新一轮找矿突破战略行动全面启动

中共中央、国务院近日印发的《扩大内需战略规划纲要（2022—2035年)》提出，强化能源资源安全保障，增强国内生产供应能力。中央经济工作会议也提出，加强重要能源、矿产资源国内勘探开发和增储上产，加快规划建设新型能源体系，提升国家战略物资储备保障能力。而我国部分关系国计民生的重要矿产对外依存度居高不下，同时能源转型引发了大量战略性矿产需求，如铜、锂、镍、钴、稀土等，战略性矿产的供需缺口可能成为能源转型的瓶颈。考虑到当前形势和我国资源特点，自然资源部全面启动新一轮找矿突破行动，围绕加强重要能源矿产资源国内勘探开发和增储上产，动员各方面力量参与找矿以实现更大突破，夯实我国资源基础。

5. 自然资源部公告《矿产资源节约和综合利用先进适用技术目录（2022年版)》

为深入贯彻落实党中央国务院关于加快推进生态文明建设的战略决策部署，加快矿产资源节约和综合利用先进适用技术推广应用，切实发挥技术政策的引导作用，自然资源部遴选产生了《矿产资源节约和综合利用先进适用技术目录（2022 年版)》，并于 2022 年 8 月 30 日予以公告。该《目录》包括有色金属矿山勘查、开采、综合利用、绿色低碳、数字化智能化技术共 64 项。

（二）产业结构调整情况分析

1. 原料供应结构

中国铜冶炼企业生产原料主要为原生铜矿和废杂铜，2022 年矿产精炼铜和再生精炼铜占比分别为 76. 5%和 23. 5%，再生精炼铜占比较同期有所下降。矿产精炼铜原料来源为国产铜矿、进口铜矿和进口粗铜，2022 年国产铜矿产量继续保持增长，但原料占比仍然较低，进口铜矿依然是原料主要来源，2022 年海外铜矿生产基本平稳，虽然年初由于疫情原因运输上受到一定影响，但进口铜矿还是继续保持增长；再生铜原料来源为国产废杂铜和进口废杂铜，近年来，国内再生铜产业稳步发展，再生铜产量持续稳步增长，进口再生铜原料也继续保持增长，有效地弥补国内对铜精矿原料的依赖（见图 6）。

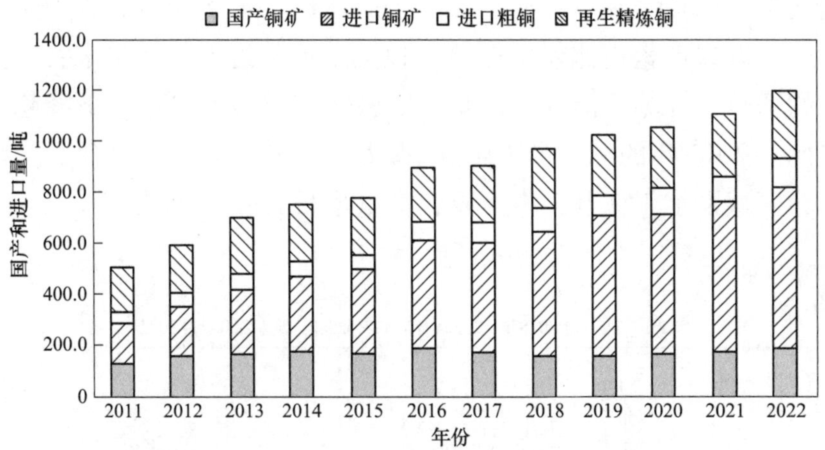

图 6　2002—2022 年中国铜冶炼原料结构图

数据来源：中国有色金属工业协会、海关总署、中国有色金属工业协会铜业分会

2. 产业布局结构

近年来，中国铜冶炼产业布局在环保和原料的区位优势推动下，发生了较大变化。江西和安徽凭借庞大的产业基础，继续保持龙头地位；山东省经过五年产量下降，2022 年产量已跌至全国第九，随着省内核心铜企业逐步走出困境恢复生产，山东省产量有望在 2023 年扭转局势。近年来，新增铜冶炼产能主要集中在广西、福建和内蒙古三个省区，2017—2021 年这五年间三个省区精炼铜产量均实现了翻倍，虽然 2022 年增长势头有所放缓，但从目前在建和拟建项目来看，这三个区域仍然是重点区域（见图 7）。

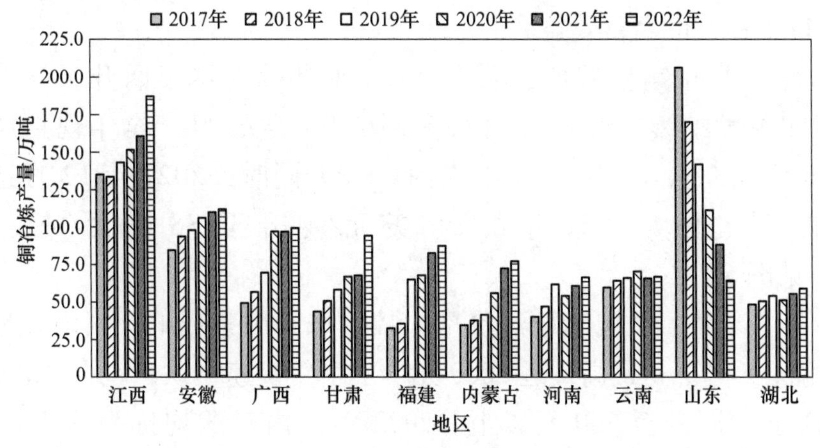

图 7　2017—2022 年中国铜冶炼产量分布图

数据来源：中国有色金属工业协会铜业分会

中国铜加工产业呈现以江西、江苏、浙江、广东和安徽五省为龙头的集群化发展模式，五省产量占比保持在70%以上，但从近五年产量来看，仅江西省出现较大的增长，江苏、浙江、广东、安徽四个省份产量均呈下降趋势，且五省产量占比从2017年的75.5%下降到2022年的70.4%。2022年，受疫情反复影响，部分区域铜加工业开工率下降，产量增长有限（见图8）。

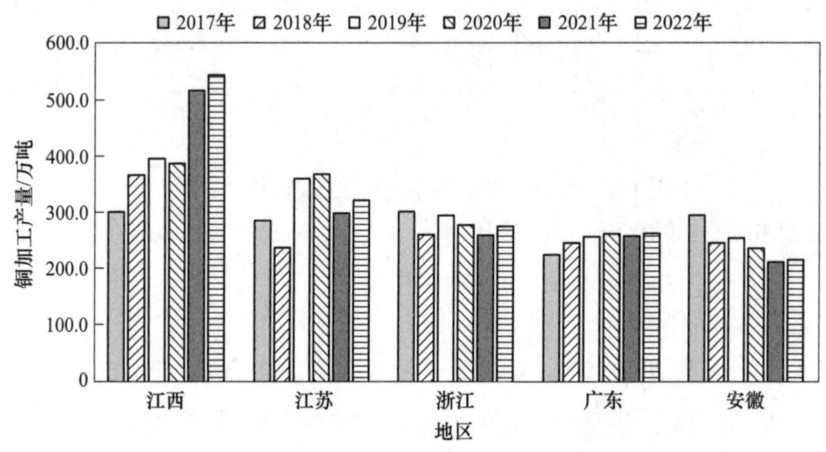

图8　2017—2022年中国铜加工产量分布图

数据来源：中国有色金属工业协会铜业分会

（三）经营形势分析

2022年，在铜精矿加工费和硫酸价格上涨的背景下，铜矿采选和冶炼行业继续保持了良好的经营效益。

2022年上半年铜精矿加工费在2021年基础上继续回升，三季度短暂回调后，四季度继续回升，11月最高突破90美元/吨，全年现货加工费平均约为76美元/吨，较2021年上涨约64%。同时，2022年12月达成的年度合同加工费也从2021年的65美元/吨升至88美元/吨，涨幅为35.4%（见图9）。

2022年上半年，受国际原油价格大幅上涨等因素影响，国内硫酸价格继续大幅上涨，5月下旬最高接近1000元，下半年快速下跌，9月中旬最低跌破160元，四季度回升至200元以上。2022年国内硫酸均价为547元/吨，较2021年小幅上涨6.8%。

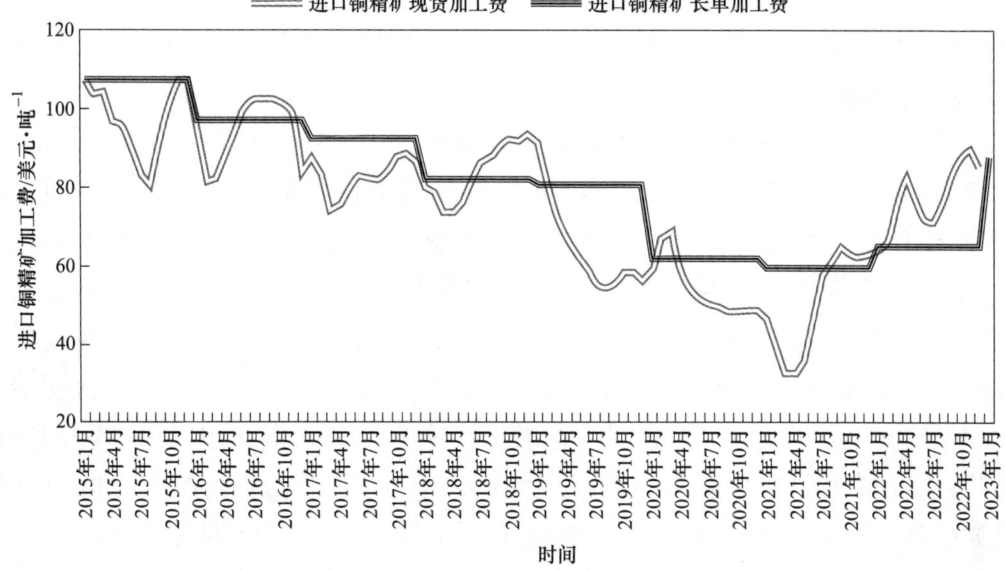

图 9　2015—2022 年中国进口铜精矿加工费变化图

数据来源：中国有色金属工业协会铜业分会

四、当前中国铜工业发展中需要关注的问题

（一）消费需求持续增长，全方位进口格局难以改变

受益于新能源、电动汽车、储能等绿色产业发展，中国铜需求依然处于增长趋势，对铜产品进口的高度依赖格局难以改变。2022 年中国进口铜矿、粗铜、精炼铜和铜废碎料等各种铜产品合计金属量接近 1300 万吨，其中铜矿、粗铜和精炼铜进口贸易量分别占全球进口贸易总量的 61.6%、62.0% 和 41.4%。

（二）资源民族主义不断蔓延，产业链本土化进程加快

当前，全球产业分工格局面临历史性重构，逆全球化思潮不断加剧，以美国为主的西方国家强化同盟和资源所在国的战略合作关系，同时随着供应紧张、价格上涨，资源民族主义情绪抬升，资源所在国资源开发政策逐步发生转变，通过调整资源税、关税及矿产资源国有化、禁止初级产品出口、延伸产业链等手段实现产业链本土化。

铜矿作为大宗矿产和新能源领域关键矿产，是各国矿业公司必争之地，而我国铜矿资源严重短缺，对海外资源依赖程度还在持续攀升，海外开发与获取受相关资源国政策影响风险巨大。继全球最大的铜矿生产国智利和秘鲁在不断酝酿大幅提升矿业特许权费用和矿业税，以及对高收入征收财富税等改革方案

之后，刚果（金）和赞比亚等国也都有类似行动。从中长期看，资源所在国产业链条本土化是未来境外矿业投资一大特点，就铜矿资源开发而言，要逐步适应新变化、新趋势。

（三）中国铜冶炼产能或面临新一轮增长

2022 年，中国铜冶炼投资热再度兴起，多家骨干铜企业有铜冶炼项目扩建和新建计划，产能接近 300 万吨。在国内铜原料对外依存度不断攀升的背景下，铜冶炼产能仍在不断提升，与当地政府及企业实施“倍增”计划、做大产业和产值规模的发展思路密切相关。从长远看，不仅可能会影响到铜产业“双碳”目标实现，同时也会对铜精矿加工费形成不利影响，加剧国内铜冶炼行业对原料的竞争态势。鉴于国内铜冶炼产能的过快扩张，2022 年 11 月 8 日，中国有色金属工业协会组织 10 家主要铜冶炼企业，在江西省南昌市召开以“直面挑战，‘铜’心向未来”为主题的高层研讨会，会议围绕铜冶炼产业高质量发展达成了六项共识，建议国家有关部门尽快出台相关政策，引导铜冶炼及相关产业布局持续优化，以保障产业链、供应链安全为目标，合理控制冶炼产能，推动铜冶炼行业由产能规模扩张向质量效益提升转变。

（四）中国铜加工产业结构亟须优化

中国铜加工行业国际地位持续稳固，国内铜加工行业的生产能力、产品性能不断提升，应用领域继续扩大，进口替代能力逐渐凸显，产能输出能力也得到相应提高，整个行业正向高质量方向蓬勃发展。但中国铜加工行业仍然呈现产品特色不突出，同质化竞争激烈，缺乏品牌影响力，部分领域加工材产能严重过剩、开工率不足，创新驱动总体基础偏弱的行业运行特点，同时满足高端化、多样化、个性化需求的能力已经成为禁锢中国铜加工行业升级发展的枷锁。

五、中国铜工业发展建议

当前，国际环境日益复杂，地缘政治紧张对立，局部冲突激烈动荡，经济复苏迟滞乏力。中国经济也面临着需求收缩、供给冲击、预期转弱三重压力。面对新情况和新问题，铜行业企业要充分认识到当前产业发展所面临的问题，转变经营发展理念，变被动为主动，在践行能源绿色发展、制造业升级的新赛道中实现铜行业高质量发展。

（一）扎实推进新一轮找矿战略，增强国内铜资源保障能力

扎实推进新一轮找矿突破战略行动，加强国内重点成矿区带内铜矿资源的调查与勘查，引导企业积极投入开展铜矿勘查。积极开展现有矿山深部边部找矿，延长矿山服务年限。有序开发国内资源，加大铜矿资源基地与国家规划矿

区建设，推动新建一批大中型铜矿山，研究建设铜资源高效开发利用基地，进一步提升铜矿自产能力。

（二）优化海外投资布局，提升产业链供应链韧性和安全水平

党的二十大强调，要加强重点领域安全能力建设，确保能源资源安全。当前全球政治风险和财税风险急剧增加，中国企业海外布局的主要铜矿资源开发地区投资风险不断加大，尤其是拉美地区风险事件频发、矿山生产干扰因素不断增加，未来矿产资源海外投资存在诸多不确定因素。铜作为战略金属，是国家新能源、新材料等产业发展的基础，亟须提升贸易投资合作质量和水平，以保障资源供应安全。要优化海外矿产资源勘查开发和生产加工全球布局，以“一带一路”为引领，围绕海外矿产资源勘查、开发、运输等重点环节，在巩固提升刚果（金）、赞比亚等国铜权益产量的同时，推进周边国家铜资源开发，提升海外矿产资源保障能力，为全面建设社会主义现代化国家提供稳定可靠的矿产资源支撑。

（三）持续推进供给侧结构性改革，实现产业高质量发展

一是要坚决遏制盲目无序发展，推动铜冶炼发展由产能规模扩张向质量效益提升转变。严格落实产业、环保、能效、安全等相关政策要求，新改扩建铜冶炼项目需符合能耗标杆水平、铜冶炼行业规范、大气污染物排放标准等要求。对确需新建的铜冶炼项目执行权益铜矿原料自给率应不低于一定比例的标准。二是加快世界一流铜业公司建设。鼓励铜骨干企业资产重组和上下游整合，提升跨周期投资合作能力。引导专业型公司在特定领域形成主导地位。培育大型资源贸易商，深化贸易合作，拓展来源，降低风险。

（四）不断提升产业创新水平，推进产业智能化建设

组织新材料装备生产企业与材料生产企业开展联合攻关，加强连续化短流程工艺、线退火、精密成型、合金改性、表面处理等先进工艺技术与专用核心装备的研发，实现材料生产关键工艺装备配套保障，加快突破瓶颈制约，早日实现国产化替代，增强产业链供应链自主可控能力。加快建设绿色、高效、安全和可持续的铜行业智能制造示范工厂，突破性能控制、加工成型、建模测试、应用模拟等数字化技术，数字加工中心等成套生产装备及专用软件。

撰稿人：张　楠、刘若曦

审稿人：段绍甫

2022 年铝工业发展报告

2022 年，中国铝工业贯彻落实中央“疫情要防住、经济要稳住、发展要安全”的总体要求，持续推进电解铝供给侧结构性改革，坚持守正创新、踔厉奋发，直面消费结构调整带来的机遇和挑战，产业结构和绿色低碳转型持续优化，铝材出口再创新高，中国铝工业发展质量进一步提升。

一、2022 年海外铝工业发展状况

根据安泰科统计，截至 2022 年底，海外氧化铝产能合计 7403 万吨，较上年增加 1.4%；海外电解铝产能合计 3370 万吨/年，较上年增加 1.5%。根据国际铝业协会数据，2022 年海外氧化铝产量为 6032.3 万吨，同比下降 4.7%；海外电解铝产量为 2803.0 万吨，同比下降 0.8%。2018—2022 年海外氧化铝和电解铝产量见图 1 和图 2。

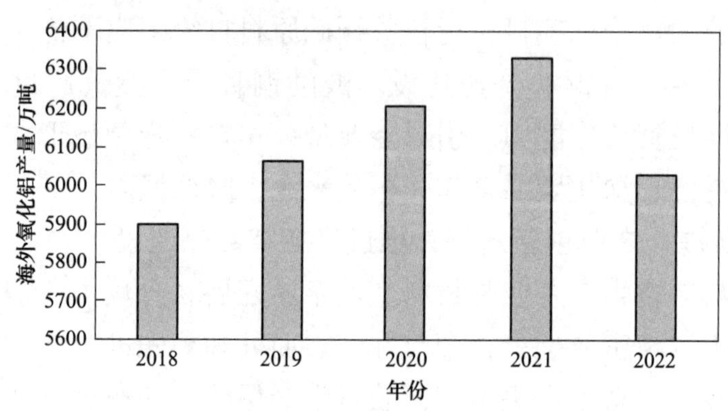

图 1　2018—2022 年海外氧化铝产量

数据来源：国际铝业协会

二、2022 年中国铝工业发展状况

（一）产品产量创新高

2022 年中国氧化铝、电解铝、铝材及再生铝产量分别为 8186 万吨、4021 万吨、6222 万吨（含重复统计，据中国有色金属加工工业协会和北京安泰科

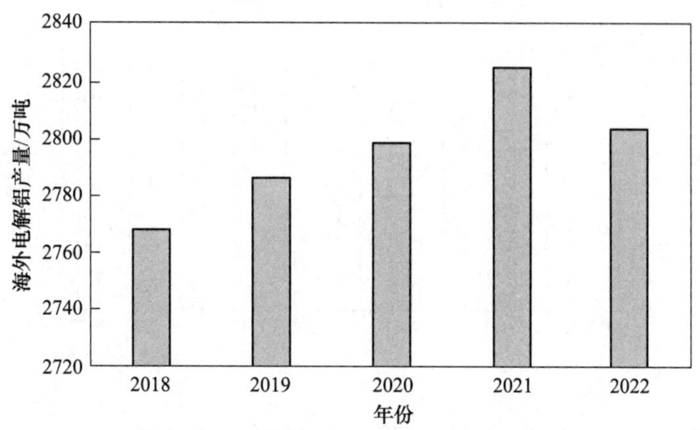

图 2　2018—2022 年海外电解铝产量

数据来源：国际铝业协会

信息股份有限公司联合发布的统计产量为 4520 万吨，同比增长 1.1%）和 865 万吨，同比分别增长了 5.6%、4.5%、-1.4%和 8.1%。2022 年底，中国氧化铝产能达到 9955 万吨，比上年末增加了 920 万吨；中国电解铝建成产能 4430 万吨，较上年增加 105 万吨。2012—2022 年中国氧化铝、电解铝、铝材及再生铝产量见图 3~图 6。

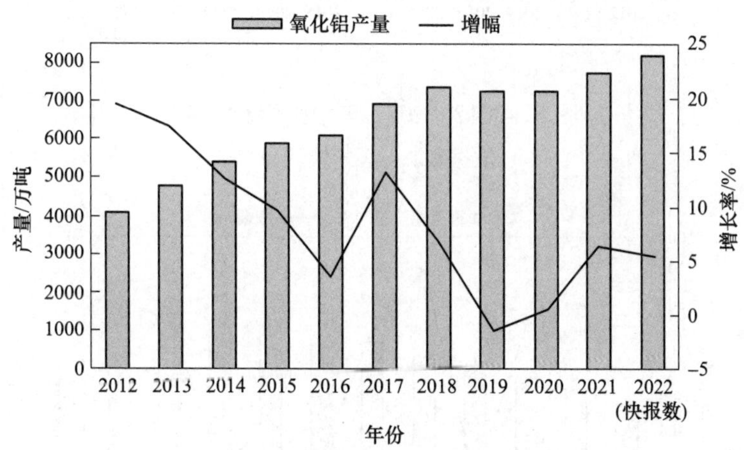

图 3　2012—2022 年中国氧化铝产量

数据来源：国家统计局

（二）主要产品发展特点持续加强

氧化铝项目利用进口矿生产氧化铝的产能比重进一步增加，2022 年利用进口矿产能占比约 55%，较 2021 年上涨约 8 个百分点。

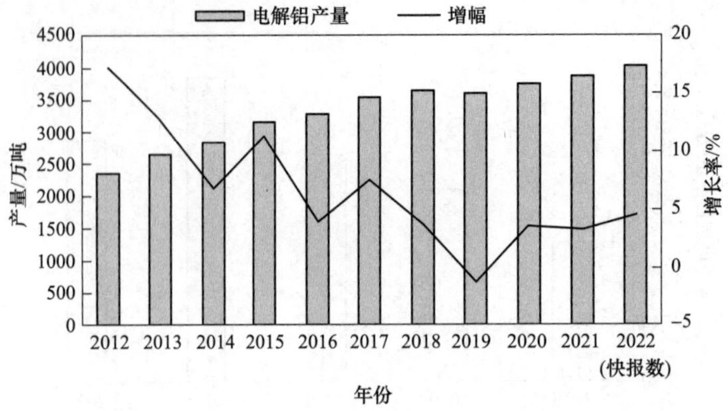

图 4　2012—2022 年中国电解铝产量

数据来源：国家统计局

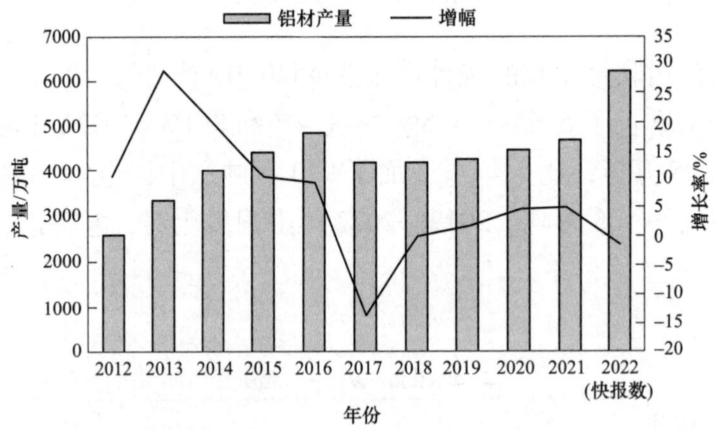

图 5　2012—2022 年中国铝材产量

数据来源：国家统计局

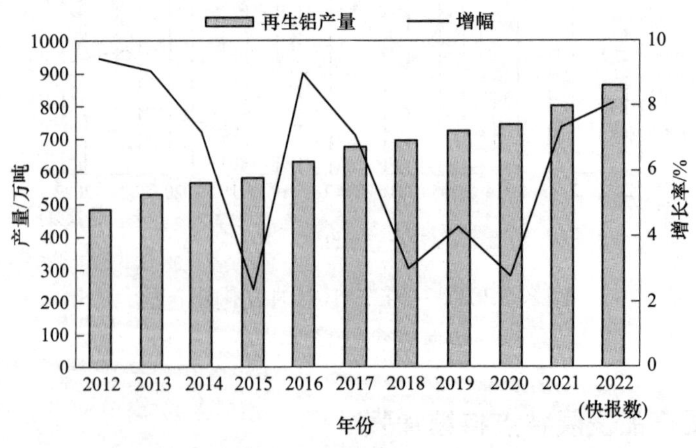

图 6　2012—2022 年中国再生铝产量

数据来源：中国有色金属工业协会

水电铝建成产能持续增长。随着水电铝项目在云南和四川落地，水电铝项目建成产能在增加，2022 年新增水电铝产能 24 万吨。我国电解铝使用清洁能源占比超过 24%。

铝液直供铝加工生产短流程比例不断提高。加工项目由单一围绕消费地向依托消费和原料双要素布局。铝液直供短流程比例达到 70%以上。

再生铝由单纯冶炼加工，向以加工材质量管控为目标与电解铝或铝液融合方向发展，有力地促进了再生铝保质利用水平。铝加工企业利用再生原料的意识和积极性明显增强，正逐渐成为再生铝利用的主力军。

中国氧化铝和电解铝产量分布变化情况见图 7 和图 8。

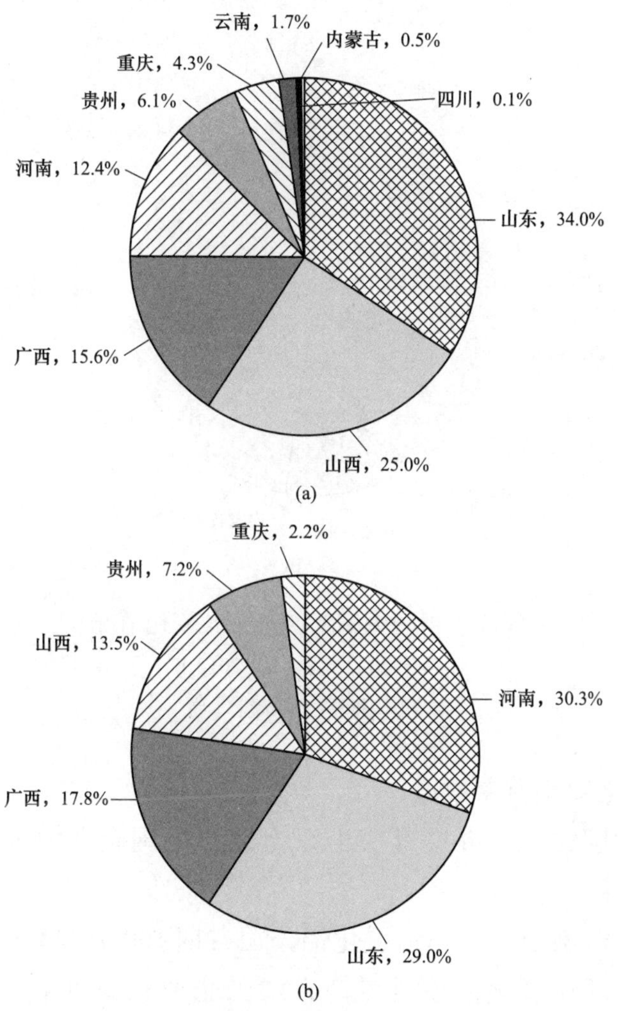

图 7　中国氧化铝产量分布变化情况

(a) 2022 年；(b) 2012 年

数据来源：国家统计局

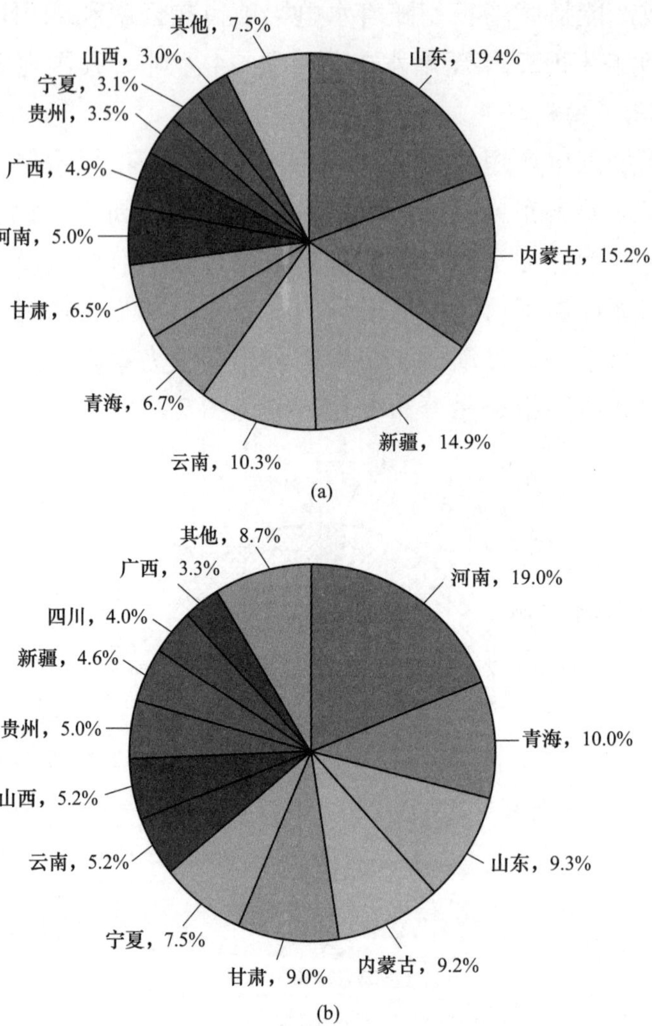

图 8　中国电解铝产量分布变化情况

（a）2022 年；（b）2012 年

数据来源：国家统计局

（三）国际化发展有序推进

2022 年，中国铝土矿进口量一半以上来自中国企业海外铝土矿资源权益矿山。

2022 年，随着南山印尼宾坦氧化铝公司二期 100 万吨和印尼宏发韦立氧化铝公司二期 100 万吨氧化铝项目投产，中国企业在海外氧化铝产能达到 565 万吨。

印尼华青铝业有限公司在印尼投建 50 万吨/年电解铝项目，实现海外电解铝投资历史性突破。

（四）铝土矿进口及铝材出口再创新高

2022 年，中国累计进口铝土矿 12547.1 万吨，同比增长 16.8%，创历史新高。其中，自几内亚进口铝土矿 7035.3 万吨（占比 56.1%）、自澳大利亚进口 3409.1 万吨（占比 27.2%），自印尼进口 1898.3 万吨（占比 15.1%），三者合计占比超过 98%。

2022 年，中国累计进口氧化铝 199.0 万吨，同比下降 40.2%，澳大利亚、印尼和越南是主要的进口来源国，合计占比超过 90%。其中，自澳大利亚进口 113.2 万吨（占比 56.9%）、自印尼进口 46.6 万吨（占比 23.4%）、自越南进口 20.8 万吨（占比 10.5%）。由于 2022 年 3 月下旬澳大利亚宣布对俄罗斯氧化铝和铝土矿出口禁令，导致俄罗斯从中国大量进口氧化铝。2022 年，中国累计出口氧化铝 100.7 万吨，同比增加 740.2%。其中对俄罗斯出口 84.3 万吨，占总出口量的 83.7%。

2022 年，中国累计进口电解铝 66.8 万吨，同比下降 57.7%；出口电解铝 19.6 万吨，同比增长 2679.7%。其中精铝及高纯铝（含铝量不少于 99.95%的未锻轧非合金铝）出口量 0.9 万吨，基本以一般贸易方式出口；普通铝锭（含铝量少于 99.95%的未锻轧非合金铝）出口 18.69 万吨，18.67 万吨以“海关特殊监管区域物流货物”方式出口，即保税仓库出口。

2022 年，中国累计进口铝合金 127.8 万吨，同比增加 10.7%；出口铝合金 22.5 万吨，同比增加 49.4%，创历史新高。

2022 年，中国铝材累计出口 618.2 万吨，同比增加 13.2%，创历史新高。其中，出口铝板带 357 万吨、铝箔 146 万吨、铝挤压材 107 万吨，同比分别增长 20.8%、9.6%、下降 1.8%。

2022 年中国主要铝产品进出口情况见表 1。

表 1　2022 年中国主要铝产品进出口情况

产品	进口量/万吨	进口量增幅/%	出口量/万吨	出口量增幅/%
铝土矿	12547.1	16.8	4.7	7.5
铝废碎料	151.6	47.5	0.07	-2.4
氧化铝	199.0	-40.2	100.7	740.2
电解铝	66.8	-57.7	19.6	2679.7
铝合金	127.8	10.7	22.5	49.4
铝材	44.5	-7.1	618.2	13.2

数据来源：海关总署。

（五）消费结构持续调整

我国铝消费结构正在发生变化，传统领域消费增长乏力，新能源汽车、光伏组件及包装、日用消费品等新兴消费成为拉动铝消费的主要动力。据中国有色金属加工工业协会和北京安泰科信息股份有限公司联合发布的数据显示，2022 年，传统建筑型材、建筑模板型材消费领域分别下降了 10.1%和 18.2%；新能源汽车型材消费增加了 127.3%，光伏型材增加 30%，易拉罐/盖料增加了 11.8%。

（六）能耗稳中有降

2022 年，全国平均氧化铝综合能耗（以标准煤计）为 321 千克/吨，较 2021 年下降了 21 千克/吨；全国平均铝锭综合交流电耗为 13448 千瓦时/吨，较 2021 年 13511 千瓦时/吨下降了 63 千瓦时/吨；全国平均电解铝直流电耗为 12783 千瓦时/吨，较 2021 年下降了 40 千瓦时/吨。2018—2022 年铝冶炼产品能耗指标变化见图 9。

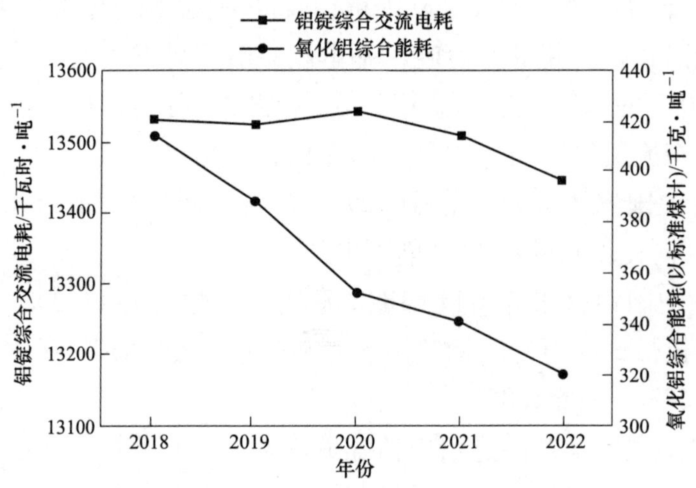

图 9　2018—2022 年铝冶炼产品能耗

数据来源：中国有色金属工业协会

三、2022 年中国铝行业经济运行情况分析

（一）主要产品价格高位运行

2022 年，国内氧化铝价格总体呈现先扬后抑走势，价格整体波动较小。一季度受冬奥会限产的影响，国内氧化铝现货价格上涨明显，全年价格最高涨至 3305 元/吨，较年初上涨 18%，冬奥会结束后，氧化铝价格迅速回落。随着新增产能的投产，氧化铝价格缓步下行，11 月降至全年最低价 2739 元/吨。年

末由于采暖季对生产的限制，氧化铝价格小幅回升（见图 10）。全年国内现货氧化铝价格均价为 2945 元/吨，比 2021 年增加 5.2%。

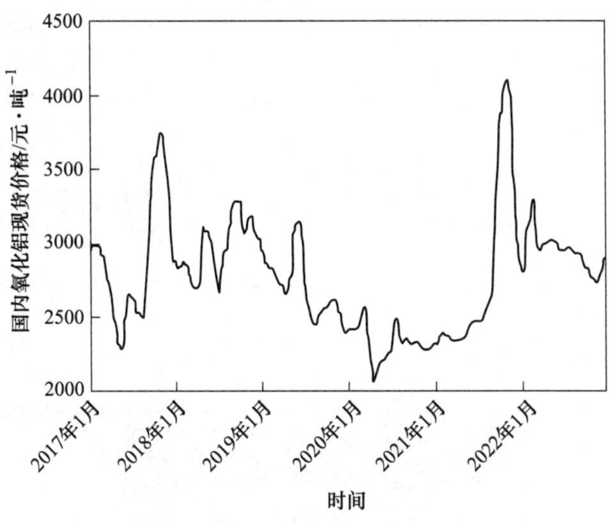

图 10　国内氧化铝价格走势

数据来源：北京安泰科信息股份有限公司

2022 年，中国铝价总体呈现先扬后抑走势。上半年，受俄乌冲突及海外原铝供应收缩影响，国内铝价在 3 月涨至年内最高价 24255 元/吨，之后随着欧美进入加息周期和国内疫情影响，铝价快速下行，降至全年最低价 17025 元/吨。下半年，四川、云南、贵州等地因供电不足导致区域内大规模减产，面对疫情反复和需求不足，国内铝价维持区间震荡。2022 年底，沪铝主连收于 18700 元/吨，同比上涨 0.08%；全年铝现货月及三月期铝均价分别为 19950 元/吨和 19837 元/吨，同比分别增长 5.3%和 5.0%。2022 年伦铝 3 月上旬涨至 4073.5 美元/吨的历史高位，年内最低跌至 2080.5 美元/吨，全年现货和三月期铝均价分别为 2703 美元/吨和 2713 美元/吨，同比增长 9.0%和 9.1%。国内外铝价走势见图 11。

（二）行业盈利有所下降

根据中国有色金属工业协会统计，2022 年铝行业主营业务收入同比增长 10.3%，实现利润同比下降 38.6%，其中铝矿采选企业、铝冶炼企业、铝压延加工企业营业收入分别增长 6.3%、13.6%和 8.2%，铝矿采选企业实现利润总额增长 49.3%，铝冶炼企业和压延加工企业实现利润总额分别下降 42.3%和 31.0%。2022 年铝行业销售利润率为 3.8%，比上年下降 3 个百分点，资产负债率为 61.0%，同比下降 0.2 个百分点。2018—2022 年中国铝矿采选、冶炼行业盈利情况见图 12 和图 13。

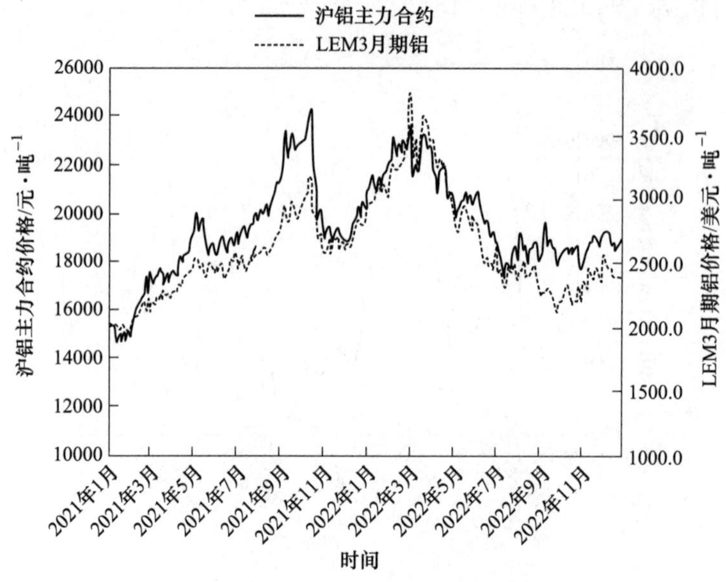

图 11　国内外铝价走势

数据来源：上海期货商品交易所、伦敦金属交易所

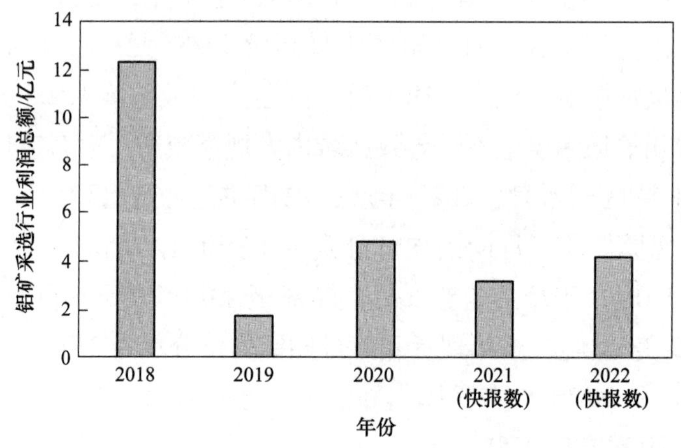

图 12　2018—2022 年中国铝矿采选行业盈利情况

数据来源：中国有色金属工业协会

（三）绿色低碳转型加快推进

1. 政策层面

国家在 2021 年出台《中共中央 国务院关于完整准确全面贯彻新发展理念做好碳达峰碳中和工作的意见》和《国务院关于印发 2030 年前碳达峰行动方案的通知》（国发〔2021〕23 号）的基础上，又发布了《关于印发工业领域

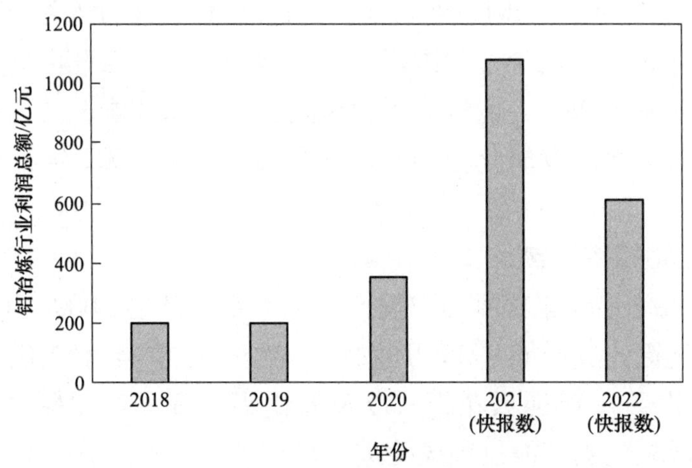

图 13　2018—2022 年中国铝冶炼行业盈利情况

数据来源：中国有色金属工业协会

碳达峰实施方案的通知》（工信部联节〔2022〕88 号）和《有色金属行业碳达峰实施方案》（工信部联原〔2022〕153 号）。上述方案中提出了：确保 2030 年前有色金属行业实现碳达峰的总体目标，以及防范氧化铝等冶炼产能盲目扩张，到 2025 年铝水直接合金化比例提高到 90%以上，力争 2025 年、2030 年电解铝使用可再生能源比例分别达到 25%、30%以上，到 2025 年再生铝产量达到 1150 万吨等重点任务。

2. 协会层面

批复成立了中国有色金属绿色产品评价中心，以绿色铝等产品评价工作优先试点。在 2022 年启动了《绿电铝评价及交易导则》等系列标准的研制工作，并在年底发布了《绿电铝评价及交易导则》。此外，积极开展了绿电铝交易平台建设。

3. 企业层面

在碳达峰和碳中和的压力下，越来越多的企业提出了自己的碳减排目标，提出了对原材料低碳化、无碳化的要求，以及提高清洁能源使用的方案。

四、当前铝行业发展需要关注的重点

（一）资源供应安全

我国国内铝土矿资源保障程度较低。根据《中国矿产资源报告》数据显示，截至 2021 年底，国内铝土矿储量为 7.1 亿吨。国产铝土矿资源储量及经济性不断下降，国内铝土矿资源难以支撑我国铝工业的长期发展，铝土矿供应正逐步转向以海外为主。2019 年以来，国内铝土矿进口连续四年突破亿吨，对外依存度接近 60%。此外，我国铝土进口国别集中，自几内亚、澳大利亚和印尼进口合计占比超 98%，而进口国别风险也在不断加剧，几内亚政府要求在几投资铝土矿的企业建设氧化铝项目、印尼政府宣布 2022 年将全面禁止铝土矿出口。

（二）氧化铝投资过热

2022 年，氧化铝新建项目集中投产，全年新增产能 1000 万吨，截至 2022 年底，中国氧化铝建成产能 9955 万吨/年。考虑到国内电解铝供给侧结构性改革已形成的 4500 万吨产能天花板，以及氧化铝年度进口规模多年维持在 300 万吨左右，中国氧化铝产能过剩风险进一步加大。面对氧化铝投资过热，国家层面持续推出相关政策，《“十四五”原材料工业发展规划》提出了防止氧化铝盲目无序发展；《工业领域碳达峰实施方案》也强调要防范铜、铅、锌、氧化铝等冶炼产能盲目扩张；近期，国家有关部委密切关注，出台了相关文件规范氧化铝项目投资秩序。此外，中国有色金属工业协会铝业分会主动作为，于 2021 年 8 月召开了“首届骨干氧化铝企业高峰论坛”，会议围绕推进中国氧化铝行业高质量发展达成了五项共识，重点强调氧化铝行业要规范氧化铝产能投资秩序，严控氧化铝新增产能，并通过实施产能等量或减量置换，鼓励内地产能向沿海地区转移，有进有退，优化产业布局。

（三）节能降碳压力大

电解铝行业能耗较高，而国内能源禀赋以化石能源为主，煤电占比高。根据国际铝协和安泰科数据显示，中国电解铝生产能源结构中煤电占比为 82%，1 吨铝电解铝电力消耗约产生 10.3 吨 CO_2 的排放，煤电铝比例和吨铝碳排放均处于全球高位水平。

为实现有色金属领域碳达峰碳中和目标，2022 年工信部、发改委和生态环境部联合发布的《有色金属行业碳达峰实施方案》，提出了确保 2030 年前有色金属行业实现碳达峰的主要目标和重点任务，对铝行业绿色低碳发展提出了多项要求和措施。此外，国家出台的《关于完善电解铝行业阶梯电价政策的通知》《关于严格能效约束推动重点领域节能降碳的若干意见》《高耗能行业重点领域能效标杆水平和基准水平（2021 年版）》等政策，力促铝行业提前实现碳达峰。为有效推动铝行业节能降碳目标，对国家政策提供合理、有力的技术支撑，国家市场监管总局、国家标准化管理委员会联合发布了新修订的《电解铝和氧化铝单位产品能源消耗限额》（GB 21345—2022），并于 2024 年 1 月 1 日实施。政策和标准的落地，对我国铝行业节能降碳提出了更高要求和新的挑战。

（四）国际经贸环境复杂

截至目前，中国铝产品已遭遇来自20多个国家和地区超过70起贸易救济调查，中方成功胜诉、令对方撤案、排除主要产品、获得低税率的案件共7起。2022年巴西铝板带箔反倾销抗辩全面胜诉，巴西政府发布终裁公告，决定对华铝板带箔反倾销调查无措施结案，这是继2021年泰国铝箔保障措施案之后，中国铝行业取得的又一次胜诉。

除常态化的显性贸易摩擦外，欧盟碳税、涉疆法案等影响国际贸易的新变量增多。《欧盟碳边境调节机制》拟将对铝等产品以实施碳边境调节机制名义征收碳排放关税，是一种典型的新形势下变相贸易保护主义行为。2022年6月，美国《维吾尔强迫劳动预防法案》正式生效，全面禁止中国涉疆产品进口，新疆是中国重要的电解铝生产基地，该法案严重违反了国际贸易规则，损害中国企业的合法权益。随着国际贸易形势复杂化，中国铝材及制品出口将面临更大的压力。

五、中国铝工业下一步发展重点

尽管国际局势复杂多变，国内需求有所收缩，但稳中向好总趋势没有变。2023年中国铝工业将坚持稳字当头、稳中求进，增强行业发展的信心。一是全力保障铝土矿供应安全稳定、在保障进口铝土矿的同时，加大国内铝土矿资源勘探和替代资源的开发利用；二是高度重视氧化铝投资过热，限制以一水硬铝石新建氧化铝生产线建设，鼓励海外布局和发展；三是坚持电解铝供给侧结构性改革不动摇，鼓励绿色低碳发展；四是主动适应铝产品消费结构的变化，积极调整产品结构，主动适应高端应用，主动适应光伏、新能源汽车等新兴领域迅猛发展，支持铝产品聚集区地方政府出台支持扩大铝消费的政策，促进铝的消费；五是持续创新，不断提高铝加工材质量，不断开发新产品，不断提升竞争力，实现高质量铝材出口；六是坚持绿色发展，鼓励企业积极开展技术创新，持续降低物耗和能耗；鼓励加大赤泥综合利用，推进电解铝大修渣等危废资源化利用；鼓励企业最大限度的利用清洁能源，降低碳排放。

2023年中国铝工业要紧紧围绕高质量发展，构建双循环新发展格局，守正创新、踔厉奋发，全面推进现代化铝工业强国建设。

撰稿人：魏　力、莫欣达、王　浩

审稿人：李德峰、孟　杰

2022 年铅锌工业发展报告

2022 年，国际政治经济形势复杂多变，在超预期的疫情反复、极端高温干旱等因素冲击下，面对需求收缩、供给冲击和预期转弱的三重压力叠加局面，中国铅锌行业运行总体平稳，经济效益稳步增加，产业结构布局优化和绿色低碳转型取得较好进展。

一、2022 年世界铅锌工业发展概述

（一）生产

2022 年，全球性的极端天气、地缘政治冲突造成天然气等能源供应紧张，以欧洲地区为首的电力价格飙升，全球铅锌生产波动加剧，产量总体下滑。

根据国际铅锌研究组（ILZSG）统计，2022 年世界铅精矿产量为 449.5 万吨，同比下降 1.5%。前十大生产国铅精矿产量为 385.9 万吨，占全球的 85.9%，其中产量最高的中国占比为 43.3%。近几年世界铅精矿产能增长有限，主要矿业公司产量呈下降趋势。从产量分布来看，除中国外，海外国家铅精矿产量为 254.9 万吨，同比下降 1.9%，澳大利亚、美国、秘鲁等主产国均呈下降趋势，印度、俄罗斯、瑞典等少数国家略有增长（见表 1）。

表 1　2021 年和 2022 年世界主要国家和地区铅精矿产量

国家和地区	铅精矿产量/万吨		同比/%
	2021 年	2022 年	
中国	196.4	194.6	-0.9
澳大利亚	48.8	44.7	-8.4
墨西哥	27.2	27.2	0.0
美国	29.4	27	-8.2
秘鲁	26.4	25.5	-3.4
印度	21.7	22	1.4
俄罗斯	19.5	20.2	3.6

续表 1

国家和地区	铅精矿产量/万吨		同比/%
	2021 年	2022 年	
玻利维亚	9.3	9	-3.2
土耳其	8.6	8.2	-4.7
瑞典	6.9	7.5	8.7
其他国家和地区	62	63.6	2.6
世界合计	456.2	449.5	-1.5

数据来源：ILZSG。

根据 ILZSG 统计，2022 年世界锌精矿产量为 1247.6 万吨，同比下降 2.5%。前十大生产国锌精矿产量为 1033.5 万吨，占全球的 82.8%，其中产量最高的中国占比为 32.4%。除中国外，海外国家锌精矿产量为 843.5 万吨，同比下降 2.6%。从产量分布来看，因部分矿山资源枯竭、品位下滑、劳动力紧缺、罢工等原因关闭或暂停生产，秘鲁、澳大利亚产量分别下降了 10.6%和 6.9%，印度、美国、玻利维亚等国产量呈恢复性增长，同比分别增长了 5.3%、9.4%和 3.4%（见表 2）。

表 2　2021 年和 2022 年世界主要国家和地区锌精矿产量

国家和地区	锌精矿产量/万吨		同比/%
	2021 年	2022 年	
中国	413.6	404.1	-2.3
秘鲁	153.2	137	-10.6
澳大利亚	132.3	123.2	-6.9
印度	79.4	83.6	5.3
美国	70.4	77	9.4
墨西哥	74.3	74.4	0.1
玻利维亚	50	51.7	3.4
哈萨克斯坦	31.8	31.2	-1.9
俄罗斯	27.7	27.5	-0.7
瑞典	23.9	23.8	-0.4
其他国家和地区	223.1	214.1	-4.0
世界合计	1279.7	1247.6	-2.5

数据来源：ILZSG。

根据 ILZSG 统计，2022 年世界精炼铅产量为 1229.6 万吨，同比下降 0.7%。其中，原生铅产量 424.5 万吨，同比下降 1.6%，再生铅产量 805.1 万吨，同比略降 0.1%，再生铅占比达到 65.5%。前十大生产国精炼铅产量为 968 万吨，占全球的 78.7%，其中产量最高的中国占比为 42.5%。分国别来看，欧美地区受能源供应紧张的干扰，产量普遍下降，其中，美国、英国、德国同比分别减少 2.3%、6.1%和 19%。印度、墨西哥、日本、巴西等国家产量均保持不同程度增长（见表 3）。

表 3　2021 年和 2022 年世界主要国家和地区精炼铅产量

国家和地区	精炼铅产量/万吨		同比/%
	2021 年	2022 年	
中国	520.3	522.6	0.4
印度	92.3	96.6	4.7
美国	97.5	95.3	−2.3
韩国	79	77.3	−2.2
墨西哥	42	43.7	4.0
英国	32.7	30.7	−6.1
日本	24.7	29.5	19.4
巴西	26.5	27.8	4.9
德国	31	25.1	−19.0
加拿大	20.3	19.4	−4.4
其他国家和地区	271.6	261.6	−3.7
世界合计	1237.9	1229.6	−0.7

数据来源：ILZSG。

根据 ILZSG 统计，2022 年世界精炼锌产量为 1328.6 万吨，同比下降 4.1%，为近五年来首次下降。其中，原生锌产量 1160.9 万吨，同比下降 4.4%；再生锌产量 167.7 万吨，同比下降 1.8%，再生锌占比为 12.6%。前十大生产国精炼锌产量为 1089.6 万吨，占全球的 82%，其中产量最高的中国占比为 47.9%。分地区来看，欧洲和美洲的减产幅度较大，其中，欧洲减产 26.6 万吨，即下降 10.8%；美洲减产 20.2 万吨，即下降 11.2%。分国家来看，加拿大和澳大利亚降幅达到了 26.7%和 22.7%，能源危机、矿山枯竭造成的配套冶炼厂关停，是产量减少的主要原因；另韩国和印度产量增幅较大，同比分别增长 4.8%和 7.6%（见表 4）。

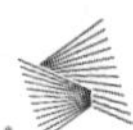

表 4　2021 年和 2022 年世界主要国家和地区精炼锌产量

国家和地区	精炼锌产量/万吨		同比/%
	2021 年	2022 年	
中国	640.8	635.8	-0.8
韩国	84	88	4.8
印度	77.9	83.8	7.6
日本	51.7	51.7	0.0
西班牙	50.9	50.2	-1.4
加拿大	64.3	47.1	-26.7
澳大利亚	46.3	35.8	-22.7
秘鲁	34	34.6	1.8
墨西哥	36.7	33.4	-9.0
芬兰	29.1	29.2	0.3
其他国家和地区	270.1	239	-11.5
世界合计	1385.8	1328.6	-4.1

数据来源：ILZSG。

（二）消费

2022 年，经济衰退预期对消费产生了负面影响，全球铅锌消费增长乏力。

根据 ILZSG 统计，2022 年世界精炼铅消费量为 1239.5 万吨，同比增长 0.5%。前十大消费国精炼铅消费量为 1089.6 万吨，占全球的 82%。中国仍是铅消费第一大国，2022 年精炼铅消费量为 510.5 万吨，占比达到 41.2%；美国位居世界铅消费第二位，精炼铅消费量为 157.8 万吨，占比为 12.7%；其他国家和地区精炼铅消费量均不超过百万吨。分地区来看，印度、德国、日本精炼铅消费量增幅较大，同比分别增长 6.2%、8.5%和 15.6%（见表 5）。

表 5　2021 年和 2022 年世界主要国家和地区精炼铅消费量

国家和地区	精炼铅消费量/万吨		同比/%
	2021 年	2022 年	
中国	505.9	510.5	0.9
美国	156.7	157.8	0.7
印度	86.6	92	6.2
韩国	67.4	62.2	-7.7
德国	34.2	37.1	8.5

续表 5

国家和地区	精炼铅消费量/万吨		同比/%
	2021 年	2022 年	
巴西	34. 7	34	-2. 0
墨西哥	33. 7	33. 4	-0. 9
日本	26. 3	30. 4	15. 6
西班牙	28. 3	26. 3	-7. 1
土耳其	26	25. 4	-2. 3
其他国家和地区	233. 7	230. 4	-1. 4
世界合计	1233. 5	1239. 5	0. 5

数据来源：ILZSG。

根据 ILZSG 统计，2022 年世界精炼锌消费量为 1359. 2 万吨，同比下降 3. 3%。前十大消费国精炼锌消费量为 1056. 5 万吨，占全球的 77. 7%。中国作为锌消费第一大国，2022 年精炼锌消费量为 651. 5 万吨，占比达到 47. 9%；美国位居世界锌消费第二位，精炼锌消费量为 97. 3 万吨，占比为 7. 2%。主要的消费地区中，美国同比增长 5. 8%，欧洲、韩国和日本同比分别下降 3. 5%、8. 5%和 8. 1%（见表 6）。

表 6　2022 年世界主要国家和地区精炼锌消费量

国家和地区	精炼锌消费量/万吨		同比/%
	2021 年	2022 年	
中国	685. 4	651. 5	-4. 9
美国	92	97. 3	5. 8
印度	64. 3	64. 4	0. 2
韩国	46. 8	42. 8	-8. 5
日本	43. 1	39. 6	-8. 1
德国	38. 3	39. 2	2. 3
比利时	40. 2	39	-3. 0
土耳其	31. 4	32	1. 9
意大利	26. 5	25. 9	-2. 3
墨西哥	23. 4	24. 8	6. 0
其他国家和地区	314. 8	302. 7	-3. 8
世界合计	1406. 2	1359. 2	-3. 3

数据来源：ILZSG。

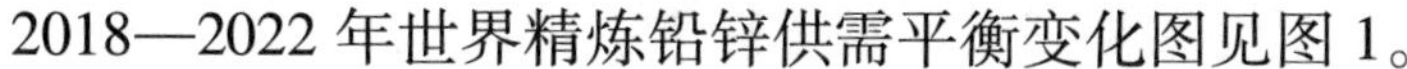

2018—2022 年世界精炼铅锌供需平衡变化图见图 1。

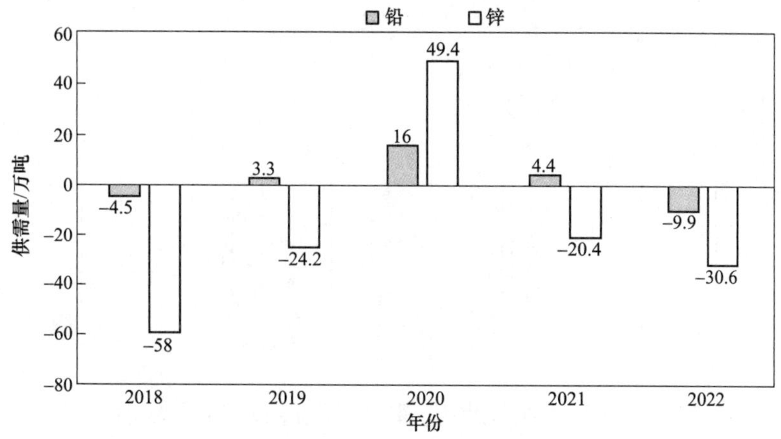

图 1　2018—2022 年世界精炼铅锌供需平衡变化图

数据来源：ILZSG

二、2022 年中国铅锌工业发展现状

（一）经济运行情况

1. 产量与经济效益

2022 年，中国铅锌产品产量总体保持增长。根据中国有色金属工业协会统计数据，2022 年铅精矿含铅产量同比增长 0.9%，锌精矿含锌产量同比下降 1.7%。根据国家统计局数据，2022 年精炼铅产量达 781.4 万吨（含重复统计），同比增长 3.9%；精炼锌产量 680.2 万吨，同比增长 1.6%。经调整，精炼铅产量为 595 万吨，同比增长 2.6%。

得益于价格上涨，铅锌行业企业营业收入和利润总体提升（见图 2）。根据中国有色金属工业协会统计，2022 年铅锌行业实现营业收入 4714.4 亿元，同比增长 6.1%，占有色金属总营收的 5.9%；实现利润 290 亿元，同比增长 11.9%，占有色金属利润总额的 8.8%。

2. 主要技术经济指标

2018—2022 年，铅锌出矿品位、精矿品位总体呈下降态势。2022 年铅、锌出矿品位分别为 2.28%和 4.6%，比 2018 年下滑了 0.44 个百分点和 0.63 个百分点；精矿品位分别为 59.21%和 49.01%，比 2018 年下滑了 2.07 个百分点和 1.07 个百分点；在产矿山资源贫化的趋势未能得到扭转。但得益于选矿工艺技术水平的持续进步，2018—2022 年铅锌选矿回收率有所提升，2022 年铅、锌选矿回收率达到 86.48%和 89.63%（见表 7）。

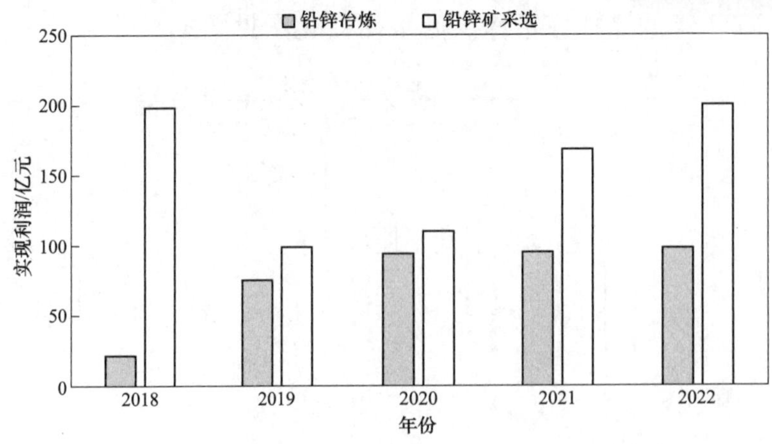

图 2 2018—2022 年中国铅锌工业实现利润变化图

数据来源：中国有色金属工业协会

表 7 2018—2022 年中国铅锌矿采选主要技术经济指标 （%）

指标名称	品种	2018 年	2019 年	2020 年	2021 年	2022 年
出矿品位	铅	2. 72	2. 60	2. 30	2. 27	2. 28
	锌	5. 23	5. 09	4. 81	4. 35	4. 60
精矿品位	铅	61. 28	61. 36	60. 48	59. 54	59. 21
	锌	50. 08	50. 09	50. 18	49. 56	49. 01
选矿回收率	铅	86. 17	86. 36	86. 57	85. 60	86. 48
	锌	91. 00	91. 28	91. 02	90. 85	89. 63

数据来源：中国有色金属工业协会。

近年来，中国铅锌工业企业不断提升技术装备水平和环保红线意识，全行业资源综合利用能力大幅提升，能源消耗总体呈下降态势。2022 年，铅冶炼和电锌冶炼总回收率分别达到 97. 66%和 96. 86%，较 2018 年分别提升 0. 49 个百分点和 0. 76 个百分点（见表 8）。2022 年，铅冶炼综合能耗 303. 05 千克/吨（以标准煤计，下同），较 2018 年下降了 42. 46 千克/吨，电锌综合能耗为 895. 04 千克/吨。

表 8 2018—2022 年中国铅锌冶炼主要技术经济指标 （%）

指标名称	2018 年	2019 年	2020 年	2021 年	2022 年
铅冶炼总回收率	97. 17	97. 09	97. 22	97. 26	97. 66
电锌冶炼总回收率	96. 1	96. 04	96. 39	96. 11	96. 86

数据来源：中国有色金属工业协会。

（二）产业结构

由于新增接续资源较少，在产矿山品位日益贫化，开采深度越来越深，矿山开发难度上升，近年来，铅锌精矿产量增长有限，区域分布总体保持稳定。根据中国有色金属工业协会统计，铅精矿产量主要集中在江西、云南、湖南、内蒙古、广西、四川、河南、广东、甘肃、陕西等地，上述十省区合计产量占全国总产量的83%（见图3）。锌精矿生产主要集中在云南、内蒙古、陕西、广西、湖南、新疆、四川、甘肃、广东、青海等地，上述十省区合计产量占全国总产量的85%（见图4）。

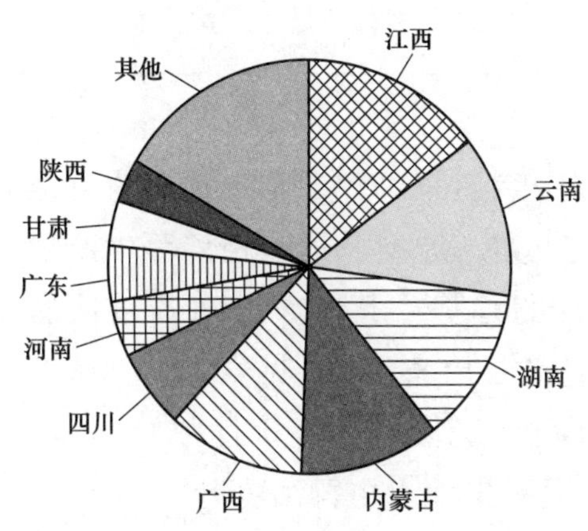

图3　2022年中国铅精矿产量分布图

数据来源：中国有色金属工业协会

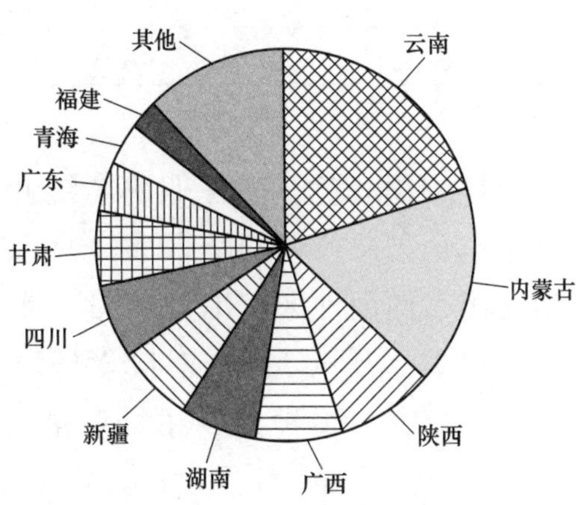

图4　2022年中国锌精矿产量分布图

数据来源：中国有色金属工业协会

根据中国有色金属工业协会统计，2022年精炼铅产量排名前十的省区合计产量占全国总产量的93.4%，铅冶炼区域产业布局变化不大，其中，安徽、河南和湖南位居前三位，产量均超过100万吨（见表9）。从产品原料结构来看，2022年再生铅产量为285万吨（经调整初步统计数），同比增长5.6%，占比为47.9%，安徽、江苏、湖北等再生铅大省产量均有较大幅度增长，同比分别增长14.7%、11.3%和7.9%。

表9　2022年中国精炼铅产量分布

地区名称	产量/万吨	同比/%	占比/%
安徽	200.7	14.7	25.7
河南	154.8	2.4	19.8
湖南	113.4	-2.2	14.5
江苏	58.9	11.3	7.5

续表 9

地区名称	产量/万吨	同比/%	占比/%
湖北	41.7	7.9	5.3
云南	40.4	4.0	5.2
内蒙古	35.9	-3.8	4.6
广西	32.3	-11.4	4.1
江西	30.4	-6.0	3.9
山东	21	-13.5	2.7
其他	51.2		6.6
全国合计	781.1	4.0	

数据来源：中国有色金属工业协会。

根据中国有色金属工业协会统计，2022 年精炼锌产量排名前十的省区合计产量占全国总产量的 90.2%，近两年，因电力、原料及运输距离等生产要素优势突出，西南地区锌冶炼产量比重有提升的趋势。其中，云南产量位居第一，超过 100 万吨，同比增长 25%，广西同比增长 9.9%（见表 10）。从产品原料结构来看，2022 年再生锌产量为 90 万吨（经调整初步统计数），占比为 13.2%，因钢铁行业压产减产，再生原料供应减少致再生锌冶炼开工不足。

表 10　2022 年中国精炼锌产量分布

地区名称	产量/万吨	同比/%	占比/%
云南	159.3	25.0	23.4
湖南	85.6	-8.0	12.6
广西	63.1	9.9	9.3
陕西	58.8	-20.9	8.7
内蒙古	57.9	3.8	8.5
四川	46.0	-4.4	6.8
甘肃	44.3	5.0	6.5
河南	40.1	-1.9	5.9
广东	29.5	2.7	4.3
辽宁	28.8	-2.5	4.2
其他	66.8		9.8
全国合计	680.2	1.6	

数据来源：中国有色金属工业协会。

（三）市场价格

2022年以来，海外需求持续较好，市场信心较足，铅锌价格在历史高位附近波动，并在3月8日LME镍期货事件推动下，锌价再次刷新上市以来新高，达到4896美元/吨，铅价刷新近十年新高，达到2700美元/吨。但随着美联储进入加息周期，以及对全球经济衰退的担忧升温压力下，铅锌价格在下半年重心下移，筑底回稳。2022年LME三个月期铅和期锌均价分别为2145美元/吨和3442美元/吨，同比分别为下跌2.1%和上涨14.4%。SHFE主力合约期铅和期锌均价分别为15303元/吨和24924元/吨，同比分别上涨0.1%和11.5%（见图5和表11）。

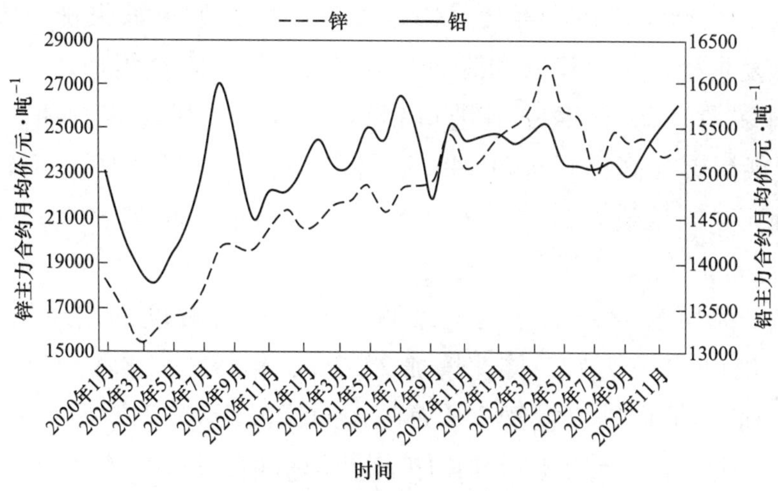

图5　上海期货交易所铅锌主力合约月均价变化图

数据来源：SHFE

表11　2018—2022年LME和SHFE铅锌价格统计

年份	LME价格/美元·吨$^{-1}$		SHFE价格/元·吨$^{-1}$	
	三个月期铅	三个月期锌	主力合约期铅	主力合约期锌
2018年	2249	2896	18854	23024
2019年	2004	2506	16557	19951
2020年	1836	2280	14672	18189
2021年	2190	3007	15288	22360
2022年	2145	3442	15303	24924
2022年同比/%	−2.1	14.4	0.1	11.5

数据来源：LME、SHFE。

（四）市场消费

伴随国内复杂且超预期的经济复苏进程，铅锌消费表现有所分化。根据国家统计局和海关总署数据推算，2022 年，中国精炼铅表观消费量同比增长 3.6%，精炼锌表观消费量同比下降 4.8%。据安泰科预测数据，2022 年全年中国精铅实际消费同比增长 0.4%，依赖于前三季度较高的铅蓄电池出口增速，铅消费总体持稳显现韧性。锌消费在基建、房地产等传统消费领域显现出明显的疲弱态势，虽在储能、钢结构建筑等新赛道有所建树，但体量尚小不足以弥补减量，据安泰科预测数据，2022 年精锌实际消费同比下降 4.9%。

（五）进出口贸易

2022 年，全球铅锌市场经历了阶段性、区域性的供需失衡，内外比价从极低水平修复企稳，贸易模式和流向经历了再平衡重塑过程。

从原料端看，2022 年中国进口铅精矿 101.3 万吨实物量，同比下降 15.1%，但银精矿（高铅）进口 143.2 万吨，同比增加 30.1%，对铅原料供应形成重要补充；同期进口锌精矿 412.8 万吨实物量，同比增加 13.6%（见表 12）。

从冶炼产品贸易看，精炼铅、锌都出现了较大幅度的出口增长。其中，2022 年精铅出口 11.6 万吨，同比增加 22.3%；精锌出口 8.1 万吨，同比增长约 14 倍；同期，精锌进口量仅 7.9 万吨，同比减少 81.7%（见表 12），实现精锌净出口，随着国内锌冶炼产能的扩张及消费增速放缓，锌贸易结构正在发生转折性变化。

从下游产品贸易看，2022 年铅蓄电池出口量为 2.2 亿只，同比增加 9.1%，但下半年铅蓄电池出口呈逐月下降态势（见表 12）。另外镀锌板、锌电池累计出口同比下降 20.1%、4.1%。

表 12　2022 年中国铅锌产品进出口情况表

商品名称	进口量/吨	同比/%	出口量/吨	同比/%
铅精矿	1012967	−15.1	0.04	−100.0
锌精矿	4127948	13.6	0.2	−99.9
未锻轧铅	41248	−20.4	120547	21.8
其中：精炼铅	1515	−28.9	116483	22.3
铅合金	39733	−20.1	4064	10.2
未锻轧锌	142349	−72.6	83205	1157.3
其中：精炼锌	79186	−81.7	80914	1415.4

续表 12

商品名称	进口量/吨	同比/%	出口量/吨	同比/%
锌合金	63163	-26.9	2292	79.3
铅材	424	-65.4	4148	8.5
其中：铅片、带及厚度（衬背除外）不大于0.2毫米的箔	13	-13.3	154	37.0
铅板	73	-39.9	3777	12.3
铅粉及片状粉末	338	-68.9	217	-37.3
锌材	10785	-38.8	4234	-0.3
其中：锌末	3214	-50.7	9	-76.9
锌粉及片状粉末	4217	-14.9	1084	3.7
锌条、杆、型材及异型材或丝	615	-68.6	2432	-7.8
锌板、片、带、箔	2740	-34.5	710	35.3
铅蓄电池（万只）	357	-38.6	21634	9.10
镀锌板	1404408	-19.8	8432145	-20.1

（六）投资情况

据国家统计局统计，2022 年，有色金属工业完成固定资产投资比去年同期增长 14.5%，比 2021 年同期增速加快 10.1 个百分点。其中，有色金属矿山采选完成固定资产投资增长 8.4%，比 2021 年同期增速加快 6.5 个百分点，铅锌矿采选环节投资增长 35.6%；冶炼和压延加工完成固定资产投资增长 15.7%，比 2021 年同期增速加快 10.1 个百分点，铅锌冶炼环节投资增长 14.6%。

根据中国有色金属工业协会铅锌分会掌握的情况看，未来国内计划新扩建的大型矿山项目主要是新疆火烧云和贵州猪拱塘，有望在 2025 年前后带动国内采选能力增长。铅锌冶炼方面的投资积极性依旧较高，2021—2023 年国内仍有一些大型冶炼项目建设和投产，如新疆紫金锌业 10 万吨常规湿法项目、金利集团铅基多金属及 15 万吨高纯锌项目、南方有色 30 万吨氧压浸出项目、云铜锌业 15 万吨搬迁项目、丹霞冶炼厂炼锌渣绿色化升级改造项目等，铅锌冶炼产能将保持协同增长态势。

三、2022 年中国铅锌工业运行状况分析

（一）政策环境分析

在全球能源转型、“双碳”大背景下，绿色、低碳、智能发展已成为产业

可持续发展的必经之路，同时也为破解困境创造了新机遇。

2022 年 11 月 10 日，工信部、发改委、生态环境部三部门联合印发《有色金属行业碳达峰实施方案》，对铅锌行业提出了具体目标和任务。其中：在产业结构调整方面，提出了要防范铅锌冶炼产能盲目扩张，加快建立防范产能严重过剩的市场化、法治化长效机制；在加强低碳技术攻关方面，提出了开展氨法炼锌性技术攻关和示范应用；在节能低碳技术重点方向上，提出重点推进锌精矿大型焙烧技术、液态高铅渣直接还原技术、以底吹为基础的富氧熔池熔炼技术等多项先进工艺技术的应用。

作为“双碳”系列的配套指导方案也逐步进入实施阶段。2022 年 2 月 3 日，国家发改委等四部委联合发布《高耗能行业重点领域节能降碳改造升级实施指南（2022 年版）》，为推动各有关方面科学做好重点领域节能降碳改造升级提供指导意见。2022 年 11 月 10 日，国家发展改革委等五部委联合发布《重点用能产品设备能效先进水平、节能水平和准入水平（2022 年版）》，以提升重点用能产品设备能效水平，有利于行业提质升级。

2022 年 3 月 1 日，《关于完善资源综合利用增值税政策的公告》（财政部 税务总局公告 2021 年第 40 号）正式实施，破解了多年来困扰再生铅行业发展的痛点，从根本上解决了再生资源增值税税收链条不完整的问题。

2022 年 9 月 23 日，工信部、国家发改委、财政部、市场监管总局联合发布《关于开展 2022 年度智能制造试点示范行动的通知》。《通知》明确，要遴选一批智能制造优秀场景，以揭榜挂帅方式建设一批智能制造示范工厂，树立一批各行业、各领域的排头兵，推进智能制造高质量发展。其中在揭榜任务中明确，聚焦石化化工、钢铁、有色金属等细分领域，建设绿色、高效、安全和可持续的原材料行业智能制造示范工厂，探索应用分子级物性表征、实时优化控制、人工智能、5G 等新技术和数字孪生工厂建设、碳资产管理等典型场景，实现资源优化配置、生产运行平稳、生产过程清洁化。

（二）产业结构调整情况分析

1. 产业头雁效应不断增强

近年来，通过产业间、上下游兼并重组、资产整合等多种方式，国内逐步形成了一批具有全球影响力的铅锌企业。其中，2022 年，中国铜业、紫金矿业铅锌矿山生产规模已跻身全球前五，豫光金铅、中国铜业等企业铅锌冶炼产能超过 70 万吨，全球铅锌矿产前十大企业中国占 3 家（见图 6），十大铅冶炼中国占 7 家，十大锌冶炼中国占 4 家（见图 7）。

此外，通过积极探索央企和地方国企之间的专业化资产整合，国企和民企

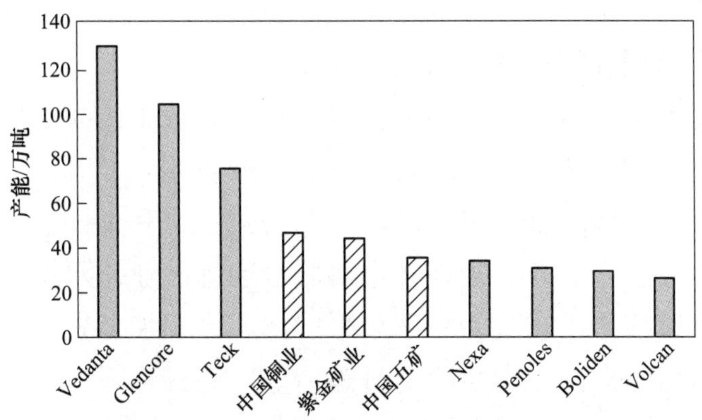

图 6　全球主要铅锌矿山生产企业排名

（以 2022 年铅+锌精矿金属量计）

数据来源：企业公告、中国有色金属工业协会铅锌分会、北京安泰科信息股份有限公司

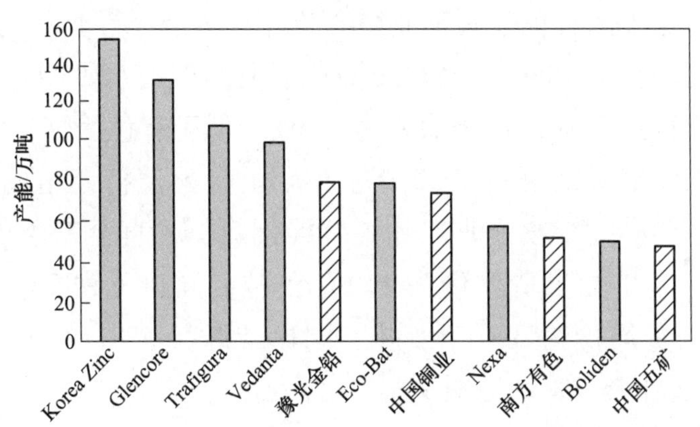

图 7　全球主要铅锌冶炼生产企业排名

（以 2022 年铅+锌产量计）

数据来源：企业公告、中国有色金属工业协会铅锌分会、北京安泰科信息股份有限公司

之间以资本为纽带的混改型整合，铅锌行业具有竞争力的排头兵企业和贸易链链长也逐步崭露头角，在提高行业国际影响力和保障国家资源安全方面发挥了中流砥柱作用。

2. 产业链集群化发展特征明显

2022 年，铅锌行业企业在积极探索产业新模式、新业态，实现跨领域战略合作优势互补、打造新的利润增长极、产业链延链补链上呈现了多元化发展局面。2022 年，云锡文山锌铟、巴彦淖尔紫金等企业新增锌合金产品，大型骨干企业锌合金产量占比已超过 50%，锌合金品种更加丰富，基本满足了国内主要应用领域需求。此外，越来越多冶炼企业开始关注和探索应用于海洋防腐、红外探测等领域高端铅锌材料的产业化生产。

依托于铅锌冶炼原料适应性强的优势，行业高效集约发展特征凸显，促进要素资源向优势企业集聚。2022 年，通过并购重组与产能扩张，中金岭南、南方有色等企业铜铅锌多金属协同基础不断强化；金利集团、济源万洋作为国内主要铅冶炼企业，先后开启铅锌多金属联合冶炼产业化示范项目；株冶集团收购水口山有色股权，正式成为一家集采、选、冶、加、贸于一体的综合性公司，抗风险能力得到提升；中金岭南丹霞冶炼厂炼锌渣绿色化升级改造项目建成投产，陕西锌业锌冶炼废渣综合回收贵金属技术升级改造项目进入稳定运行，行业企业不断填补冶炼危废渣综合回收领域的短板。

（三）经营形势分析

2022 年，尽管受诸多不利因素的影响，但铅锌行业总体利润水平依然创历史最好水平。据中国有色金属工业协会统计，从铅锌行业利润分布看，铅锌矿采选利润同比增长 17. 3%，铅锌冶炼利润同比增长仅 2. 3%。从销售利润率看，铅锌矿山效益达 22%，铅锌冶炼为 2. 5%，低于有色冶炼平均水平。

从冶炼加工费来看，由于 2022 年上半年沪伦比值持续走弱，精矿进口条件不佳，国内原料供应持续紧张，加工费屡创新低，直至三季度才企稳回升。2022 年，国内铅精矿加工费均价为 1126 元/吨，同比下跌 23. 5%（见图 8）；锌精矿基准加工费均价为 3961 元/吨，同比下跌 1. 5%，结算加工费均价为 5986 元/吨，同比上涨 9%（见图 9）。

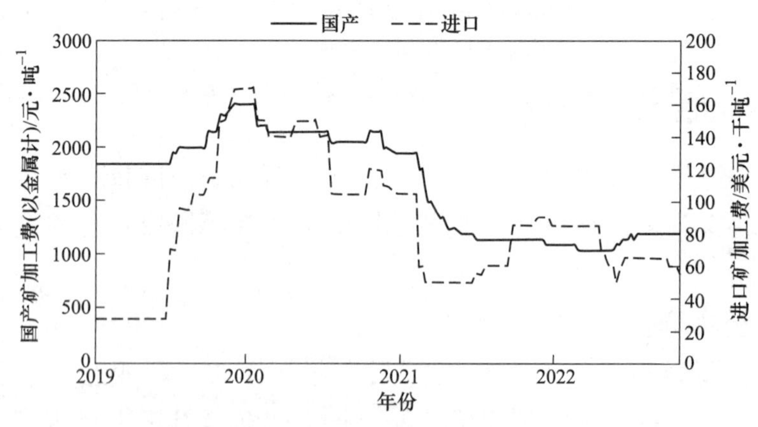

图 8　铅精矿加工费变化图

数据来源：中国有色金属工业协会、北京安泰科信息股份有限公司

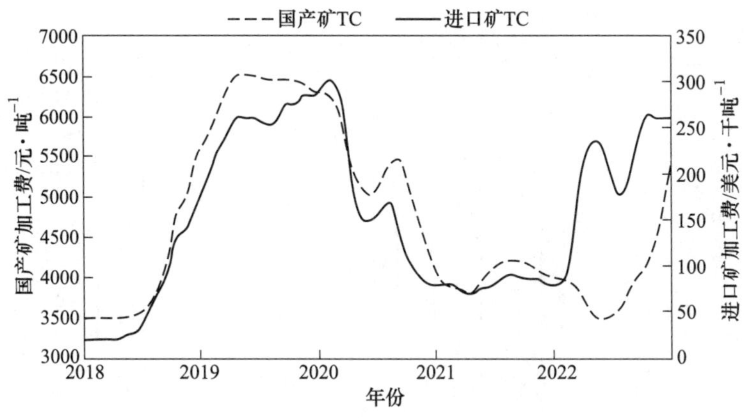

图 9　锌精矿加工费变化图

数据来源：中国有色金属工业协会、北京安泰科信息股份有限公司

四、当前中国铅锌工业发展中需要关注的问题

（一）外部环境不确定因素增加，资源安全不断受到挑战

不同于新能源战略金属的投资热潮，近年来，全球铅锌资源的勘探投入和开采热度有所下降，全球资源储量及矿山生产量都进入了一个平台期。当前全球矿业格局重构，资源所在国的产业链本土化进程加快，各国均在寻求途径降低资源对外依赖程度。2022 年，美国首次将锌列入关键矿产清单，加拿大等国将提高外国国企从该国获得关键矿产的交易难度，这意味着未来从国外稳定获取资源的难度在上升。而国内在产铅锌矿山资源日益贫化，开采深度越来越深，矿山开发难度上升，周边部资源接续能力不足，环保、税收负担加重等，限制了铅锌采选能力的提升，2022 年锌资源对外依存度首次突破 35%（见图 10）。外部环境不确定因素增加，对内外兼修保障资源供应链安全和稳定提出了新的要求。

（二）消费增速显著放缓，新应用领域开发进展缓慢

我国铅锌消费增速在近几年已明显放缓。国内锌消费 85%左右以镀锌钢材和合金形式用于建筑、汽车和交通、日用品、农业等领域；90%以上的铅用于铅酸蓄电池制造。房地产、基建、汽车、电动自行车、摩托车等行业发展已经在减速，铝、不锈钢、锂对铅锌及其制品形成部分替代，已有部分铅酸蓄电池制造转移到越南、马来西亚等周边国家。铅锌消费新产品开发不足，低成本、高效绿色储能用铅、锌材料开发进展缓慢，进而传导至上游影响矿业开采投资热情。

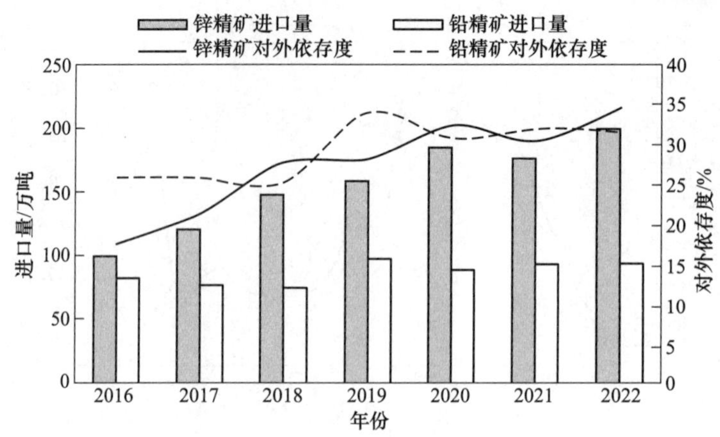

图 10 中国铅锌精矿对外依存度

数据来源：中国有色金属工业协会、海关总署

（三）冶炼投资热度不减，供给侧结构性改革任务艰巨

铅锌行业产能利用率偏低，原生铅产能利用率不足 70%，再生铅开工率仅为 40%左右，锌冶炼产能也呈现过剩势头。初步统计，2023—2025 年，国内仍将有分别超过百万吨铅、锌冶炼产能投建，在国内消费即将触顶的背景下，冶炼端投资热度不减，也为铅锌工业供给侧结构性改革带来巨大压力。

五、中国铅锌工业发展建议

2023 年是全面落实党的二十大精神开局之年，是“十四五”规划承前启后的关键时期，也是世界变局进入结构性深度演变的加速期，在稳中求进的总基调中，如何应对机遇与挑战至关重要。铅锌行业发展根基稳固，当前正处于改革、发展与稳定三者之间再平衡的新时期，站在新时期的十字路口，铅锌行业企业要充分认识当前产业发展所处的阶段，抓住产业结构转换的关键时期，积极破局谋变，识别和预判风险，力争在新时期的赶考路上，交出一份优异的答卷。

一是提升产业链供应链韧性和安全水平。不断加大国内资源勘探和现有矿山深边部找矿力度，抓住矿业政策“松绑”的窗口期，增储上产提升自给能力；加强二次资源综合回收利用，完善回收体系，提升循环利用水平；积极参与国际矿业开发和深度合作，适时调整贸易政策，充分利用两种资源两个市场，努力推动构建国际铅锌产业命运共同体。

二是抓住储能产业高速发展机遇，适应新时代绿色储能产品需求，开展上下游产学研用联合，研发满足需求的低成本铅锌高端材料，通过新产品开发、推广及商业模式创新，将铅锌金属低成本绿色载能材料的特性进一步放大。

三是加快实现铅锌行业绿色低碳转型升级。严控产能总量，抑制产能盲目扩张；推动铅锌行业企业集中集聚发展，形成规模效益；发挥铅锌冶炼的载体作用，强化和畅通与区域经济圈内能源、钢铁、化工、环保等领域耦合，实现资源能源梯级利用及固废资源循环衔接。

撰稿人：夏　从

审稿人：段绍甫、周遵波

2022 年镁工业发展报告

在俄乌冲突、美联储持续加息的影响下，全球经济虽呈继续恢复增长态势但增速放缓。我国也经历了极不平凡的一年，在疫情冲击、需求收缩等多重压力下，GDP 仍实现了 3%的增长。

受此影响，我国镁产业也呈现新的发展态势，一方面，受成本下降影响，价格持续走低，国内供应小幅缩减；另一方面，国内消费和出口同比均呈增长态势，且创历史新高，这也是价格保持相对高位的直接原因。

一、2022 年世界镁工业发展概述

美国地质勘探局（USGS）统计数据显示，目前，除中国外生产原镁的国家有 7 个，分别是美国、俄罗斯、以色列、哈萨克斯坦、乌克兰、巴西、土耳其。

综合来看，预计 2022 年全球原镁产能为 163 万吨，产量为 111 万吨，同比减少 2. 63%；2022 年全球镁消费量 115 万吨左右，较上年增加 8. 5%。

二、2022 年中国镁工业发展现状

2022 年中国镁工业发展现状主要从镁工业经济运行情况、产业结构、市场价格、市场消费、进出口贸易及投融资情况六个方面进行概述。

（一）经济运行情况

1. 2022 年原镁产量同比下降 1. 63%

据中国有色金属工业协会镁业分会（以下简称“镁业分会”）初步统计数据，2022 年我国原镁产能 136. 46 万吨，近几年基本稳定；原镁产量 93. 33 万吨，同比缩减 1. 63%；镁合金产量 35. 78 万吨，同比缩减 0. 75%；镁粉产量 10. 38 万吨，同比增长 13. 57%。

从上述统计数据可以看出，2022 年国内原镁和镁合金产量同比均小幅缩减，镁粉产量有较大增幅（见表 1）。

表 1　2021 年和 2022 年中国原镁、镁合金、镁粉产能产量统计情况

（万吨）

年份	原镁产能	原镁产量	镁合金产量	镁粒（粉）产量
2021 年	137.61	94.88	36.05	9.14
2022 年	136.46	93.33	35.78	10.38
同比/%	−0.84	−1.63	−0.75	13.57

数据来源：中国镁产能、产量相关数据均为镁业分会初步统计数据。

2. 2022 年规模以上镁冶炼企业经济效益增长

据国家统计局初步统计数据，62 家规模以上镁冶炼企业的产品销售收入 250.87 亿元，同比增长 32.46%；利润总额 12.77 亿元，同比增长 50.45%。

3. 主要生产技术经济指标基本稳定

2022 年皮江法镁冶炼生产技术经济指标为：还原周期为 8~12 小时，料镁比 6.2~7.0，劳动生产率为 35~50 吨/(人・年)。

（二）产业结构分析

2022 年，中国镁产业以镁冶炼产品为主，加工产品为辅。国内镁冶炼保持以陕西、山西地区为主，内蒙古、安徽、新疆、宁夏等地区为辅的发展格局。镁深加工以山西、广东、重庆、江苏、安徽和上海为主要生产地区，加工产品应用以交通、3C 等领域为主。

2022 年，陕西地区原镁产量继续保持国内首位，受环保改造等因素影响该地区产量比 2021 年有所缩减，产量占比由 2021 年的 65.68%下调至 59.39%；山西地区产量占比由 2021 年的 20.67%上调至 22.13%；内蒙古地区和新疆地区产量占比相对较为稳定（见表 2）。

表 2　2022 年部分省区镁冶炼产能产量分布统计情况

地区	企业个数	生产能力		产量	
		合计/万吨	全国占比/%	合计/万吨	全国占比/%
陕西	34	73.61	53.94	55.43	59.39
山西	8	30.35	22.24	20.65	22.13
内蒙古	4	8	5.86	4.39	4.70
新疆	3	5	3.66	2.79	2.99

数据来源：镁业分会。

受部分地区生产企业减产影响，2022 年产量排名前十的企业产量出现小幅缩减，产业集中度相比同期变化不大。

据镁业分会统计，国内镁冶炼企业前十名产量合计为40.63万吨，较2021年的41.58万吨减少2.28%（见表3）。

表3　2022年中国镁冶炼企业原镁产量前十名（按会员单位）排序

名次	企业名称	产能/万吨	产量/万吨	产量同比/%
1	南京云海特种金属股份有限公司	10	8.47	2.17
2	浙江柒鑫合金材料有限公司	8	6.81	13.50
3	府谷县金万通镁业有限责任公司	4	3.79	-13.47
4	府谷县新田镁合金有限责任公司	3	3.35	-21.36
5	府谷县泰达煤化有限责任公司	3	3.33	7.42
6	山西八达镁业有限公司	4	3.26	-1.21
7	陕西天宇镁业集团有限公司	5	3.02	-5.63
8	山西瑞格金属新材料有限公司	5	2.95	11.32
9	垣曲县五龙镁业有限责任公司	6	2.87	19.58
10	山西银光华盛镁业股份有限公司	6.5	2.78	-0.71
合　计		54.5	40.63	-2.28

数据来源：镁业分会。

产量在1万吨（含1万吨）以上的镁冶炼企业有38家，产量合计为86.2万吨，与2021年基本持平；年产3万吨（含3万吨）以上企业是7家，产量合计为32.03万吨，同比减少17.3%。

2022年，国内镁合金产量35.78万吨，同比缩减0.75%，前五名镁合金生产企业产量合计为33.07万吨，同比缩减2.07%。前五名产量占比高达92.43%，产业集中度非常高（见表4）。

表4　2022年中国镁合金产量前五名企业（按会员单位）排序

名次	企业名称	产能/万吨	产量/万吨	产量同比/%
1	南京云海特种金属股份有限公司	20	18.43	-1.39
2	山西瑞格金属新材料有限公司	10	8.5	2.66
3	山西水发振鑫镁业有限公司	6	2.45	-30.14
4	山西八达镁业有限公司	2.5	2.19	21.67
5	府谷县华顺镁业有限责任公司	2	1.5	0.00
合　计		40.5	33.07	-2.07

数据来源：镁业分会。

（三）市场价格

1. 原镁价格持续走低

2022 年国内原镁年均价 30738. 71 元/吨，同比上涨 21. 77%。全年日均价波动范围在 21600～52000 元/吨，年最高价为 1 月的 52000 元/吨，最低价为 12 月的 21600 元/吨（见图 1）。

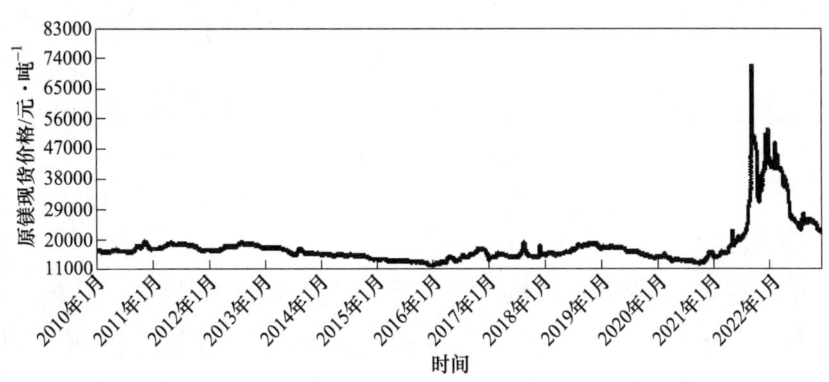

图 1　2010—2022 年中国原镁现货价格走势图

数据来源：镁业分会

受原料成本下降等因素影响，2022 年镁市场整体呈下行走势。价格由年初的 52000 元/吨持续走低，至年底 21700 元/吨，跌幅超 57%。主要原材料价格回落，是镁价下跌的直接原因，如 2022 年硅铁价格跌幅 30%以上。

2022 年前 8 个月市场持续走低，9 月价格有所反弹，由 24000 元/吨反弹至 27000 元/吨，随后再次下跌，至年底报价基本在 21500～21900 元/吨。

2. 镁产品出口价格大幅走低

2022 年 FOB 镁年均价 4863. 49 美元/吨，同比上涨 20. 42%，相比上年的 95%的涨幅有较大幅度的回调。全年日均价波动区间为 3275～8515 美元/吨，年最高点在 1 月的 8515 美元/吨，最低点在 12 月的 3275 美元/吨。

年内 FOB 镁价跟随国内价格大幅走低，跌幅约 62%，幅度大于国内价格跌幅，其主要是 2022 年人民币兑美元汇率贬值，导致国内出口产品价格普遍下调。截至年底部分厂商、贸易商出口报价在 FOB 3290～3320 美元/吨（见图 2）。

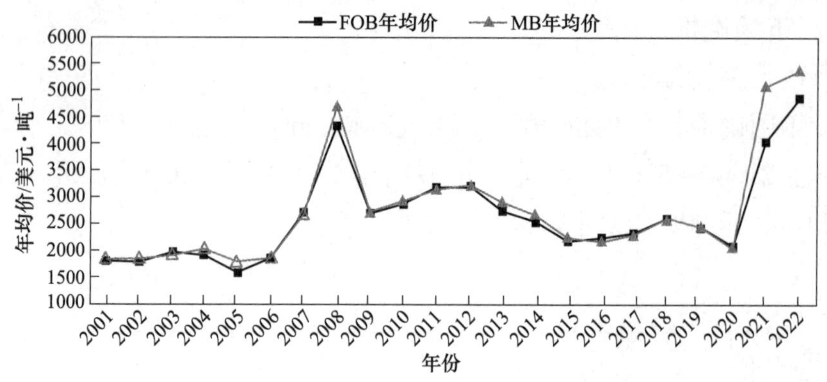

图 2　2001—2022 年中国原镁 FOB 年均价与 MB 年均价对比图

数据来源：MB、镁业分会

（四）市场消费

2022 年，我国金属镁消费量为 54.77 万吨，同比增长 13.04%。其中用于冶金领域 36.39 万吨，占国内消费总量的 66.44%，用于加工领域 17.08 万吨，占国内消费总量的 31.18%（见表 5）。

表 5　2021 年和 2022 年国内镁消费情况统计表　　（万吨）

年份	冶金					加工	其他	合计	同比/%
	铝合金添加	炼钢脱硫	球墨铸铁球化剂	金属还原	稀土镁合金	铸件、压铸件、型材			
2021 年	13.56	4.15	3.00	11.33	1.10	14.01	1.30	48.45	-10.49
2022 年	12.80	5.18	3.06	14.25	1.10	17.08	1.30	54.77	13.04

数据来源：镁业分会。

2022 年镁消费量在冶金领域的比重加大，主要是来自金属还原及金属添加领域需求较好。在消费增长前景最为看好的加工应用领域（铸件、压铸、型材等）用量也在增加，一方面是统计数据的不断完善，统计的领域及企业范围进一步扩展；另一方面受汽车市场向好发展影响，2022 年国内乘用车产销同比增长 11.2%和 9.5%，增速高于行业总体，汽车产销量的增加进一步拉动镁消费。

（五）进出口贸易

2022 年我国各类镁产品出口量创历史新高。据海关统计数据显示，2022 年我国共出口各类镁产品 49.77 万吨，同比增加 4.30%，累计金额约 27.33 亿美元，同比增长 41.25%。

从占比看，目前我国镁产品出口仍以低端粗加工输出为主，镁制品等加工产品输出较少。原镁、镁合金和镁粉仍是主要出口产品，三个品种占出口总量

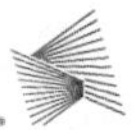

的95.96%，其中原镁出口占到54.81%。值得关注的是，我国锻轧镁和镁制品虽然出口基数较低，但2022年出现53.85%和36.54%的增长。同时，因国内镁价高企，废碎料受国外市场青睐，2022年我国镁废碎料出口增长达到164.71%。

从出口金额看，2022年我国镁出口金额同比增长但涨幅有所回落，主要受镁价回落的影响。

2022年中国镁产品出口近百个国家和地区。其中，原镁主要出口地为荷兰、加拿大、印度、土耳其和日本；镁合金主要出口地区为荷兰、加拿大、中国台湾、捷克和罗马尼亚；镁粉主要出口地区为加拿大、荷兰、土耳其、印度及斯洛伐克。加工方面，锻轧镁主要出口美国、日本、俄罗斯和德国；镁制品主要出口美国、加拿大和澳大利亚，其中出口美国数量占67.74%。

2022年国内外疫情得到有效控制，各国逐步实现生产生活正常化，供应链稳定性得到恢复，同时我国的稳外贸政策持续加码，优化保障出口生产和运输，在此大环境下，我国的镁产品出口量进一步增长，创历史新高。

2022年镁产品出口量同比增长4.3%（见表6）。

表6　2022年中国各类镁产品出口统计情况

名称	累计数量/万吨	累计同比/%	累计金额/万美元	累计同比/%
原镁	27.28	-2.75	148608	26.70
镁合金	13.72	26.34	77343	82.89
镁废碎料	0.9	164.71	3595	218.42
镁粉等	6.76	-12.09	35472	25.87
锻轧镁	0.4	53.85	3165	89.75
镁制品	0.71	36.54	5073	75.05
总值	49.77	4.30	273256	41.25

数据来源：海关总署。

2022年镁产品进口同比增加93.16%（见表7）。

表7　2022年中国各类镁产品进口统计情况

名称	累计数量/吨	累计同比/%	累计金额/万美元	累计同比/%
原镁	480	1170.73	294.6	3728
镁合金	39	-84.07	18.8	-72.57
镁粉等	1	-56.14	11.8	65.95
锻轧镁	38	-54.30	91.6	-53.64
镁制品	261	180.13	606.7	17.88
总值	819	93.16	1023.5	24.34

数据来源：海关总署。

（六）投融资情况

2022年我国镁产业结构持续优化，镁加工投融资得到进一步释放，各地加工项目陆续开工，加工技术呈现不断创新，不仅填补国内研发空白，对推动镁应用意义重大。

1. 山东天元重工镁合金铸轧线生产项目

2022年3月，山东天元重工有限公司镁合金铸轧线生产项目首次试车成功。天元重工镁合金卷板项目联合生产线属国内首台（套）同类生产线，于2022年7月完成测试，2023年有望量产。

项目以镁合金锭为原料，应用新型的“双辊铸轧法”工艺，产出宽幅1.2米、薄度0.7~2毫米、单卷重1.5~5吨的镁合金卷板，产品具有宽、薄、轻的特点，性能国内领先，广泛用于航空航天、军工、高铁、计算机、汽车、医疗器械等高精端领域。与传统的“热轧开坯法”相比，该工艺简化了生产工序，缩短了生产流程，提高了生产效率，降低能耗60%以上，填补了国内大卷重宽幅镁合金轧板市场空白，对推动我国大卷重宽幅镁合金铸轧技术实现产业化、规模化具有重要意义。

2. 安徽宝镁轻合金项目

12月28日，安徽宝镁年产30万吨高性能镁基轻合金及深加工配套项目廊道控制性工程（隧道）暨矿山一期工程（小阳山矿）开工。项目位于青阳县酉华镇田屋村境内，占地面积0.4402平方千米，资源量6707.92万吨，生产规模600万吨/年，主要开采矿种为冶金用白云石，是镁基轻合金材料项目的原料基地。

3. 重庆市大镁新材料科技有限公司高性能镁基合金一体化综合利用项目

重庆市南川区高性能镁基合金一体化综合利用项目12月27日开工。项目由博赛集团旗下的重庆市大镁新材料科技有限公司负责实施，总投资50亿元，总体规划40万吨金属镁及镁铝合金产业链。

三、2022年镁工业经济运行状况分析

（一）政策环境分析

2022年，国家发改委、工信部等政府部门配套出台的多项政策涉及镁，持续关注并支持镁行业发展。

1. 工信部公布符合《镁行业规范条件》企业名单（第二批）

2022年4月27日，工信部发布公告，根据《镁行业规范条件》（工信部

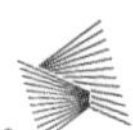

公告2020年第8号)，公布了符合《镁行业规范条件》企业名单（第二批）。其中符合条件的镁冶炼企业有5家：山西银光华盛镁业股份有限公司、山西八达镁业有限公司、山西瑞格金属新材料有限公司、山西水发振鑫镁业有限公司、山西东义煤电铝集团有限公司；符合条件的镁矿山有2家：山西八达镁业有限公司和山西银光华盛镁业股份有限公司。

2. 八部门印发《关于加快推动工业资源综合利用的实施方案》

2022年1月27日，工信部、发改委、科技部等八部门联合印发《关于加快推动工业资源综合利用的实施方案》。《实施方案》明确了相关目标：到2025年有色金属等重点行业工业固废产生强度下降57%，镁还原渣综合利用率应不低于70%；鼓励镁冶炼企业积极研发镁还原渣综合利用技术，利用镁还原渣生产镁渣硅酸盐水泥等建材产品，减少废渣排放。

3. 工信部等六部委联合印发《工业能效提升行动计划》

2022年6月29日，工信部等六部委联合印发《工业能效提升行动计划》。《行动计划》提出：到2025年，重点工业行业能效全面提升，绿色低碳能源利用比例显著提高，有色金属行业重点产品能效达到国际先进水平，规模以上工业单位增加值能耗比2020年下降13.5%，大直径竖罐双蓄热底出渣炼镁被列入重点行业节能提效改造升级重点。

4. 工信部等三部门联合印发《工业领域碳达峰实施方案》

2022年8月1日，工信部、发改委、生态环境部联合印发《工业领域碳达峰实施方案》。《方案》提出“十四五”期间，产业结构与用能结构优化取得积极进展，能源资源利用效率大幅提升，筑牢工业领域碳达峰基础。“十五五”期间，基本建立以高效、绿色、循环、低碳为重要特征的现代工业体系。确保工业领域二氧化碳排放在2030年前达峰。大直径竖罐双蓄热底出渣炼镁等技改工程再次被列入重点行业达峰行动。

5. 四部门印发《原材料工业“三品”实施方案》

2022年9月14日，工信部、国务院国资委、国家市场监督管理总局、国家知识产权局联合印发《原材料工业“三品”实施方案》，提出到2025年，原材料品种更加丰富、品质更加稳定、品牌更具影响力。高温合金、高性能特种合金等对重点领域支撑能力显著增强。在原材料品牌建设工程方面，鼓励陕西镁产业等具有区域特色的原材料产业。

6. 国家发改委、商务部公开发布《鼓励外商投资产业目录（2022年版)》

2022年10月28日，国家发改委、商务部公开发布《鼓励外商投资产业目录（2022 年版）》，镁合金材料及其深加工再次被列入全国性鼓励外商投资产业目录，全国有 20 个中西部省区将镁合金材料和加工项目列入本省区外商投资优势产业类目录。

7. 镁冶炼再次列入 2022 年度重点用能行业能效“领跑者”遴选工作

2022 年 10 月 31 日，工信部、发改委、市场监督管理总局印发通知，组织开展 2022 年度重点用能行业能效“领跑者”企业遴选工作。依据国家强制性能源消耗限额标准和高耗能行业能效标杆水平，实施范围包括钢铁、焦化、铁合金、电解铝、氧化铝、铜冶炼、铅冶炼、锌冶炼、镁冶炼等 24 个行业。

8. 工信部等三部门联合印发《有色金属行业碳达峰实施方案》

2022 年 11 月 15 日，工信部、国家发改委、生态环境部三部门联合印发《有色金属行业碳达峰实施方案》。《实施方案》提出，“十四五”期间，有色金属产业结构、用能结构明显优化，低碳工艺研发应用取得重要进展，重点品种单位产品能耗、碳排放强度进一步降低，再生金属供应占比达到 24%以上。“十五五”期间，有色金属行业用能结构大幅改善，绿色低碳、循环发展的产业体系基本建立。确保 2030 年前有色金属行业实现碳达峰。《实施方案》提出要强化镁等行业政策引导，促进形成更高水平的供需动态平衡。推广绿色低碳技术，大力推动先进节能工艺技术改造，重点推广大直径竖罐双蓄热底出渣镁冶炼技术，重点研发镁冶炼还原剂替代、再生镁提纯等技术。

9. 工信部、国家药监局组织开展生物医用材料创新任务揭榜挂帅工作

2022 年 12 月 15 日，工信部、国家药监局联合印发通知，组织开展生物医用材料创新任务揭榜挂帅工作，将聚焦高分子材料、金属材料、无机非金属材料三大重点方向，征集遴选一批掌握关键核心技术、具备较强创新能力的单位集中攻关，重点突破一批量大面广、技术先进、带动性强、安全可靠的标志性生物医用材料，材料性能符合临床应用要求、形成稳定可靠的规模化生产能力，加速在相关下游医疗器械产品领域实现落地应用。可降解医用镁合金材料入选。

10. 6 家镁企被评为 2022 年度有色金属行业企业信用等级评价“AAA”

12 月 27 日，全国有色金属行业企业信用等级评价工作办公室公布 2022 年度有色金属行业企业信用等级评价结果，共评出 34 家“AAA”企业，镁行业有 6 家，分别是山西银光华盛镁业股份有限公司、南京云海特种金属股份有限公司、山西瑞格金属新材料有限公司、山西八达镁业有限公司、山西水发振鑫镁业有限公司、巢湖云海镁业有限公司。

（二）产业结构调整情况分析

2022 年涉镁标准进一步完善，镁标准体系不断扩大，科研成果硕果累累，同时航天、汽车、3C、医疗等领域应用产品呈现多元化和高端化发展。

1. 镁产品呈多元化、高端化发展

（1）镁合金轮毂在高端车型上的应用已成趋势。汽车轻量化一直是汽车制造商发展的方向，其中汽车轮毂的轻量化更是重点，镁合金作为最轻的工程结构金属材料，可使汽车整体重量减轻，能有效提升燃油效率，降低环境污染，在节能减排的趋势下，锻造镁合金轮毂迎合了当今汽车轻量化和环保的需求，得到市场的青睐，其在高端车型上的应用已成趋势。目前，镁合金材料汽车轮毂已在保时捷、法拉利、布加迪等高端车型上应用。

（2）镁锂合金助力长征六号改运载火箭和长征十一号运载火箭成功发射。西安四方超轻材料有限公司研发的超轻镁锂合金，在我国新型运载火箭长征六号预埋件、支架、壳体等结构件获得大量应用，助力卫星成功进入预定轨道，完成各项科研任务，为卫星的升天与遨游太空立下了汗马功劳。

3 月 30 日 10 时，长征十一号运载火箭以“一箭三星”的方式，托举天平二号 A、B、C 卫星点火起飞，随后卫星顺利进入预定轨道，发射任务获得圆满成功。

中铝轻研合金和西安四方公司自主研发生产的镁锂合金在此次所发射部分卫星中获得大量应用，如卫星舱板、连接件、帆板、壳体等，使其成功减重，大大提高了卫星的有效载荷量。

（3）3C 领域镁合金关键材料应用取得新进展。镁合金由于其轻量化、减震性好、散热快、电磁屏蔽性能等特点被广泛应用于 3C 产品中，被众多主流品牌认可。富士、索尼、尼康、佳能等数码相机中的骨架，华硕、联想、戴尔、微软等笔记本电脑外壳，苹果、华为等手机外壳等用镁合金材料不断增加。瑞格金属提供的稀土镁合金被全新荣耀折叠屏手机外屏支撑结构采用，威海镁业开发的高导热镁合金新型材料已实现在 5G 通信基站上批量化应用。

（4）可吸收镁合金支架和镁合金空心钉投入临床使用。苏州卓恰医疗科技有限公司自主研发的镁合金空心钉在北京积水潭医院完成首例临床入组。卓恰医疗镁合金空心钉是目前中国首例进入临床阶段的可降解镁合金空心钉产品，使用自主知识产权的 ZHUOMAG®医用镁合金制造。ZHUOMAG®医用镁合金攻克了镁合金材料降解速率偏高和力学性能不足的难题，为骨折、错位或其他病理性骨改变后进行的重建手术提供了安全便捷、固定牢靠、相容性好、可完全降解的植入物方案。

由百多力公司生产的 Magmaris 西罗莫司洗脱可吸收冠脉镁合金支架在博鳌乐城成功用于冠心病患者的相关治疗。Magmaris 采用已获专利的镁合金材质制成，该镁合金可以在人体内完全降解为镁离子，并被周围的组织吸收或被排泄出体外。

2. 科技创新硕果累累

2022 年，从冶炼到加工到材料研发应用，镁行业科技研发屡获创新，成果显著。

科技研发方面，丁文江院士团队“高性能镁稀土合金材料及其关键技术研发与应用”获上海交大 2021 年“科研成果奖”特等奖。

产业发展方面，复式竖罐镁冶炼关键技术装备的研发及应用、航空航天用超轻镁锂合金研制与产业化、高强韧镁合金大型一体化压铸技术与应用三个项目获得 2022 年度中国有色金属工业科学技术奖一等奖。中铝国际中色科技“一种轧制宽幅镁合金板带的工艺”荣获中国专利优秀奖，这是中色科技首次获得国家级知识产权荣誉。同时，这也是金属镁及镁加工行业在本届中国专利奖评选中的唯一获奖专利，实现了自中国专利奖设立以来镁合金板材技术领域授权发明专利的首次获奖。

3. 镁企业研发实力显著加强

企业研发实力显著增强，同时越来越多的企业联合院所进行科技创新研发，真正实现了研有所用，对提高行业科技研发效率、加快科技成果转化意义重大。

（1）工信部认定山西银光华盛镁业股份有限公司为 2022 年国家技术创新示范企业。2022 年 10 月，工信部公布 2022 年国家技术创新示范企业名单，根据《技术创新示范企业认定管理办法（试行）》，认定包括山西银光华盛镁业股份有限公司在内的 65 家企业为 2022 年国家技术创新示范企业。

（2）宝钢金属启用技术中心研发实验室。宝钢金属技术中心研发实验室正式启用，标志着宝钢金属推进镁产业发展平台建设按下了“科技创新”加速键，这将有力提升宝武镁基新材料的核心技术自主创新能力，为推进宝武镁基新材料高质量发展注入新动能。

（3）东义镁业挂牌吕梁市变形镁研发应用工程技术研发中心。吕梁市变形镁研发应用工程技术研发中心在孝义市东义镁业有限公司挂牌。该中心由东义镁业有限公司与太原理工大学组建。吕梁市变形镁研发应用工程技术研发中心以“实现双方合作共赢、共同发展”为目标，以“补行业短板、高质量发展”为方向，以“成果导向、项目融合”为原则，融合项目共同研究、技术服务、人才培养三大功能，加大对变形镁合金工程应用的攻关力度，全面提高吕梁乃至全省、全国变形镁合金开发应用自主创新能力，为变形镁合金的持续发展提供重要的技术支撑。

（4）山西五龙集团与太原科技大学联合成立“五龙镁业5G车间智能化研究中心”。五龙镁业公司与太原研发团队已经完成新一代还原车间5G智能球团喂料机的设计和原型制作工作，正式进入试运行阶段。这项技术和装备可以显著提升生产效率，解决镁冶炼还原车间传统工作方式工作量大、环境高温多尘、影响人员健康安全等问题。

（5）山西省工信厅授牌成立山西省镁铝合金制造业创新中心、山西轻金属新材料产业技术研究院。山西省镁铝合金制造业创新中心由山西银光华盛镁业股份有限公司牵头，联合山西瑞格金属新材料有限公司、山西八达镁业有限公司、山西水发振鑫镁业有限公司等共同成立。山西轻金属新材料产业技术研究院是由山西瑞格金属新材料有限公司牵头，联合中北大学、太原理工大学、太原科技大学共同搭建的新型产业化研发机构。

4. 镁标准体系得到进一步完善

近几年国内陆续发布各方面涉镁标准，镁标准体系不断扩大，得到进一步完善。

2022年，业内共发布实施9项国家标准，分别是《镁合金牺牲阳极电化学性能测试方法》（GB/T 24488—2021）、《镁合金压铸转向盘骨架坯料》（GB/T 26495—2021）、《镁合金热室压铸机》（GB/T 25717—2021）、《镁及镁合金焊丝》（GB/T 41112—2021）、《镁合金压铸件》（GB/T 25747—2022）、《变形镁合金纤维组织检验方法》（GB/T 4296—2022）、《镁及镁合金板、带材》（GB/T5154—2022）、《镁及镁合金热挤压棒材》（GB/T 5155—2022）、《镁及镁合金热挤压型材》（GB/T 5156—2022）等。

（三）经营形势分析

2022年国内原镁生产较为平稳，陕西府谷地区部分企业因环保改造产量有所减少，其他地区生产基本有序进行，全年国内冶炼行业产能利用率近69%。

受原料价格回落影响，2022年镁冶炼成本较2021年下降，整体营收和利润均有所增长。具体国内供求情况见表8。

表8　2018—2022年国内镁市场供求情况表　　（万吨）

年份	2018年	2019年	2020年	2021年	2022年
产量	86.3	96.85	96.10	94.88	93.33
出口量	40.98	45.16	39.38	47.72	49.77
进口量	0.05	0.04	0.04	0.04	0.08
国内消费量	44.66	48.58	54.13	48.45	54.77

数据来源：海关总署、中国有色金属工业协会、镁业分会。

四、当前镁工业发展中需要关注的问题

（一）镁加工应用增长缓慢

从镁消费数据看，2022年国内镁消费54.77万吨，创出历史新高，其中镁加工17.08万吨，占国内消费的31.18%。近年来，国内镁加工应用增长较为缓慢，始终未能突破发展瓶颈实现规模化生产。一方面，镁价格频繁大幅波动严重打击下游企业信心，阻碍镁应用推广的顺利推进；另一方面，产学研用协同发展中存在研和用的脱节现象，科研机构等研发成果缺少市场或难以尽快为企业所用实现量产，而企业亟待解决的工艺技术问题需要企业自己进行研发探索，往往出现力不从心或解决问题时效滞后，影响镁应用创新技术的推广和先进技术的更新迭代。

（二）节能降耗问题仍是镁冶炼亟须解决问题

节能降碳问题始终是未来行业和企业发展过程中的重中之重。多年来我国镁冶炼在能耗指标上成绩斐然，随着国内外碳排放要求日益严格，镁冶炼能耗指标有进一步下调空间，4.5吨标准煤的要求既是目前企业的底限要求，也应是业内推进节能减排的下一个出发点。同时，目前业内冶炼水平还存在良莠不齐问题，需要出台一系列有关生产管理、冶炼技术、设备等行业规范。加强行业规范管理，有利于进一步推动冶炼设备专业化、装备自动化，提高行业整体水平，推动镁冶炼业高质量发展。

五、我国镁工业下一步发展重点

（一）加强业内信息共享

信息共享对促进行业沟通交流十分重要。充分的信息交流有利于提高企业间沟通交流效率，推动企业互利合作、减少内耗，加快科技成果转化。

镁业分会本着实事求是、服务企业的宗旨，一直以来将行业信息共享作为

一项主要工作内容，致力于向业界内外推广、宣传镁，为会员单位提供最新国家和地方政策法规、实时市场信息、行业动态、企业信息、技术研发等各方面免费信息。目前镁业分会主要宣传平台包括“中国镁业网”、《中国镁业》内部刊物及镁业分会微信公众号，均受到多方的关注和参与。下一步，镁业分会将进一步做好信息共享平台搭建，加强信息服务的及时性、权威性及全面性，加强国际信息交流，同时希望业内各界更多地参与进来，互通有无、加强合作。

（二）加强创新、推动成果转化

自工信部开展专精特新申报活动以来，业内申报企业逐年增多，其中镁粉、镁棒及加工部件领域较为集中，但从每年实际申请下来的结果看，确实需要工艺、设备或产品达到专精特新的要求的企业才能够脱颖而出。其中加强创新尤为重要，具有创新性的技术、工艺突破或产品创新是政策扶持的出发点。

企业创新包括人才培养、提高研发能力和促进科技成果转化。培养一批掌握科学技术的人才和建立科学的创新激励机制是提高企业科技创新能力的首要任务，通过懂技术的科技人才的培养能够不断提高企业自身科技研发能力。科技成果转化是推动企业创新的主要动力，建议企业积极联合对口院校或科研机构，将院校科研项目和企业实际需求结合起来，真正实现产学研用相结合目标。镁业分会也将继续发挥平台沟通交流作用，积极推动企业和院校的沟通与合作，进一步提高业内科技成果转化效率。

（三）加强标准体系建设和行业规范管理

作为产业链中耗能最多的镁冶炼依然是在节能环保问题上需要重点关注的环节，镁业分会一直以来十分重视以冶炼为主的行业环保问题。下一步，镁业分会将协助工信部继续做好《镁行业规范条件》的相关工作，同时将继续联合全国有色金属标准化委员会构建镁冶炼标准体系和建立行业规范，包括做好已通过立项的《镁冶炼生产企业节能诊断技术规范》《镁冶炼行业节能监察技术规范》《镁冶炼渣回收处理技术规范》等后续推动工作，争取尽快实施以进一步加强行业规范管理。同时协同推进《镁冶炼行业技术管理规范》的完善和立项。

（四）创新引领，推动镁产业高质量发展

创新是推动发展的动力和源泉，只有不断创新才能带来持续的高质量发展，镁业分会将继续致力于推进镁产业各个环节的创新和推广。

镁业分会重视镁冶炼技术的升级，一是推进冶炼技术、装备的改革创新及成熟技术的业内普及，随着大直径竖罐双蓄热底出渣炼镁技术的逐步完善，镁业分会将择机进行业内推广。二是推动工厂机械化、自动化和智能化管理，五龙镁业公司依托5G技术，成功将5G智能球团喂料机应用在镁冶炼还原车间，通过目前自动出渣的测试，和后期自动装料、自动出镁的探索，将实现镁冶炼还原车间全面自动化管理，该技术具备产业化条件后将在业内推广应用。

镁业分会将持续坚定不移地推广应用，继续着力推动上下游产业联动。本着共享资源、共创市场、共同发展的理念，联合汽车镁合金产业链各环节领跑者，建立镁行业上下游联动创新合作机制，共同推进镁合金产业链协同创新新模式。产业联动将主要聚焦下一代镁合金汽车零部件（轮毂、中控屏支架、前端模块、座椅骨架、内门板及新能源电池箱等）的科学研究、技术突破及产业应用的关键内容。

撰稿人： 孙　前、何新宇、史晓梅
张晶扬、曹佳音、范玉仙
审稿人： 林如海

2022年镍工业发展报告

一、2022年世界镍工业发展概述

根据国际镍研究小组（INSG）数据，2022年全球镍矿产量同比增加16.77%至316.1万吨。2023年预计在印尼需求继续大幅增加的拉动下，全球镍矿产量仍将继续增长。分地区来看，各大洲增量主要集中在亚洲、欧洲、大洋洲和非洲，美洲产量同比有所下滑。亚洲地区在印尼增量的带动下大幅增长，绝对增量也处全球前列（见表1）。

表1　2018—2022年全球镍矿产量

地区	镍矿产量（镍金属量）/万吨					同比/%
	2018年	2019年	2020年	2021年	2022年	
非洲	10.9	10.8	8.4	10.3	10.8	5.15
美洲	42.2	41.6	40.7	39.3	37.4	-5.00
亚洲	108.5	130.6	124.2	159.1	202.0	27.00
欧洲	28.7	28.5	29.7	24.9	26.9	8.22
大洋洲	41.2	40.3	40.3	37.1	38.9	4.96
总计	231.4	251.8	243.3	270.7	316.1	16.77

数据来源：INSG。

根据INSG数据，2022年全球原生镍产量为302.4万吨，同比增加16.03%（见表2）。在2022年高镍价的刺激下，各大洲原生镍产量同比均有所增长。其中增幅与增量最大的是亚洲，印尼继续保持全球原生镍第一生产大国的地位。欧洲除芬兰和俄罗斯原生镍产量增长，其他国家产量均有减少，随着俄镍（Norilsk Nickel）矿山透水问题得到解决，俄罗斯产量同比增长16.86%至14.2万吨。因能源价格持续高企，位于希腊、北马其顿等国的主要欧洲镍铁厂减产明显。

表 2　2018—2022 年全球原生镍产量

地区	原生镍产量（镍金属量）/万吨					同比/%
	2018 年	2019 年	2020 年	2021 年	2022 年	
非洲	7.3	7.3	3.9	7.0	7.6	9.64
美洲	29.2	28.0	27.1	26.4	28.9	9.62
亚洲	123.0	144.2	162.0	179.4	217.5	21.25
欧洲	39.0	39.9	39.5	34.9	35.0	0.44
大洋洲	22.2	19.5	18.8	15.6	16.3	4.57
总计	218.4	236.8	248.8	260.6	302.4	16.03

数据来源：INSG。

根据 INSG 数据，2022 全球原生镍消费量 291.1 万吨，同比增加 5.01%，增速不及 2021 年（见表 3）。从消费量占比看，中国在全球镍消费量占比进一步提升，由 2021 年 55.6%上升至 58.6%。从消费量变化看，全球消费增量主要由本就以绝对数量占全球过半比例的中国贡献，而减量主要出现在欧洲，欧洲原生镍消费同比减少 7.7%至 28.2 万吨。尽管 2022 年镍价持续高涨，中国受新冠疫情影响，供需表现不及预期，但是消费在新能源产业的助推下仍然实现了增长；欧洲受经济疲软及俄乌冲突下能源与原料价格高企、运输及劳动力资源不足，合金加工费高涨，尤其在下半年，多家不锈钢厂和合金厂停产，订单向海外转移，原生镍消费同比下降。

表 3　2018—2022 年全球原生镍消费量

地区	原生镍消费量（镍金属量）/万吨					同比/%
	2018 年	2019 年	2020 年	2021 年	2022 年	
非洲	2.3	1.7	1.2	1.0	1.1	0.96
美洲	17.2	16.2	13.7	13.9	14.7	5.63
亚洲	178.7	189.9	196.1	231.5	246.9	6.68
欧洲	34.3	32.5	27.9	30.6	28.2	-7.74
大洋洲	0.3	0.3	0.2	0.2	0.2	0.00
总计	232.7	240.5	239.1	277.2	291.1	5.01

数据来源：INSG。

二、2022 年中国镍工业发展概述

（一）经济运行情况概述

1. 2022 年中国原生镍生产消费同比增长

根据北京安泰科信息股份有限公司（以下简称“安泰科”）统计，2022 年中国原生镍产量同比增加 18.5%至 80.2 万吨，其中电解镍产量同比增长 7.4%至 17.3 万吨，镍盐（原生物料）产量同比增加 181.1%至 23.6 万吨，NPI 产量 39.3 万吨，同比下降 9.0%。从 2019 年开始，中国原生镍消费一直保持增长，从 2019 年的 133 万吨增长到 2022 年 167.6 万吨，复合增长率达到 6.39%，2022 年原生镍消费同比增长 8.7%。

2. 2022 年中国镍企业经营业绩亮眼

金川集团生产经营稳中有进，关键指标创历史最好水平，实现“双倍增”华丽开局。2022 年全年实现营业收入 3315 亿元，同比增长 25.5%；工业总产值 2199 亿元，同比增长 34.9%，全面完成年度生产经营任务和甘肃省稳定增长目标；利税总额突破 188 亿元，其中利润 105 亿元，同比增长 35.7%。格林美 2022 年度业绩预告称，预计 2022 年归属于上市公司股东的净利润 12 亿~14.77 亿元，同比增长 30%~60%。格林美坚持“新能源材料制造+城市矿山开采”的双轨驱动业务的产业基础，在战略资本、镍资源、关键技术创新等领域取得一批重大成果。华友钴业 2022 年三季报显示，报告期中华友钴业营收净利润双双增长，截至报告期末，该公司营业总收入 487.12 亿元，同比上升 113.69%，归母净利润 30.08 亿元，同比上升 26.98%。太钢不锈 2022 年年度业绩预告称，报告期内归属于上市公司股东的净利润为 1.3 亿~1.65 亿元，尽管预测比上年同期下降 97.39%~97.94%，但是在 2022 年整体市场需求较低的情况下仍实现了可观的正盈利。

（二）产业结构

根据中国有色金属工业协会数据，2022 年中国镍矿产量 109416 吨，同比增长 5.3%，其中甘肃开采量占总量的 90.7%，为 99277 吨，同比增长 5.1%；新疆开采量占总量的 9.3%，为 9418 吨，同比增长 9.9%。青海夏日哈木镍矿于 2022 年 12 月 31 日试车投产，预计 2023 国内镍矿产量将会进一步增长。

夏日哈木镍钴矿的成功投产对提高中国资源自主供应能力、降低镍对外存度具有重要意义。

根据安泰科统计，2022 年中国原生镍产量同比增加 18.5%至 80.2 万吨，其中电解镍产量同比增长 7.4%至 17.3 万吨，镍盐（原生物料）产量同比增加

181.1%至23.6万吨，NPI产量39.3万吨，同比减少9.0%。2022年以来镍价高企，刺激电解镍企业复产积极性，浙江华友、山东凯实分别于2022年一、二季度复产，带来稳定增量；新能源火爆带动硫酸镍需求，镍豆长期以来经济性差，年内印尼MHP产出放量，到年末，镍豆/镍粉在原料占比不足10%，MHP成为占比最高、经济性最强的原料。大量印尼产高镍生铁回流对中国镍生铁产量形成挤压，国内NPI与低成本的印尼镍铁相比劣势更为明显，叠加不锈钢需求疲软，2022年内国内铁厂时常因亏损而停产检修。预计2023年在印尼NPI回流的挤出效应下，国内NPI产量将继续减少，预计产量在35万吨左右。

（三）市场价格

2022年全年镍价高位运行，基本面偏弱，价格对宏观和产业信息冲击反应更加敏感。LME 3个月期镍年内最高101365美元/吨，最低18320美元/吨，年内平均26223/吨，较2021年平均水平高42%；沪镍主力年内最高281250元/吨，最低142500元/吨，年均价193574元/吨，较2021年平均水平高41%。

全年内外库存保持低位，对镍价高位运行提供支撑。流动性偏低，LME库存2021年平均值达到207294吨，2022年LME库存从年初10万余吨下行，一度低于5万吨，年末库存小幅回升至55000吨左右；逼空事件后，持仓量不断下滑，LME 3个月期镍持仓由年初22万余手降至年末仅13.4万余手。

（四）市场消费

2022年中国不锈钢镍消费113.2万吨，占比68%，受2022年不锈钢消费及出口走弱影响，较2021年略有降低。电池消费增长迅速，达到36.4万吨，占比21.7%。合金和铸造消费量9万吨，占比5.4%。电镀领域消费较为稳定，占比4.5%。其他行业包括催化、陶瓷、铸币等消费量1.5万吨，占比0.9%，保持稳定（见图1）。

2022年中国新能源汽车持续爆发式增长，产销分别完成705.8万辆和688.7万辆，同比分别增长96.9%和93.4%，连续8年保持全球第一。中国新能源汽车市场规模全球领先，品牌竞争力大幅提升。中国的三元电池和整车出口都呈上升趋势，头部新能源车企也纷纷布局海外，在全球扮演越来越重要的角色。镍价持续高位震荡，镍的高端和低端消费进一步割裂，纯镍消费集中于合金、电镀领域。合金铸造受油气、储能、军工、航空航天等领域推动，年内消费量增1.5万吨至约9万吨，预计2023年仍将保持稳定增长。

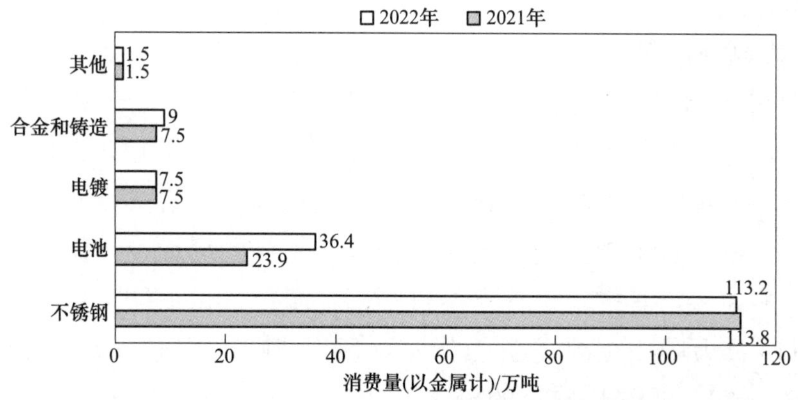

图 1 2021 年和 2022 年中国原生镍分领域消费情况

数据来源：安泰科

（五）进出口贸易

2022 年中国镍产品进口增减不一（见表 4）。2022 年镍价高涨，进口窗口时常关闭，进口常常亏损，而且镍豆作为硫酸镍原料失去其经济性。多种因素作用下，中国 2022 年进口精炼镍同比减少。随着中国在印尼投资的火法和湿法项目产量放量，中国自印尼进口的镍锍、镍湿法冶炼中间产品（MHP）、镍铁显著增加，印尼成为中国这几种产品最主要的供应国。印尼镍铁产量迅速爬坡，以其较高的品位和经济性对国产镍生铁市场份额形成挤压，国产镍生铁产量同比减少，对菲律宾镍矿需求下降，镍矿进口同比减少。

表 4 2020—2022 年中国镍进口情况

产品名称	进口量/万吨			同比/%
	2020 年	2021 年	2022 年	
镍矿	3925.7	4352.9	4001.8	-8.1
镍锍	1.1	1.6	18.4	1050.0
镍湿法冶炼中间产品	36.3	41.4	90.2	117.9
镍铁	341.1	372.5	591.5	58.8
精炼镍	13.1	29	15.5	-46.6
镍粉	2.0	2.5	3.0	20.0

数据来源：海关总署、安泰科。

2022 年中国一级镍出口 2.3 万吨，同比增加 305.97%。其中，出口主要目的地多为韩国和中国台湾等地。出口的增加一方面因为内外价差一度有利于出口，刺激国内电解镍企业销往海外；另一方面因为中国台湾等地也是 LME

亚洲仓库所在地。

（六）投融资情况

1. 海外镍项目进展情况

在全球新能源发展浪潮推动下，中国企业纷纷加强在印尼的湿法项目布局，由于 HPAL 项目技术相对复杂、资本支出较高、建设周期较长、维护成本高，该类项目投资越来越呈现由大公司合作或主导的局面，下游大型车企和电池企业也更多地参与其中。根据安泰科不完全统计，目前印尼已规划的湿法项目已达到 114.5 万吨，主要龙头为华友（54 万吨）、力勤（11.5 万吨）和格林美（7.3 万吨）。HPAL 项目的资本支出往往远大于 RKEF 项目。2022 年 3 月 23 日，华越镍钴项目高压酸浸第四系列实现满负荷生产，至此项目全线成功投料生产并完成各系列验证满负荷试车，标志着华越镍钴项目由建设期全面转入生产运营期。

印尼火法项目处于产能建设和释放的高峰期，据安泰科初步统计，截至 2022 年底，印尼在产镍铁项目产能达到 131.4 万吨，镍锍项目在产产能达到 34.5 万吨。近年来印尼镍铁项目大量放量，2022 年上半年产量爬坡明显，与之对应的，印尼成为中国主要的镍铁进口来源国。2022 年初，印尼规划到年底 NPI 达到 195 条之多，相比 2021 年新增 58 条生产线，实际到年末只有 174 条，新增 37 条生产线，其中大部分在上半年投产，下半年投产进度放缓，还有部分镍铁产线转产高冰镍，产量虽增但不及预期。2023 年预计还要新增投产 50 条生产线，约 58 万吨年产能，最终达到总计 224 条生产线，255 万吨年产能。增量主要集中于 IMIP 园区、IWIP 园区，上海华迪实业、青岛中程、银海万向、力勤集团、安胜丝路火法项目、Indoferro 等项目。

2. 中国镍项目投资情况

中国 NPI 产量近年来呈下降趋势，产能向印尼转移，新增国内镍产业投资项目集中在动力电池产业链领域，项目投入总量与规模呈现扩大趋势（见表 5）。许多大型项目的布局充分发挥产业集聚的区位优势，降低交通运输成本，提高项目或产业园的协同效应。

表 5　中国 2022 年新增镍项目投资

公司	项目	投资额/亿元	地点	进度
金川集团	10 万吨/年硫酸镍	8.9	甘肃金昌	2022 年 3 月开工，12 月 29 日试车
金川集团	28 万吨/年硫酸镍	24.89	甘肃金昌	2022 年 9 月开工，预计 2023 年 12 月完工

续表 5

公司	项目	投资额/亿元	地点	进度
华友钴业	3 万吨/年硫酸镍+2 万吨/年电解镍	14.9	浙江衢州	2022 年 10 月发布公告，预计 2023 投产
格林美	年产 10 万吨高纯镍钴盐晶体项目	3.1	湖北荆门	2022 年 9 月投产
中伟集团	高冰镍制备硫酸镍 9 万吨/年	18	广西钦州	2022 年 6 月投产
	高冰镍制备硫酸镍 8 万吨/年		贵州铜仁	2022 年 9 月投产
吉林吉恩	6 万吨/年硫酸镍		吉林	2022 年公布，预计 2024 年建成
内蒙古（奈曼）经安有色金属材料有限公司	120 万吨镍铁合金、60 万吨硅锰合金生产线、40 万吨高碳铬铁合金生产线、129.47 万吨炼钢生产线	150	内蒙古通辽	2022 年项目已累计完成投资 59.2 亿元。一期年产 120 万吨镍铁合金项目，计划建设 9 个车间，共 18 条生产线，目前 1 车间、2 车间已投产，3 车间具备条件，4~9 车间正在安装设备，设备安装完成后陆续投产
容百集团	年产 40 万吨高镍锂电池正极材料生产基地，项目分 3 期，首期 10 万吨	首期 75		2022 年 3 月开始建设，预计 2023 年 6 月投产
陕西聚泰	20 万吨/年硫酸镍	35	浙江舟山	2022 年 9 月公布，项目建成达产后，每年将生产出 20 万吨电池级高效硫酸镍、1.5 万吨硫酸钴、1.5 万吨硫酸锰、1000 吨碳酸锂，以及偏钒酸铵、钼酸等多个产品，预计年产值可实现约 100 亿元
桐乡时代	20 万吨/年硫酸镍，5 万吨三元前驱体	201	浙江桐乡	2025 年前投产
厦钨新能源	4 万吨/年三元前驱体	11.65	贵州福泉	2022 年 12 月公布，预计 2025 年第一季度投产

续表 5

公司	项目	投资额/亿元	地点	进度
格派镍钴	三元前驱体、硫酸镍一体化项目	101，一期48	广西钦州	2022 年 10 月开工
道氏技术	10 万吨三元前驱体，首期 5 万吨	154	安徽芜湖	2022 年 5 月开工，项目计划分为两期投资，一期投资 50 亿元，二期将在条件达成后分步实施。项目一期建成达产后，预计可实现年产 5 万吨三元前驱体、配套年产 3 万吨金属量硫酸镍液的生产能力；二期建成达产后，预计可实现年产 5 万吨三元前驱体、配套年产 2 万吨金属量硫酸镍液的生产能力

数据来源：企业公开信息，安泰科整理。

三、2022 年中国镍工业经济运行状况分析

（一）政策环境分析

2022 年镍价高涨进一步刺激了印尼镍矿开采热情，印尼总统及高级政府官员年内曾多次表示将加征镍铁出口关税，一度引起市场担忧，进一步推升镍价，但是 2022 年出口关税并未落地。WTO 对欧盟诉印尼禁止镍矿出口一案做出裁决，印尼败诉但仍坚持立场并上诉。从进出口政策来看，高镍价有利于印尼产业发展，且印尼生产成本较低，即使有少量出口关税，产品的价格竞争力仍然较强，且目前印尼的主要镍产品仍为明显过剩的二级镍，并非可交割的一级镍，因此影响也较为有限。

美国于 2022 年 8 月宣布的《通货膨胀削减法案》制定了新的电动汽车及电池税收抵免规定，一方面，要求电动汽车及其电池关键部件都必须在北美生产，美国消费者购买电动车时才能享受最高 7500 美元的税收抵免。另一方面，车企在美国生产电池，可获得 35 美元/千瓦时的电池税收抵免，而且电池模块生产商还将获得 10 美元/千瓦时的电池税收抵免。这一法案将在一定程度上削弱欧洲在海外新能源布局上的吸引力。

2022年底，新能源车购置补贴结束，刺激了一部分消费者提前消费，但是免购置税政策将延续到2023年底，2022年底一些车企降价促销，预支一部分2023年第一季度的新能源消费。但是新能源产业发展前景喜人，中国新能源市场渗透率快速攀升，中国新能源汽车已迈入市场驱动为主的规模化、高质量快速发展新阶段，退补是产业发展的必经之路，可持续发展能力进一步增强。

（二）产业结构调整情况

2022年是印尼湿法与火法项目集中放量的一年，随着在建项目的投产和新项目的规划，印尼的产量还将继续增长，也吸引着海外知名下游企业前去合作布局。投资方、印尼政府和下游消费领域越来越注重产业链的ESG表现，这种趋势推动印尼新的产线在质和量上都寻求新的突破，产业园的集聚效应不断增强，天然气、光伏、风能与水电项目将不断助力印尼镍产品降低碳排放。

与印尼相比，中国的镍生铁生产成本偏高，年内时常有镍铁企业因亏损减产停产，镍生铁-不锈钢一体化工厂尚能维持镍生铁生产。印尼不锈钢产能已超600万吨，而随着印尼不锈钢厂产能爬坡，中国部分300系不锈钢产能向印尼转移，中国不锈钢产能集中度进一步增强，产品技术创新不断推动产业升级。

新能源企业前景广阔，头部企业纷纷发挥优势，抢占市场。在原料端，力勤、华友、格林美是印尼湿法项目的主要投资者。在加工环节，从硫酸镍到前驱体再到正极材料的一体化工厂成为发展主流，中伟、格林美、华友占全国近半数硫酸镍产能。

（三）经营形势

1. 全球镍市场总体过剩，但是存在阶段性供需错配

2022年全球原生镍供应从短缺进入过剩，由于镍产品结构复杂，结构性失衡依然存在。2022年3月以来，全球镍交易的大环境没有得到根本的改善，期货市场交易的是电镍，而镍市场供需两端增加的却是含镍生铁、硫酸镍或者高冰镍、MHP等中间品，且硫酸镍和镍铁对电镍存在不同程度的升贴水。镍铁和硫酸镍更能反映实体经济的冷暖，电镍更多地反映了资金博弈的结果。因此期货市场的镍价对现货价格指导能力减弱，阻碍交投活动。印尼镍项目产量放量增加了二级镍供应，镍市场整体供应过剩，虽然有计划内检修，2022年

世界主要原生镍生产商产量整体高于2021年，但并未达到以往平均水平（见表6）。

表6　2020—2023全球供需平衡和库存情况（以金属量计）　（万吨）

年份	2020年	2021年	2022年	2023年[①]
产量	248.9	260.9	302.4	340.5
消费量	238.5	276.6	291.1	328.3
供需平衡	10.4	-15.7	11.3	12.2
年末报告库存[②]	26.3	10.43	5.66	16

数据来源：INSG、安泰科。

①2023年数据为预测值。

②报告库存为LME和SHFE两个期货市场的库存总和。

2. 中国镍表观消费量增长

根据安泰科统计，2022年中国原生镍表观消费量为180.2万吨，同比增加14.7%（见表7），由于MHP相对于镍豆经济性高，供给充足，原生物料生产的硫酸镍产量明显提升，贡献了主要增量，净进口较上年同比增加，但是考虑到年内进口窗口时常关闭，保税区也存在一定累库。

表7　2020—2022年中国原生镍表观消费量

统计项目	原生镍表观消费量/万吨			同比/%
	2020年	2021年	2022年	
电解镍+通用镍产量	17.5	16.1	17.3	7.45
镍盐产量	6.4	8.4	23.6	180.95
含镍生铁	50.5	43.2	39.3	-9.03
原生镍产量	74.4	67.7	80.2	18.5
净进口量	66.8	89.4	100	11.9
表观消费量	141.1	157.1	180.2	14.7

数据来源：安泰科。

3. NPI在不锈钢原料中占比进一步增加

2022年中国不锈钢行业镍的消费量为113.2万吨，同比略降。中国不锈钢镍消费结构中，NPI占比进一步提高至72.6%，其中来自印尼的占47.4%、国

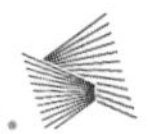

产占25.2%；电解镍占1.5%；进口镍铁占比7.7%，进口镍铁数据下降得比较明显，由于能源价格上涨，海外镍铁生产成本上升，冶炼活动下降，且镍铁生产商更倾向将产品出售给欧盟、日本、韩国等国家和地区。2022年来自印尼的NPI继续保持增长，而随着中资企业在印尼不锈钢产能扩大，国内消费的印尼NPI增速或将下降。

4. 2022年电池用镍显著增加

根据安泰科统计，中国2022年电池行业中镍消费量同比增长52.3%至36.4万吨。中国新能源汽车2022年市场占有率提升至25.6%，高于上年12.1个百分点，纯电动汽车销量536.5万辆，同比增长81.6%。动力电池装车量方面，根据中国汽车动力电池产业创新联盟数据，2022年国内动力电池装车总量达到294.6吉瓦时，同比增长90.7%。三元电池累计产量212.5吉瓦时，占总产量38.9%，累计同比增长126.4%；装车量累计294.6吉瓦时，同比增长90.7%，其中三元电池累计装车量110.4吉瓦时，占总装车量37.5%，累计同比增长48.6%。虽然当前LFP凭借经济性优势占装机量一半以上，但是三元产量和装机量占比趋于稳定，未来还有增长空间。中国的三元电池和整车出口都呈上升趋势，头部新能源车企也纷纷布局海外，在全球扮演越来越重要的角色。储氢合金、球镍等其他电池行业用镍量在2万吨，近几年较为稳定，变化不大，尤其是储氢合金中镍的用量基本稳定在5000吨/年，未来随着氢燃料汽车的量产化和储氢电站的建设，储氢领域中镍的消费潜力也值得期待。

四、当前中国镍工业发展中需要关注的问题

（一）降低海外项目碳排放

2021年9月中国宣布海外“退煤”之后，国内政策、金融等领域支持力度加大，带动海外能源投资逐渐低碳化。2022年3月，发改委等四部委联合发布了《关于推进共建“一带一路”绿色发展的意见》，提出“全面停止新建境外煤电项目，稳慎推进在建境外煤电项目。推动建成境外煤电项目绿色低碳发展”。这是继2021年9月中国承诺境外“退煤”之后，首次由官方阐释了针对处于不同建设阶段的海外煤电项目的具体要求。受这些政策影响，2021年9月至2022年4月期间有15个中方参与投资或建设的煤电项目被取消。但是，已签约和实现融资关闭但还未开工的项目及位于工业园区的自备燃煤电厂项目的推进仍具有不确定性，主要是因为中方单方面解除合同会引发相关的违约赔偿。2022年1月6日，生态环境部、商务部联合印发《对外投资合作建设项目生态环境保护指南》，聚焦于“一带一路”项目整个生命周期环境风险管

理，鼓励企业采用国际组织和多边机构的通行标准或中国更严格标准开展投资合作活动。政策出台的密集程度彰显了各主管部门加速海外项目低碳化的一致决心。在中国对印尼投资的镍冶炼项目中，使用燃煤发电的火法冶炼项目占据多数，下游使用者越来越重视原材料能耗与碳排放问题，中国海外镍冶炼项目应当积极提升能源使用效率，积极开发清洁能源。

（二）中国镍对外依存度高

中国是全球最大的原生镍消费国，从产量口径来统计，2015 年以来，中国镍对外依存度一直保持在 80%以上；从消费的口径来计算，近三年中国原生镍对外依存度均在 90%以上，2022 年达到 93.4%。因此，保障资源与供应链安全，持续研究重要资源国与消费国的产业政策十分有必要。

（三）中国镍产品定价权有限

海外主要镍产品定价方式往往都以 LME 官方现货价为基准，而中国镍产品价格定价方式较为灵活，二级镍的价格和一级镍价差扩大。中国原料多来自国外，如 MHP 来自印尼，用于制造 NPI 的镍矿来自菲律宾，原则上原料价格以 LME 价格为基准，但是当原料供过于求时，冶炼厂的话语权则会增强。NPI 价格根据钢厂招标价格进行定价，在印尼镍铁大量回流的冲击下，国内 NPI 价格持续承压。2022 年，印尼产 MHP 凭借其经济性逐渐成为中国硫酸镍的主要原料，硫酸镍与镍价相关性进一步减弱，市场供需和成本是主要影响价格的因素；一级镍往往根据沪镍主力升水报价。

2022 年 3 月以来，全球镍交易的大环境没有得到根本的改善，期货市场交易的是电镍，而镍市场供需两端增加的却是含镍生铁、硫酸镍或者高冰镍、MHP 等中间品，硫酸镍和镍铁对电镍的贴水不断加深。镍铁和硫酸镍更能反映实体经济的冷暖，电镍更多地反映了资金博弈的结果。因此期货市场的镍价高企导致对现货价格指导能力减弱，阻碍交投活动。当期货价格与市场情绪偏差较大时定价方式可能会发生变化，而上期所镍期货对应的交割品是精炼镍，无法反映当前主要由二级镍占领的市场状态，尽管中国是全球第一大镍消费国，中国的期货价格对海外影响力仍然有限。

五、中国镍工业下一步发展重点

（一）增强海外镍资源的投资

中国对外镍产业投资往往集中于加工环节，矿权一般在海外大矿企或当地国家企业手中。为了保障国内产业链和供应链安全，建议加强对矿山资源的获

取能力。近年来，菲律宾与印尼多次提出延长产业链、对现有出口镍产品征税或加以限制的政策构想。澳大利亚、加拿大等美国盟国也是中国镍原料进口来源国，其产业政策也应当予以研究与关注。投资个体和国家都应当积极开展对投资国的法律政策研究，减轻项目风险造成的影响。

（二）制定和完善电池与不锈钢回收利用标准体系

与欧美国家60%以上的废钢利用率相比，国内不锈钢废料利用水平仍然偏低。动力电池回收仍在起步阶段。随着动力电池报废回收逐渐起量，推动高效拆解、再生利用等技术攻关，不断提高回收比率和资源利用效率，有助于扩大国内镍资源的供应渠道，改善供需状况，降低对外依存度。

（三）加紧研究增设镍期货品种，增强中国定价权

当前期货交易所的交割品仍是纯度较高的一级镍，而镍的产品结构较为复杂，且一级镍在消费领域中占相对较小的份额，在价格高企的背景下，一级镍消费更加集中在高端不锈钢、高温合金和电镀领域中。而NPI、硫酸镍虽然生产和消费量大，但是没有直接对应的期货合约，其生产厂家往往面临产品与标的不同的交叉套保的高风险。国外期货交易所也纷纷着手布局电池金属材料的相关期货品种开发，2021年，LME已经和Fastmarkets合作上市氢氧化锂期货，以现金结算非实物交割；2021年，CME也与Fastmarkets合作上市了电池级氢氧化锂期货，以CIF中日韩现货报价进行结算，该评估反映了该产品中国、日本和韩国的成本、保险费及运费现货价格，交割月份的平仓价格将为合约内标的周报价的算术平均。根据《危险化学品安全管理条例》的规定，氢氧化锂是第8类有腐蚀性物质，采用现金而非实物交割大大减少了运输和仓储中的风险，这也给中国镍期货品种研究提供了参考。

建议增加对其他镍期货品种可行性的研究，增设九类危化品指定保税仓储基地，按“坚持自主可控、安全高效，分行业做好供应链战略设计和精准施策，推动全产业链优化升级”要求，谋划和做好进口镍钴产品专用仓库建设工作，为确保中国新能源产业链供应链安全、持续走在全球新能源产业发展前列奠定坚实基础。发挥金融市场蓄水池和连通器的功能，使镍价运行更加平稳，保护行业生态，也有利于提高中国价格话语权。

（四）切实做好镍产品碳足迹管理

中国政府做出了在2030年碳达峰、2060年实现碳中和的承诺，欧盟“Fit for 55”计划在2055年实现碳中和，“碳边境调节机制”是该计划中的关键举

措之一，而该政策会导致中国对欧盟出口的包括不锈钢在内的多项产品面临更高的碳关税。节能降碳越来越成为各国企业绕不开的环节，从原料获取到下游加工，建立健全完善的碳足迹核算体系，有助于促进中国镍企业与国际接轨，占据更高市场份额，实现高品质发展。

撰稿人：吴晓然、白　勐

审稿人：徐爱东

2022年钴工业发展报告

一、2022年世界钴工业发展概述

（一）2022年全球钴原料产量同比增长21%

据北京安泰科信息股份有限公司（以下简称“安泰科”，文中数据如无特殊说明，均来自安泰科）统计，2022年全球钴原料产量为19.8万吨，同比增长21%。分国别来看，刚果（金）产量14.1万吨居全球首位，占比下降至71.3%；印尼钴产量近1.2万吨，跃升为全球第二大钴原料生产国，占比上升至6%；澳大利亚6200吨，占比3%。2022年钴原料增量主要来自刚果（金）和印尼，其他国家产量基本与上年持平。预计2023年全球钴原料产量将达到22.4万吨。

（二）2022年全球精炼钴产量同比增长10%

2022年全球精炼钴产量18.2万吨，同比增长9.4%。分国别来看，中国精炼钴产量全球占比达76.7%，芬兰为7.9%，加拿大、日本、挪威、马达加斯加的占比分别为4.2%、2.3%、2.1%和1.7%。

（三）2022年全球精炼钴消费量增长6.6%

2022年全球钴消费量为17.7万吨，同比增长6.6%。其中电池行业消费量为13.3万吨，占比为75.4%；高温合金领域的消费量为1.45万吨，占比为8.2%；硬质合金、硬面材料、玻陶制品、磁性材料和催化剂行业占比分别为4%、1.9%、2.6%、2%和1%。

2022年受疫情反复、通货膨胀和俄乌地缘政治冲突升级的影响，全球3C数码电子产品消费需求受到抑制，该领域钴消费量达到4.9万吨，消费占比为27.9%，同比下降17%；全球新能源电动车销量超预期，三元动力电池领域钴消费量达8.3万吨，消费占比为47.2%，同比增长63%。

二、2022年中国钴工业发展现状

（一）经济运行情况概述

据安泰科统计，2022年中国钴矿产量为2050吨，在新能源汽车产销两旺的形势拉动下，精炼钴产量为13.8万吨，同比增长7.8%，中国是全球最大的精炼钴生产国。

2022年中国钴行业生产开工率约60%，产品价格保持低位运行，企业在原料倒挂中遭受较大损失。一季度在新能源汽车领域钴需求量快速增长的带动下，我国精炼钴生产形势较好，但进入二季度以后，华东地区因疫情封控对新能源汽车供应链造成扰动，终端消费需求开始减弱，导致精炼钴产量开始下滑。三季度终端消费需求开始回暖，生产开始恢复，进入12月，电动乘用车需求下滑，受动力电池领域消费需求下降的拖累，精炼钴产量环比下降。

（二）市场价格

2022年中国金属钴均价为42.7万元/吨，同比上涨22.3%，总体呈现前高后低的走势。一季度，海外电池、航空和军工领域需求提升，供应紧张叠加非洲物流运力紧张，国内外钴价均上扬，3月中旬金属钴价格达到56万元/吨，为年内最高点。进入4月以来，受锂和镍价暴涨和上海疫情封控的影响，三元电池领域需求断崖式下跌。钴冶炼企业订单被大幅取消，国内钴盐价格持续下行，国内外钴价倒挂严重，钴冶炼企业遭遇严重损失。二季度需求持续收缩，预期进一步减弱，金属钴价格一路下跌。三季度动力电池领域钴消费大幅回升，但消费类电池领域钴需求恢复不及预期，受收储消息的影响，钴价开始止跌反弹。四季度动力电池领域需求开始转弱，消费类电池消费需求进一步减弱，钴价承压下行。

（三）市场消费

2022年中国钴消费量为11.9万吨，同比增长7.5%。国内钴消费主要分布在电池材料、硬质合金、高温合金、磁性材料和催化剂等领域，消费占比分别为87.2%、3.8%、3.8%、1.6%和1.6%。锂电行业消费量达10.4万吨，同比增长8.7%，其中3C消费类电池钴消费量大幅下滑，全年钴酸锂消费量4.5万吨，同比下降16%；NCM正极材料消费量5.9万吨，同比增长40%。

（四）进出口贸易

2022年中国进口各类钴产品总计50.7万吨（实物量），累计进口金额为63.8亿美元（见表1）。根据海关数据，2022年中国钴精矿、钴湿法冶炼中间品、镍湿法中间品带入钴和白合金进口总量约为12.4万吨（金属量），同比增加21%。其中钴湿法冶炼中间产品在进口原料中所占比重约为84%，进口镍湿法中间品带入钴比重为11%，钴精矿占比为2%，白合金为3%。

表 1　2022 年钴产品进口数据汇总

商品名称	进口量/吨	进口金额/万美元
钴矿砂及其精矿	26272	14022
钴湿法冶炼中间产品	346207	550675
锂镍钴铝氧化物	19459	4337
锂镍钴锰氧化物	91730	161
镍钴铝氢氧化物	516	249
镍钴锰氢氧化物	7975	16742
其他钴锍及冶炼钴时所得的中间产品；粉末	10998	26890
四氧化三钴	75	419
未锻轧钴（金属钴）	2731	17441
未列名钴的氧化物及氢氧化物；商品氧化钴	96	274
锻轧钴及钴制品	1067	7499
硝酸钴	41	49
碳酸钴	16	12
总计	507183	638770

数据来源：海关总署、安泰科。

2022 年中国未锻轧钴（金属钴）进口量约为 2731 吨，同比下降 56%，进口额 1.7 亿美元。分国别看，加拿大占 45.2%，澳大利亚占 26%，马达加斯加、日本、赞比亚和英国占比分别是 8.7%、7.3%、4.8%和 3.9%。

同期，我国 NCM 前驱体进口量为 7975 吨，同比约增长 42%，进口额 1.67 亿美元。按进口来源国进行统计，日本为我国三元前驱体最大的进口来源国，占比达 60%位列第一，韩国占 24%位列第二，中国复进口占比 14%列第三，来自芬兰和新加坡的进口占比均为 1%。按照贸易方式看，2022 年中国进口的三元前驱体以一般贸易的形式进口比重达到 55%，以进料加工贸易形式进口的占比为 45%。

2022 年我国四氧化三钴进口总量为 75 吨，同比减少 21%，进口额接近 419 万美元；从进口来源国来看，中国复进口占比达 78%，来自比利时的进口占比达 20%，芬兰和日本的占比均为 1%。按照贸易方式进行统计，2022 年中国所进口的四氧化三钴以一般贸易的形式进口比重达到 78%，以一般贸易形式进口的占比为 22%。

2022年中国出口各类钴产品总计26.6万吨，出口总额为72.9亿美元（见表2）。金属钴出口总量为3122吨，同比增长192%，出口额达1.95亿美元。按出口目的地进行统计，荷兰是最大的出口目的地，占比达到31.8%，中国台湾占比24.5%，加拿大、澳大利亚、印度和中国香港占比分别是8.3%、5.6%、2.3%和1.9%。按照贸易方式进行统计，2022年中国所出口的金属钴以海关特殊监管区域物流货物的形式进口比重达88.3%，一般贸易、进料加工贸易和来料加工贸易占比分别为10.4%、0.9%和0.4%。

表2 2022年钴产品出口数据汇总

商品名称	出口量/吨	出口金额/万美元
锂镍钴锰氧化物	104531	476406
锂镍钴铝氧化物	4576	19148
氯化钴	1422	1945
镍钴铝氢氧化物	11657	22033
镍钴锰氢氧化物	129537	255276
其他钴锍及冶炼钴时所得的中间产品；粉末	977	6384
四氧化三钴	4842	23179
碳酸钴	2064	5892
未锻轧钴（金属钴）	3122	19458
未列名钴的氧化物及氢氧化物；商品氧化钴	1299	5046
草酸钴	1980	4470
硝酸钴	68	99
锻轧钴及钴制品	111	811
钴废料及碎料	140	247
总计	266326	728680

数据来源：海关总署、安泰科。

同期NCM前驱体出口量为13万吨，同比减少5%，出口额为25.53亿美元。从出口目的地来看，韩国为第一大出口目的国，2022年有98%的三元前驱体出口到韩国，波兰和德国的占比各占1%。按照贸易方式进行统计，2022年中国所出口的三元前驱体以一般贸易的形式进口比重达到82%，以进料加工贸易、保税监管场所进出境货物、海关特殊监管区域物流货物的形式进口的占比为分别为13%、3%和2%。

2022年NCM出口总量为10.4万吨，同比增长54%，出口额达47.64亿美

元。从出口目的地来看，韩国占比65%位列第一，波兰和日本占比分别为14%和13%列第二位和第三位，匈牙利和瑞典的占比均为3%，其余2%出口至美国、马来西亚和泰国。按照贸易方式进行统计，2022年中国所出口的NCM以一般贸易的形式出口比重达到46%，海关特殊监管区域物流货物、进料加工贸易、保税监管场所进出境货物出口占比分别为42%、11%和1%。

同期，四氧化三钴出口量为4842吨，同比减少23%，出口额接近2.3亿美元。从出口目的地来看，韩国为第一大出口目的国，2022年有65%的四氧化三钴出口到韩国，9%出口到西班牙，比利时、荷兰、日本和其他占比分别为7%、7%、2%和10%。按照贸易方式进行统计，2022年中国所出口四氧化三钴以一般贸易的形式进口比重达到94%，以进料加工贸易形式出口的占比为6%。

（五）投融资情况

据不完全统计，2022年中国钴行业的投资额约为878.03亿元，融资额约为269.48亿元，资金主要用于钴资源开发、镍钴锰酸锂三元前驱体和三元正极材料项目（见表3）。

表3　2022年中国钴行业投融资情况

时间	公司	投资额/亿元	投资项目简介
2022年1月	邦普时代	320	宜昌邦普时代4万吨钴酸锂、18万吨三元前驱体和正极材料
2022年4月	厦钨新能	4.7	海璟基地1.5万吨三元正极材料产能
2022年5月	华友钴业	23.27	新建6.6万吨三元正极材料产能
2022年6月	华友钴业	176.8	新建华山镍钴12万吨镍金属量氢氧化镍钴湿法项目
2022年6月	洛阳钼业	124.16	新建9万吨铜和3万吨钴原料产能
2022年8月	容百科技	44.2	仙桃一期年产10万吨锂电正极材料产能
2022年8月	容百科技	7	新建遵义2期3.4万吨锂电正极材料项目
2022年8月	容百科技	7.9	新建韩国忠州1~2期年产1.5万吨锂电正极材料项目
2022年11月	中国有色/厦门钨业	100	新建2万吨四氧化三钴、4万吨三元前驱体产能
2022年12月	当升科技	70	新建15万吨三元正极材料产能
合计		878.03	

续表 3

时间	公司	融资额/亿元	融资资金用途
2022 年 2 月	华友钴业	56	5 万吨高镍型动力电池三元正极材料、10 万吨三元前驱体材料一体化项目，年产 5 万吨高性能动力电池三元正极材料前驱体项目
2022 年 3 月	腾远钴业	16.98	年产 2 万吨钴、1 万吨镍金属量系列产品异地智能化技术改造升级及原辅料配套生产项目（二期）
2022 年 3 月	长远锂科	14.5	新建 4 万吨三元正极材料产能
2022 年 3 月	容百科技	60	新建年产 6 万吨三元正极材料前驱体生产线
2022 年 6 月	华友钴业	122	年产 12 万吨镍金属量氢氧化镍钴湿法项目（华山镍钴）
合计		269.48	

数据来源：公开信息。

三、2022 年中国钴工业经济运行状况分析

（一）政策环境分析

根据国家对新能源汽车发展的系列政策及规划，新能源汽车购置补贴政策于 2022 年 12 月 31 日终止，在此之后上牌的车辆国家将不再给予补贴。随着补贴政策的取消，消费者将更加注重销售价格，短期来看对动力电池领域钴消费需求将产生不利影响。

2022 年 12 月 29 日国务院关税税则委员会发布 2023 年关税调整方案，自 2023 年 1 月 1 日起我国将调整部分商品的进出口关税，其中未锻轧钴（金属钴）实施零关税。澳大利亚与中国此前已签署了自由贸易协定，中国从澳大利亚进口的金属钴关税已经降为零。RECP 自贸协定已于 2022 年 1 月 1 日生效，中国从日本进口的金属钴关税也已下调为零。马达加斯加和赞比亚作为非洲最不发达国家之一，中国对其所生产的金属钴近年来也采取了零关税政策。此次政策调整后，将有利于中国从俄罗斯、摩洛哥、挪威和加拿大进口金属钴。

（二）产业结构调整情况分析

1. 印尼中资企业钴产能扩大有效降低对刚果（金）的依赖

2022 年全球钴原料产量中，刚果（金）占比为 71.3%、印尼为 6%，随着印尼 HPAL 项目副产钴产能的增加，预计到 2025 年刚果金原料占比为 65%、印尼提升至 23%，未来来自印尼的红土镍矿将成为不可忽视的增量来源。

印尼青美邦镍资源一期工程（3 万吨金属镍）于 2022 年 9 月投产，二期工程（4.3 万吨金属镍）已经进入设计与关键设备采购阶段，预计 2023 年底投产。9 月华友钴业发布公告，将与淡水河谷印尼合作对 Sorowako 矿山红土褐铁矿进行加工处理，项目年产能为 6 万镍金属量的 MHP。11 月，华友钴业发布公告，将与淡水河谷印尼合资建设 12 万吨镍金属量 KNI（PT Kolaka Nickel Indonesia HPAL）红土镍矿湿法冶炼项目，预计伴生钴 1.5 万吨；目前全球正在建设的其他 HPAL 项目还有力勤二期和三期项目（共 7.8 万吨镍金属量）、华飞 HPAL（12 万吨镍金属）、华山 HPAL（12 万吨镍金属）项目，加上 2021 年已经投产的力勤 HPL 项目一期和华越项目，未来五年印尼红土镍矿湿法冶炼项目伴生钴产量有望达到 6 万吨金属钴。

2. 下游企业积极布局上游钴资源

2022 年 7 月 21 日，洛阳钼业发布公告称，KFM 控股有限公司 25%的股权已完成转让给时代新能源，股权转让完成后，洛阳钼业与宁德时代分别间接持有位于刚果（金）的 Kisanfu 铜钴项目 71.25%和 23.75%的权益。按照协议，洛阳钼业和宁德时代将根据持股比例承担资本支出，共同投资开发刚果（金）KFM 铜钴矿，将其建设成世界级铜钴矿，并按持股比例包销该项目所生产的铜钴产品。

3. 产能集中度还将进一步提升

从钴原料生产角度来看，国内钴原料生产主要集中在洛阳钼业、中色矿业、北方矿业、华友钴业、宁波力勤、金川集团等企业，2023 年随着洛阳钼业 KFM 一期项目和 TFM 混合矿项目投产，其钴原料产能有望达到 6 万吨，成为全球最大的钴原料生产企业。

从冶炼生产角度来看，华友钴业精炼钴产能超过 4 万吨，格林美超过 3 万吨，是全球最大的精炼钴生产企业。2022 年格林美、腾远钴业、寒锐钴业、格派钴业积极扩充产能，我国年产能在 1 万以上的精炼钴厂家有华友钴业、格林美、金川集团、佳纳能源、新时代中能、腾远钴业、格派镍钴、寒锐钴业八家企业，目前腾远钴业 2 万吨和科立鑫 4500 吨金属量钴冶炼产能正处于建设阶段。

（三）经营形势分析

1. 生产情况分析

从资源端看，2022 年国际疫情防控形势仍然严峻复杂，人员流动受阻，物资运输不畅。刚果（金）电力基础设施建设滞后，随着在刚矿山企业的陆续投产达产，电力供应短缺成为制约企业生产的重要因素。

精炼生产方面，2022 年中国精炼钴产量为 13.8 万吨，同比增长 7.5%。其中金属钴产量 9530 吨，同比增长 36.8%；钴盐产量 11.9 万吨，同比增加 13.1%。尽管 3C 数码消费疲软，但在动力电池领域钴消费量快速增长驱动下，行业企业开工率保持中等水平，总体呈现扩张态势。虽然局部地区受到了疫情反复的影响，全年产量仍实现了小幅增长。

2. 供需情况分析

据安泰科测算，2022 年中国精炼钴表观消费量为 11.9 万吨，同比增长 10%（见表 4）。尽管 3C 数码领域消费低迷，但在新能源汽车产业快速发展的驱动下，中国精炼钴消费量依然实现了正增长。我国精炼钴产量 13.8 万吨，同比增加 7.8%，另外，精炼钴出口量较上年出现了下降，主要是因为 3C 产业链产品和三元前驱体出口量下降所致。

表 4　2020—2022 年中国精炼钴表观消费量　（万吨）

项目	2020 年	2021 年	2022 年
产量	10.4	12.8	13.8
进口量	0.8	0.7	0.7
出口量	2	2.7	2.6
表观消费量	9.2	10.8	11.9

数据来源：安泰科。

四、当前中国钴工业发展中需要关注的问题

（一）资源国矿业政策变化使得中资企业面临经营风险

根据外媒报道，自 2022 年 7 月开始，刚果（金）法院临时任命的管理人员要求洛阳钼业 TFM 项目暂停产品营销和出口，并称洛阳钼业通过低估储量水平，减少了付给 Gecamings 公司的特许权使用费。2 月，Gecamings 公司就曾因额外特许权使用费问题起诉洛阳钼业，在双方沟通后，刚果公司停止起诉。然而，2022 年 6 月这家公司又称洛阳钼业低估了储量水平，减少了支付的额外特许权使用费，并要求中企分享自 2022 年 1 月 1 日起的所有营销和出口信息，否则阻止洛阳钼业的生产营销及出口，甚至称要将矿收回。目前该事件仍在处理中，截至 2022 年底，TFM 项目的铜钴产品仍无法正常办理出口手续。

（二）国内金属钴产能持续扩张有望缩小各钴产品和区域之间的价差

2022 年二季度开始国内金属钴相对钴盐存在较高溢价，高峰时期达到 10 万元/吨。此外，外盘金属钴价持续高于内盘，金属钴出口获利窗口开启，

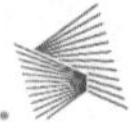

上述原因导致国内冶炼企业积极扩充金属钴产能，刺激冶炼厂将钴盐转产金属钴并用于对外出口。目前，格林美、腾远钴业、寒锐钴业、格派钴业、中伟股份等企业均制订了扩产或新建产能计划，预计2024年上半年国内金属产能将增至2.4万吨/年。随着金属钴产能的持续扩张，未来金属钴供应增加，钴盐与金属钴之间的价差会逐渐收窄，同时，内外盘金属钴价差也将逐渐缩小，最终达到新的平衡状态。

（三）地缘政治风险带来对钴新的重视

随着动力电池材料高镍降钴的趋势日益明显，钴对动力电池行业中的重要性在减弱。但钴传统上就是战备物资，在电池用钴前，钴在国防军工等领域就有广泛应用，而且军备领域对成本不太敏感。俄乌地缘政治冲突升级后，北约成员国同意将军费增至GDP的2%，德国、比利时等国家在俄乌冲突爆发时即宣布增加军费。

俄乌冲突及不断上升的亚洲紧张局势，导致国防预算逐年快速增长。截至2022年9月8日，美国已向乌克兰提供了152亿美元的军事援助，2023年这一数值还将提高至450亿美元；英国国防预算增加到GDP的25%，其中28亿美元资金用于给乌克兰提供军事援助；德国将增加1020亿美元用于军队现代化；法国计划在2023年将国防预算增加30亿美元；日本计划将国防预算提高到2%，支出增加一倍；未来地缘政治因素导致各国军费开支持续增长，将提升高温合金领域钴需求，预计到2024年，高温合金领域钴消费占比将提升至10%。

（四）美国《通胀削减法案》或加速新能源产业链重构

《通胀削减法案》将推动全球产业链加速重构，对全球清洁能源供应链格局产生深远影响。对于中国企业来说，机遇与挑战并存，一方面，《法案》刺激下产生的新增市场需求，为中资企业提供新的市场和商机。另一方面，《法案》中对于补贴的排他性条款将加快美国新能源产业本土化进程，中国企业将面临更加复杂的市场环境。《法案》规定，将向二手电动车消费者提供税收抵免，但前提条件是：对于2024年1月1日前投产的车辆，汽车电池中至少40%的金属原料和矿物（例如锂和钴）要在美国或者与美国签署自由贸易协定的国家开采或冶炼。同时还要求该比例每年平均上升10%，对于2026年以后投产的车辆，该比例将达到80%。对于2024年1月1日前投产的车辆，50%的电池组件产自美国、墨西哥或加拿大。该比例要求每年上升10%，到2028年该比例将达到100%。若车辆中的零部件或电池材料在“受关注的外国实体”中开采、加工或回收无法享受补贴，长期来看，受该条款的影响，美国车企对于中国锂电池的进口需求可能放缓，将刺激美国锂电产业原材料和电池组件的生产。但考虑到当前中国在锂电池中的优势地位，短期看美国车企很难完全摆脱中国供应链，短期内美国电池企业将很大程度上将依靠自由贸易协议国来填补供应链缺口。可以预期的是：未来随着供应链竞争激烈程度加剧，逆全球化时代，供应链安全的挑战将愈发明显；本国国内的关键资源将具备经济利益以外的安全价值，资源自给率重要程度提升；增加正常产库存之外的战略安全库存将成为保障供应链安全的关键措施。

五、中国钴工业下一步发展重点

（一）提高国内钴资源保障能力

在甘肃、四川等重点区域增加投入，加强地质勘查，力争在新一轮找矿行动中实现钴资源重大突破。加强技术攻关，提升现有钴资源的综合回收率。开展选冶联合工艺技术研究，实现转炉渣的回收，针对刚果（金）氧化铜伴生钴开展高效浸出分离研究，进一步提升伴生钴的浸出率和回收率。

（二）进一步巩固境外权益资源优势

近年来，通过实施“走出去战略”，中资企业在海外获得了大量的权益资源，如何巩固当前的海外权益资源优势，并将这部分资源运回国内是当前的重要工作任务之一。政府层面加大和印尼、古巴、新喀里多尼亚、马达加斯加等资源国的外交联系，为中资企业在资源国开展经营活动创造良好条件。加强在与我国比较友好的非洲、南美、亚洲等地区资源获取力度，发挥民营企业的民间合作优势，同时发挥我国在冶炼等方面的技术及装备优势，支持企业就地开展部分资源初加工，带动地方经济发展。在刚果（金）的投资要尽可能股权多元化，市场国际化。加强关键大宗商品供应链安全的动态研究，加大对资源国的全面跟踪研究，发布投资风险指引，实时更新东道国政治局势、施政动向和潜在风险，建立风险预警制度，引导中资企业境外产业投资的科学决策、合理规模和高效管理。

（三）大力开发钴“城市矿山”资源

从企业生产源头抓起，建立回收标准体系，做好电池用钴的二次回收工作。研究有条件地放开废旧电池材料进口，或者放开含钴镍锂的废料经过初步处理后的产品进口，包括废电池、废催化剂等，完善相关产品标准，补充原生物料的不足。支持高效拆解、再生利用等技术攻关，提高资源综合利用率。

（四）适时增加电钴储备

钴作为重要的战略物资，在国防军工领域有重要的应用，且资源对外依存度高达98%以上，我国应加快构建与大国地位相符的国家储备体系，不断提高防范和化解风险挑战的能力和水平，以储备的确定性来应对社会发展面临的不确定性和不稳定性。

（五）拓宽钴产品下游应用领域

当前钴的消费应用85%以上集中于锂离子电池领域，小金属服务大产业，钴资源对外依存度高，钴价容易出现剧烈波动，钴价暴涨暴跌对企业的经营带来很大危害。开发无钴甚至低钴电池成为行业努力的方向，近年来随着高镍三元和磷酸铁锂正极材料的技术进步，钴的消费应用市场正在逐渐被蚕食或替代。当前亟须扩宽新的下游消费应用领域，才能保证钴产业健康可持续发展。

撰稿人： 刘义敏、孙永刚、周　航、张晓燕

审稿人： 徐爱东

2022 年钨工业发展报告

2022 年，面对风高浪急的国际环境和艰巨繁重的国内改革发展稳定任务，在以习近平同志为核心的党中央坚强领导下，各地区各部门认真贯彻落实党中央、国务院决策部署，坚持稳中求进工作总基调，高效统筹疫情防控和经济社会发展，有效应对内外部挑战，国民经济顶住压力持续发展，经济总量再上新台阶，就业物价总体稳定，人民生活持续改善，高质量发展取得新成效，经济社会大局和谐稳定。中国钨工业顶住了原辅材料、能源价格大幅波动、地缘政治恶化、供应链重塑等风险，行业运行实现了持续增长，重点项目加速推进，产业结构持续优化，科技创新成果丰硕，品牌建设成效显著，产业韧性和高质量发展水平进一步提升，行业综合实力和影响力进一步增强。

一、国际钨工业发展概述

（一）全球钨资源探明储量小幅增长、钨精矿产量保持平稳

据美国地质调查局（U. S. Geological Survey）数据，2022 年世界钨储量 380 万吨（钨金属，下同），同比增长 2. 70%。全球钨资源主要分布在中国、俄罗斯和越南等国家，其中，中国钨储量 180 万吨，占比 47. 37%；俄罗斯钨储量 40 万吨，占比为 10. 53%；越南钨储量 10 万吨，占比为 2. 63%（见表 1）。中国钨资源储量优势明显。

表 1　全球钨资源储量分布

国家	储量（金属量）/吨	占比/%	同比/%
中国	1800000	47. 37	-5. 26
俄罗斯	400000	10. 53	0. 00
越南	100000	2. 63	0. 00
西班牙	56000	1. 47	7. 69
奥地利	10000	0. 26	0. 00
葡萄牙	3100	0. 08	-39. 22
其他国家	1400000	36. 84	16. 67
世界合计	3800000	100. 00	2. 70

数据来源：美国地质调查局（加拿大、哈萨克斯坦和美国也拥有大量钨资源）。

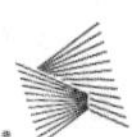

美国地质调查局数据显示，2022 年全球钨精矿产量 84100 吨（钨金属量，下同），同比下降 0.09%，总体保持平稳。钨精矿产量主要分布在中国、越南、俄罗斯等国，其中，中国钨精矿产量 71000 吨（与中国核实数据有一定差别，详见下文），占比为 84.42%；越南钨精矿产量 4800 吨，占比为 5.71%。中国钨精矿产量全球占比突出，钨资源消耗过快，与储量占比不匹配。各国产量情况见表 2。

表 2　全球钨精矿产量

国家	2018 年	2019 年	2020 年	2021 年	2022 年	2022 年同比/%	2022 年占比/%
中国	65000	69000	66000	71000	71000	0.00	84.42
越南	4800	4500	4500	4800	4800	0.00	5.71
俄罗斯	1500	2200	2400	2300	2300	0.00	2.73
玻利维亚	1370	1060	1350	1563	1400	−10.43	1.66
卢旺达	920	900	860	1340	1100	−17.91	1.31
奥地利	936	892	890	900	900	0.00	1.07
西班牙	750	603	500	400	700	75.00	0.83
葡萄牙	715	518	550	502	500	−0.40	0.59
朝鲜	1410	1130	410	400			0.00
英国	900						0.00
蒙古国	1940	1900	1900				0.00
其他国家	900	1070	960	973	1400	43.88	1.66
世界合计	81141	83773	80320	84178	84100	−0.09	100.00

数据来源：美国地质调查局。

（二）国外钨矿采选项目逐步推进，未来国际钨矿产量预期增长

Tungsten West Ltd. 持续推进英国 Hermerdon 钨矿改造，2022 年对 Hermerdon 钨矿资源储量进行了更新：矿石储量（探明和可能）为 10060 万吨，WO_3 品位为 0.14%，Sn 品位为 0.03%。计划复产时间推迟至 2023 年四季度，规划年产钨精矿 4400 吨。

哈萨克斯坦巴库塔钨矿项目于 2020 年 11 月开工建设，工程持续推进，计划 2023 年 8 月建成投产，该矿已探明矿石储量 12603 万吨，WO_3 储量 28.5 万吨，平均品位 0.23%，设计产能年产钨精矿 1 万吨。

Almonty Industries Inc. 公告称，所属的韩国 Sangdong Mine 项目持续推进（原计划 2022 年投产），并计划建设钨冶炼加工生产线，该项目已收到第三笔银行融资贷款 982 万美元（总额 7510 万美元）该矿钨储量折合 WO_3 约 5.1 万吨，WO_3 品位 0.41%。

澳大利亚 King Island Sheelite 公司筹资重启 Dolphin 钨矿项目，该项目曾在1917—1990 年运营，因市场价格低迷而被关闭，后多次重启未果。该矿钨资源量约为 900 万吨，WO_3 品位为 0.73%。2019 年重启建设，设计年产 3000 吨钨精矿。Wolfram Bergbau und Hutten AG 公司认购该矿 20%的年产量。

（三）头部企业经营效益良好

在高端硬质合金应用领域，国外硬质合金头部企业营收及利润等指标增长良好。

瑞典 Sandvik 公司 2022 年营业收入 1123.32 亿瑞典克朗（折合人民币742.03 亿元），同比增长 31.08%；经营利润 185.92 亿瑞典克朗（折合人民币122.81 亿元），同比增长 7.62%；利润率为 16.55%，较上年下降 3.61 个百分点。其加工解决方案业务板块营业收入 459.01 亿瑞典克朗（折合人民币 303.21 亿元），同比增长 25.14%；经营利润 100.23 亿瑞典克朗（折合人民币 66.21 亿元），同比增长 18.29%；利润率为 21.84%，较上年下降 1.26 个百分点。

美国 Kennametal 公司 2022 财年实现营业收入 20.12 亿美元（折合人民币136.34 亿元），同比增长 9.29%；实现净利润 1.45 亿美元（折合人民币 9.80 亿元），同比增长 165.69%。

二、2022 年中国钨工业发展现状

（一）经济运行情况概述

1. 生产能力平稳增长

主要钨产品生产能力增长总体平稳。据中国钨业协会统计，全国钨精矿、仲钨酸铵（以下简称 APT）、钨铁、碳化钨和硬质合金生产能力分别为 18.10 万吨、19.46 万吨、2.66 万吨、9.2 万吨和 7.5 万吨。

由于新钨矿项目建成投产和部分矿山实施资源接替项目及技改扩能，钨精矿产能小幅增长；部分 APT 产能逐步退出，同时技改扩能新增了部分产能，总体略有下降；部分粉末、合金企业技改扩能，碳化钨粉产能有所增长；硬质合金集约化发展加速，产能增长较快；钨铁产能因需求长期低迷，部分产能退出。近 5 年全国主要钨产品生产能力见图 1。

2. 主要产品产量小幅下降，钨丝产量增幅巨大

据中国钨业协会统计分析，2022 年全国钨精矿产量 12.73 万吨（折 $WO_3$65%吨，简称标吨），同比下降 6.04%；硬质合金产量 5.05 万吨，同比下降 0.98%，其他钨品产量也因疫情多地散发导致生产和需求受到一定影响；来自光伏切割的需求带动了钨丝产量的迅猛增长，2022 年钨丝产量 305 亿米，同比增长 169.91%。近 5 年主要产品产量见图 2。

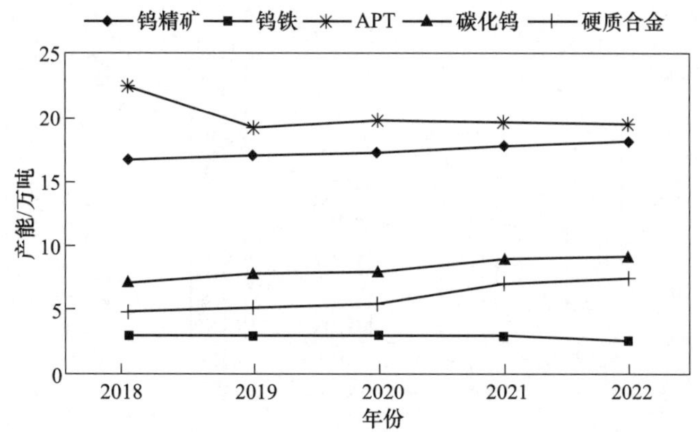

图 1　2018—2022 年全国主要钨产品生产能力

数据来源：中国钨业协会

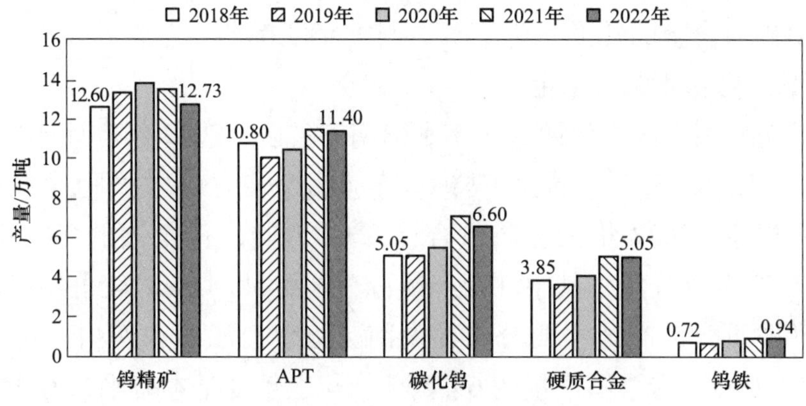

图 2　2018—2022 年中国主要钨品产量

数据来源：中国钨业协会

3. 营业收入创历史新高

2022 年，中国钨工业顶住了原辅材料、能源价格大幅波动、地缘政治恶化、供应链重塑等风险，行业运行实现了持续增长。据中国钨业协会统计分析，全国钨行业主营业务收入 1140 亿元，同比增长 7.55%；利税总额 123.5 亿元，同比增长 30.00%；利润 80 亿元，同比增长 35.59%。近 5 年钨行业主营业务收入及利润见图 3。

（二）产业结构

1. 产品结构持续向深加工延伸

产品结构调整、产业转型升级持续推进，高端产品产量上升。硬质合金产

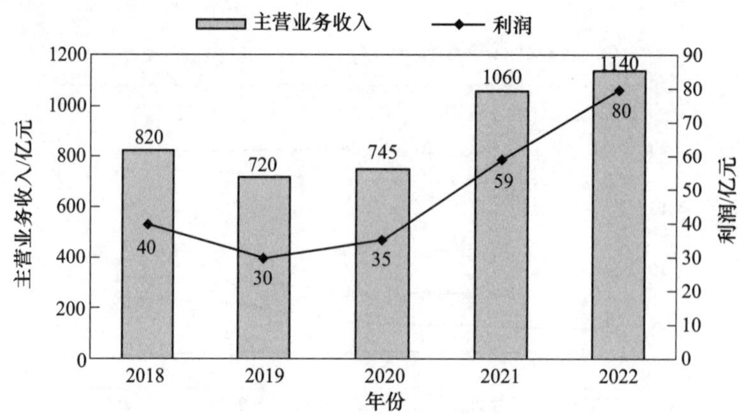

图 3　2018—2022 年钨行业主营业务收入及利润

数据来源：中国钨业协会

能保持增长态势，尤其是棒材和高端硬质合金数控刀片投资持续增长。2022 年，APT 对硬质合金的转换率为 53%，与上年度持平。

2. 产业格局总体保持稳定

中国钨精矿主产区在江西、湖南和河南三省区，2022 年合计产量 10. 86 万吨，占总产量的 85. 33%，同比下降 0. 15 个百分点。APT 产地主要分布在江西、湖南和福建，2022 年三省产量合计 8. 91 万吨，占全国的 78. 16%，较上年度增加 0. 52 个百分点，其中江西产量占全国的 50. 44%，较上年度增长 2. 04 个百分点。硬质合金产地主要分布在湖南、福建、江西和四川，2022 年四省总产量 3. 52 万吨，占全国产量的 69. 66%，与上年度基本持平，其中湖南产量占全国的 31. 91%，排第一位，福建产量下降，从第二名下降到第四名。2022 年钨精矿、APT、硬质合金各主产区产量比例见图 4～图 6。

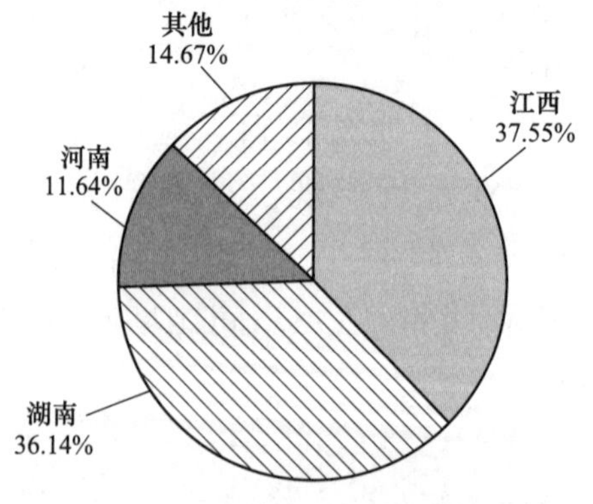

图 4　2022 年江西、湖南、河南省钨精矿产量占比

数据来源：中国钨业协会

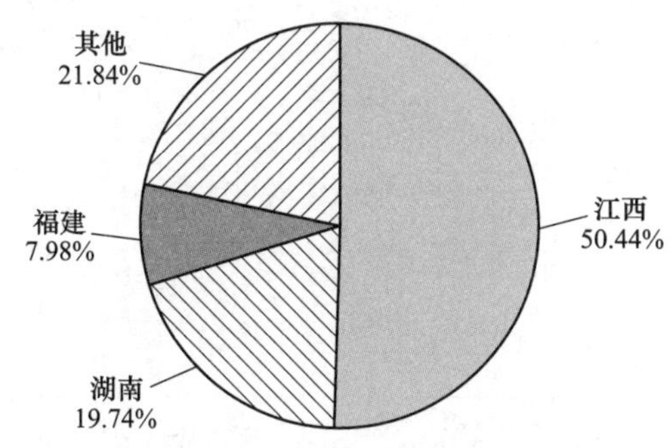

图 5　2022 年江西、湖南、福建 APT 产量占比

数据来源：中国钨业协会

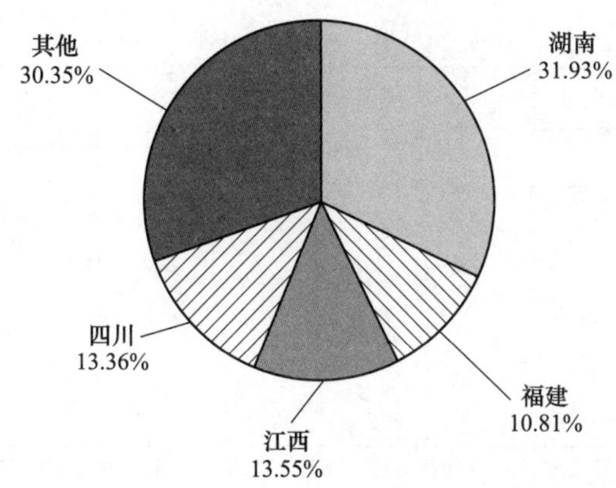

图 6　2022 年湖南、福建、江西、四川硬质合金产量占比

数据来源：中国钨业协会

（三）市场价格

2022 年，由于俄乌冲突导致全球性的能源价格大幅上涨，引发钨工业原辅材料价格上涨，以及市场对供应链的担忧，加之钨市场库存处于相对低位，全年钨市场总体保持相对高位运行。

2022 年，钨精矿价格在 10. 68 万~11. 93 万元/吨区间运行，年度波动幅度 10. 48%。钨精矿年均价 11. 27 万元/吨，同比上涨 12. 13%。APT 年均价 17. 37 万元/吨，同比上涨 12. 91%；欧洲 APT 年均价 341. 40 美元/吨度，同比上涨 18. 01%；鹿特丹钨铁年均价（以钨计）41. 15 美元/千克，同比上涨 14. 77%。海关统计数据显示，2022 年中国出口钨品均价（以钨金属计）45386. 27 美元/吨，同比上涨 14. 59%，见图 7~图 10 和表 3。

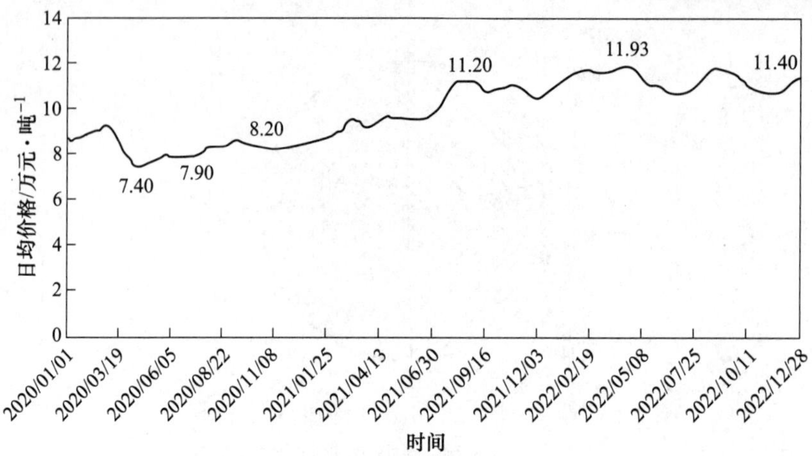

图7　2020—2022年中国钨精矿日均价格走势图

数据来源：中国钨业协会

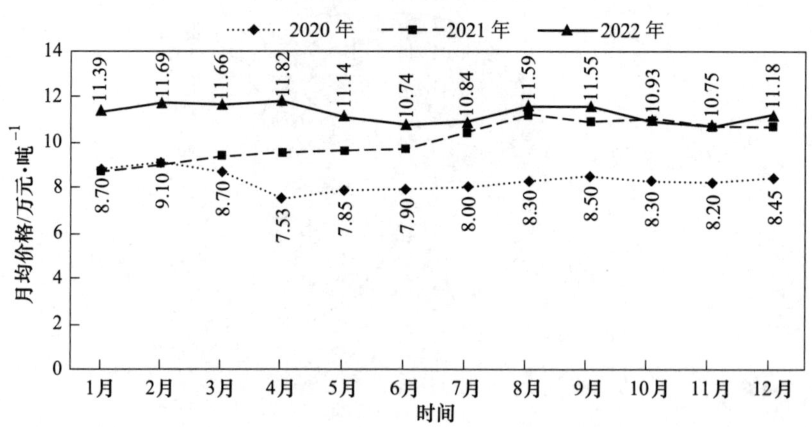

图8　2020年1月—2022年12月中国钨精矿月均价格

数据来源：中国钨业协会

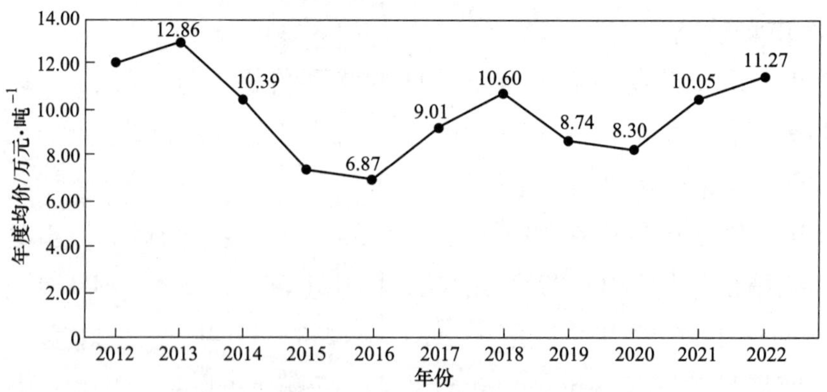

图9　2012—2022年中国钨精矿年度均价走势图

数据来源：中国钨业协会

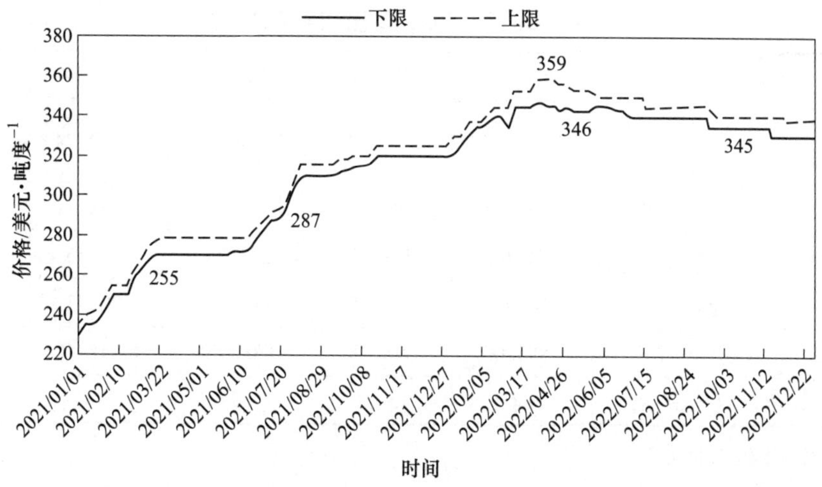

图 10　2021 年 1 月—2022 年 12 月《金属导报》欧洲 APT 价格

表 3　主要市场钨品年均价

项目	中国钨精矿 /万元 · 吨$^{-1}$	中国 APT /万元 · 吨$^{-1}$	欧洲 APT /美元 · 吨度$^{-1}$	鹿特丹钨铁（以钨计） /美元 · 千克$^{-1}$
12 月	11. 18	17. 10	334. 39	38. 39
同比/%	4. 64	2. 89	3. 69	2. 03
环比/%	4. 04	3. 27	-0. 59	3. 97
4 季度均价	10. 95	16. 86	336. 09	37. 64
同比/%	-5. 41	-5. 64	-0. 76	-14. 29
环比/%	-5. 41	-5. 64	-0. 76	-14. 29
1—12 月	11. 27	17. 37	341. 40	41. 15
同比/%	12. 13	12. 91	18. 01	14. 77

数据来源：中国钨业协会。

（四）进出口贸易

1. 进出口持续性增长，较上年度增幅减缓

2022 年，中国出口钨品 34327. 64 吨（金属量，下同），同比增长 4. 14%，经历贸易战、疫情两年出口量几乎折半后，出口量持续第二年增长，且恢复到近五年平均水平之上。2022 年出口钨品额 17. 97 亿美元，同比增长 16. 15%，出口量价齐增，导致出口额增幅较大。出口原料级钨品 22245. 54 吨，同比增长 2. 82%；出口硬质合金约 8900 吨（折金属量），同比增长 7. 23%，中国硬质合金产品在国际市场竞争力逐步提升。近 5 年出口钨品情况见表 4。

表 4　2018—2022 年出口钨品情况

年份		2018 年	2019 年	2020 年	2021 年	2022 年
出口量/万吨	出口总量（折金属量，下同）	39171.77	30360.77	22636.17	32962.24	34327.64
	其中：原料级钨品	28492.70	19966.39	13502.91	21634.71	22245.54
	钨材	852.08	588.22	678.23	940.56	956.18
	钨丝	290.85	287.08	282.35	320.53	292.37
	硬质合金	7853.00	7600.00	6800.00	8300.00	8900.00
	出口额/亿美元	19.02	13.51	9.71	15.47	17.97

数据来源：中国钨业协会。

2022 年进口钨品 6415.65 吨（折金属量，下同），同比增长 7.18%。其中，进口钨精矿 3038.99 吨，同比增长 1.69%，占进口总量的 47.37%，占比较上年度增减少了 2.56 个百分点；进口硬质合金 1300 吨，较上年度下降 7.14%（见图 11）。

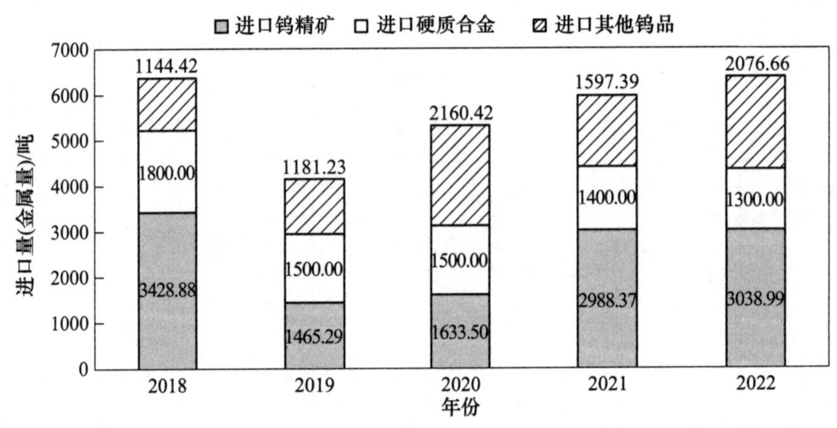

图 11　2018—2022 年进口钨品量

数据来源：海关总署

2022 年中国净出口钨品量 27911.99 吨，同比增长 3.47%；净出口额 1.76 亿美元，同比下降 77.09%；2022 年，钨品出口总量是进口总量的 5.4 倍，而出口总额仅为进口总额的 1.1 倍，主要是进口高端硬质合金刀具价格较高所致。

2. 四大出口目的地日韩下降、欧美增长

日本、韩国、欧洲和美国是中国出口钨品的四大目的地。2022 年，出口到日本、韩国、欧洲和美国的钨品量分别为 5745.27 吨、4620.49 吨、8682.64

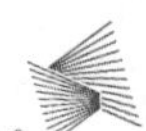

吨和 2848.31 吨，日本、韩国同比分别下降 10.35%、21.10%，欧洲、美国分别增长 18.03%、46.75%。出口到上述 4 个国家和地区的钨品量占出口钨品总量的 86.11%，比上年度减少 1.32 个百分点（见图 12 和图 13）。

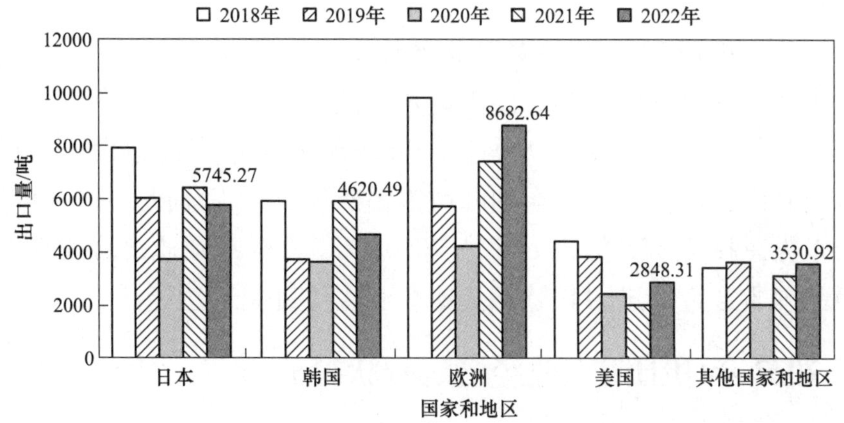

图 12　2018—2022 年钨品出口目的地出口量变化趋势

数据来源：海关总署

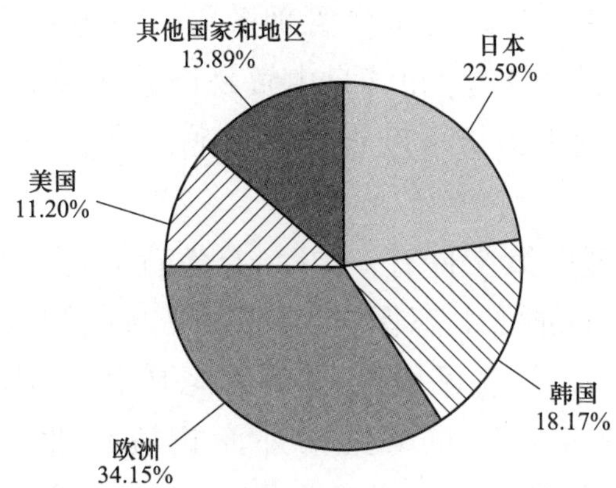

图 13　2022 年钨品出口目的地出占比

数据来源：海关总署

（五）投融资及新项目推进情况

2022 年，钨行业企业一批重点项目达产达效，为行业持续健康发展注入了新的动力；围绕产业转型升级、优化产品结构、培育新的增长点等，启动了一批重点项目，为行业高质量发展奠定了坚实基础。

中钨高新下属株硬集团中粗碳化钨粉智能生产线技改项目通过竣工验收，自硬公司光伏产业用材料项目生产线建成投产，株钻公司高端制造用高精密复合涂层切削刀技改项目正式开工建设。

江钨控股集团总投资102亿元的赣州产业园项目进程提速，首个项目——华茂公司年底投料试生产，华京公司异地整体搬迁技改项目如期推进；赣州金环磁选科技装备股份有限公司年产600台智能选矿设备改扩建项目二期开工建设。

厦门钨业总投资20亿元的厦门金鹭海沧硬质合金工业园（二期）粉末及矿用合金生产线项目进展顺利；总投资8.4亿元的厦门虹鹭钨钼工业有限公司600亿米光伏用钨丝产线项目，预计于2023年上半年完成建设；总投资8.52亿元的博白县巨典矿业有限公司油麻坡钨钼矿项目开工建设。

博云东方总投资5.6亿元的年产2000吨高效精密硬质合金工模具与高强韧性特粗晶硬质合金掘进刀具麓谷基地产业化项目竣工达产。

三、2022年中国钨工业经济运行状况分析

（一）产业政策保障行业平稳运行

钨矿开采继续实行总量控制，2022年全国钨精矿开采总量控制指标为109000吨，较上年度增长0.93%。继续实施《产业结构调整指导目录》《市场准入负面清单》及钨品出口国营贸易管理政策；商务部发布了《外商投资准入特别管理措施（负面清单)》和《自由贸易试验区外商投资准入特别管理措施（负面清单)》。外商不得从事勘查、开采矿产资源及转让探矿权、采矿权审批。

新发布的行业管理政策文件有：（1）自然资源部、生态环境部、国家林业和草原局下发《关于加强生态保护红线管理的通知（试行)》(自然资发〔2022〕142号)；（2）生态环境部发布《尾矿污染环境防治管理办法》；（3）国家发改委、商务部发布《鼓励外商投资产业目录（2022年版)》；（4）工信部、国家发改委、生态环境部发布《有色金属行业碳达峰实施方案》(工信部联原〔2022〕153号)；（5）国家矿山安全监察局印发《关于加强非煤矿山安全生产工作的指导意见》(矿安〔2022〕4号)；（6）工信部办公厅、国务院国资委办公厅、国家市场监督管理总局办公厅、国家知识产权局办公室四部门联合发布《关于印发原材料工业“三品”实施方案的通知》(工信厅联原〔2022〕24号)。

上述产业政策，对钨行业有重要的指导意义，有力保障了钨行业平稳运行。

（二）产业结构持续优化

工艺装备水平逐步提升到国际水平，高端产品生产和高端装备制造逐步向

国产化迈进，高端产品市场占有率逐步提高。2022 年数控刀片产量突破 4. 8 亿片，企业技改扩能、新项目投资增速较快。产品结构得到持续改善，硬质合金等深加工产品比例增大，深加工产品出口量比例逐步提高。

光伏钨丝投资项目剧增，经协会调研统计已有 2000 多亿米项目规划，项目逐步投产，对钨消费有一定程度上的带动。

增材制造技术日趋成熟，在钨及硬质合金材料领域已实现样品制造，产业化可期，市场前景乐观。

（三）供需保持相对偏紧的弱平衡

2022 年下半年，中国疫情多点散发，钨工业生产和消费都受到不同程度影响，钨消费增长受到抑制，消费量与上年持平。近 5 年中国钨消费量走势见图 14。

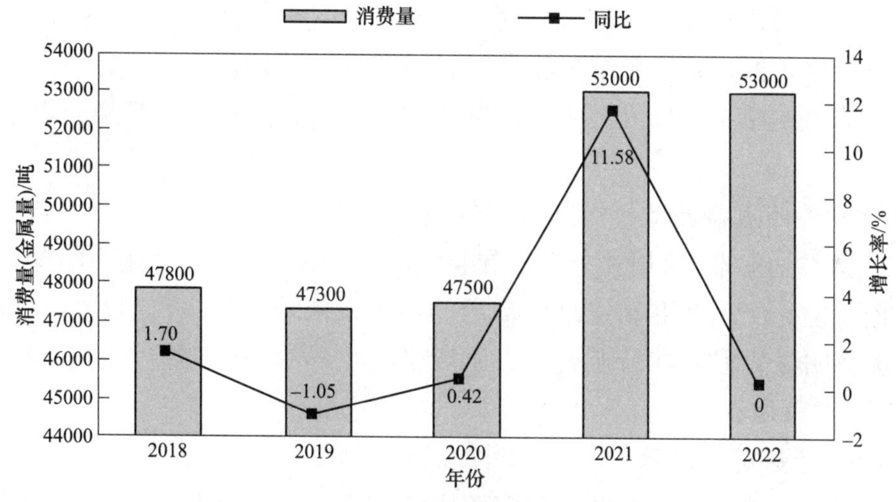

图 14　2018—2022 年中国钨消费量

数据来源：中国钨业协会

从供应看，全球钨精矿供应预期逐步增长。哈萨克斯坦巴库塔钨矿有望成为新的供应增长点，其他新建项目进展缓慢。中国新建钨矿项目短期内不能投产，老旧矿山品位下降等因素导致产量呈递减趋势，技改扩容的新增产量将逐步达产，弥补部分供应减少影响。

从需求看，产业转型升级持续推进，新能源、新基建势头良好，钨需求呈持续增长态势。

中国钨产业布局逐步优化，钨产业链和区域协同发展逐步推进，国际竞争新优势持续提升，对外提供产业配套服务能力逐步加强。

四、当前中国钨工业发展中的突出问题和建议

（一）面临的突出问题

1. 钨资源消耗速度过快，远期资源保障安全存在隐患

中国钨资源占全球储量比例呈下降趋势，2022 年占比下降至 47.3%，开采量全球占比却持续维持在 80%以上，资源消耗速度远高于全球平均水平，资源优势正在逐渐减弱。

2. 高端制品及配套装备保障存在风险

近年来，我国在钨深加工领域发展较快，在数控刀片、PCB 微钻、高性能钨材等方面取得了巨大成就，但目前每年仍有 100 多亿元的高端刀具仍从国外进口；各类刀具进口价格高于国产刀具 3~6 倍，国内产品升级有很长的路要走，国产化还有很大的潜力；而出口钨品中，60%还是原料级钨品。产业结构上，深加工比例相对较小，在全球优势还集中于产业链上游；高端钨制品的市场占有率还比较低，整体解决方案服务体系处于起步阶段。

中国的关键装备配套与国际领先水平相比仍存在一定差距，部分依赖进口。

3. 行业整体效益偏低，国际话语权较弱

中国钨工业总体利润率约 5%，国际钨企业总体利润水平在 20%以上。国际先进企业主导产品标准制定，钨市场的定价权依赖国际报价机构。资源优势和产业优势明显，但未在行业效益、国际价格主导等方面有较好的体现。

（二）对策建议

1. 加强资源安全保障

一是加大钨资源勘探力度，摸清钨资源家底；二是优化钨矿开采总量控制政策，建立战略物资动态储备机制；三是鼓励钨资源再生利用，对高质量钨资源再生利用企业应给予财税、融资等政策扶持，放开合格再生钨原料进口；四是鼓励企业“走出去”开发国外钨资源。

2. 完善产业链供应链自主可控政策

出台专项激励政策，鼓励钨行业以科技创新为驱动力，提高产业盈利能力，改善产业结构，提升国际竞争力，促进钨行业高质量发展。

完善有关产业扶持政策，在财税、融资、人才等方面支持高校、科研机构、企业进行以下研究工作：钨工业基础性、前瞻性课题研究；钨工业企业与高端用户联动的可行性研究，实现高端钨制品进口替代的常态化机制和长效机制；高端材料及产品的研发；钨工业配套供应企业进行高端装备及配套研发；

相关成套工业软件开发。

3. 优化产业结构

一是推动钨工业供给侧结构性改革，完善钨资源保护性开采措施，加强钨资源再生利用的力度和质量，优化产业链结构。二是推进产业集聚发展，引导产业合理布局，积极对接区域重大战略、区域协调发展战略、主体功能区战略，加快资源等各类生产要素合理高效集聚，不断推进钨产业规范化集群化。三是推动钨期货上市，深化市场配置资源效用，助力优势资源价值体现和国际话语权的提升。

撰稿人：余泽全

审稿人：苏　刚

2022年钼工业发展报告

一、2022年世界钼工业发展概述

（一）产品产量

2022年全球钼精矿产量为27.48万吨钼（见表1），同比减少0.4%。亚洲同比增长8%至11.85万吨钼，产量增加主要来自中国，同比增加9%至11.14万吨钼；欧洲同比增长3%至2.27万吨钼；美洲同比减少7%至13.36万吨钼。

表1　2022年全球钼产量

国家和地区	产量（金属量）/万吨			同比/%
	2020年	2021年	2022年	
中国	9.55	10.26	11.14	9
伊朗	0.23	0.29	0.28	-3
哈萨克斯坦	0.09	0.1	0.1	—
越南	0.06	0	0	—
蒙古国	0.25	0.3	0.29	-3
缅甸	0.03	0	0.01	—
朝鲜	0.05	0	0.03	—
亚洲合计	10.26	10.95	11.85	8
亚美尼亚	1.27	1.13	1.19	5
俄罗斯	1.08	1.08	1.08	—
保加利亚	0.04	0	0	—
欧洲合计	2.39	2.21	2.27	3
智利	5.98	4.94	4.45	-9.9
加拿大	0.3	0.14	0.08	-43
墨西哥	1.69	1.91	1.6	-16
美国	4.88	4.04	4.11	2
秘鲁	3.22	3.41	3.12	-9
美洲合计	16.07	14.44	13.36	-7
合计	28.72	27.6	27.48	-0.4

数据来源：国际钼协会（IMOA）、北京安泰科信息股份有限公司（以下简称“安泰科”）。

（二）消费量

据初步统计，2022 年全球钼消费量为 28.5 万吨钼，同比增加 7.1%。其中日本钼消费量为 2.48 万吨钼，同比增加 0.4%；西欧钼消费量为 5.28 万吨钼，同比减少 12.73%；美国为 3.02 万吨钼，同比增加 10.22%；中国钼消费量为 12.6 万吨钼，同比增长 10.53%。中国仍是全球最大的钼消费国，约占全球钼消费总量的 44.2%。

二、2022 年中国钼工业发展现状

（一）经济运行情况概述

1. 生产能力

钼冶炼加工能力增长总体与上年持平。据统计，2022 年中国钼矿石处理能力超过 36 万吨/日，氧化钼、钼铁冶炼能力为 30 万吨/年，钼酸铵生产能力为 6.5 万吨/年，钼酸钠的产能为 9850 吨/年，高纯二硫化钼粉的产能保持 1700 吨/年，高纯三氧化钼生产能力为 18000 吨/年，钼粉及其制品（包括钼粉、未锻轧钼金属产品、已锻轧钼金属产品、钼丝、其他钼制品等）的产能为 25000 吨/年。

2. 产品产量

据不完全统计，2022 年中国钼精矿产量为 247509 吨，同比增长 9%；由于钼价上涨因素国内各企业钼精矿产量均出现小幅增加，其中主要增量来自内蒙古地区和西藏玉龙铜矿。工业氧化钼产量为 234000 吨，同比增长 21%；钼铁产量 199250 吨，同比增长 28%；钼化工产品产量为 53250 吨，同比增长 4%；钼粉及其制品产量为 23100 吨，同比增长 0.7%（见图 1）。

（二）产业结构

1. 产品结构

2022 年氧化钼、钼铁产量占 79.2%，同比增加 1.8%，居于钼产品主导地位，钼化工产品产量所占份额同比增加 1.4%；钼粉及其制品产量所占份额同比减少 19.28%（见图 2）。

2. 产业分布情况

2022 年中国钼精矿的生产主要集中在河南、陕西、内蒙古、黑龙江、西藏、吉林、江西、河北等 8 省区，以上省区钼精矿产量占全国钼精矿总产量的 96%，副产钼精矿产量为 32246 吨，占钼精矿总产量的 12.11%。2022 年中国钼精矿产量分布如图 3 所示。

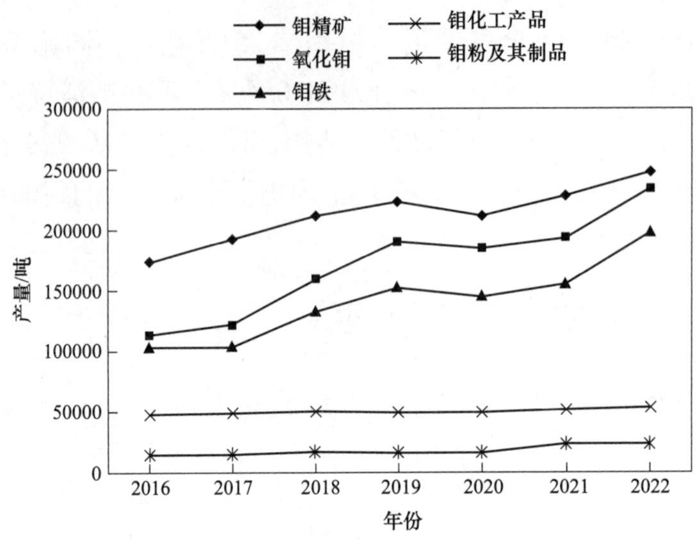

图 1　2016—2022 年钼产品产量

数据来源：中国有色金属工业协会钼业分会（以下简称“钼业分会”）初步统计

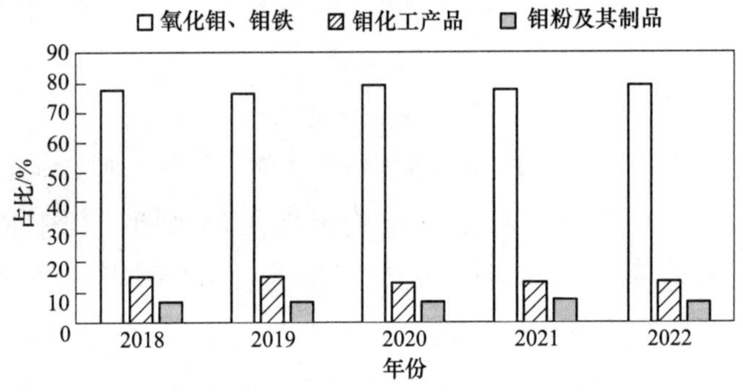

图 2　2018—2022 年钼产品结构

数据来源：钼业分会统计整理

2022 年中国钼铁的生产集中在河南、陕西、辽宁等省；钼酸铵等钼化工产品的生产主要集中在陕西、江苏、安徽、河南、四川、江西、吉林等省，其中陕西、江苏、四川、河南钼化工产品的产能占全国总产能的 84%左右。钼粉及其制品的生产主要集中在四川、陕西、河南、江苏和辽宁等省。

（三）市场价格

1. 国际市场及价格

2022 年国际氧化钼、钼铁价格走势如图 4 所示。

据统计，2022 年全年美国《金属周刊》氧化钼平均价格（金属量，下同）

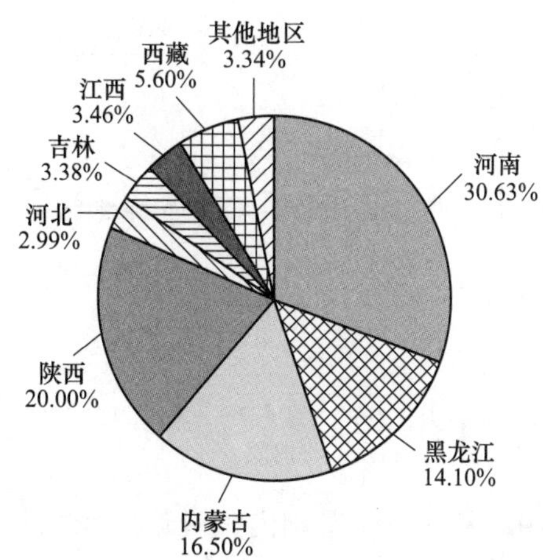

图 3　2022 年钼精矿产量分布

数据来源：钼业分会初步统计

为 18. 4 美元/磅，同比增长 15. 75%。2022 年国际氧化钼价格波动范围在 19～27 美元/磅；同期欧洲钼铁价格范围在 37～63 美元/千克，年均价 44. 5 美元/千克，同比增长 19. 17%。

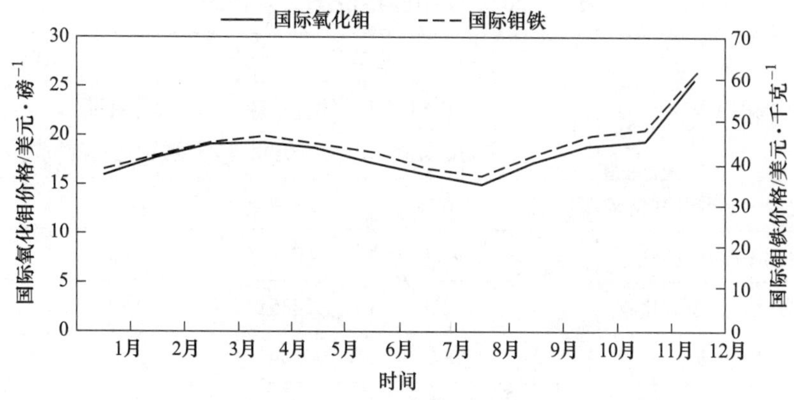

图 4　2022 年 1—12 月国际氧化钼和钼铁月均价格

数据来源：安泰科、美国《金属周刊》

2. 国内市场及价格

2022 年国内钼精矿、钼铁月均价格走势如图 5 所示。

据统计，2022 年中国国内钼精矿平均价格为 2717. 2 元/吨度，同比增长 34. 6%；12 月是全年最高点为 3222 元/吨度，8 月是全年最低点为 2443 元/吨度。

2022 年钼铁全年平均价格为 18. 1 万元/吨，同比增长 82. 49%，12 月是全年最高点为 25. 4 万元/吨，9 月为最低点是 15. 9 万元/吨。

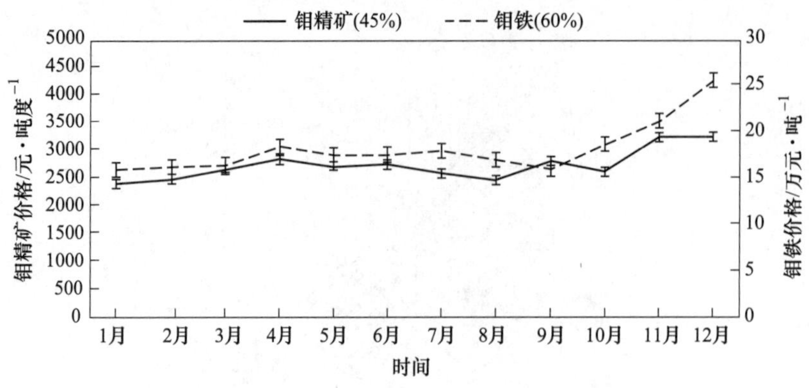

图 5　2022 年 1—12 月国内钼精矿和钼铁月均价格

数据来源：钼业分会统计

（四）进出口贸易

2022 年中国钼产品进出口贸易额 18.23 亿美元，同比上升 2%。其中，进口贸易额为 8.15 亿美元，同比上升 5%；出口贸易额为 10.08 亿美元，同比下降 1%，贸易顺差为 1.93 亿美元。2022 年中国钼进出口统计见表 2。

表 2　2022 年中国钼进出口统计表

商品名称	进口		出口	
	累计数量（实物量）/吨	累计金额/万美元	累计数量（实物量）/吨	累计金额/万美元
已焙烧的钼矿砂及其精矿	7307	16696	11816	26846
其他钼矿砂及其精矿	33887	45764	4108	6853
钼的氧化物及氢氧化物	1222	2435	2581	7815
钼酸铵	1184	2889	829	2177
其他钼酸盐	1138	890	282	494
钼铁	2721	7433	13460	34945
钼粉	14	75	457	2351
未锻轧钼烧结成的条、杆	0	2	1335	6408
钼条、杆、型材及异型材	375	3240	466	3858
钼丝	29	392	316	1916
钼废料及碎料	—	—	1663	5528
其他钼制品	48	1650	173	1619

数据来源：海关总署、钼业分会整理。

1. 进口情况

2022 年中国共进口 23409 吨钼（金属量，下同），同比减少 17%。其中，氧化钼进口量为 3726. 4 吨，同比减少 28%，占总进口量的 15. 92%；钼精矿进口量为 15249 吨，同比减少 16%，占总进口量 65. 14%，以上两种产品进口量占总进口量的 81. 06%；钼铁进口量为 1768. 7 吨，同比减少 23%。

2. 出口情况

2022 年中国共出口 23376 吨钼（金属量，下同），同比减少 21%。其中，氧化钼出口量为 6026. 16 吨，同比减少 13%，占总出口量的 25. 78%；钼精矿出口量为 1848. 6 吨，同比减少 39%，以上两种产品占总出口量的 33. 69%；钼铁出口量为 8749 吨，同比减少 28%，占总出口量的 37. 43% ；钼化工产品为 2342. 71 吨，占总出口量的 10. 02%；钼金属产品为 4410 吨，占总出口量的 18. 87%。

（五）市场消费

据统计，2022 年中国各行业钼消费总量在 12. 6 万吨钼，同比增加 10. 5%。2022 年出口量为 2. 34 万吨钼（折纯钼），不考虑损耗中国钼消费总量为 14. 94 万吨钼，供需缺口 1. 46 万吨钼，总体来看，钼产品在中国国内供不应求。

三、2022 年中国钼工业经济运行情况分析

（一）政策环境

2022 年 3 月 15 日由生态环境部 2022 年第二次部务会议审议通过，《尾矿污染环境防治管理办法》自 2022 年 7 月 1 日起施行，《防治尾矿污染环境管理规定》（国家环保局令第 11 号）同时废止。

（二）产业结构调整情况分析

中国钼精矿生产主要集中在河南、陕西、黑龙江、内蒙古、江西、吉林等地。除生产钼精矿外，钼冶炼、钼化工、钼金属、制品及加工已形成工业规模，并形成产业聚集区，主要分布在陕西、四川、河南、辽宁、江苏等地。钼化工生产企业已经逐步向产业集中化趋势发展，从钼化工到钼粉再到钼深加工，在一家企业实现全产业链覆盖。目前金堆城钼业集团有限公司、厦门钨业虹波公司、新华龙钼业三家企业已初步具有此规模。

（三）经营形势分析

从宏观经济看，国际货币基金组织（IMF）预测 2023 年全球经济增长率

将降至2.9%，但中国经济韧性强、潜力大、活力足的基本面没有变，稳增长、促发展政策效应持续释放，国内经济将实现整体回升。

从消费终端看，2022年中国累计粗钢产量为10.13亿吨，同比下降2.10%[1]。随着疫情消退中国内需潜力加快释放，将对钢材需求产生拉动作用。预计2023年全球和中国粗钢产量有望与2022年大致持平，2023年全球钢材需求量有望达到18.01亿吨，同比小幅增长0.4%[2]。

2022年中国造船完工量占全球总量的47.3%，造船业国际市场份额保持世界第一。中国汽车工业协会最新统计显示，2022年中国新能源汽车持续爆发式增长，产销分别完成705.8万辆和688.7万辆，同比分别增长96.9%和93.4%，连续8年保持全球第一，随着中国新能源汽车已进入全面市场化拓展期，预计2023年仍将保持较快增长态势。

综上，中国是最大的生产国、消费国，具有产业体系完整、市场容量巨大优势，在新能源产业高速发展的背景下，钼作为重要原材料的消费基本面不会减弱，未来消费量仍将呈正增长趋势。

（四）行业大事记

2022年2月23日，中科院合肥研究院固体所内耗与固体缺陷研究部与中国核动力研究设计院合作，通过粉末冶金法和高温旋锻制备了室温及高温下均具有优异力学性能的纳米结构Mo-ZrC合金。纳米结构Mo-ZrC合金的室温抗拉强度达928兆帕、延伸率为34.4%，比工业中广泛应用的TZM合金分别提高26%和1倍以上；在1000℃时，Mo-ZrC合金的抗拉强度（562兆帕）比纯钼、纳米结构Mo-La_2O_3、La_2O_3-TZM等合金提高50%以上；在1200℃高温下，Mo-ZrC合金的强度优势更为显著，其抗拉强度比氧化物弥散强化钼提高1倍以上，同时保持优良塑性。此外，该合金的再结晶温度比纯Mo提高约400℃，具有优异的高温稳定性。

2022年7月22日，洛阳钼业刚果（金）KFM铜钴矿控股25%股权已转让给全球动力电池巨头宁德时代旗下公司时代新能源。按照协议，洛阳钼业和宁德时代将根据持股比例承担资本支出，共同投资开发刚果（金）KFM铜钴矿，将其建设成为世界级的大型铜钴生产商，并按持股比例包销该项目未来铜钴产品。

刚果（金）KFM铜钴矿，蕴含超过310万吨钴金属，这是一种非常稀缺

[1] 数据来源：国家统计局。

[2] 数据来源：《中国冶金报》。

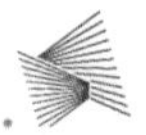

的战略金属，是动力电池的重要原料，对稳定电池性能至关重要。

2022 年 10 月 21 日，紫金矿业与安徽金钼地矿签订产权交易合同，其通过安徽省产权交易中心公开摘牌的方式，以 59.1 亿元收购金沙钼业 84%股权，揽获全球储量最大单体钼矿——安徽金寨县沙坪沟钼矿。沙坪沟钼矿是世界级超大斑岩型钼金属矿床，探矿权内钼资源量 233.78 万吨，按照设计 1000 万吨/年采选规模，建成达产后年均产钼约 2.72 万吨。

2022 年 11 月 1 日，吉林大黑山钼业股份有限公司通过司法拍卖以 15.51 亿元成功拍得吉林天池钼业有限公司 52.1291%股权。吉林天池钼业有限公司持有的“吉林天池钼业有限公司季德钼矿采矿权”已评估钼金属储量为 253931 吨，平均品位 0.113%，设计选矿规模为日处理 25000 吨，矿山基建工程已经完成了绝大部分，采场、选厂厂房及尾矿库等工程都已基本建设完成，只剩部分机器设备暂未完成安装，预计 2023 年 3 月进入试生产阶段。吉林天池钼业顺利达产后可实现年产 47%钼精矿 17000 吨以上。

2022 年 11 月 4 日，金堆城钼业集团有限公司金钼股份技术中心科研团队制备出壁厚 0.8 毫米、长度 6 米的超长无缝薄壁钼合金管产品，并顺利交付客户。钼合金薄壁管在核电、精密温控、高温加热等领域有着广泛的应用。

2022 年 11 月 22 日，金堆城钼业汝阳有限责任公司自主研发的“一种选钼尾矿的高效选铁新工艺”项目喜获国家发明专利授权。该工艺实现了从超低品位 2.0%、超微细粒级 600 目占 88%以上的钼尾矿中，获得回收率和品位均较高的铁精矿。此项发明专利成功解决了钼矿微细粒贫磁铁矿与细泥高效分离难题，形成高泥微细粒贫磁铁矿资源高效综合回收及提质达产关键技术，铁精矿品位、选铁回收率和经济效益显著提高。

2022 年 12 月 27 日，黑龙江多宝山铜业钼精矿综合回收利用项目火法系统投料试车正式启动“点火”键。该项目采用“钼精矿回转窑焙烧+焙砂预浸分离钼铼+氨浸回收钼酸铵+萃取回收铼+硫化沉铜”生产工艺，对自产钼精矿进行进一步加工，回收钼精矿中钼、铼、金、银、铜等有价金属和贵金属，以实现资源最大化回收利用。

四、当前中国钼工业发展中需要关注的问题

（一）战略设计上与发达国家仍存在较大差距

发达国家对关系国家安危的战略性问题高度重视，坚持战略规划先行的体制机制，从而能够长期占据着国际竞争的制高点。虽然中国战略金属保护性发展体系建设已经逐步建立，但对战略金属缺乏长期深入跟踪研究的机制，尚不

能与体现市场经济原则的国际相关公约接轨，出口缺乏有效的调控和管理，难以有效保障国内战略金属产业的健康可持续发展。

（二）中国钼在国际市场上没有定价权

中国目前虽然已经是世界上最大的钼生产国和消费国，但中国钼产品在国际上仍然没有定价权。要提升中国在全球钼产业中定价权，需要在世界范围内培育具有资源控制力、市场影响力、技术引导力的全球化企业，提高企业海外开发效率，使金属资源企业在国际竞争中逐步形成具有国际影响力的企业集团，提升中国战略金属定价权。

（三）钼产品结构不够合理

目前，国内钼产品结构不太合理，钼铁、氧化钼等初级产品所占比例较大，钼化工和钼金属产品在钼工业的整体布局上所占比例较小。从整个钼金属产品结构来看，技术含量较高的产品较少。钼化工、钼金属的原料和中间产品多，而终端产品较少。在金属材料工业中，丝材所占比例大，材料和型材所占比例小，纯钼所占比例大，钼合金所占比例小。这主要是中国钼深加工起步较晚，产品规格小、品种少，产品的科技含量和附加值低，造成钼深加工发展缓慢。

五、中国钼工业下一步发展重点

（一）高度重视战略金属储备体系建设，形成适合中国特色储备制度

建立包括战略金属（钼）在内的主要矿产资源储备体系。中国已经初步建立国家石油储备制度，未来亟待扩大至战略矿产资源储备的种类和层级，必须坚持保障优先、适度超前、量力而行、合理布局的原则，针对战略金属从国家储备发展至国家与商业（企业）储备等复合型战略储备体系，因地制宜地制定储备目标、储备方案和管理措施，提升危机应对能力和安全管控能力。

（二）推进资源整合，进一步提高产业集中度

强化国家对战略性资源的控制力度，发挥行业头部企业的引领作用，鼓励和扶持骨干企业以资本为纽带，按照市场原则，实施跨地区、跨体制收购重组，推进钼资源整合，鼓励创建集生产、科研、销售、投资为一体的集约化、资本化大型钼企业集团。积极参与国际竞争，建立国际市场营销网络体系，培育国际竞争新优势。

（三）钼产品结构调整

国内钼产品主要以氧化钼、钼铁等炉料产品为主，而钼化工、钼金属制品较少，主要原因是国内在钼化工、钼金属制品领域的生产设备、技术水平与国外发达国家相比有较大的差距，不能生产外商需要的产品，有的高质量钼金属制品及高精尖的钼产品要依赖进口。因此，国内应在生产设备、生产技术、生产管理等方面与国际融通，提高中国钼产品的质量，尤其是提高附加值高、技术含量高的钼金属制品的质量；增加该类产品的出口退税，从而使该类产品的出口量增加，调整中国钼产业产品结构。

（四）加强钼矿资源管理

国家应继续加强钼矿资源的开采、规划、管理、保护与合理利用，实施可持续发展，努力提高钼矿资源对社会经济发展的保障能力，并将继续按照有序有偿、供需平衡、结构优化、集约高效的要求，通过宏观指导和市场调节，合理利用钼资源优势，控制钼矿山资源开发规模，加强技术开发能力，对钼资源破坏性的开采行为必须彻底制止。通过实施有效的矿产资源政策，最大限度地发挥钼矿资源的经济效益、社会效益和环境效益。

撰稿人：刘　萌

审稿人：康祥波

2022 年锡工业发展报告

一、2022 年世界锡工业发展概述

锡是现代工业发展中广泛应用的金属品种之一。由于全球锡资源分布比较集中，主要分布在亚洲和南美洲，因此锡矿和精锡生产也较为集中。根据美国地质调查局（USGS）资料，2021 年世界锡储量 517 万吨，其中中国、印尼、缅甸、澳大利亚、俄罗斯、巴西、玻利维亚等七个国家的储量占全球总储量的 86%。

2022 年一季度，在全球流动性宽裕的惯性作用下，锡价再创新纪录，沪锡峰值 39.1 万元/吨，伦锡也达到 4.9 万美元/吨高点。高价刺激下全球锡供应得到快速恢复，加之美联储加快加息步伐，包括锡在内的大宗商品价格大幅回落，年内内外盘锡价最低点分别跌至 15.7 万元/吨和 1.8 万美元/吨，峰谷间落差分别达到 59.8% 和 63.3%。据统计，2022 年 LME 三月期货锡均价为 30953 美元/吨，同比下降 0.7%；LME 现货锡均价为 31219 美元/吨，同比下降 4.5%；SHFE 锡主力合约均价为 244889 元/吨，同比增长 9.8%；北京安泰科信息股份有限公司（以下简称“安泰科”）现货锡均价为 251787 元/吨，同比增长 10.9%。

从生产看，全球锡矿和锡冶炼均集中，中国、印尼、缅甸、秘鲁、玻利维亚、巴西、刚果（金）是世界主要锡矿生产国。得益于缅甸政府在一季度高价期间大量抛储，加之澳洲、非洲、南美主要生产国产量的增长，全球锡精矿生产保持增长态势。2022 年，全球锡精矿总产量 31.7 万吨，同比增长 4.1%（见表 1），上述七个国家的锡矿产量总和占到全球总产量的 93.1%。

表 1　2020—2022 年全球锡精矿产量（金属量）　　（吨）

国家	2020 年	2021 年	2022 年
中国	94400	100500	100300
印尼	49700	65300	69400
缅甸	36000	27000	41500

续表 1

国家	2020 年	2021 年	2022 年
玻利维亚	14800	19700	17300
秘鲁	20700	27000	28100
巴西	12000	13900	19200
澳大利亚	7700	8500	8500
刚果（金）	18400	16800	19200
马来西亚	4000	5200	5500
俄罗斯	2800	4000	4000
其他国家	13100	16200	3700
总计	273600	304100	316700

数据来源：安泰科。

全球精锡主要生产国有中国、印尼、马来西亚、秘鲁、巴西和玻利维亚等，2022 年这六国精锡产量占全球产量的 90. 1%。2022 年得益于缅甸政府在一季度实施的锡精矿抛储，加之印尼精锡出口保持同比增长，全年全球精锡总产量仍实现正向增长，达到 39. 9 万吨，同比增长 1. 7%（见表 2）。

表 2　2020—2022 年全球精锡产量　（吨）

国家	2020 年	2021 年	2022 年
中国	183200	200900	208600
印尼	74100	74400	74100
马来西亚	22400	16400	18900
秘鲁	19800	25800	26630
玻利维亚	10000	16300	14100
泰国	11300	12200	9600
巴西	13000	16400	17500
比利时	9000	1000	8400
俄罗斯	1600	2000	2000
其他国家	15400	18100	19300
总计	359800	392500	399200

数据来源：安泰科。

注：中国总产量包含企业在国外矿区的产量。

从消费看，近年来全球锡的消费结构总体保持稳定。锡的消费主要以焊料、锡化工制品、镀锡板（也称马口铁）为主，2022 年其消费量总和占总量的 80. 4%。2022 年，国外货币政策转向、地缘政治冲突等进一步推高通胀率，加之疫情反复，全球锡焊料消费受消费电子需求低迷影响，占比降至 51. 9%；国外房地产带动了锡化工消费前期的复苏，全年消费占比上升至 15. 2%；铅酸蓄电池在汽车市场逐步复苏的带动下，锡消费占比也提高到 8. 7%。2022 年全球锡消费结构如图 1 所示。

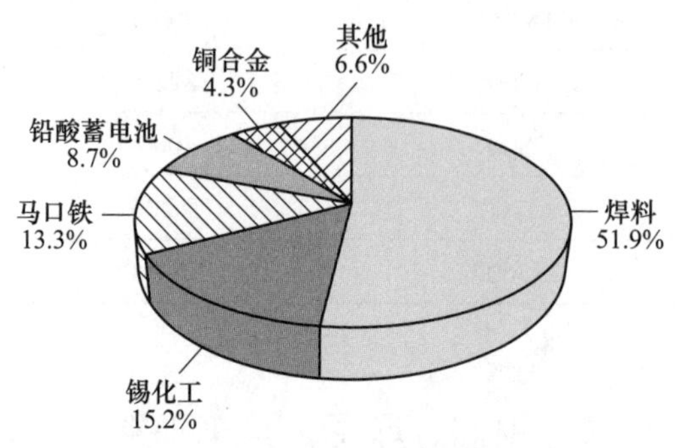

图 1　2022 年全球锡消费结构

数据来源：安泰科

2022 年全球锡消费量达到 39. 2 万吨，同比下滑 0. 3%（见表 3）。分主要领域来看，需求增减不一。传统消费电子在疫情常态化后再难突破前两年的好形势，再加上高通胀情况下，消费者购买力下降，对白色家电、消费电子这种产品有较强冲击。但智能物联网、新能源的步伐一直在快速发展，受汽车电子及光伏用锡景气度持续提升的牵引，部分弥补了传统消费电子的下降量。全年锡焊料用量同比增长 2. 2%。

表 3　2020—2022 年全球精锡市场供求平衡　　（万吨）

年份	2020 年	2021 年	2022 年
全球精锡产量	35. 5	39. 3	39. 9
全球精锡消费量	38. 1	39. 2	39. 2
库存变化	−0. 6	−0. 4	0. 5
全球供求平衡	−2. 8	−0. 4	1. 2

数据来源：安泰科。

2022 年锡化工产品用锡继续延续 2021 年的恢复力。2021 年上半年欧美房地产行业保持较快的增长势头，但下半年随着美国连续加息，投资活动也开始出现放缓。2022 年锡化工产品用锡量保持了近 7%的增长。

2022 年随着各国疫情的控制与经济恢复，民众前年因恐慌抢购耐储存罐装食品的情绪已经逐步消退，随之被拉升的马口铁用锡量也在去年越过高峰期趋于稳定。再加上去年极端天气多，粮食收成疲软，罐头订单也随之下降，增速有所放缓，全年全球镀锡板用锡量同比小幅增长 0.6%。

2022 年全球汽车市场半导体短缺的情况相比去年来说已得到好转，再加上金九银十旺季来临，三季度开始中国、印度、英国等国家汽车需求旺盛，整体来看在 2021 年全球汽车销量疲软的低基数相比 2022 年全球汽车市场呈现小幅增长态势，全年全球铅酸蓄电池领域用锡增长 7%。

2022 年，宏观方面，疫情反复及地缘政治危机进一步推升全球通胀率，以美国为代表的发达经济体陆续为抑制高通胀收紧货币政策。基本面上，全球锡需求转弱，在前两年锡价高企的惯性作用下供应超出预期，导致市场从短缺转向过剩。

二、2022 年中国锡工业发展现状

中国是全球锡储量、锡生产、锡消费第一大国，自然资源部对外公开的最新数据显示，2021 年中国锡保有储量 113 万吨，约占世界总储量的 1/4；根据安泰科数据，中国每年锡矿产量大约 10 万吨（锡金属量），占全球总矿量的 1/3；中国精锡生产和消费总量均达到 20 万吨左右水平，各占全球总量的一半。

中国锡储量和锡生产也比较集中，其中云南、内蒙古、广西、湖南、江西五个省区是中国锡储量分布和锡矿生产的主要区域，2022 年这五省区锡矿产量占全国 98%以上。目前，已形成以云南个旧、广西大厂、湖南郴州、内蒙古赤峰为骨干的锡生产基地。

（一）经济运行情况概述

1. 锡行业盈利水平下降

2022 年，我国锡行业继续保持盈利，但盈利水平出现下滑。2022 年受供应恢复正常但需求增长放缓的影响，锡价持续大幅波动，盈利水平也出现缩减。据中国有色金属工业协会数据显示，2022 年全国规模以上锡工业企业实现利润同比下滑 40.8%，其中采选企业实现利润同比下滑 18.9%，锡冶炼企业实现利润同比降幅达到 48.5%。

2. 锡矿产量基本平稳，锡锭产量增加

锡矿生产上，得益于 3 月下旬内蒙古银漫矿业恢复稳定生产，对全年矿供应有所补充；华锡和云锡矿山在上半年短暂停了一段时间，产量有所下滑。据安泰科数据显示，2022 年中国锡精矿产量（金属量）10.0 万吨，同比下降 0.2%；

精锡生产上，得益于国内锡精矿加工费维持在历史高位，精锡产量相比上一年明显增加。据安泰科数据统计显示，2022 年中国共生产精锡 20.9 万吨，同比增长 4.0%。

（二）产业布局合理、产品结构得到优化

从产业分布情况看，受中国锡资源集中度高的特点，锡精矿和精锡生产地也很集中，主要分布在云南、湖南、广西、内蒙古和江西 5 个省区，5 省区精锡产量占全国总产量的 98.5%。其中，云南省精锡产量最大，2022 年占全国总产量的 58.5%。下游消费方面，近年来锡焊料生产企业逐步向珠三角和长三角地区（广东、上海、江苏、浙江）集聚，云南、北京、天津也有一些生产企业，集中程度不断提高；镀锡钢板企业生产较为分散，主要分布于上海、广州、河北、武汉、海南；锡化工企业主要分布在北京、云南、湖北、江西等地。

从产品结构看，伴随 5G、汽车电子、光伏、新能源汽车等锡终端领域产业的快速发展，锡产品结构不断调整，行业也随之实现良性发展。欧洲强制步入无铅化电子时代，中国电子无铅化也在逐步扩大，另外国内在依靠国外进口的一些高端产品上的国产化进程正在加快；硫酸亚锡、甲基锡作为 PVC 行业热稳定剂及新型绿色环保水泥添加剂等化工产品在近几年发展较快。随着中国环保要求的不断提升，塑料工业将扩大对锡热稳定剂的使用，未来将继续推动锡在化工领域的需求量；此外，随着国防军工、汽车、钢铁、电子和电工机械制造业、医疗产业的发展，锡合金使用量也将有所增加。

（三）市场价格创新高后大幅震荡

2022 年，供应端开工率较好，冶炼厂生产意愿强，需求在二季度受疫情影响较大，但三季度好转反弹。由于内外价差影响，导致进口锡锭大量流入国内市场，供应也从短缺转为过剩。受此影响，锡价创新高后快速回落，之后回归正常区间波动。2022 年国内沪锡价格最高涨至 39.5 万元/吨，全年平均价达 24.5 万元/吨，比上年增长 9.8%（见表 4）。

表 4　2020—2022 年国内外锡年度平均价格

年份	国内精锡现货市场价/元·吨$^{-1}$	SHFE 锡主力合约收盘价/元·吨$^{-1}$	LME 现货结算价/美元·吨$^{-1}$	LME 三月期锡收盘价/美元·吨$^{-1}$
2020 年	139042	138806	17259	17088
2021 年	227044	222945	32678	31173
2022 年	251787	244889	31219	30953

数据来源：伦敦金属交易所、上海期货交易所、安泰科。

（四）终端市场消费保持增长

中国锡主要终端消费品包含焊料、镀锡板（马口铁）、锡化工、铅酸蓄电池、玻璃制造及锡合金（青铜及黄铜）等。2022 年，除了锡焊料和铅酸蓄电池消费占比分别增长至 66%和 9%外，锡化工、马口铁及锡铜合金受到需求和疫情影响消费占比均出现小幅下滑（见图 2）。

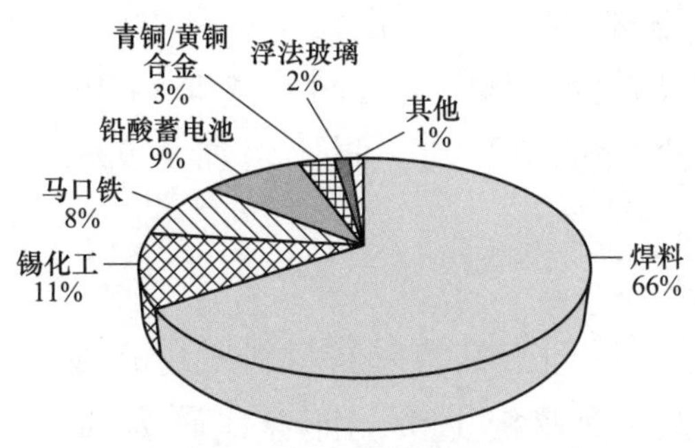

图 2　2022 年中国锡消费结构图

数据来源：安泰科

据安泰科统计，2022 年中国锡消费量达到 20.9 万吨，同比增长 1.0%。分主要产品看，锡焊料需求整体稳中有升。年内大型焊料企业生产较为平稳，不过小型企业受到的影响较大，消费电子行业也是周期过后订单量较差，白电市场下半年经营韧性转强；再有去年终端汽车电子的订单热度高，再加上光伏产业需求递增，使得全年国内焊料领域用锡仍有 1.1%的增长；锡化工行业 2022 年在疫情反复及经济恢复不及预期等因素的背景下，有机锡终端市场情况一般；无机锡方面，受光伏、新能源汽车等行业的带动，玻璃薄膜用锡化工量有所增长；镀锡板行业 2022 年整体运行延续之前的趋势，全年我国镀锡板产量降至 484.6 万吨，镀锡板用锡也同比下滑 2.5%；铅酸蓄电池行业购置税减半促进消费政策对稳定车市增长起到明显作用，二季度蓄电池企业普遍表示订单量持续回暖，但全年看下来和前年相比，汽车产销仍然略显疲态，年底也没有出现像往年年底翘尾的现象，不过光伏储能领域用铅酸蓄电池的量在下半年明显增长，一个是光伏行业发展迅速，再一个是锂价太高，形成了一定的反替代。总体来看，铅酸蓄电池用锡同比仍增长 3%以上。

（五）锡精矿及锡锭进口显著增长

原料进口方面，受年初高价影响，一季度前后缅甸政府进行了抛储，二季度锡价大幅回落后该行为基本告一段落，这直接提升了全年我国进口锡精矿量。还需要提及的是，南美、非洲进口锡精矿也在持续增长，尤其是非洲锡精矿产量明显提升，同比增加4.5倍。精锡方面，受锡价内强外弱的影响，精锡进口业务持续开启，精锡贸易转为净进口。据海关总署数据及安泰科测算，2022年我国进口锡精矿折合金属量达到6.4万吨，同比增加42.6%；进口精锡达到3.1吨，同比增长超6倍；出口精锡1.1万吨，同比下滑25.1%；累计精锡净进口达到2万吨。

2022年国内进口锡材1809吨，较2021年减少55.2%；出口锡材2008吨，同比增加23.0%；进口锡合金927吨，同比减少24.9%；出口锡合金7吨，同比持平；其他锡制品进口量405吨，同比增加4.9%；出口其他锡制品3532吨，同比减少16.3%。

（六）投融资情况

2022年9月29日，深圳市唯特偶新材料股份有限公司（以下简称“唯特偶”）在深圳证券交易所创业板上市。证券代码为301319，此次发行总量为1466.00万股，其中，网上发行量为711.00万股，发行价格为47.75元/股，发行市盈率36.33倍。此次IPO拟募资4.08亿元，主要用于微电子焊接材料产能扩建项目、微电子焊接材料生产线技术改造项目、微电子焊接材料研发中心建设项目及补充流动资金。唯特偶是中国最大的电子焊接材料龙头企业，也是电子焊接材料细分行业的标杆企业，近年来同相关机构、企业致力于推动锡焊料的国产替代发展。

华锡集团持续推进公司上市进度。2022年12月，历时两年，南宁化工股份有限公司以发行股份的方式购买华锡集团持有的华锡矿业100%股权并募集配套资金暨关联交易事项顺利通过了中国证监会并购重组委审核。此次资产重组成功，不仅为南化股份找到一条转型升级的道路，也将实现华锡集团登陆资本市场，有机会整合广西有色金属资源和产业链，向上下游延伸。

（七）锡期货市场交易明显增长

自2019年12月上海期货交易所正式引入锡做市商制度以来，锡期货合约价格的连续性得到明显提升，加之近年锡价波动剧烈，交易量也有明显增长。根据上海期货交易所数据显示，2022年沪期锡主力成交总量升至2971万手，同比增长10%；2022年累计成交额66911.3亿元，同比增长13.1%。

三、2022年锡工业经济运行状况分析

（一）产业结构调整情况分析

随着智能制造的发展，对锡材料的性能、品种、质量不断提出新要求，为多层面、多角度拓展锡在新能源、新基建、微电子、新型化工等领域的应用创

造了历史机遇。

近几年，中国锡行业主动适应需求的高端化、多样化、个性化、绿色化，大力推进锡产业的科技创新与攻关。在逆全球化大潮下，中美摩擦更趋尖锐，目前国内规模化焊料企业与终端企业正在加速推动高端焊锡材料的国产化研发与应用。而同时，国产化进程也面临一些急需解决的“卡脖子”问题，如某些原材料、相关设备等受到国外限制，某些产品技术水平与国外仍有差距。

（二）经营形势分析

1. 生产情况分析

面对严格的环保要求，企业不断加大环保投入，成本进一步增加，污染物处理和存放要求执行更加严格。多数冶炼企业利润摊薄，生产经营面临挑战。叠加近年全球原料供应持续下滑，加工费持续走低，部分锡冶炼企业利润减少，但全球通胀导致加工成本居高不下，一些中小型的锡生产企业缩减生产规模甚至停产。锡行业的洗牌还在进行，亟须找寻合理的转型之路。

2. 供需情况分析

2022 年，国内冶炼厂依托进口矿的显著增加和加工费维持在历史高位等利好，年内保持了较为稳定的生产。需求在光伏、汽车、电子等领域带动下仍保持小幅增长之势，但由于全年锡价内强外弱明显，进口锡锭流入后现货市场一度充裕，导致国内精锡市场也从 2021 年的短缺转入过剩（见表 5）。

表 5　2020—2022 年中国精锡供需平衡表　（万吨）

年份	2020 年	2021 年	2022 年
精锡产量	17.9	20.1	20.9
精锡进口量	1.8	0.5	3.1
精锡供应量	19.6	20.6	24.0
精锡消费量	20.3	20.7	20.9
精锡出口量	0.4	1.4	1.1
精锡需求量	20.7	22.1	21.9
供求平衡	−1.1	−1.6	2.0

数据来源：安泰科。

四、当前中国锡工业发展中存在的突出问题和对策建议

中国锡工业面临着资源保障程度降低、产业结构待优化等问题，亟待提升资源保障能力，寻求国内外产能合作；要加大下游科技创新，借助上下游产业

协同、金融辅助力量等方式实现中国锡产业大国向锡业强国的转变。

（一）加强地质勘探，拓宽资源保障能力

近年来，随着锡资源开发力度不断加大，中国原有资源优势正在不断削弱，未来矿山生产潜力有限。建议：一是加大地质勘探力度，发现新矿点、增储旧矿床；二是大力鼓励企业实施“走出去”战略，依托“一带一路”国际产能合作远景，投资海外矿产资源，充分利用国外资源；三是实施资源整合，使矿产资源开发逐步向优质企业集团集中，提高资源利用率，杜绝资源开采浪费。

（二）产品结构和终端有差距

目前，中国锡工业面临初级消费端与终端产品需求存在差异化的问题，下游企业对终端产品需求了解度不足、基础研究不足，未来应提高新兴产业对产品的需求能力，重点研发替代国外高端焊料、锡合金材料等产品。建议支持科技成果转化，鼓励企业使用国产技术；对取得国产性进展技术、软件等，及时组织研发成果推介交流，实施国家采购，推动最新科研成果在锡企业示范应用。

撰稿人：郭　宁

审稿人：王中奎

2022 年锑工业发展报告

一、2022 年世界锑工业发展概述

（一）资源与生产

世界锑矿资源分布相对集中。已知的锑矿床多集中分布于三条成矿带：一是环太平洋锑矿带，包括中国南部、俄罗斯东部、玻利维亚、智利、秘鲁、墨西哥、美国西部、日本、澳大利亚、马来西亚等国家和地区；二是地中海锑矿带，包括阿尔及利亚、捷克、意大利、土耳其及俄罗斯高加索等国家和地区；三是中亚锑矿带，包括塔吉克斯坦、吉尔吉斯斯坦、巴基斯坦等国家和地区。此外，北美、南非也有一定的锑矿储量。其中，环太平洋成矿带经济意义最大，集中了全球约 50%以上的锑储量。

据美国地质调查局（USGS）最新数据显示，2021 年全球锑资源储量约 200 万吨，其中中国 48 万吨，全球占比 24.0%，全球排名第一；其次是俄罗斯 35 万吨，玻利维亚 31 万吨，吉尔吉斯斯坦 26 万吨，缅甸 14 万吨，澳大利亚和土耳其各 10 万吨；剩余国家如塔吉克斯坦、加拿大、美国、巴基斯坦、墨西哥、南非等国家和地区也存在一定数量的锑资源分布（见表 1）。

表 1　2020—2021 年全球锑资源储量情况

国家和地区	储量（金属量）/万吨		2021 年占比/%	同比/%
	2020 年	2021 年		
中国	48.0	48.0	24.0	0.0
俄罗斯	35.0	35.0	17.5	0.0
玻利维亚	31.0	31.0	15.5	0.0
吉尔吉斯斯坦	26.0	26.0	13.0	0.0
缅甸	0.0	14.0	7.0	—
澳大利亚	14.0	10.0	5.0	-28.6
土耳其	10.0	10.0	5.0	0.0
加拿大	7.8	7.8	3.9	0.0

续表1

国家和地区	储量（金属量）/万吨		2021年占比/%	同比/%
	2020年	2021年		
美国	6.0	6.0	3.0	0.0
塔吉克斯坦	5.0	5.0	2.5	0.0
巴基斯坦	2.6	2.6	1.3	0.0
墨西哥	1.8	1.8	0.9	0.0
全球	190.0	200.0	100.0	5.3

数据来源：USGS。

全球锑资源的开发是围绕资源进行的，因此锑矿采选业同样相对集中。目前在产的锑矿山主要分布在：中国、塔吉克斯坦、俄罗斯、澳大利亚、缅甸、玻利维亚、南非等国家和地区，其中中国、塔吉克斯坦、俄罗斯是全球主要锑矿产出国，上述三国锑矿产量占全球总产量的70%以上，但是从2019年开始，受中国产量下降的影响，全球锑矿产量开始逐年下滑，2021年下降到近十年最低水平。2022年中国锑矿产量恢复性增长并逐渐趋于正常，但受疫情及地区冲突的影响，俄罗斯锑矿产量出现较大幅度收缩，特别是一些含金物料，全球锑供应依然偏紧。根据世界金属统计数据，2022年全球锑矿产量8.4万吨，相比2021年有小幅下降（见表2）。

表2　2020—2022年全球锑矿产量（金属量）情况　　（吨）

国家和地区	2020年	2021年	2022年
中国	64530	42622	45600
塔吉克斯坦	22543	16777	18000
俄罗斯	16800	16800	9000
玻利维亚	2629	3084	3404
缅甸	537	3455	3363
澳大利亚	3903	3380	2292
土耳其	1547	1541	1200
墨西哥	290	300	692
老挝	0	35	271
巴基斯坦	17	66	142
危地马拉	100	108	108
哈萨克斯坦	0	102	100

续表 2

国家和地区	2020 年	2021 年	2022 年
吉尔吉斯斯坦	28	0	77
泰国	0	150	29
加拿大	8	24	12
越南	300	0	0
全球	113232	88444	84290

资料来源：安泰科。

（二）贸易与消费

全球锑品贸易量格局相对稳定。其中锑资源主要出口国包括：俄罗斯、塔吉克斯坦、玻利维亚、澳大利亚等国。锑产品主要进口国包括：美国、日本、韩国和欧洲等国家和地区。中国是全球最大的锑资源国，也是全球最大的锑资源进口国、锑品生产国、出口国、消费国，是全球锑产业和贸易的中心。进口锑产品主要以锑精矿为主，出口以阻燃级、催化剂级、无尘环保等多系列氧化锑和未锻轧锑为主。

随着世界经济和现代科技的高速发展，锑的应用领域越来越广泛，涉及多行业多领域。从全球消费结构来看，锑的主要消费领域包括阻燃材料、合金、聚酯、陶瓷、玻璃产品等，其中阻燃行业依然是当前锑最主要的消费领域，占全球锑总消费量的 50%以上。多规格的三氧化二锑、高效乙二醇锑、阻燃母粒等为代表的锑深加工产品消费量正在逐步提高。从主要的消费地区来看，中国、美国是全球最主要的锑消费国，此外欧洲、日本、韩国等发达国家和地区对锑需求也相对较大，印度等新兴发展中国家是近年锑消费增速较快的国家。

出于对溴系阻燃剂环保和安全的担忧，不少人希望能用其他类型的阻燃剂将它们完全替代，但这样做不仅不必要，实施起来也会相当困难。在聚合物材料中，阻燃剂的选择不仅要考虑到防火性能，还要考虑到相容性和对材料性质的影响。事实上，一些其他类型的阻燃剂（例如无机阻燃剂）所需的添加量较大，更容易对材料本身的性能造成不利影响。此外，与溴系阻燃剂相比，添加其他类型阻燃剂的塑料可回收性也会下降，这对环境保护也是不利的。目前，虽然已经出现了一些替代方案，但它们仍不足以覆盖溴系阻燃剂的全部功能。因此无须过于担心替代问题。值得注意的是，溴、锑价格长期高位运行很可能在一定程度影响阻燃行业改变配方的决心。相较上一个五年聚酯和电池合金行业的增速明显降低，预计对于锑总消费的拉动作用也将逐渐减弱，在所有消费领域中，光伏玻璃行业最为突出，从对全球光伏装机量的预期看，将成为下一个十年影响锑消费的重要因素。从主要经济体的情况判断，未来主要锑品市场集中在东亚、北美、欧洲、南亚及东南亚等地区，印度和东南亚的一些国家可能成为锑需求的新的增长点，而传统消费国的消费贡献可能会有所减弱。

二、2022 年中国锑工业发展现状

（一）经济运行情况

2022 年受锑价格上涨影响，国内锑企业盈利水平增长明显，总体利润显著高于上年同期。根据中国有色金属工业协会数据，2022 年全国 55 家规模以上锑工业企业全年营业收入较上年同期增长 12.2%，利润总额较上年同期增长 128.7%。

（二）产业结构

基于最初优越的资源禀赋，即发现资源量遥遥领先其他国家，处于世界首位，中国建立了产业链完整、规模最大的锑产业，锑品产量长期占世界需求量的 80%以上。依托对湖南、广西、云南、贵州等主要地区锑资源规模化开发利用，资源属地的产业空间布局已经基本形成，产业集中度相对较高。这四个省区集中了锡矿山闪星锑业有限责任公司、湖南辰州矿业有限责任公司、云南木利锑业公司、贵州东峰矿业股份有限公司、桃江久通锑业有限责任公司、广西华锡集团股份有限公司等国内骨干锑生产企业，均是采、选、冶一体化企业，锑品合计产量占全国总量的 80%以上。

党的十八大以来，我国锑工业也已进入由规模快速扩张阶段转向高质量发展阶段的历史关键期，正经历着由大到强的历史跨越。锑冶炼技术得到快速发展，装备不断大型化，操作机械化、自动化，并逐步实现自动控制，锑冶炼工艺技术、装备水平居世界先进行列，引领者世界锑冶炼工艺的发展。锑深加工产品已形成系列产品，并正在向差异化、个性化、环保型产品方向发展，已形成完整的锑系列产品，能满足不同用途、不同客户及特殊需要。包括高纯氧化锑在内的多系列多规格三氧化二锑、乙二醇锑、锑酸钠及阻燃母粒等深加工产品的占比逐步提高，锑产品结构向深加工方向进一步延伸。

此外，作为世界锑工业发展的主力军，中国锑工业全面树立高质量发展的理念，坚定走绿色发展之路，先后完成《绿色设计产品评价技术规范　锑锭》《绿色设计产品评价技术规范　三氧化二锑》《绿色设计产品评价技术规范　乙二醇锑》等标准的编制工作，着力构建科技含量高、资源和能源消耗低、生态环境好的产业结构和生产方式，追求生态系统与经济系统的良性循环，以实

现经济效益、生态效益、社会效益的有机统一。

（三）市场价格

2022 年，春节假期之前价格相对平稳。3 月开始，疫情和俄乌冲突导致进口原料渠道受阻，特别是来自俄罗斯的原料供应紧缺的情况开始加剧，锑价格加速上涨，不少企业采取惜售策略试图进一步抬升价格，导致锑锭供应短缺加剧，国内锑价格上涨至 82000~83000 元/吨的近十年高位。4—5 月，国内疫情反复导致上海和华东部分城市封控，物流受阻，长三角地区受疫情影响较为明显，特别是聚酯产业主要集中在华东地区，对乙二醇锑的销售造成了很大的影响，海外消费商多持观望态度，需求整体疲软，市场交易活跃度开始下降。6—7 月，锑品价格止跌企稳，成交量有所上升，但持续时间很短。8—9 月，国内需求回归低于预期，而大部分海外客户则处在夏休期，加上欧洲能源危机，需求表现不佳。虽然原料供应仍紧张，部分工厂倾向于略微压价出货而不肯大幅降价，坚持对外报价在 80000 元/吨一线。另一方面人民币对美元汇率持续走弱导致美元价格降幅明显高于人民币价格，甚至出现倒挂。10—11 月价格下滑的情况开始加剧，国内锑价从 78000~79000 元/吨逐渐下滑到 73000 元/吨以下。随着市场低价货物的消耗，市场价格在 12 月初企稳回升，12 月中旬价格开始加速回升，截至 2022 年 12 月底，国内锑锭价格已经回升至 76000 元/吨（见图 1）。

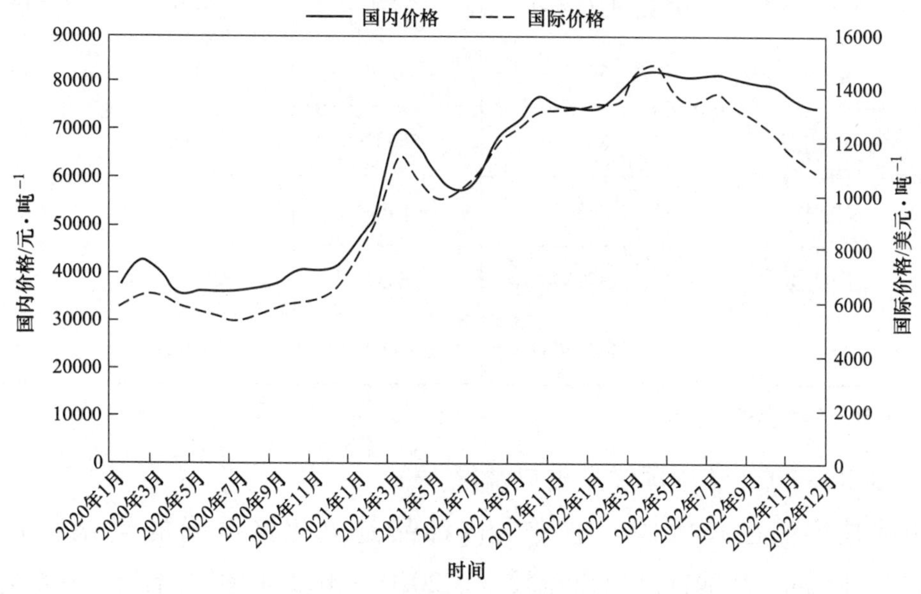

图 1　2020 年 1 月至 2022 年 12 月国内外 2 号锑锭月均价

数据来源：安泰科

相较2021年，2022年国内产量虽然有所回升，但依然低于预期，另外，疫情和局部冲突引发的供应链破裂和能源危机导致需求有所减弱，特别是中国和欧洲市场受到的冲击最为明显，影响锑市场价格的最主要因素逐渐从供应端转向了需求端。

（四）贸易情况

1. 2020—2022年中国锑品进口情况

中国是锑资源进口大国，其他锑品进口数量很少，目前在所有进口锑产品中，锑精矿为最主要的进口产品。2020—2022年中国进口全部锑产品以锑精矿为主。2022年1—12月中国累计进口锑品3.01万吨，同比下降15.0%（见表3）。

表3　2020—2022年中国主要锑品进口情况

产品名称	进口量（实物量）/千克			同比/%
	2020年	2021年	2022年	
硫化锑	96802	118850	95750	-19.4
其他锑及锑制品	16154	5299	22358	321.9
其他锑矿砂及其精矿	42752924	33885015	29093207	-14.1
生锑	399461	26170	105	-99.6
锑的氧化物	840360	566316	311006	-45.1
锑粉末	30	4	31	675.0
未锻轧锑	379306	764319	535506	-29.9
合计	44485037	35365973	30057963	-15.0

数据来源：海关总署。

2. 2020—2022年中国锑品出口情况

中国是锑品出口大国，主要出口锑品是氧化锑（锑的氧化物）和锑锭（未锻轧锑），其他锑品出口量较少。2020—2022年中国出口最主要的锑品依然是氧化锑和锑锭。2022年1—12月中国累计锑品出口5.34万吨，同比下降10.9%（见表4）。

表 4　2020—2022 年中国主要锑品出口情况

产品名称	出口量（实物量）/千克			同比/%
	2020 年	2021 年	2022 年	
硫化锑	243560	0	0	—
其他锑及锑制品	30	0	0	—
其他锑矿砂及其精矿	2804604	547969	1933972	252.9
生锑	0	0	0	—
锑的氧化物	37456774	47876487	40277079	-15.9
锑粉末	150938	196431	203928	3.8
未锻轧锑	8105411	11283592	10979253	-2.7
合计	48761317	59904479	53394232	-10.9

数据来源：海关总署。

三、2022 年中国锑工业经济运行状况分析

（一）政策环境分析

1. 生态环境部印发《关于进一步加强重金属污染防控的意见》

3 月 7 日，生态环境部印发了《关于进一步加强重金属污染防控的意见》（环固体〔2022〕17 号），以进一步强化重金属污染物排放控制，有效防控涉重金属环境风险。《意见》提出，到 2025 年，全国重点行业重点重金属污染物排放量比 2020 年下降 5%，重点行业绿色发展水平较快提升，重金属环境管理能力进一步增强，推进治理一批突出历史遗留重金属污染问题。到 2035 年，建立健全重金属污染防控制度和长效机制，重金属污染治理能力、环境风险防控能力和环境监管能力得到全面提升，重金属环境风险得到全面有效管控。

2. 工信部、发改委、生态环境部联合印发《工业领域碳达峰实施方案》

2022 年 7 月 7 日，工信部、国家发改委、生态环境部联合印发《工业领域碳达峰实施方案》。《方案》提出到 2025 年，规模以上工业单位增加值能耗较 2020 年下降 13.5%，单位工业增加值二氧化碳排放下降幅度大于全社会下降幅度，重点行业二氧化碳排放强度明显下降。

《方案》指出，“十四五”期间，产业结构与用能结构优化取得积极进展，能源资源利用效率大幅提升，建成一批绿色工厂和绿色工业园区，研发、示范、推广一批减排效果显著的低碳零碳负碳技术工艺装备产品，筑牢工业领域

碳达峰基础。"十五五"期间，产业结构布局进一步优化，工业能耗强度、二氧化碳排放强度持续下降，努力达峰削峰，在实现工业领域碳达峰的基础上强化碳中和能力，基本建立以高效、绿色、循环、低碳为重要特征的现代工业体系。确保工业领域二氧化碳排放在2030年前达峰。《方案》聚焦重点行业，制定钢铁、建材、石化化工、有色金属等行业碳达峰实施方案，研究消费品、装备制造、电子等行业低碳发展路线图，分业施策、持续推进，降低碳排放强度，控制碳排放量。

3. 工信部、国资委等四部门联合发布《原材料工业"三品"实施方案》

2022年8月17日，工信部、国资委、国家市场监督管理总局、国家知识产权局近日联合印发《原材料工业"三品"实施方案》。《方案》提出，到2025年，原材料品种更加丰富、品质更加稳定、品牌更具影响力。到2035年，原材料品种供给能力和水平、服务质量大幅提升，达到世界先进国家水平，形成一批质量卓越、优势明显、拥有核心知识产权的企业和产品品牌。原材料工业是实体经济的根基，是支撑国民经济发展的基础性产业和赢得国际竞争优势的关键领域。当前，我国原材料工业基本满足了国民经济发展需要和人民群众消费需求，但质量发展基础不够坚实，产品质量稳定性、一致性与高质量发展要求仍有差距。实施方案围绕发展目标，从增品种、提品质、创品牌三方面提出9项重点任务，部署了原材料品种培优、原材料品质提升、原材料品牌建设三项重点工程。

（二）经营形式分析

1. 供应情况分析

过去的十年中，中国锑精矿产量的高峰时期是2012—2014年，年产量在13万~15万吨间，从2014年开始，国内锑精矿产量基本上呈现波动下降的趋势，2017年降至10万吨以下，2019—2020年锑精矿产量萎缩的势头加剧，2021年受到环保因素的影响，国内锑精矿产量降至历史最低的4.36万吨。结合中国有色金属工业协会和锑业分会的统计数据推测，全年锑精矿产量约5.5万吨，相较2021年有1.2万吨的增量。

2022年，锑业分会会员单位锑品产量19.4万吨，同比减少3.8%，其中锑锭6.88万吨，同比增长4.7%；氧化锑9.52万吨，同比减少9.0%；乙二醇锑1.19万吨，同比减少21.1%；锑酸钠1.24万吨，同比增长50.4%；其他锑品0.57万吨，同比减少29.7%。

另外，国内部分锑供应来自铅锌企业的副产品，随着国内原生铅产量进入高峰，国内铅锌企业回收锑产量也进入了稳定期。安泰科数据显示，过去5年

中，我国原生铅产量已经进入徘徊期，2022 年中国原生铅产量预计 277 万吨，副产锑产量为 2.2 万～2.5 万吨。结合国内主要锑企业和铅锌企业的产量看，预计 2022 年我国锑总供应量为 9.8 万～10.0 万吨。

2. 消费情况分析

中国是全球最大的锑消费国，占全球锑消费近 50%。与全球消费结构类似，中国的主要锑消费同样集中在阻燃材料、合金制造、聚酯催化、玻璃制造等主要消费领域中，其中阻燃领域是最大的消费领域。从消费地域结构来看，中国锑品的消费主要集中在广东、江苏、浙江、山东等经济发达或下游关联产业相对集中的地区。

传统消费中，我国阻燃剂行业的发展依然保持较高增速，虽然创新产品和技术研发能力较国际领先企业还存在较大差距，但也涌现了一批规模、产品和技术领先的企业，从而推动了我国阻燃剂行业发展。随着《公共场所用阻燃制品燃烧性能要求和标识》和《建筑材料及制品燃烧性能分级》的发布，我国对公共场所使用的建筑制品、铺地材料、电线电缆等，以及座椅、沙发、床垫中使用的保温隔热层及泡沫塑料的相关阻燃标准提出了具体要求，这将大力推动了我国阻燃剂行业的发展。从下游应用领域来看，随着 5G 商用加快，5G 基站及电子消费品等领域对阻燃剂需求增加，而汽车轻量化的发展及社会对火灾防范意识上升等，也将不断地扩大对阻燃剂的需求。相关研究机构预测，到 2027 年我国阻燃剂需求量有望接近 150 万吨，2022—2027 年年均增长速度达到 7.62%。尽管围绕部分卤系存在争议，一些含溴的阻燃剂确实可能带来环境和健康风险，不过在合理使用的情况下，目前批准使用的品种风险易燃在可接受范围内。重要的是，溴系阻燃剂也确实提供了其他阻燃剂很难完全替代的良好性能，因此阻燃对锑消费将保持低速的缓慢上涨。

在新兴行业中，光伏玻璃行业发展最为迅猛。随着光伏发电技术的不断进步和成本持续降低，光伏发电已成为主力可再生能源之一。2021 年以来，国家相关部门出台了一系列支持光伏行业发展的政策，极大促进了我国光伏产业的发展，光伏产业已成为我国少数具有国际竞争优势的战略性新兴产业之一。目前，中国已经发展成为全球第一大光伏玻璃生产国，产能占全球 90%以上份额，2021 年中国光伏玻璃产能为 7.66 亿万平方米，同比增长 7.3%。2021 年中国光伏玻璃产量为 5.94 亿万平方米，同比增长 8.6%，2016—2021 年年均复合增长率为 10.3%。相关机构预测，我国光伏玻璃产量将会保持增速，相关机构测算 2022 年达 6.4 亿万平方米，对于锑消费的拉动作用正在逐渐显现。

3. 供求平衡

2020—2022 年，国内锑供应进入相对短缺的阶段，特别是 2021 年，国内主要锑冶炼产区阶段性停产时间较长造成短缺加剧，2022 年国内供应短缺的情况逐步修复，国内锑冶炼企业产量逐渐恢复，锑供应得到一定补充，但是进口锑矿进一步下降导致总体供应量依然不及预期。

从近些年锑供需平衡判断，全球锑市场已经进入了一个全新的阶段。客观来讲，现阶段在没有显著探矿进展的前提下，我国锑资源的供应大幅增长的空间已经非常有限，目前在产的主要锑矿中多数服役年限已有数十年，一些老矿的服役年限甚至超过百年，而中型以上的锑矿几乎没有出现。另一方面，锑的传统消费虽然在个别领域有所萎缩，但新兴行业的强劲发展势头将弥补对锑总消费的不利影响。

四、当前中国锑工业发展中需要关注的问题

（一）全球锑资源争夺日趋激烈，原料供应安全风险加剧

多年来，锑被作为重要矿产原料之一，各发达国家高度关注并积极制定相关政策以确保这些紧缺资源的供应，这也助推了中国以外国家投资锑资源开发的热情。近年来，阿曼、塔吉克斯坦、越南、缅甸、印度等国家锑冶炼产业较快崛起，围绕全球锑资源的竞争也日趋激烈。与此同时，我国由于对锑资源长期超强度开采，使得锑资源保障程度持续下降，一大批老矿山可采储量急剧减少，一些资源基地甚至出现资源枯竭，主产区骨干企业的资源保障年限普遍偏低。同时由于国内资源禀赋下降，导致我国对海外资源依赖程度持续增加。

（二）锑冶炼新技术新工艺研究面临压力

虽然以鼓风炉挥发熔炼为代表的火法炼锑工艺对中国锑工业作出了不可磨灭的贡献，但存在低浓度二氧化硫烟气污染环境、能耗大、收尘系统庞大等突出问题，目前尚无可工业化应用的锑清洁冶炼适用技术和装备。过去 30 多年里，相关部门对锑的科研投入少，加之锑行业整体效益偏弱等原因，锑行业主流冶炼工艺技术与装备的升级改造步履艰难。

五、中国锑工业下一步的发展重点

（一）正视传统优势资源急速削弱的突出问题，加强资源勘探，从严约束国内资源开采

加强锑矿资源勘探和详查，努力增加资源总量；对主产区锑资源进行整合并下达开采总指标，实现资源集中和节约开采，改变湖南等主产区锑资源分散

开发的乱象；对主产区加强伴生锑资源的调研和评估，鼓励矿山和冶炼厂提高资源综合利用率。

（二）深入践行“一带一路”倡议，加速锑产业全球化布局

坚持扩大对外开放，充分利用我国锑产业相对完备的有利地位，充分践行“一带一路”倡议的历史契机，发挥好政治外交优势与地缘优势，加大在锑资源国的投资与产业布局。充分利用我国产业规模优势，实施进口锑金精矿加工贸易优惠政策，加大利用境外锑金资源的力度，降低国内资源消耗速度，同时抑制国外锑冶炼产能扩张，维护我国锑产业链优势地位。

（三）扶持重点企业突破冶炼技术，提升绿色发展水平

锑行业从资源开发开始到加工均高度分散，冶炼厂普遍原料保障程度低，企业实力弱，历史包袱重，冶炼技术开发难度大且推广潜力受限，迄今锑冶炼技术不能实现跨越性进步。在原料供应日益紧缺的情况下，面对国外冶炼厂的发展，中国锑冶炼优势将遇到挑战。鉴于锑产业的特殊性，要从国家层面重视和支持锑产业的科技创新，重点支持优势企业科技创新，不仅包括冶炼技术，还要包括环保技术、高端应用技术等，一旦骨干企业技术获得突破，行业规范政策及时调整，淘汰落后，推动行业提高集中度。

撰稿人：孙　旭
审稿人：赵振军

2022年钛工业发展报告

一、2022年世界钛工业概述

2022年全球钛工业整体保持小幅增长势头。2022年前三季度，国外企业基本走出新冠疫情的影响，开工率得到提升，对钛矿原料需求也随之增加，进而推高全球钛矿原料价格。四季度，全球钛白粉消费增速不及预期，欧洲能源成本居高不下，国际钛白粉巨头发出消息称可能下调2023年钛白粉产量；加之中国房地产市场表现低迷，全球钛矿需求有所减弱，部分钛矿价格小幅回调。

（一）钛矿

据初步统计，2022年全球钛矿产量约为867.3万吨（以TiO_2含量计），同比增加4.9%；金红石产量约为58.7万吨（以TiO_2含量计），同比减少5.5%（见表1）。

表1　2022年全球钛矿、金红石产量（以TiO_2含量计）　　（万吨）

国家	钛矿	金红石
中国	314.4	—
美国	20	—
澳大利亚	66	19
巴西	3.2	—
加拿大	47	—
印度	20	1.1
肯尼亚	18	7.3
马达加斯加	30	—
莫桑比克	120	0.8
挪威	43	—
塞内加尔	52	0.9

续表 1

国家	钛矿	金红石
塞拉利昂	—	13
南非	90	9.5
乌克兰	20	5.7
越南	16	—
其他	7.7	1.4
合计	867.3	58.7

数据来源：中国有色金属工业协会钛锆铪分会（以下简称“钛锆铪分会”），美国地质调查局，相关公司公告。

国外主要钛矿生产商为：力拓集团（英国）、Kenmare 公司（爱尔兰）、Iluka 公司（澳大利亚）等（见表 2）。其中，力拓集团所产钛矿并不直接出售，而是加工成高钛渣后出售。

表 2　2022 年国外主要钛矿生产商产量（以 TiO_2 含量计）　（万吨）

公司名称	钛矿	金红石
力拓集团	108.6	—
Kenmare	57.68	0.82
Iluka	33.68	13.21
TTI	47.5	0.83
香港长城矿业	38	—
Base Resource	16.26	7.01
印度稀土公司	10	1.01

数据来源：钛锆铪分会，相关公司公告。

从目前所掌握的信息来看，2023 年香港长城矿业与 Kenmare 公司产量将有所提升；Iluka 公司与 Base Resource 公司将因现有矿地资源枯竭的问题而出现减产；预计 2023 年国外矿山钛矿产量整体将有所提升，而金红石产量逐年下降的趋势难以逆转。

（二）海绵钛

据初步统计数据显示，2022 年全球海绵钛产量为 27.9 万吨，同比增长 14.6%（见表 3）。其中，俄罗斯及乌克兰海绵钛产量出现不同程度的下降；

日本、哈萨克斯坦、沙特海绵钛产量有所上升。

表 3　2022 年全球各国海绵钛产量

国家	2022 年产量/万吨
中国	17.5
日本	5
俄罗斯	2.5
哈萨克斯坦	1.6
沙特	1.1
乌克兰	0.1
印度	0.025
合计	27.9

数据来源：钛锆铪分会，美国地质调查局。

（三）钛材

据钛锆铪分会测算，2022 年全球钛材产量或在 21 万~21.5 万吨。

二、2022 年中国钛工业发展现状

2022 年，在国内疫情多地反复暴发、经济增速下滑、国际形势剧变等诸多不利因素影响之下，我国钛产业依然保持平稳、有序、健康发展的势头，各主要产品产量仍保持增长态势，产品价格大体保持稳定，没有出现过大的波动，这一成绩来之不易。这一年，我国钛工业在钛资源综合利用、国防军工、航空航天、海洋工程、医疗器械等资源保障、下游高精尖应用领域继续取得技术突破，设计出新的工艺流程及新的产品，提升了我国钛产业的整体能力。在石油开采、新能源领域持续加大探索、研发力度，培育、开拓新的潜在应用市场。在海绵钛冶炼、钛材加工环节不断探索节能降耗新工艺，积极响应国家"绿色低碳"发展的总目标。

（一）经济运行情况概述

1. 钛矿

据钛锆铪分会初步统计，2022 年中国共生产钛矿 314.4 万吨（以 TiO_2 含量计），同比增加 10.1%（见图 1）。进口各类钛矿及中矿 155.3 万吨（以 TiO_2 含量计），同比减少 12.4%。国产钛矿与进口钛矿合计 469.7 万吨（以 TiO_2 含量计），同比增长 1.4%。

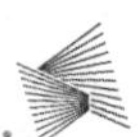

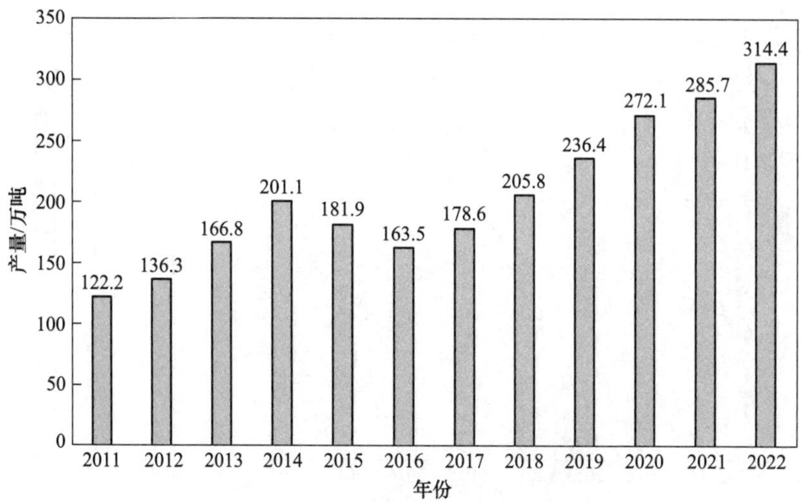

图 1　2011—2022 年中国钛矿产量走势图

数据来源：钛锆铪分会

2. 钛白粉

据钛锆铪分会初步统计，2022 年我国共生产钛白粉约 386 万吨，同比增加 1.8%（见图 2）。

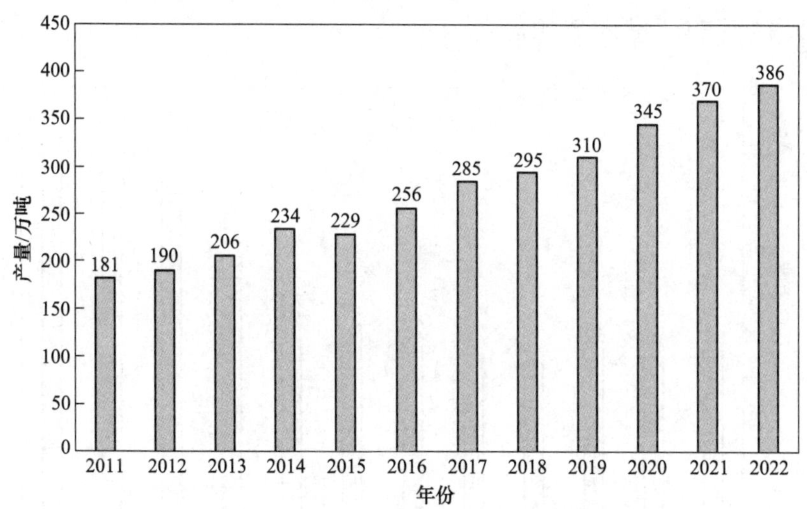

图 2　2011—2022 年中国钛白粉产量走势图

数据来源：钛锆铪分会

3. 海绵钛

2022 年，我国 9 家企业共生产海绵钛 17.5 万吨，同比增长 25.3%（见图 3）。

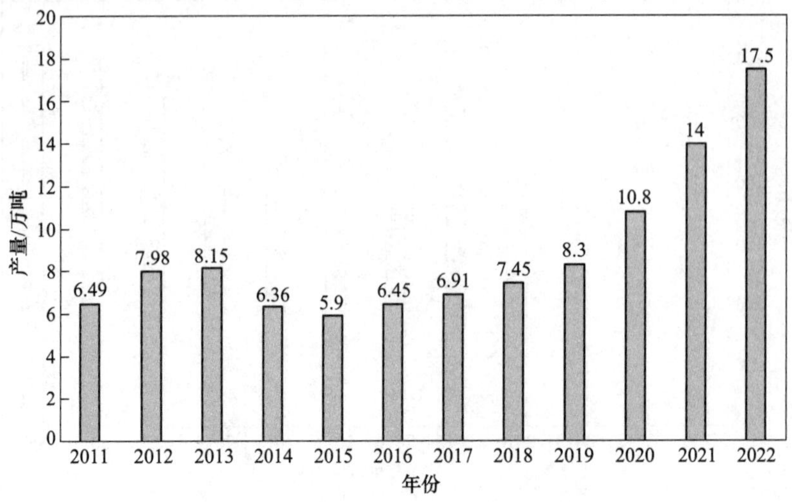

图 3　2011—2022 年中国海绵钛产量走势图

数据来源：钛锆铪分会

4. 钛锭

根据钛锆铪分会对 28 家企业的统计，2022 年我国共生产钛锭 14.5 万吨，比 2021 年增长了 19.5%（见图 4）。由于近期国内新增熔炼炉较多，我们推测约有 2 万吨钛锭的产量未被涵盖在内。

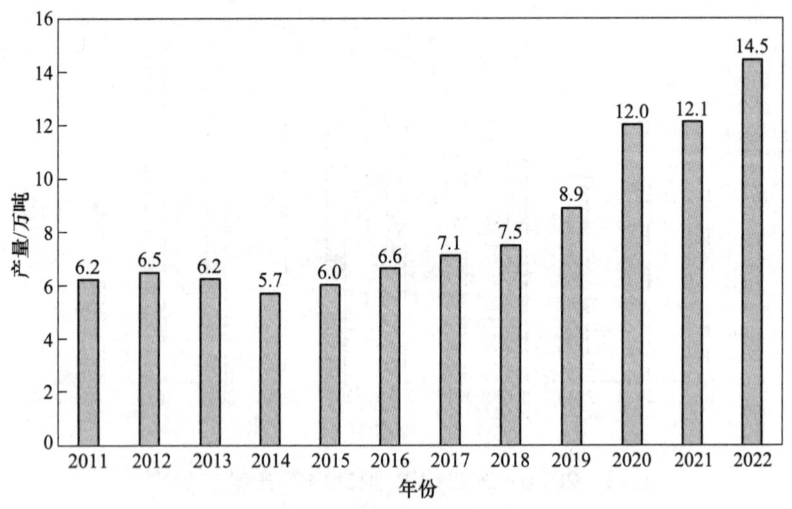

图 4　2011—2022 年中国钛锭产量走势图

数据来源：钛锆铪分会

5. 钛加工材

根据钛锆铪分会对国内 32 家主要钛材生产企业的统计，2022 年我国共生产钛加工材 15.1 万吨，同比增长 11%（见图 5）。其中，坯料约为 1.2 万吨，成材约为 14 万吨。

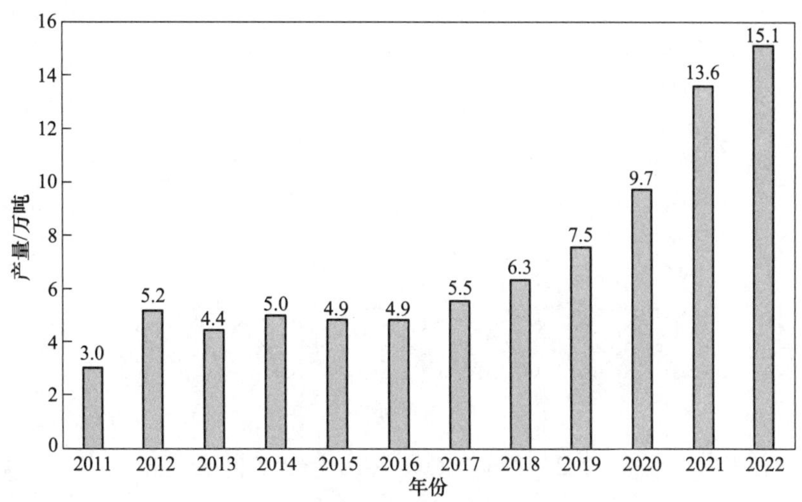

图 5　2011—2022 年中国钛材产量走势图

数据来源：钛锆铪分会

（二）产业结构

我国钛产业主要分为钛矿采选、钛白粉生产、海绵钛-钛材生产三大板块。其中，我国钛矿采选主要集中在四川省攀枝花—西昌地区，该地区钛矿产量占到我国钛矿总产量的 87%以上。钛白粉生产主要集中在河南、四川、山东、安徽、广西等地。上述五个省区钛白粉产量占到全国钛白粉总产量的 78%以上。海绵钛生产主要集中在辽宁、云南、新疆，上述三个省区海绵钛产量占到全国海绵钛总产量的 58.9%。钛材生产主要在陕西、江浙地区、珠三角地区。其中，陕西省的钛材产量占到国内总产量的 50%以上。

（三）市场价格

1. 钛矿市场回顾

2022 年，我国钛矿市场呈现出高开低走的态势。1—4 月，攀枝花 20 号钛矿价格维持在 2800~2900 元/吨（含税出厂价）的高位。自 4 月之后，受国内多地疫情散发，尤其是上海及周边省市疫情进入高峰期，部分下游企业生产受到影响，物流不畅，对钛矿的需求逐步下滑，进而导致钛矿价格的回落。至 3 季度，国内疫情初步得到控制，各地物流恢复正常，停产企业逐步开工，钛矿市场出现短暂的好转。但 3 季度末，由于国内房地产市场表现不佳，下游产品库存逐步升高，再度导致下游对钛矿需求减弱，钛矿价格再度回落。至 10 月末，国内钛矿供需重新找到平衡点，攀枝花 20 号钛矿价格稳定在 2600～2650 元/吨并平稳运行至年末（见图 6）。

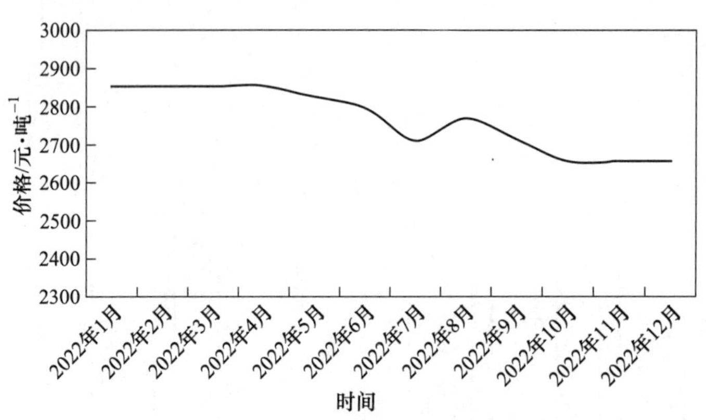

图 6　2022 年国产攀枝花 20 号钛矿价格走势

数据来源：钛锆铪分会

受国内钛矿价格回落影响，部分进口钛矿也面临较大的销售压力。从 1—11 月钛矿进口数据来看，全国钛矿进口量较去年同期下降 10.4%，几种主要进口钛矿价格较年初回落 20～30 美元/吨。进口量与进口价格双双出现下降，说明钛矿市场或已迎来拐点，持续两年多的牛市或进入尾声。

2. 钛白粉市场回顾

受房地产市场疲软及疫情蔓延等因素影响，2022 年我国钛白粉市场呈现高开低走态势。年初金红石型硫酸法钛白粉价格在 19000～20500 元/吨，并平稳运行至 5 月。但 6 月开始，受上海等地疫情持续蔓延影响，国内部分地区陷入停产停工状态，部分下游企业也随之减产停产，导致钛白粉需求下降，进而带动钛白粉价格的回落。进入三季度后，由于下游需求持续疲软，钛白粉企业库存压力增大，价格回落速度加快，部分钛白粉企业开始减产或停产。10 月，钛白粉市场供需重新获得平衡，价格也开始筑底，随后以 14000～16000 元/吨的价格持续运行至年末。12 月，虽然钛白粉企业有调价意愿，但下游需求不振及下游用户抵制钛白粉价格上涨，涨价计划无法实现，市场依旧以前期价格进行交易（见图 7）。

3. 海绵钛市场回顾

2022 年，我国海绵钛市场表现较为稳定，全年 0 级海绵钛报价都维持在 8 万～8.5 万元/吨的区间内，1 级海绵钛价格在 7.5 万元/吨左右。

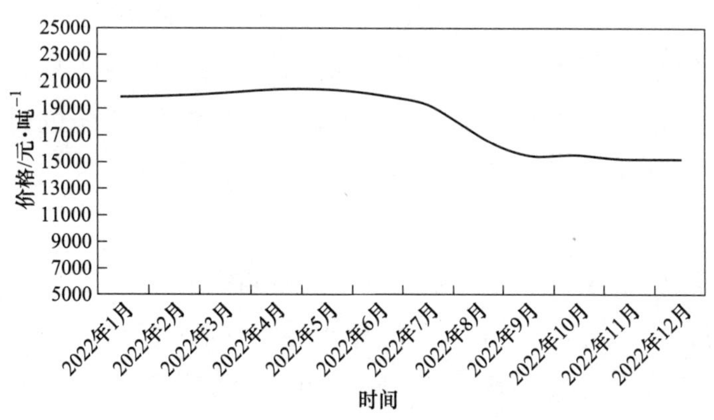

图 7　2022 年金红石型硫酸法钛白粉价格走势

数据来源：钛锆铪分会

1—2 月，受镁锭等原料价格上涨影响，海绵钛价格也随之小幅上行。3 月后，随着镁锭等原料价格的逐步稳定，海绵钛价格也稳定运行至年中。至 7 月，受原料价格大幅回落、新增海绵钛产能投产运行等因素影响，海绵钛价格稍有回落，随后稳定运行至年末（见图 8）。

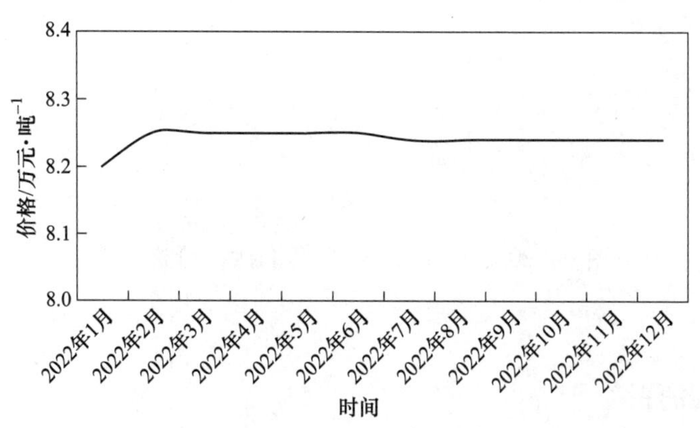

图 8　2022 年国产 0 级海绵钛价格走势

数据来源：钛锆铪分会

由于国内新增及扩产海绵钛项目相继顺利投产，2022 年我国海绵钛产量为 17.5 万吨左右，同比增长 25.3%。具体来看，一季度受镁锭原料价格居高不下影响，国内半流程企业基本处于减产、停产状态，海绵钛产量处于相对低位。进入二季度后，部分半流程企业完成全流程改造，产量逐步提升；5 月后，镁锭价格也逐步回落，半流程企业开工率逐步回升。因此，二季度国内海绵钛产量逐步回升至正常水平。进入下半年后，云南新建海绵钛项目顺利投产，并在 9 月达到设计产量，成为我国规模最大的海绵钛工厂，这使得我国海绵钛月均产量增加约 3000 吨。此外，2022 年我国海绵钛净进口约 1 万吨，这使得 2022 年我国海绵钛的表观消费量在 18 万~18.5 万吨。

4. 钛材市场回顾

受原料成本居高不下及部分下游应用领域需求强劲影响，2022 年钛材价格持续高位运行。一季度，国内 TA2/3~5 毫米钛板价格保持在 10.5 万~11 万元/吨。进入二季度后，随着国内外海绵钛价格的相继上涨，国内钛材价格也逐渐小幅上行，TA2/3~5 毫米钛板价格来到 11.1 万元/吨上下并平稳运行至四季度。进入四季度后，由于国内多地暴发疫情，部分下游领域对钛材需求有所下降，工业用及民用钛材价格稍有下降（见图 9）。

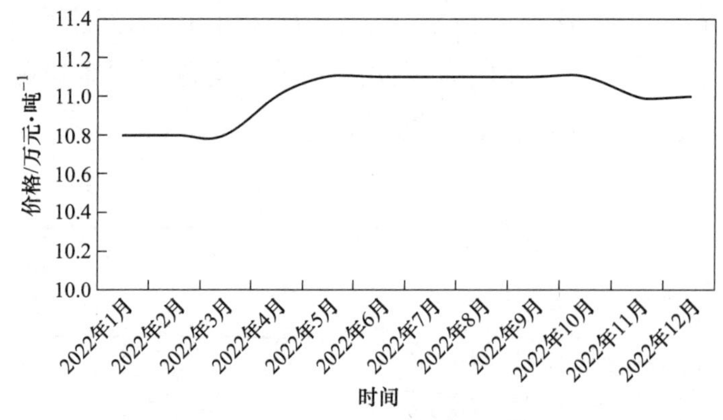

图 9　2022 年 TA2/3~5 毫米钛板价格走势

数据来源：钛锆铪分会

（四）市场消费

2022 年，我国钛矿消费量约为 482 万吨（以 TiO_2 含量计），同比增长 5.6%。钛白粉行业是最主要的消费领域（见图 10）。

2022 年，化工、航空航天领域是钛材最主要的消费领域（见图 11）。医药、船舶领域用钛量的绝对数值依然相对较低，但增速都在 30%以上。冶金、电力、制盐、体育休闲、海洋工程领域的用钛量均出现不同程度的下降。其中，化工、船舶领域用量的增长，以及冶金、电力、制盐、海洋工程领域用量的下降，主要原因都可归因于下游行业周期引发的波动。由于上述领域本身用量的绝对总量相对较小，一两个下游大型项目建设带来的需求就会对该领域对

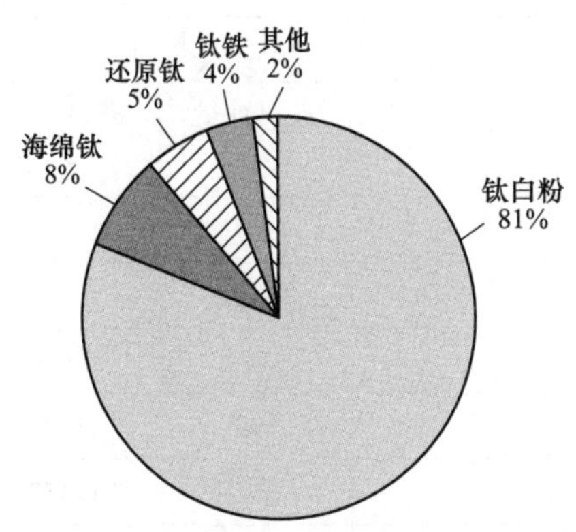

图 10　2022 年中国钛矿在不同领域中的应用比例

数据来源：钛锆铪分会

钛的用量带来较大影响。航空航天领域用钛量的大幅增长，主要是国内需求持续增长的结果。医疗领域用钛量的增加则是由于我国在相关领域中的生产能力有所提高，如国产毛细血管等产品正在加速替代进口产品，并反向出口到欧洲市场。体育休闲领域对钛用量的下降，则反映出近年来在疫情影响下，以高尔夫为代表的体育休闲领域出现整体性的需求下降，且何时能够有所改观也难以预判。

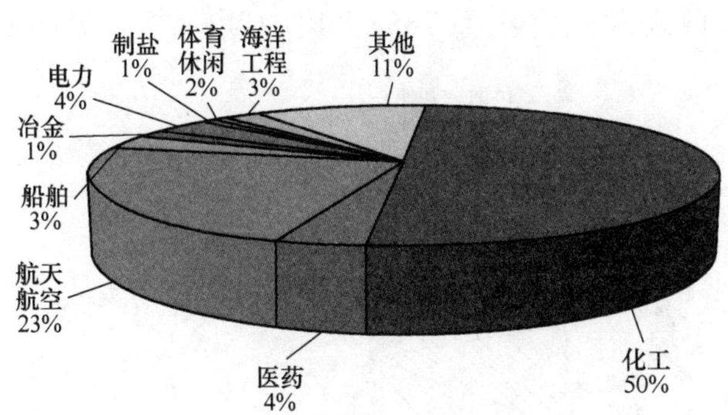

图 11　2022 年中国钛材在不同领域中的应用比例

数据来源：钛锆铪分会

（五）进出口贸易

我国进口的钛产品主要有钛矿、各类钛材、钛白粉及海绵钛；出口的钛产品主要有钛白粉及各类钛材。各类钛产品进口总额为 25. 5 亿美元，出口总额为 46. 7 亿美元，整体顺差 21. 2 亿美元。从进口产品类别上看，主要以钛矿原料为主，其次是国内供给不足的高端钛材及钛白粉（见表 4）。

表 4　2022 年我国主要钛产品进出口统计

商品名称	进口		出口	
	进口数量/吨	进口金额/万美元	出口数量/吨	出口金额/万美元
钛矿砂及其精矿	3466736	139706	22163	4152
海绵钛	11364	9916	1920	1521
其他未锻轧钛	1559	2528	630	1085
钛粉末	199	383	548	906
钛白粉	123093	44457	1405822	383376
钛条、杆、型材及异型材	1977	9676	8698	20999
钛丝	1444	5616	1125	2770
厚度不大于 0.8 毫米的钛板、片、带、箔	2370	4688	1007	2768
厚度大于 0.8 毫米的钛板、片、带	1148	5630	8115	19977
钛管	845	2345	3918	11504
其他锻轧钛及钛制品	820	30037	3450	17891
钛材合计	8604	57992	26313	75909

数据来源：海关总署。

2022 年，我国钛矿主要进口来源国为莫桑比克、肯尼亚、越南、美国、挪威等。前五大进口来源国占比为 78%，集中度较高（见图 12）。

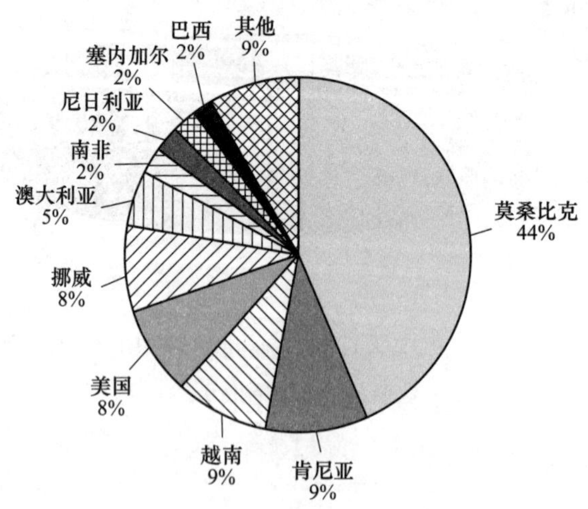

图 12　2022 年我国钛矿主要进口来源国

数据来源：海关总署

2022 年，我国海绵钛主要进口来源国为日本、哈萨克斯坦、沙特阿拉

伯（见图 13）。海绵钛进口主要集中在上半年，随着国外海绵钛价格的大幅上涨，下半年我国进口海绵钛数量迅速萎缩。

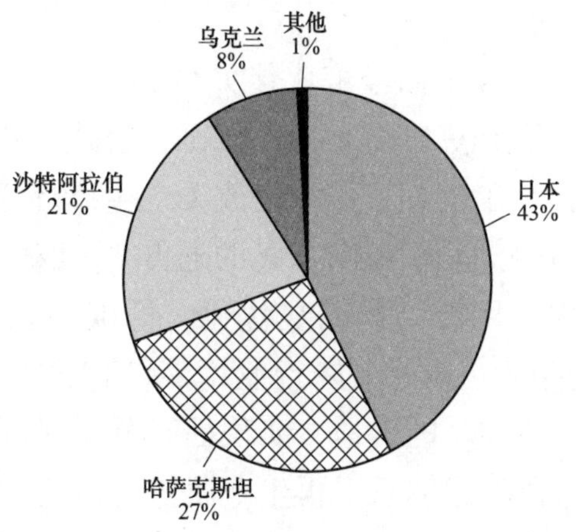

图 13　2022 年我国海绵钛主要进口来源国
数据来源：海关总署

2022 年，我国钛锻件主要进口来源国为日本、俄罗斯、美国（见图 14）。钛锻件进口数量不大，仅为 820 吨，占全部钛材进口量的 1/10，但进口金额占到全部钛材的 51.8%。钛锻件的出口单价与进口单价比仅为 14%，从侧面反映出我国在此类产品的生产水平上与国外存在较大差距。

钛白粉是我国最主要的钛出口产品。2022 年其出口量达 140 万吨，出口额达 38.3 亿美元，占到所有钛产品出口总额的 82.1%，是我国钛产品中，全球竞争力最强的产品，销往全球 140 余个国家和地区（见图 15）。

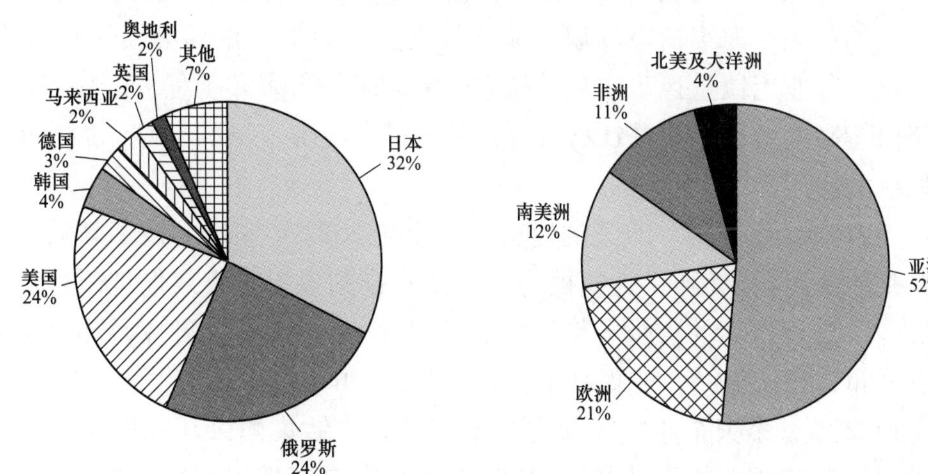

图 14　2022 年我国钛锻件主要进口来源国
数据来源：海关总署

图 15　2022 年我国钛白粉出口分布
数据来源：海关总署

三、2021年中国钛工业经济运行状况分析

（一）政策环境分析

2022年1月1日，区域全面经济伙伴关系协定（RCEP）正式生效。我国与相关国家的部分钛产品贸易关税下调，有利于相关产品的进出口贸易。

2022年11月10日，工信部、国家发改委、生态环境部三部委联合发布了《关于印发有色金属行业碳达峰实施方案的通知》。该方案确定了“十四五”期间有色金属产业结构、用能结构明显优化，低碳工艺研发应用取得重要进展，以及“十五五”期间，有色金属行业用能结构大幅改善的总体目标。通过推动海绵钛颠覆性制备技术的落地，实现提高节能降碳水平。同时完善再生有色金属资源回收和综合利用体系，再生金属供应占比达24%以上。而我国对钛的回收再利用相关环节属于短板，国外钛金属的回收利用率在30%以上，而我国只有不到10%，因此《有色金属碳达峰实施方案》对提高我国钛回收再利用水平将起到助推作用。

2022年12月29日，《海绵钛和钛锭单位产品能源消耗限额》（GB 29448—2022）发布，该标准将于2024年1月1日开始执行。该标准的出台，提高了我国海绵钛、钛锭的能耗要求，规范了相关产品的能耗统计方法，对我国海绵钛、钛锭行业实现节能减排目标起到了促进作用。在企业提升能耗水平过程中，可以促进行业整体生产技术的进步。

（二）产业结构调整情况分析

国内房地产市场低迷导致国内钛白粉需求陷入停滞，产业增长主要依靠出口市场的扩大。海绵钛市场规模显著扩大、钛加工材市场继续保持增长势头。传统化工行业用钛量稳步增长，航空航天、船舶与海洋工程、医疗用钛等领域继续保持高速增长。我国钛材行业在稳固扩大传统市场的同时，加速拓展在高新领域的应用。

随着“绿色低碳”政策的提出，行业在2022年完成制定了新的《海绵钛和钛锭能源消耗限额》，大幅提升了节能减排的要求，有效促进了行业向“绿色低碳”发展目标的靠拢与转型。为达到“绿色低碳”目标，部分企业准备建设分布式光伏电站，或提高水电、风电、光电的使用比例。

2022年，多家企业继续取得技术突破。宝钛集团荣获我国工业领域最高奖项“中国工业大奖”。同时，其航空用钛合金薄壁型材加工技术取得突破，顺利通过装机评审；成功研制出高强高韧钛合金板材。攀钢集团全力推进高炉渣提钛产业化攻关，全年电炉可开动率提高15.93%、立磨衬板寿命提高50%、

定修周期延长 5 天；成功突破宽幅钛箔材轧制技术并生产出 0.1 毫米×500 毫米宽幅“手撕”钛箔材产品。西北有色金属研究院控股的西安赛特新材料科技股份有限公司打通了钛合金、高温合金叶片和人工关节精锻件的全流程制备加工技术。洛阳双瑞万基钛业开展“三高一低”（高纯净性、高均匀性、高一致性、低成本）海绵钛技术攻关，实现 10 吨炉航空级小颗粒海绵钛得料率达到 80%；开展沸腾氯化高钛渣的应用，实现高钛渣替代进口金红石规模化生产高品质海绵钛应用技术研究。湖南金天钛业攻克耐蚀钛及钛合金高效换热激光焊管智能制造和装备研制技术难题。

（三）经营形势分析

2022 年，全球多个主要矿山出现资源枯竭引发的产量下降。钛矿平均品位下降、开采成本上升的趋势已经不可逆转。我国作为全球最大的钛矿进口国与消费国，这一情况对我国钛行业平稳发展所产生的影响要大于其他国家。值得庆幸的是，我国企业在莫桑比克投资的钛锆矿项目顺利投产，每年可为国内提供 100 余万吨钛中矿原料。希望今后还有更多中国企业投资开发海外钛锆矿资源取得成功，缓解我国钛矿资源进口压力。

受国内经济处于低速发展期，以及全球主要经济体，尤其是欧洲国家可能进入低增长或负增长的压力，这使得未来一两年全球工业及民用领域对钛金属及钛白粉的消费能力增长缓慢或衰退；而国际形势的日趋复杂，使得许多国家加大国防投入，这又将拉动钛金属在相关领域的应用。从目前的公开信息来看，国外钛白粉巨头因对 2023 年需求预期不佳、销售压力增大而做出减产计划，这或许会令此前全球钛原料供应紧张的局面得到缓解，原料价格连续三年大幅增长的态势可能出现改观。我国作为钛原料消费大国，原料价格的回落对我国钛行业发展总体来说利大于弊。

在海绵钛行业，2023 年仍有较大规模的新增产能将要释放。在下游应用拓展步伐相对缓慢的情况下，海绵钛产能的大幅增长或将给行业带来较大的影响，产品价格也将面临较大的下行压力。

四、存在的问题及对策

2022 年，我国钛行业有两个最为突出的问题：一是行业投资存在一定程度的过热，为未来行业健康有序发展带来一定隐患；二是钛白粉、传统化工等细分领域用量接近或达到周期高点，行业对未来变化趋势准备不足。此外，行业发展缺乏科学的、宏观的、长期的产业规划，没有高层级的、具有执行力、约束力的行业发展指导纲要。

1. 建议国家层面对更多钛的重要应用领域提高关注度

随着国际形势的逐渐变化，全球各国对传统安全的关注度再次超过了对全球协作发展与全球绿色发展等问题的关注。由于钛在国防安全、新材料、前沿科技研发中具有较为重要的作用，之前以市场自发调节，以市场需求为导向的主要依靠市场推动产业发展的模式已无法适应新形势下我国钛产业由大变强的新要求，需要对此做出一定调整。目前钛行业的国家级项目主要集中在国防与资源综合利用领域，建议对核电、海洋工程、石油开采、新能源等重要领域加大关注力度，建立国家层面的工作组，以国家重大项目为牵引，加强在上述领域的研发、推广、应用力度。形成重点领域由国家牵头、传统应用领域由市场主导的双轮驱动的新局面。

2. 行业投资存在过热

近年来我国海绵钛、钛材需求增长迅猛，各个企业产线开工率处于较高水平，产品利润也不断提升。钛行业较好的景气度使得社会资本的投资热情较高，得益于此，前两年阶段性出现的钛锭熔炼、锻造能力上的短板已经被迅速补齐。但由于市场投资的惯性，一些新的项目还在不断上马，主要集中在海绵钛生产、真空熔炼炉设备、传统的钛材加工项目上。若这种情况持续下去，在未来的2~3年间，部分行业将出现明显的产能过剩，市场平衡或被打破，甚至出现恶性竞争的现象。对此提出建议，希望对钛行业有投资意愿的相关方认真做好市场调研，选择好细分领域，进行差异化投资，控制好投资风险。

3. 行业内部分领域用量接近周期高点，需提前做好应对准备

钛在某些领域的用量具有一定的周期性。随着下游应用领域的发展变化，钛在这些领域的用量接近或达到周期的高点，如以PTA为代表的一些化工行业、房地产行业等，这使得部分化工用钛材、钛白粉等产品的用量也接近或达到周期顶部。建议以相关下游领域为主营业务的企业提前做好布局，以便在相关领域进入下行周期时能有较好的应对措施。

4. 加强科技攻关力度，实现行业绿色发展与高质量发展目标

近年来我国钛产业在科技攻关上取得了一系列成果，但依然面临很多难关需要攻克。随着国家绿色发展目标的提出，海绵钛生产过程中能耗过高的问题需要得到进一步解决。而通过技术提升，降低海绵钛的能耗问题，也可以降低海绵钛生产成本，更有利于扩大其应用。目前最前沿的“电解钛”工艺技术可能会为钛产业的发展带来革命性的突破，中国有色金属工业协会钛锆铪分会也在持续关注各个高校、院所在“电解钛”工艺上的进展与突破，为该工艺能够早日进入工业化阶段提供助力。我国钛材在航空航天、海洋工程等领域存

在较大的发展潜力，但也存在一系列需要进行系统性攻关的短板。当前，编制出一套较为全面、完善的钛加工手册，对我国钛产业的进一步发展至关重要，这需要全行业共同努力，最终也将使全行业受益。

5. 加强宣传科普，让各行各业对钛有更新更准确的认知

近几年我国钛产业取得了明显的进步，产品质量得到提升，产品性价比优势更加明显。但在一些钛材应用较少的领域中，对钛的认识还停留在此前的高性能、高成本的老观念中。行业需要加强对社会各界的宣传，让一些对钛了解不深的行业更新其认知，让其对钛有更新、更准确的了解，进而对使用钛产生兴趣，扩大钛的应用范围。以钛的低成本化技术为抓手，配合有效的宣传推广，实现钛材在更多工业领域及日常生活领域中的广泛应用。

撰稿人：赵　巍、陈　岩
审稿人：安仲生

2022 年钽铌工业发展报告

一、2022 年世界钽铌工业发展概述

世界钽一次原料主要集中在澳大利亚、巴西、非洲中部地区及中国，年产量约 2000 吨（以 Ta_2O_5 计）。2011 年以来，非洲大湖地区（包括刚果（金）、卢旺达和布隆迪）的手工采矿供应量占主导地位，超过市场供应量的一半。新能源锂电池的发展带动了低成本锂矿副产品钽产量增长，以及水合物钽原料不断增长，使得非洲钽原料市场份额有所降低。世界铌原料主要集中在巴西、加拿大、尼日利亚、俄罗斯等国，年产量约 7.9 万吨（烧绿石、铌精矿）。其中巴西产量占比高达 85%以上。世界钽矿山产量和储量见表 1。世界铌矿山产量和储量见表 2。

表 1　世界钽矿山产量和储量　（吨）

国家	矿山产量		资源储量
	2021 年	2022 年①	
美国	—	—	—
澳大利亚	44	57	99000
玻利维亚	1	1	NA
巴西	360①	370	40000
布隆迪	39	39	180000
中国	76①	78	NA
刚果（金）	790	860	NA
埃塞俄比亚	32	24	NA
莫桑比克	37	34	NA
尼日利亚	110	110	NA
俄罗斯	39①	39	NA
卢旺达	269	350	NA
乌干达	38	38	NA
世界总计②	1840	2000	NA

数据来源：美国地质调查局 2023《矿物年鉴》。

注：NA 表示不可获得。

① 数据为估算值。

② 数据四舍五入计。

表 2　世界铌矿山产量和储量　（吨）

国家	矿山产量		资源储量
	2021 年	2022 年①	
美国	—	—	210000
巴西	78700	71000	16000000
加拿大	7500	6500	1600000
刚果（金）	580	600	NA
俄罗斯	450	450	NA
其他国家	170	190	NA
世界总计②	87600	79000	>17000000

数据来源：美国地质调查局 2023《矿物年鉴》。

注：NA 表示不可获得。

① 数据为估算值。

② 数据四舍五入计。

世界钽消费可主要划分为电容器级钽粉、碳化钽、钽化合物、冶金级钽粉和钽材及超合金五个领域。过去电容器级钽粉一直是钽消费量的主要带动力量，约占总销量的六成。2010 年之后，由于电子工业受到了严重的冲击，电容器级钽粉占比在逐年下降。2021 年前三季度全球钽化合物、碳化钽、电容器级钽粉、钽锭、钽制品、冶金级钽粉（包括锻轧钽金属及废料）出货量分别为 642 吨、49 吨、252 吨、98 吨、223 吨、538 吨，与 2020 年同期相比分别增长 84%、91%、5%、-31%、55%、25%（数据来源：TIC 统计）。

二、2022 年中国钽铌工业发展现状

（一）经济运行情况概述

2022 年，我国钽铌工业生产延续 2021 年增长态势，国际国内市场需求增长、订货增加、工厂开工率提升，产销两旺。从全年情况来看，2022 年国内钽总产量明显高于 2021 年，部分产品增幅达到两位数。国内铌原料的生产主要作为钽的副产品进行回收，具体各产品产量见表 3。

表 3　2019—2022 年中国钽铌工业主要产品产量　（吨）

名称	产品产量				备注
	2019 年	2020 年	2021 年	2022 年	
钽精矿	119	143	97	95	初级原料
K_2TaF_7	267.9	1002	890	1514	中间产品

续表 3

名称	产品产量				备注
	2019 年	2020 年	2021 年	2022 年	
Ta_2O_5	591	480.6	348	363	中间产品
Nb_2O_5	1764	1589.38	2900	3218	中间产品
Ta-Nb 制品	148	310	253	274	超导技术
Ta 条	146.2	104.2	86	89	超级合金工业
Nb 条	270.6	259.49	320	424	钢铁工业
TaC(NbC)	32.7	129.6	56	44	硬质合金工业
Nb 粉	22.5	36.8	27	32	中间产品
钽粉	210.9	250.24	126	132	电容器工业用
钽丝	56	44.53	53	73	电容器工业用

数据来源：中国有色金属工业协会钽铌分会；数据为钽铌分会会员单位报送数据。

从行业经营效益来看，2022 年我国钽铌行业工业总产值和销售收入都实现了正增长。工业总产值约 54 亿元，同比增长 29%，行业实现销售收入约 48 亿元，同比增长 25%（见表 4）。

表 4　2019—2022 年中国钽铌工业经济效益运行状况

年份	2019 年	2020 年	2021 年	2022 年	同比/%
销售收入/亿元	29.77	32	38.4	48	25
工业总产值/亿元	31.17	34.12	41.6	54	29

数据来源：中国有色金属工业协会钽铌分会；数据为钽铌分会会员单位报送数据。

（二）产业结构

中国钽铌冶炼加工企业约 20 家，在全球经济一体化的背景下，国内企业不断改造升级、产能逐年增加、产品种类逐渐增多、应用领域扩展、生产环境改善，在国际钽铌行业的地位进一步提高，形成了钽铌金属从采矿、选矿、冶炼、加工到应用的具有自主知识产权的较完整的工业体系，冶炼、加工工艺技术不断创新，生产装备持续更新改造并日趋完善，产业队伍和生产规模快速壮大和发展，已跻身为世界钽铌生产和消费大国。

目前，全球行业分工较为明确，中国是初级产品的最大生产商。国内制造生产高端钽粉的能力有限，仍以中低端为主，每年仍有大批量进口钽粉进入中国市场，而中低端产能过剩加剧了同业竞争态势。

（三）市场价格

2022 年上半年，钽铌矿价格呈震荡上扬趋势，截止到 6 月，钽矿价格达到 105 美元/磅（Ta_2O_5 30%min），相比于年初涨幅高达 40%。下半年钽铌矿价格有所回落，截止到 2022 年底钽矿价格回落到 85 美元/磅左右；氧化钽、氧化铌价格受原料价格上下波动，价格走势几乎与钽铌矿价格走势一致，氧化钽全年价格保持在 260~325 美元/千克之间，氧化铌全年价格保持在 35~53 美元/千克之间。铌铁全年价格相对平稳，基本维持在 22 万~23 万元/吨，2022 年钽矿、铌矿价格走势如图 1 和图 2 所示。

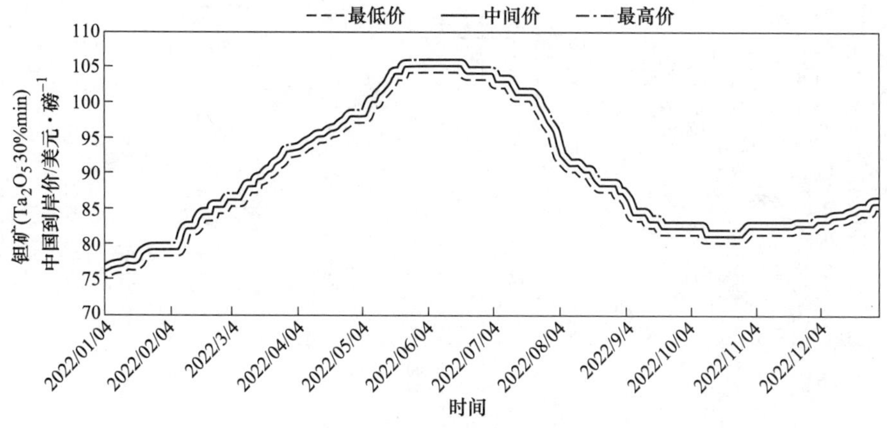

图 1　2022 年中国市场钽矿价格走势

数据来源：亚洲金属网

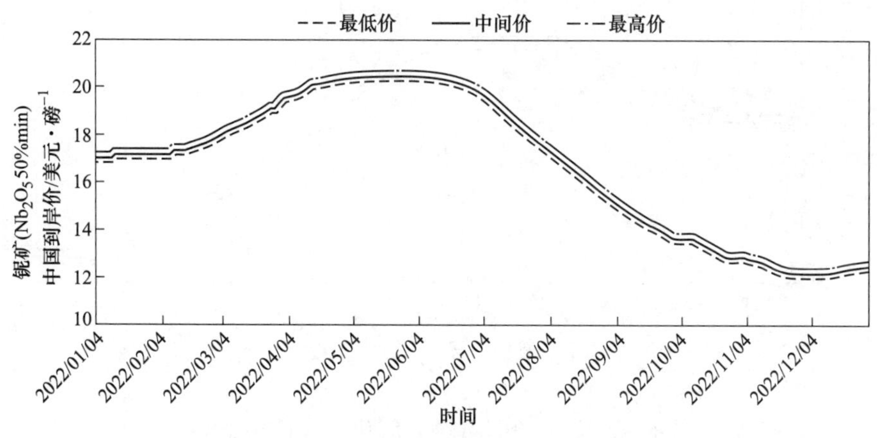

图 2　2022 年中国市场铌矿价格走势

数据来源：亚洲金属网

铌矿价格年初为 17 美元/磅（Nb_2O_5 50%minTa_2O_5 min5% 中国到岸价），5

月上涨到 20.5 美元/磅，涨幅为 20%。据业内人士分析 2022 年铌矿价格走势受钽矿价格影响较大。2022 年中国市场铌矿价格如图 2 所示。

国内市场受原料价格上涨影响，钽铌制品价格也持续上涨，五氧化二钽（99.99%min 中国出厂价）年初价格为 266 美元/千克，5 月上涨到 324 美元/千克，涨幅约 21%；五氧化二铌中国出厂价（99.99%）从年初的 53 美元/千克，5 月上涨到 60 美元/千克，涨幅为 13%。2022 全年五氧化二钽、五氧化二铌价格走势如图 3 和图 4 所示。

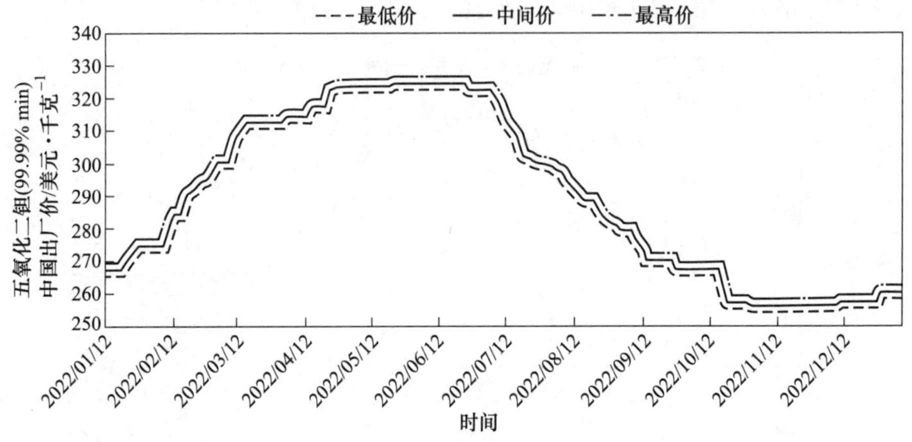

图 3　2022 年中国市场五氧化二钽价格走势

数据来源：亚洲金属网

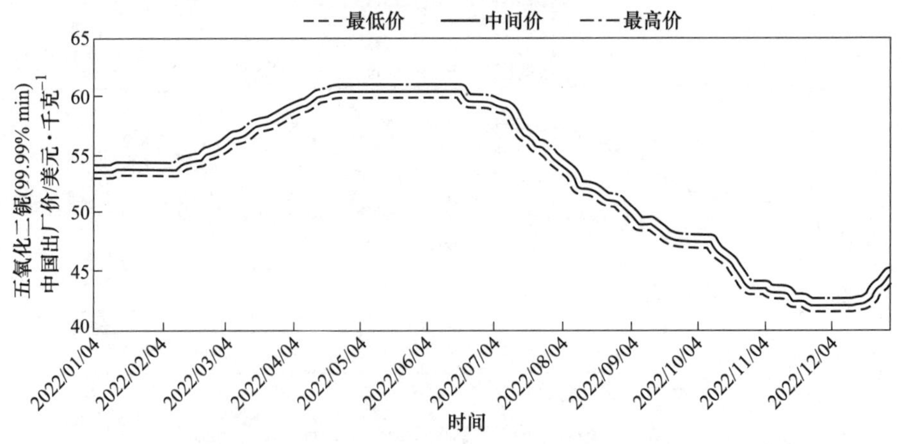

图 4　2022 年中国市场五氧化二铌价格走势

数据来源：亚洲金属网

（四）市场消费

钽铌同属高熔点高密度金属，具有耐腐蚀、导电性好和在高温下强度高等

特性。钽铌作为基础性、应用面广的高新技术和重要的功能材料，在电子、钢铁、冶金、化工、硬质合金、原子能、航天航空等工业部门及战略装备、超导技术、科学研究、医疗器械等技术领域有重要用途。

钽具有熔点高、蒸气压低、冷加工性能好、化学稳定性高、抗腐蚀能力强、表面氧化膜介电常数大等一系列性能，在许多领域均有重要应用。其中电容器为主要应用领域，占比为34%，其次是超级合金，占比达18%。另外，溅射靶材、钽化合物、工业设备及医学材料、碳化钽硬质合金分别占比17%、15%、9%、7%。钽产品消费结构变化如图5所示。

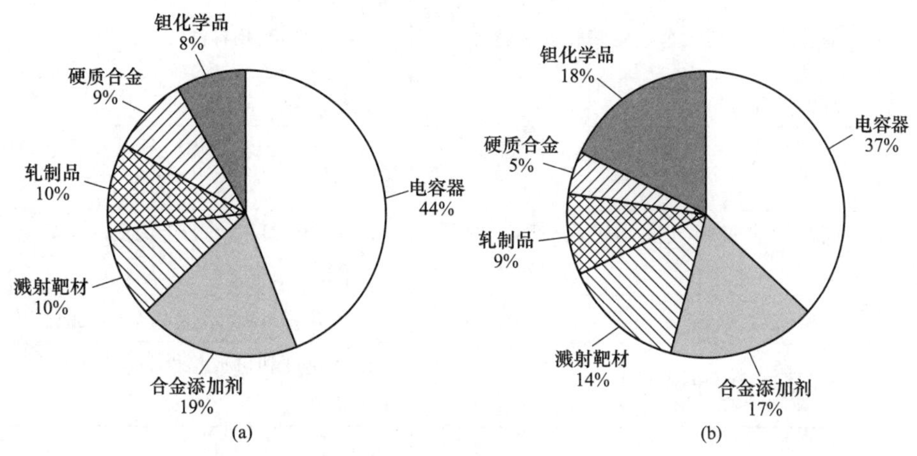

图5　2009年（a）和2020年（b）全球钽消费结构变化情况

数据来源：Roskill

铌具有很好的耐高温、耐腐蚀、耐磨损性能，广泛应用于钢铁、高性能合金（包括高温合金）、超硬碳化物、超导体、电子元器件和功能陶瓷等制造领域。其中建筑及大型钢结构应用最多，占比达46%，其次是汽车工业，占比达23%，油气管道占比16%，不锈钢占比6%。

钽、铌产品应用分类见表5和表6。

表5　钽产品应用分类

钽产品	应用领域	性质和作用
碳化钽	切削工具	高温下易成型，避免产生纹理缺陷
钽酸锂	声表面波、手机声波过滤器、音响、电视	强化电子信号波，输出更清晰的音频和视频信号
氧化钽	望远镜、相机、手机镜头、X射线薄膜、喷墨印刷机	调节光学玻璃折射率，减少X射线曝光率，提高图像质量，提高电容器在集成电路中的耐用性

续表 5

钽产品	应用领域	性质和作用
钽粉	集成电路中的钽电容器，医疗器械，汽车部件如 ABS、安全气囊激活、发动机管理模块、GPS，便携式电子产品、平板电视、电池充电器、功率二极管、油井探头、手机信号屏蔽部件	可靠性高，在-55~200℃宽温度范围保持稳定，可承受振动，较强的电子储存能力
钽板	化工设备防腐层、阀门、热交换器、钢结构阴极保护系统、耐腐蚀紧固件、水箱	优良的耐腐蚀性能
钽丝	血管支架、骨关节、骨骼修复、缝合夹	优良的生物相容性
钽棒	高温炉部件	保护气氛下的高熔点
钽锭	溅射靶材	钽、氧化钽、氮化钽薄膜包裹半导体防止铜迁移
	高温合金如喷气发动机涡轮盘、叶片、刀具	含钽 3%~11%的合金优良的耐高温、耐腐蚀性能
	计算机硬盘	一种含钽 6%的合金具有形状记忆功能
	Tow-2 导弹穿甲弹头	钽的密度和可成型性完美平衡，可使系统更轻更有效

表 6　铌产品应用分类

铌产品	应用领域	性质及主要作用
铌铁	合金钢、不锈钢、石油和天然气管道、汽车和卡车车身、建筑材料、工具钢、船舶、铁轨	增加钢的强度和韧性，减轻钢的重量
氧化铌	铌酸锂可应用到声波滤波器、相机、镜头、计算机屏幕、陶瓷电容器	高折光率、高介电常数、增加透光率
碳化铌	切削工具	在高温下易成型，避免产生纹理
铌粉	应用在电路板中的铌电容器	高介电常数、稳定氧化物介质
铌材：铌板、铌丝、铌棒、铌管	溅射靶材、阴极保护系统、化学反应设备	耐腐蚀，形成氧化物氮化薄膜，抗氧化，抗蠕变性能高，降低高温腐蚀

（五）进出口贸易

2022 年，国内累计进口钽产品约 378 吨，同比增长 8%；出口钽产品 634 吨，同比增长 18%；进口钽铌原料 7742 吨，比上年增长 17%。钽产品主要以出口美国和欧盟等国家为主。2022 年累计进口铌产品约 3.5 万吨，同比下降 14.6%。其中，铌铁占比高达 94.3%。出口铌产品约 1519 吨，同比增长 1.9

倍，主要受益于铌铁出口的增长带动。中国钽铌产品和铌铁进出口统计见表 7 和表 8。

表 7　2019—2022 年中国钽铌产品进出口统计　　（千克）

品名	2019 年		2020 年		2021 年		2022 年	
	进口	出口	进口	出口	进口	出口	进口	出口
钽铌矿	8161060	30428	7468745	3000	6608160	16148	7741904	—
钽粉（松装密度小于 2.2 克/厘米^3）	5506	100509	7833	68267	6909	92185	5923	149197
钽粉（其他钽粉）	714	36308	1357	55395	2300	74013	1216	95487
钽丝（直径小于 0.5 毫米）	81	51437	5	41922	2	48188	30	67173
钽丝（其他钽丝）	58	1075	29	1000	72	1469	254	3016
钽坩埚，其他锻轧钽及其制品	171771	293085	250266	317346	338848	320669	369906	317817
其他未锻轧钽，条、杆	432	14025	1317	45	1926	30	851	1640
锻轧铌及其制品	8556	108085	4795	83918	6166	118520	6427	122496

表 8　2019—2022 年中国铌铁进出口统计　　（吨）

品名	2019 年		2020 年		2021 年		2022 年	
	进口	出口	进口	出口	进口	出口	进口	出口
铌铁	46687	77	30799	0.3	40527	116	33380	1154

（六）投融资情况

随着近几年国际市场对智能手机、平板电脑、车载终端等消费类电子产品需求量的爆炸式增长，高端芯片的需求大幅增加，钽靶的需求量也大幅增长。2020 年以来国内钽铌市场发展迅速，市场需求旺盛，企业开工率不断攀升，促进了国内厂家扩能、增产和产业链延伸，2022 年以来具体表现有：

（1）中矿资源集团股份有限公司制定了 2022—2023 年度海外矿产资源勘探预算方案，拟以预算 7230.67 万元的自有资金投资用于津巴布韦 Bikita 矿区锂矿、加拿大 Tanco 矿区锂艳钽矿产及赞比亚卡森帕金矿的勘查工作。

（2）2022 年是国内钽铌行业投资布局、改造升级、扩能达产之年。稀美资源引入赣锋锂业战略投资与赣锋锂业股份有限公司全资孙公司 GFL Investment (Hong Kong) Limited 签署框架股份认购协议，旨在引进赣锋锂业股份有限公司作为战略投资者。GFL Investment 将以港币 4 元/股的价格认购其定向增发股份 6000 万股，总认购金额港币 2.4 亿元，占此轮定增认购完成后股份总数 16.7%，进而成为稀美资源的第二大股东。稀美资源比次配售筹集资金将全部用作补充运营资金及固定资产投资。

稀美资源是全球领先钽铌制造运营商，为实现钽铌产业一体化发展，与赣锋锂业强强联合，有利于保障原料稳定供应，进一步扩大公司生产规模及产业链拓展。双方预期将会进一步探讨矿产资源开发、冶炼技术等方面的合作，从而建立长期稳定的战略合作关系。

（3）2022 年广东广晟稀有金属光电新材料有限公司异地搬迁升级改造项目（一期）试产成功。历时一年半建成的生产线全面启动，标志着全线贯通正式投入试生产。广晟新材异地搬迁升级改造项目于 2017 年 6 月启动，项目计划总投资 10.2 亿元，分为三期建设，全面建成达产后，预计年营收约 13 亿元、税收约 0.7 亿元。

广晟新材已控股钽铌金属制品深加工企业 1 家（株洲高力新材料有限公司）。根据广晟新材异地搬迁升级改造项目整体规划，全面建成后，将构建形成从湿法冶炼到半导体晶圆及金属制品深加工等较为完整的钽铌新材料制造加工产业链，将助力破解我国电子芯片领域和超高温合金钽铌材料“卡脖子”技术难题。

（4）楚江新材子公司拟投建碳化钽产业化项目，公司控股子公司顶立科技拟以自有资金 2941 万元投资建设碳化钽产业化项目。该项目计划围绕碳化硅单晶生长用碳化钽（TaC）涂层石墨进行研制，碳化钽涂层石墨件是碳化硅生长设备内用于导流的重要易耗部件。

（5）东方钽业拟非公开发行股票，募资不超 6.75 亿元，用于钽铌火法冶金产品生产线技术改造项目、钽铌板带制品生产线技术改造项目、年产 100 只铌超导腔生产线技术改造项目、补充流动资金。

三、2022 年中国钽铌工业经济运行情况分析

（一）政策环境分析

2022 年，我国经济发展具备许多有利条件和乐观因素。工业化、信息化、新能源汽车、5G 技术应用，为扩大钽铌内需提供了坚实的基础。全面深化改革更加充分发挥市场在资源配置中的作用，民营经济和小微企业的发展环境持续优化，进一步激发了工业发展活力。在结构调整取得乐观进展和全社会对转型升级重要性、必要性、紧迫性的共识不断增加的情况下，创新驱动发展战略持续深化推动，进一步增加了工业发展后劲。同时也要看到，当前国内外不稳定不确定因素仍旧较多，在工业潜在增长率下降的状况下，多年积累的深层次问题与结构调整投入不足的冲突更加凸显，保持工业经济平稳健康发展还要付

出巨大努力。

从国际看，发达经济体宏观指标总体改善，部分新兴市场国家经济增长也有所趋稳。但影响全球经济复苏的不确定性、不稳定性因素依旧较多，美国量化宽松政策退出节奏仍不明朗，欧元区债务上升和失业率高企问题依旧突出，日本短期刺激政策效应递减，新兴市场国家中俄罗斯和印度存在滞胀风险。同时，国际市场竞争日趋激烈、贸易投资保护主义加剧及我国出口竞争优势减弱也将对国内钽铌工业增长形成一定影响。总体来看，2023 年上半年钽铌行业仍将延续 2022 年高增长态势，下半年，可能会进入连续低速增长的格局。

（二）产业结构调整情况分析

2020 年新冠疫情暴发以来国内钽铌行业所受影响较小，三年疫情三年产销量增长。厂家满负荷生产，国内多家钽铌企业看好行业未来发展，在原料保障、扩大产能、新产品开发、产业链延伸布局方面加大投入。初级钽铌加工产品在我国快速发展的重要原因是，行业准入门槛低，随着国家出台节能减排的相关政策和加大实施力度，钽铌行业未来发展必须增强节约能耗保护环境的意识和责任。国家应当尽快制定出台行业准入政策和行业发展规划，加快淘汰落后产能和低端过剩产能，制止重复建设，要以节约能耗保护环境为中心做好产业结构调整、产品结构优化的工作。通过宏观调控，调整产业及产品结构，提高资源的利用效率及行业的深加工能力，促进行业的持续、健康发展就成为了钽铌行业的重中之重。

（三）经营形势分析

2022 年国际国内市场需求旺盛，国内钽铌生产厂家产量增长、出口量增长、企业经济效益提高。从中国有色金属工业协会钽铌分会统计数据看，中国钽铌冶炼、加工材产品结构总体上一直保持稳定增长态势，2022 年国内电容器级钽粉产量 132 吨、钽条 89 吨、钽氧化物 363 吨，工业总产值 58 亿元。分别比上一年增长 5%、3%、4.5%和 25%。2022 年国内生产五氧化二铌 3218 吨、生产铌条 424 吨，分别比上一年增长 11%和 32%。出口钽产品 632 吨，比上一年增长 18%。出口铌产品 122 吨，比上一年增长 3.5%。

由于人民币升值和原材料涨价的影响，我国原有的成本优势逐渐降低，而原料进口受制于人。从行业发展层面上考虑，如何采取应对措施，提高国内钽铌工业的国际竞争力，成为当务之急。

四、当前中国钽铌工业发展中需要关注的问题

1. 原料短缺

钽铌属稀有金属，不可再生。目前，中国已探明的钽资源特点是矿脉分

散、矿物成分复杂、原矿中 Ta_2O_5 品位低、矿物嵌布粒度细、经济资源少，因此难以再建大规模的矿山。

2. 高新技术产品开发能力不足

中国钽铌工业技术、装备虽然已有很大发展，并能够批量生产全系列钽铌产品，但是中、低档产品能力过剩，高档产品如高比容高压钽粉、半导体用的钽靶材、钽铌加工材、钽铌超合金和钽铌催化剂等生产能力不足；高比容钽粉产品一致性、稳定性和对不同电容器壳号的适用性不够，因此产销量较少，市场占有率仅16%左右；半导体用钽靶材平面度指标尚差；钽铌加工材、钽铌超合金和钽铌催化剂等国内相关高新技术产业用量很少，带动力不足等，影响了中国钽铌工业高新技术产品的发展。

3. 产业发展缺少指导与规划

钽铌是重要的战略金属，在国防科技和新材料等领域具有重要应用。但是，钽铌行业整体规模较小、创新研发实力较弱、产业链协同能力不足，缺乏行业层面的统筹与规划，低端产能过剩问题突出，同质化竞争严重，行业企业经济效益有待提高。

五、中国钽铌工业下一步发展重点

（一）保障原料供应

中国钽铌冶炼加工企业进入国际市场较晚，进入国际资源开发领域更晚，经济实力、人才实力和国际化的运作能力不高，国外一些优良钽资源及主要供应渠道主要被中国钽冶炼行业的主要竞争对手或欧美中间商等控制，优良铌资源主要被巴西、加拿大等国的公司控制，留给中国企业分享的境外资源已经非常有限，随着时间的推移，这种困难和难度将越来越大。但是，原料安全是工业发展的基础和前提，在当前竞争形势下，需要放到更加重要的位置。

（1）钽铌资源安全供应保障是行业发展的基石，为推动行业的可持续发展，加大国内重点靶区资源勘探力度，增加国内资源储备至关重要。同时，大力发展钽铌再生产业，加大资源回收力度，构建完善行业回收体系，强化多元资源供应保障能力。

（2）鼓励实施“走出去”发展战略，努力打造国际合作共赢新格局。由于中国企业缺少海外投资和经营管理的知识、能力和经验，担心遇到困难、问题和风险，因此，政府和有关部门要对企业培训和指导，除制定鼓励性政策外，还要利用在各国的派出机构以政治的、外交的和经济的手段，帮助“走出去”的企业排忧解难，保驾护航。

（二）加大新产品的研发与应用力度

科技创新是中国发展经济的基本国策，各级政府有关部门和企业要高度重视。各钽铌冶炼加工企业要加大100000微法·伏/克以上高比容粉、63伏以上高压粉、半导体用钽铌及氧化物靶材、钽铌及其合金加工材、掺钽铌超合金、钽铌基超合金和钽铌催化剂研究、开发及产业化进度，航空航天、军工、电子工业也要加快发展，起到高新技术产业发展的互动作用。中国钽铌企业大都在边远地区，科技人员引进、稳定是个大问题，政府要制定政策，鼓励大中专毕业生和高科技人才到国民经济发展重点企业去就业；“产、学、研”也要密切联合加快科技创新和产业化进程，中国钽铌工业一定会有新的发展。

（三）统筹布局进行产业重组

中国企业重复性建设、过度竞争是当前经济社会的普遍现象。政府要主导钽铌同行业的企业进行企业重组、产业重组、产品结构重组工作，统筹工业企业的经济发展，提高经济效益。

撰稿人：张　林、徐　涛、董秀春
审稿人：胡德勇

2022 年稀土工业发展报告

一、2022 年世界稀土工业发展概述

（一）全球稀土储量

据美国地质调查局（USGS）公布数据，2022 年世界稀土储量约 1.3 亿吨（REO，下同），其中，中国约 4400 万吨、越南约 2200 万吨、巴西约 2100 万吨、俄罗斯约 2100 万吨、美国约 230 万吨。2022 年全球储量总量同比小幅上升。中国稀土储量占比约 33.8%，同比略有下滑，但仍位居世界第一；美国和澳大利亚稀土储量略有增长（见表 1）。需要注意的是，部分国家和地区虽然已发现有稀土资源，但尚未被美国地质调查局统计在内。

表 1　2021 年和 2022 年全球稀土资源储量表

国家	储量（以 REO 计）/万吨		2022 年占比/%
	2021 年	2022 年	
美国	180	230	1.77
澳大利亚	400	420	3.23
巴西	2100	2100	16.15
加拿大	83	83	0.64
中国	4400	4400	33.85
格陵兰	150	150	1.15
印度	690	690	5.31
俄罗斯	2100	2100	16.15
南非	79	79	0.61
坦桑尼亚	89	89	0.68
越南	2200	2200	16.92
其他国家	28	28	0.22
合计	12000	13000	100.00

数据来源：美国地质调查局。

注：合计数据进行了四舍五入。

（二）全球稀土产量

据美国地质调查局（USGS）公布数据，2022 年全球稀土矿产品产量约 30.0 万吨（REO，下同），同比增长 3.4%。其中，中国、美国产量分别约 21.0 万吨、4.3 万吨，全球占比高达 70.0%、14.3%，同比均呈增长态势，而澳大利亚和缅甸稀土产量则下滑明显。值得注意的是，2022 年越南稀土产量同比大幅增长（见表 2）。

表 2　2021 年和 2022 年全球主要国家稀土矿产品产量

年份	产量（以 REO 计）/吨		2022 年占比/%
	2021 年	2022 年	
美国	42000	43000	14.33
澳大利亚	24000	18000	6.00
巴西	500	80	0.03
缅甸	35000	12000	4.00
布隆迪	200	—	—
中国	168000	210000	70.00
印度	2900	2900	0.97
马达加斯加	6800	960	0.32
俄罗斯	2600	2600	0.87
泰国	8200	7100	2.37
越南	400	4300	1.43
其他国家	60	80	0.03
世界总量	290000	300000	100.00

数据来源：美国地质调查局。

注：中国稀土矿产品产量以国家公布开采指标计算；“—”表示暂无数据；世界总量数据进行了四舍五入；美国地质调查局 2023 年公布的 2021 年全球稀土产量数据在 2022 年公布数据的基础上进行了调整。

二、2022 年中国稀土工业发展现状

（一）稀土产品产量稳步增长

2022 年，我国稀土开采指标为 21 万吨（REO，下同），同比增长 25%，增量全部为岩矿型稀土，离子型稀土指标保持不变。岩矿型稀土增量指标全部分配给了北方稀土集团和中国稀土集团，占比分别为 98.3%和 1.7%。与往年不同的是，2022 年稀土开采和冶炼指标由自然资源部与工信部直接下达给了

稀土大集团而未经地方政府，这为稀土大集团进行内部指标的调整分配创造了条件，有利于提升稀土指标的利用率（见表3）。

表3 2021年和2022年稀土开采、冶炼分离总量控制指标下达分配情况（以REO计） （吨）

<table>
<tr><th rowspan="2">序号</th><th rowspan="2">稀土集团</th><th colspan="2">2022年矿产品</th><th rowspan="2">2022年冶炼分离产品</th><th colspan="2">2021年矿产品</th><th rowspan="2">2021年冶炼分离产品</th></tr>
<tr><th>岩矿型稀土</th><th>离子型稀土</th><th>岩矿型稀土</th><th>离子型稀土</th></tr>
<tr><td>1</td><td>中国稀土集团</td><td>49200</td><td>13010</td><td>58499</td><td>48500</td><td>13010</td><td>57799</td></tr>
<tr><td>2</td><td>中国北方稀土</td><td>141650</td><td></td><td>128934</td><td>100350</td><td></td><td>89634</td></tr>
<tr><td>3</td><td>厦门钨业</td><td></td><td>3440</td><td>3963</td><td></td><td>3440</td><td>3963</td></tr>
<tr><td rowspan="2">4</td><td>广东稀土</td><td></td><td>2700</td><td>10604</td><td></td><td>2700</td><td>10604</td></tr>
<tr><td>其中：中色建设股份</td><td></td><td></td><td>3610</td><td></td><td></td><td>3610</td></tr>
<tr><td colspan="2">合计</td><td>190850</td><td>19150</td><td>202000</td><td>148850</td><td>19150</td><td>162000</td></tr>
<tr><td colspan="2">总计</td><td colspan="2">210000</td><td>202000</td><td colspan="2">168000</td><td>162000</td></tr>
</table>

数据来源：工信部。

注：2021年中国稀土集团分配指标数据为中国稀有稀土、五矿稀土和南方稀土三家企业分配指标数据之和。

（二）价格高位震荡并趋稳

从全年来看，主要稀土产品价格于2022年3月初达到历史阶段性高点，以氧化镨钕、氧化铽、氧化镝为代表的产品价格分别为110万元/吨、1510万元/吨、310万元/吨，相比2021年初分别上涨约156%、84%和50%。随后稀土价格逐步震荡下行并于9月前后达到年度价格低点，四季度稀土价格略有回调并趋稳。截至2022年底，以氧化镨钕、氧化铽、氧化镝为代表的稀土产品价格分别达到约71万元/吨、1400万元/吨、250万元/吨，同比分别下降16%、上涨23.3%、下降13.5%（见图1~图3）。

稀土价格自2021年进入上升周期以来，能够于2022年逐步回调并趋稳是多方面因素共同作用的结果：一是当年稀土开采指标大幅提升，增加了市场供应，稳定了市场预期，增强了供需双方信心；二是政府部门及时约谈干预，有力地遏制了市场炒作和囤积居奇的行为，行业自律得到强化；三是缅甸稀土矿供应受阻，叠加下游需求不振，市场供需矛盾所带来的负面影响有所抵消。

（三）进出口同比量稳价增

我国稀土产品进口主要以稀土金属矿、氧化物和化合物等初级原料为主。2022年累计进口稀土产品约12.3万吨（实物量，下同），同比基本持平；累

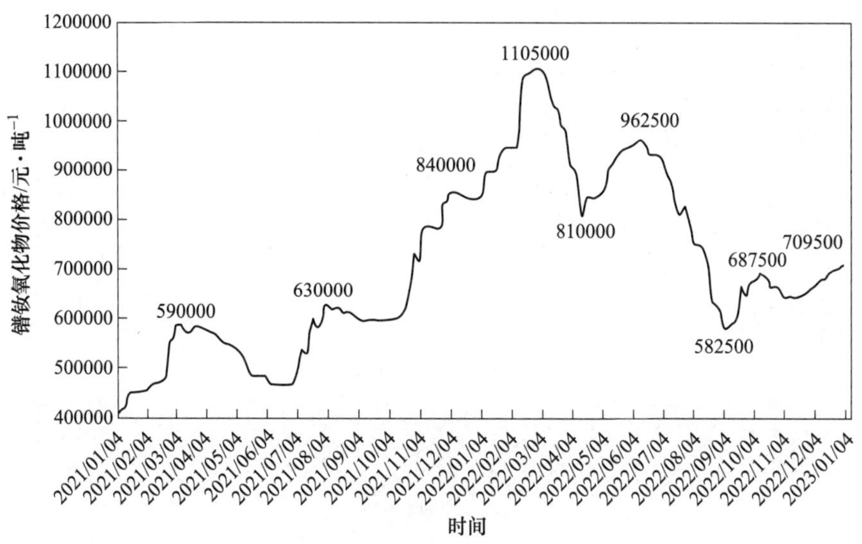

图 1　2021—2022 年氧化镨钕价格走势

数据来源：北京安泰科信息股份有限公司（以下简称“安泰科”）

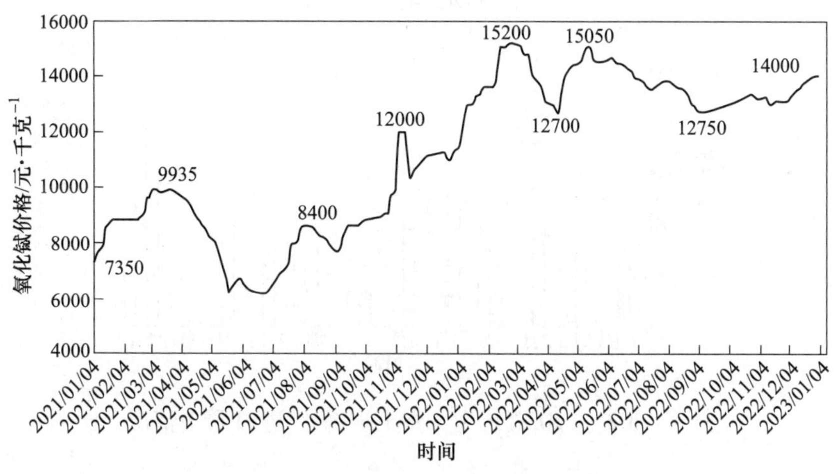

图 2　2021—2022 年氧化铽价格走势

数据来源：安泰科

计进口金额约 17. 6 亿美元，同比增长 13. 5%。从美国累计进口稀土原料约 8. 4 万吨，同比增长 10. 5%；从缅甸累计进口稀土原料约 2. 4 万吨，同比下降 31. 4%。从单月变化看，受疫情等多因素影响，2022 年上半年我国从缅甸进口稀土量曾出现断崖式下跌，虽然自下半年开始逐步恢复，但全年整体仍未达到上年水平（见图 4），这在一定程度上影响了国内稀土原料供给市场，尤其是镝、铽等中重稀土元素的供给。

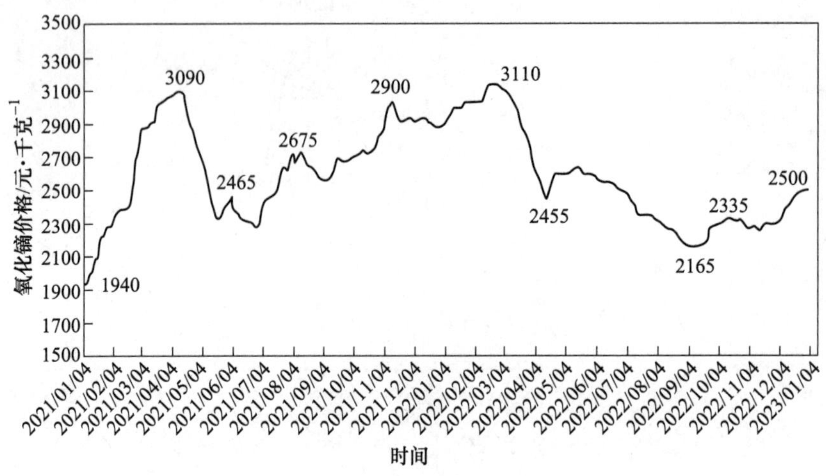

图 3　2021—2022 年氧化镝价格走势

数据来源：安泰科

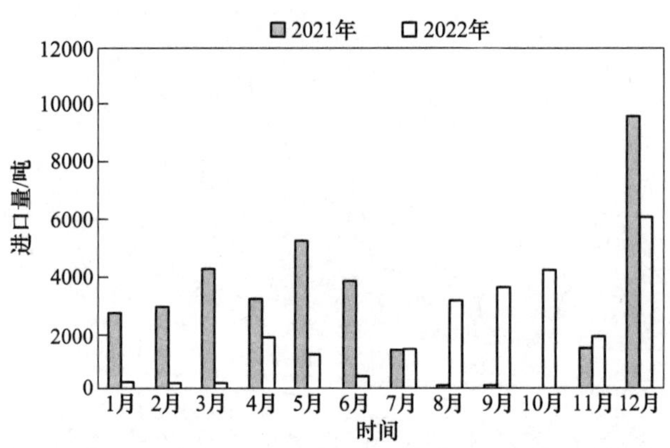

图 4　2021—2022 年中国单月从缅甸进口稀土情况

出口方面，稀土永磁体是我国出口量最大的稀土产品，其他主要以镧、铈等轻稀土的化合物和盐类为主。2022 年，我国累计出口稀土产品约 10. 3 万吨，同比增长 3. 0%；累计出口金额约 47. 4 亿美元，同比增长 47. 7%。其中，稀土永磁体出口量约 5. 3 万吨，同比增长 8. 2%，占稀土产品出口量的 51. 5%左右，主要出口到德国、美国、韩国和日本等国家。近年我国对美稀土永磁体出口占比基本保持稳定，但出口量总体呈上升趋势（见表 4）。从稀土产品出口单季度变化看，受全球经济不景气影响，2022 年下半年我国稀土产品出口量呈下滑趋势（见图 5）。

表 4　2018—2022 年中国稀土磁性材料对美出口情况

年　　份	2018 年	2019 年	2020 年	2021 年	2022 年
稀土永磁体出口总量/吨	32697.6	36268.9	35980.7	48765.6	53288.2
稀土永磁体对美出口量/吨	4104.0	4589.3	4923.5	6663.3	6375.8
对美出口占比/%	12.55	13.01	13.68	13.6	12.0

数据来源：海关总署。

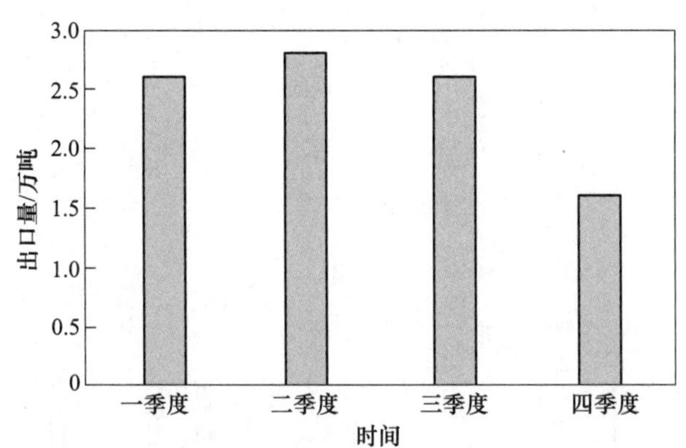

图 5　2022 年一～四季度中国稀土出口量变化

数据来源：海关总署

（四）终端应用消费相对疲软

稀土当前主要应用于制备稀土永磁、催化、储氢、抛光、发光和晶体材料等新材料。尤其是在国家“双碳”目标下，随着具体措施的推动实施，稀土永磁产业发展迅速，被广泛应用于新能源汽车、风力发电、节能家电和消费电子等领域，已经成为带动稀土行业发展的主要增长动力，能够在一定程度上反映行业的消费水平。以稀土永磁终端消费产业为例来看，2022 年，受全球宏观经济不景气和国内疫情反复等多因素影响，我国稀土应用消费市场表现不及预期。

2022 年，我国汽车产量约 2702.1 万辆，同比增长 3.4%，但增速滞重压力趋显。除 3—5 月因疫情影响，国内汽车生产遭受冲击外，11—12 月汽车产量同比也表现为负增长（见图 6）。从稀土永磁的重点细分应用领域来看，新能源汽车全年产量约 705.8 万辆，同比增长 96.9%，仍保持了较高速度增长。从单月变化看，全年新能源汽车产量整体仍保持增长趋势，但环比增速逐步趋于放缓（见图 7）。

2022 年，我国风力发电累计新增装机容量约 3763 万千瓦，同比下降

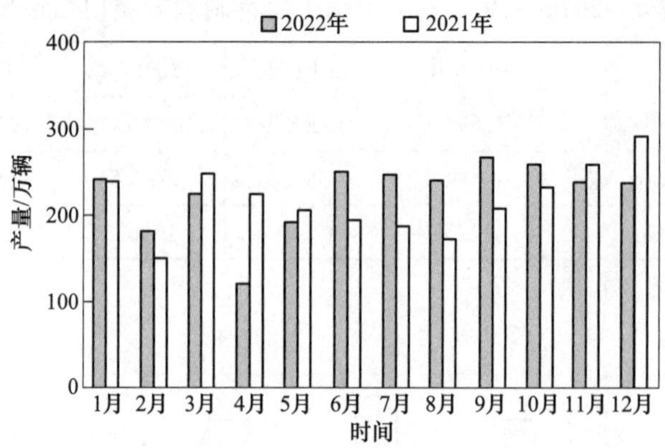

图 6　2021—2022 年中国汽车产量

数据来源：工信部

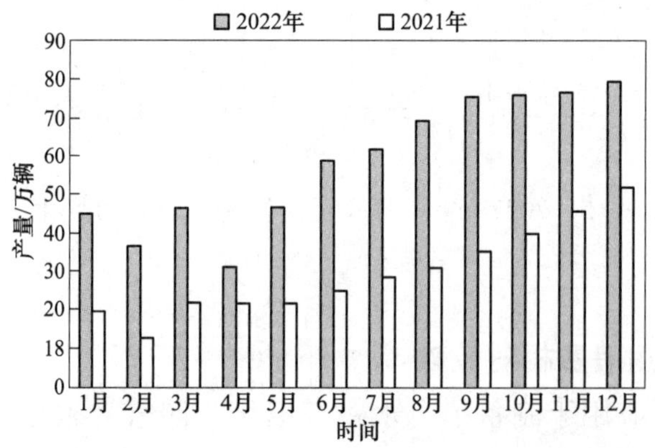

图 7　2021—2022 年中国新能源汽车产量

数据来源：工信部

0.6%。从单月变化看，风力发电新增装机容量同比增速有所波动，四季度同比下降明显（见图 8）。除新增装机总量的下降外，风力发电领域单体稀土用量也呈下降趋势。受稀土价格相对较高影响，部分风力发电器件制备企业的生产技术路线正逐步向双馈异步风力发电机和半直驱交流永磁同步电机转变，而这两者相较于直驱电机稀土用量大幅降低，这也会影响该领域对稀土的整体消费需求。

2022 年，我国空调累计产量约 2.2 亿台，同比增长 1.8%，电梯累计产量 145.4 万台，同比下降 7.3%。从单月变化看，空调与电梯在四季度同比均呈负增长（见图 9 和图 10）。节能空调和电梯是稀土永磁体的重要应用产品，但近两年受房地产市场不景气和稀土价格相对较高影响，我国节能家电消费也受到一定冲击，进而影响了该领域对稀土的需求。

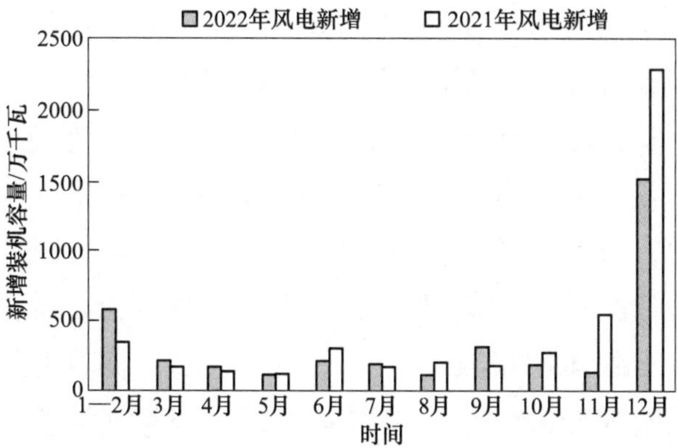

图 8　2021—2022 年中国新增发电装机容量

数据来源：国家能源局

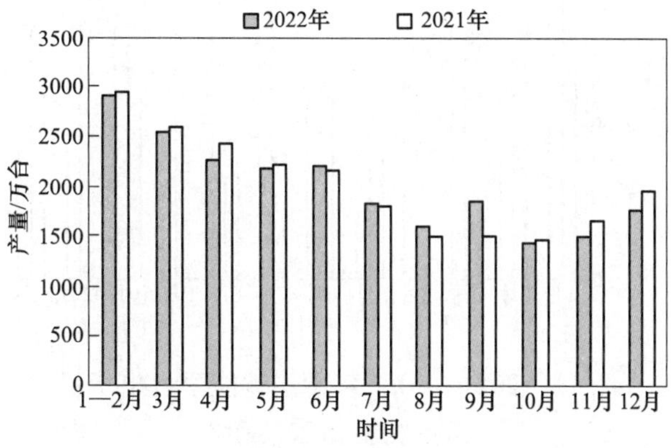

图 9　2021—2022 年中国空调产量

数据来源：国家统计局

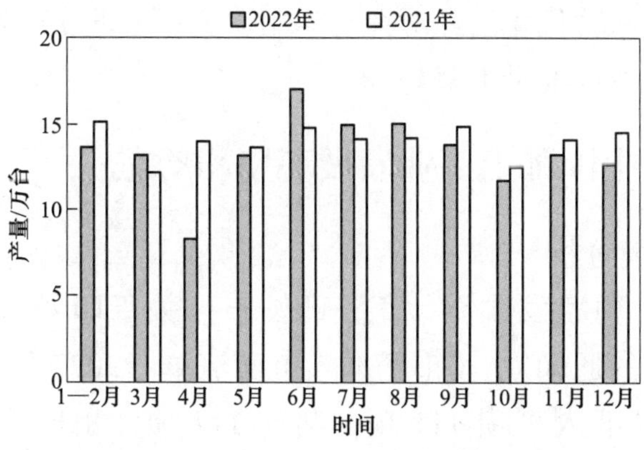

图 10　2021—2022 年中国电梯产量

数据来源：国家统计局

2022 年，我国智能手机出货量约 2. 64 亿部，同比下降 23. 1%（见图 11）。从单月变化看，除 6 月外，其余时间同比增速都低于上年。稀土永磁材料由于其高磁能积、高压实密度等优点，符合消费电子产品小型化、轻量化、轻薄化的发展趋势，被广泛应用于智能手机及配套产品、平板电脑、机械硬盘、5G 基站等领域。其中，仅智能手机及配套产品用到稀土永磁的零部件就有扬声器、听筒、摄像头音圈马达、高端振动马达、无线耳机、无线充电设备等。该领域虽然单体稀土永磁体用量较小，但产品产量多，同样是稀土消费的重要市场。但是，近年受宏观经济影响，消费者换机频率有所降低，影响了手机等电子信息产品的消费。

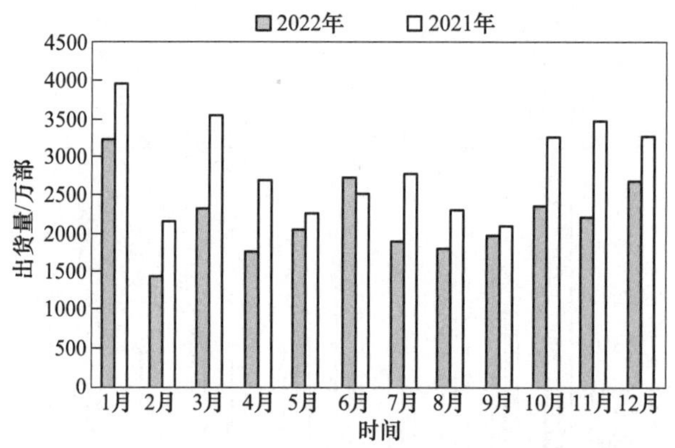

图 11　2021—2022 年中国智能手机出货量

数据来源：中国信通院

整体来看，2022 年我国稀土终端应用消费相对疲软且不同终端应用领域出现分化。汽车和风力发电行业仍是拉动稀土消费的主要增长点，但风力发电领域稀土的减量化和替代化已经对稀土应用造成一定冲击。节能家电和电子信息等产品的生产消费也都呈下降趋势。

三、2022 年中国稀土工业发展环境和动态

（一）政策环境分析

2022 年 3 月，国家发改委、商务部发布《关于印发〈市场准入负面清单（2022 年版）〉的通知》。《市场准入负面清单（2022 年版）》列有禁止准入事项 6 项，许可准入事项 111 项，共计 117 项，相比《市场准入负面清单（2020 年版）》减少 6 项。其中，在“未获得许可，不得投资建设特定原材料项目”中：稀土、铁矿、有色矿山开发由省级政府核准；稀土冶炼分离项

目、稀土深加工项目由省级政府核准。

2022年5月，国家发改委、商务部发布关于《〈鼓励外商投资产业目录（2022年版）（征求意见稿）〉公开征求意见的通知》。《目录》中列出了我国鼓励外商投资的产业。其中与稀土相关的有“稀土硫化铈红色染料”和“符合稀土新材料要求的稀土高端应用产品加工”。

2022年5月，工信部办公厅、农业农村部办公厅、商务部办公厅、国家能源局综合司联合发布《关于开展2022新能源汽车下乡活动的通知》。本轮新能源汽车下乡活动，将在山西、吉林、江苏等11省启动，能够全面提升新能源汽车下乡活动的影响力，对新能源汽车的应用起到更好的带动和宣传作用。新能源汽车消费的增长有利于扩大对稀土的需求。

2022年6月，国家发改委、国家能源局等九部门联合印发《“十四五”可再生能源发展规划》。《规划》要求，到2025年可再生能源年发电量达到3.3万亿千瓦时左右。“十四五”时期，可再生能源发电量增量在全社会用电量增量中的占比超过50%，风电和太阳能发电量实现翻倍；可再生能源消费总量达到10亿吨标准煤左右，占一次能源消费18%左右；全国可再生能源电力总量和非水电消纳责任权重分别达到33%和18%左右，利用率保持在合理水平。风电等可再生能源产业的发展有利于扩大稀土的消费。

2022年7月，由中国工程院、国家制造强国建设战略咨询委员会指导，国家产业基础专家委员会编制的《产业基础创新发展目录（2021年版）》在“2022国家制造强国建设专家论坛”上发布。《目录》中包含多项稀土产品和技术：超高综合性能烧结钕铁硼磁体、新型铈磁体、高磁能积钐钴磁体、粘接磁体、热压磁环、高纯稀土化合物、高纯稀土金属及大尺寸稀土靶材、高性能稀土发光材料等。

2022年8月，工信部四部门发布《关于印发原材料工业“三品”实施方案的通知》（工信厅联原〔2022〕24号）。《方案》要求推动原材料工业增品种、提品质、创品牌，稀土功能材料被列为新增品种任务。

2022年8月，工信部、国家发改委、生态环境部印发《工业领域碳达峰实施方案的通知》。《通知》要求，“十四五”期间，产业结构与用能结构优化取得积极进展，能源资源利用率大幅提升，建成一批绿色工厂和绿色工业园区，研发、示范、推广一批减排效果显著的零碳低碳负碳技术工艺装备产品，筑牢工业领域碳达峰基础。到2025年，规模以上单位工业增加值能耗较2020年下降13.5%，单位工业增加值二氧化碳排放下降幅度大于全社会下降幅度，重点行业二氧化碳排放强度明显下降。工业领域碳达峰措施的实施，将有利于扩大稀土的消费应用。

2022 年 11 月，工信部等三部门发布《关于印发有色金属行业碳达峰实施方案的通知》，要求从优化冶炼产能规模、调整优化产业结构、强化技术节能降碳、推进清洁能源替代、建设绿色制造体系等多个方面提出具体要求。稀土作为有色金属之一，同样要按照有关要求加快推动本行业碳达峰。

2022 年 12 月，商务部、海关总署发布《关于公布〈出口许可证管理货物目录（2023 年）〉的公告》。根据《公告》内容，2023 年实行许可证管理的出口货物为 43 种，其中涉及稀土的内容与 2022 年相同，即：延续实行许可证管理；出口铈及铈合金（颗粒小于 500 微米）的可免于申领出口许可证，但需按规定申领《中华人民共和国两用物项和技术出口许可证》；继续暂停对镁砂、稀土、锑及锑制品等出口货物的指定口岸管理；涉及的稀土品种没有变化。目前我国对稀土实行出口许可证管理，没有资质和数量限制。

2022 年 12 月，商务部发布《关于〈中国禁止出口限制出口技术目录〉修订公开征求意见的通知》。根据《通知》，为加强技术进出口管理，商务部会同科技部等部门对《中国禁止出口限制出口技术目录》进行了修订并向社会公开征求意见。此次修订拟删除技术条目 32 项、修改 36 项、新增 7 项，修订后《目录》共 139 项，其中，禁止出口技术 24 项、限制出口技术 115 项。禁止出口稀土相关部分变化调整如下：萃取分离、金属合金仍为禁止类；新增了对稀土金属技术的出口禁止；删除离子矿堆浸技术；将稀土萃取剂调整为限制出口技术；将磁体（钐钴、钕铁硼、铈磁体）制备技术、稀土晶体领域的稀土硼酸氧钙制备技术及钕玻璃新增至禁止目录。限制出口稀土部分变化调整如下：将离子矿浸取及稀土采矿、选矿、冶炼技术新纳入限制出口部分；删除稀土色釉料；新增硅酸钇镥（LYSO）、溴化镧（$LaBr_3$：Ce）晶体技术。此次调整具有两方面重要意义，一是为国内企业进行海外稀土资源开发合作创造了政策条件，二是体现了我国对关键核心技术的知识产权保护。

（二）行业发展动态

2022 年 2 月，盛和资源发布公告，拟出资 3900 万澳元（约合人民币 1.789 亿元）收购澳大利亚上市公司 PEAK 公司 19.9%的股权。后者目前主要经营位于坦桑尼亚的 Ngualla 稀土矿项目，并计划在英国投资建设年产约 1 万吨稀土的 Teesside 精炼厂项目。该项投资将进一步增强盛和资源的境外资源供应保障能力。

2022 年 2 月，媒体报道美国国防部与美国矿业公司 MP Materials 签订了一份价值 3500 万美元的合同，用于设计和建造重稀土加工分离厂，厂址拟选定

在 Mountain Pass 轻稀土矿场附近。该稀土分离厂建设投产后将对美国完善本国稀土产业链供应链起到重要作用。

2022 年 3 月，工信部稀土办公室等单位约谈部分稀土行业相关企业。要求有关企业要切实增强大局意识、责任意识，正确把握当前与长远、上游与下游的关系，确保产业链供应链安全稳定；要进一步规范企业生产经营、产品交易和贸易流通等行为，不得参与市场炒作和囤积居奇。中国有色金属工业协会也通过媒体发声，呼吁稀土全行业要积极落实主管部门要求，立足全局、提高站位，稳定生产、保障供应，加强创新、拓展应用。要强化行业自律，共同维护稀土市场秩序，努力保供稳价，为工业经济平稳增长作出稀土行业新贡献。

2022 年 5 月，中国稀土集团在江西定南县三丘田举行赣南稀土矿山升级改造复产活动。赣南稀土矿受环保等问题影响已经连续停产多年，中国稀土集团成立后在解决矿山环保治理、产权不清和规模化集约化开采方面开展了大量工作，此举对推动南方离子型稀土矿复工复产具有重要意义。此外，在强化行业整合方面，中国稀土集团基本形成四川轻稀土整合共识、广东中重稀土产业整合初步思路、湖南伴生独居石稀土产业整合方案等，并完成了上市公司实际控制人的变更，证券简称由“五矿稀土”变更为“中国稀土”。

2022 年 7 月，广晟有色发布公告称，公司控股子公司新丰广晟稀土开发有限公司已获得韶关左坑稀土矿采矿许可证，该矿为国内已发现最大单体南方离子吸附型稀土矿山，新增约 11 万吨南方离子型稀土储量资源。该矿山建设投产后将有利于提高我国离子型稀土矿的指标完成率。

2022 年 8 月，澳大利亚稀土企业莱纳斯宣布将斥资 5 亿美元扩建其 Mt Weld 项目，计划到 2024 年将西澳大利亚 Mt Weld 项目的氧化镨钕生产能力从 7000 吨/年提高到 12000 吨/年，预计于 2023 年启动。此举将会进一步扩大莱纳斯的生产能力，增强其在全球的竞争地位。

2022 年 8 月，由江西理工大学牵头，兴国县人民政府联合中铁六院、中铁工业、国家稀土功能材料创新中心等单位共同完成的永磁磁浮轨道交通工程试验线——“红轨”在赣州市兴国县顺利竣工。“红轨”是迄今为止建成的世界首条永磁磁浮轨道交通系统工程试验线，具有绿色、智能、安全、经济的显著特点。稀土永磁磁浮轨道交通系统实现了永磁悬浮技术与空轨技术的完美结合，是继电磁悬浮、超导磁浮之后，开辟的一种新的磁悬浮技术路线，具有完全自主知识产权，是稀土材料应用及永磁磁浮轨道系统研究的又一重大成果。

2022 年 9 月，厦门钨业与赤峰吉隆黄金矿业股份有限公司（以下简称“赤峰黄金”）签署《出资协议》，一致同意共同出资设立赤金厦钨海外资源开发有限公司。该合资公司注册资本为6000万元，其中厦门钨业出资比例为49%，赤峰黄金出资比例为51%。合资公司充分利用合作双方各自优势，打造稀土资源合作开发平台，实现双方优势互补、互惠共赢、共同发展的目标。同时厦门钨业参与布局老挝稀土资源开发，有利于加强稀土板块资源供给保障。

四、当前中国稀土工业发展中需要关注的问题

（一）稀土绿色提取和放射性废渣处理等环保问题亟待解决

离子型稀土是我国的优势资源，原地浸技术为当前处理离子型稀土矿的主流技术，但因其浸矿剂大量使用硫酸铵容易造成矿区水体富营养化，进而对生态环境造成影响。另外，稀土矿中因含有钍和镭等元素而具有一定的放射性，在选冶过程中，放射性元素会得到一定程度的富集，放射性呈指数倍增长，其危害性也会大增。目前国内只有核工业等少数相关企业具有放射性废渣的处理资质，加之处理成本高及钍、镭等放射性元素下游应用窄等难题，国内稀土生产加工企业多将放射性废渣进行堆存处理，对环境保护和人身安全造成潜在威胁。

（二）高端原创性技术和装备研发能力不足

我国已具备了大多数稀土产品批量化生产的技术和能力，基本可以满足低、中、高等不同层次的应用需求，但产品仍以中低档居多，部分高端产品主要依靠进口，核心是关键技术和配套装备的缺失。以高纯金属，高端稀土永磁、催化、发光、晶体等为代表的一批产品同世界一流水平仍有一定差距，制约着下游应用领域的高质量发展。满足国六汽车排放标准催化剂用高性能铈锆储氧材料、氧化铝涂层材料，机器人伺服电机用稀土永磁钢、集成电路用高端抛光材料、99.995%及以上高纯稀土金属和靶材等产品仍主要依靠进口。

（三）“走出去”步伐不够，国际化经营发展水平有待进一步加强

近年来，以美国、加拿大和澳大利亚等国为首的西方发达国家不断加强全球稀土产业布局，稀土新增勘探开发项目逐年上升，全球多元化供应格局初步形成，全球竞争形势愈发激烈。国内受环保等问题影响，南方离子型稀土矿山全面复产仍任重道远，进口稀土资源已经成为国内的重要补充。不管是为应对国际竞争新态势，还是满足国内消费需求，鼓励中国稀土企业“走出去”都将成为一种发展趋势。但从国内来看，企业参与全球稀土资源合作开发力度仍然不够，国际化运营水平仍然不强。

（四）再生利用市场经营秩序有待进一步规范

我国钕铁硼废料综合利用行业发展快但起步较晚，再生资源回收体系尚不

完善，还未完全形成集中收集、科学回收的体系，资源化水平不高，规模也相对较小。现阶段我国含稀土材料的报废器件、设备拆解市场不够规范，缺少相应的产业发展和市场指导政策，市场供方以次充好、以假乱真的现象时有出现，导致贸易纠纷逐渐增多，大量稀土二次资源流失。此外，据不完全统计，国内现有稀土综合回收利用企业数十家，氧化物回收产能远超钕铁硼废料供给量。部分企业以“资源回收利用”为名，变相建设冶炼分离生产线，收购加工稀土矿产品，通过黑市交易偷逃税费，对稀土正常市场经营秩序造成一定冲击和扰乱，不利于稀土行业的健康发展。

五、中国稀土工业高质量发展建议

（一）加快推动稀土行业发展方式绿色转型升级

国内南方离子型稀土矿的绿色开发已经取得了较大进展，创新研发出多种工艺路线并且进行了工业化实验。但总体来看，相关工艺技术尚不完全成熟，社会各界也存在着一些疑虑和担心。对此，要继续加大政策支持力度，鼓励企业院所开展基础性和前瞻性研究实验，对有助于推动离子型稀土矿开采污染问题解决的工业化实验项目给予一定的政策支持。另外，对于放射性稀土矿石及废渣绿色化处理等问题要明确责任主体，加大环保投入，强化行业监管，全面提升稀土放射性废渣处理处置水平。

（二）创新引领稀土高端平衡利用

全行业要充分认识创新是第一动力，紧扣战略新兴产业和绿色低碳发展趋势，聚焦关键共性技术，加强原创性、引领性科技攻关，坚决打赢关键核心技术攻坚战。筛选设立一批核心技术和装备制造专项，加强产学研合作联合攻关，密切上下游、左右岸合作，发挥高水平大学院所和行业科技领军企业的突出优势，促进科研成果转化。特别是要注重加强基础研究，深入开展稀土元素本征特性研究和新功能探索，打造原创技术策源地，增强原始创新能力。重点支持突破高纯稀土金属、高性能烧结钕铁硼和钐钴永磁体、国六汽车尾气催化剂用稀土材料等一批重点产品技术研发和工业化生产，满足高档数控机床、航空航天、轨道交通等领域的材料需求。对于稀土永磁产业快速发展可能带来的部分稀土元素进一步富余问题也要综合考虑，大力拓展高丰度稀土元素的新兴需求空间，促进稀土的平衡利用。

（三）坚持高水平对外开放

实施“走出去”战略是中国稀土产业发展的必然趋势。为促进稀土行业的可持续发展，提升国际话语权和影响力，要探索并鼓励国内有条件的企业，充分发挥技术、人才、资金等方面的优势，参与到境外稀土资源开发，提升国际化运营能力，有效利用两个市场、两种资源，为我国稀土行业发展和经济建设服务。

（四）大力规范引导稀土再生产业健康发展

稀土二次资源主要分为生产加工废料和含稀土报废器件与设备两类，而回收含稀土报废器件和设备时，需先进行拆解后，再通过火法或湿法工艺进行稀土二次资源回收。现阶段我国拆解市场极不规范，拆解过程没有相关技术规范指导，拆解中造成的环境污染没有相应的管控标准。对此，建议制定含稀土报废器件和设备回收拆解技术规范，提出拆解过程中产生的废气、废水等污染物排放控制标准。根据拆解市场地域分布情况，可制定更适合地区条件要求的地方标准，在相对成熟地区开展稀土二次资源回收市场制度建设，以及含稀土报废器件和设备拆解技术规范及污染排放控制标准制定试点工作。对于部分违规利用稀土矿的再生利用企业要严厉打击，规范市场经营秩序。

（五）持续抓好稀土行业秩序治理整顿

扎实开展稀土行业信用体系建设工作，促进行业自律，努力营造良好的市场秩序和发展环境，反对投机炒作，避免稀土市场价格的大幅波动，减少对上下游实体企业的不良影响。加快创造有利条件，支持稀土应用产业发展，稀土大集团及有关骨干企业要发挥好“压舱石”的积极作用，切实增强我国稀土产业链、供应链韧性与安全保障能力。

撰稿人：陈边防、陈淑芳、何　青、史文龙
审稿人：彭　涛

2022年有色黄金工业发展报告

一、2022年世界黄金工业发展概述

（一）国际金价大幅波动，年度均价小幅上涨

国际货币基金组织（IMF）、世界银行（WB）、经合组织（OECD）、联合国（UN）四大机构统计，2022年全球经济增长速度分别为3.4%（2023年1月30日预测）、2.9%（2023年1月10日预测）、3.1%（2022年11月21日预测）和3.0%（2023年1月25日预测），预测2023年将分别增长2.9%、1.7%、2.2%和1.9%。联合国报告指出，在新冠疫情、乌克兰危机、高通货膨胀和气候变化等影响下，2022年世界经济遭受重创。世界银行报告指出，受通胀高企、利率上升、投资减少、乌克兰危机等因素影响，全球经济增长正急剧放缓到“危险地接近陷入衰退的程度”。展望2023年世界经济将继续承压，全球经济增长放缓疲软乏力，利率有望继续整体上涨，通胀率可能继续高企，债务脆弱性加剧，而乌克兰危机升级对全球稳定（如破坏能源或粮食市场稳定）构成威胁，局部地缘政治危机可能进一步冲击全球经济。

对于国际黄金价格而言，自从2008年国际金融危机后，国际黄金价格开始突破前期850美元/盎司历史高位不断走出新行情，最近几年来国际黄金价格总体围绕1800美元/盎司上下高位波动（见图1）。纵观2022年全球形势，新冠疫情反复延宕，世界经济复苏动力不足面临各种挑战，百年未有之大变局加速演进；而疫情反复、乌克兰危机、美联储加息、全球性通胀（疫情封锁引发供应链短缺、俄乌冲突导致能源粮食价格飙升）等成为影响国际黄金市场的主要因素，特别是美联储激进加息对市场影响很大。从2022年3月开始美联储在2022年共计加息7次，累计加息425个基点，最终将联邦基金利率目标区间上调到4.25%~4.50%，达到2008年国际金融危机以来的最高水平。美联储激进加息产生的溢出效应，加剧了全球金融市场动荡，引发新兴市场和发展中经济体债务风险，严重冲击世界经济复苏进程，也对危机中黄金价格产生直接影响。2022年国际黄金价格——伦敦金银协会（LBMA）黄金现货（下午定盘价）全年均价为1800.79美元/盎司，同比上涨0.06%；2022年上海黄金交

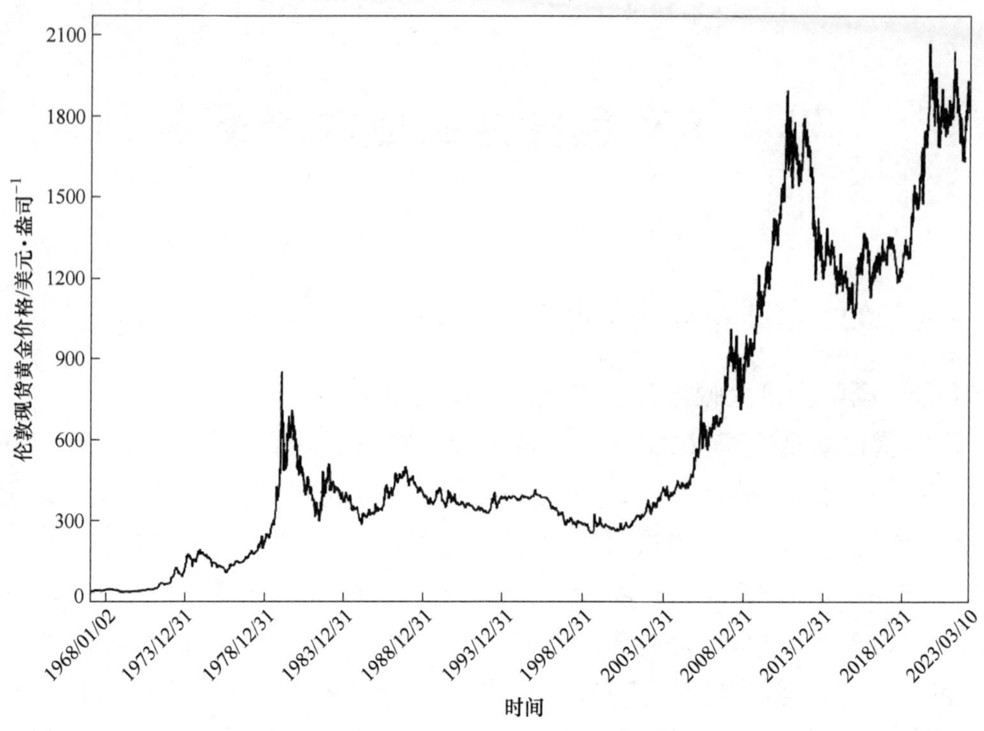

图 1　国际黄金现货价格长期走势图

数据来源：万得资讯（Wind）

易所 Au99.95 收盘加权平均价为 391.66 元/克，同比上涨 3.94%（见表 1）。展望 2023 年，通胀走势和央行干预措施之间的相互较量将会是决定来年经济前景和黄金表现的关键。

表 1　2018—2022 年来国内外黄金现货均价统计

黄金价格	2018 年	2019 年	2020 年	2021 年	2022 年
国内黄金现货均价/元 · 克$^{-1}$	270	312	386	377	392
国际黄金现货均价/美元 · 盎司$^{-1}$	1269	1393	1769	1800	1801
美元兑人民币汇率	6.63	6.89	6.89	6.45	6.74

数据来源：上海黄金交易所（SGE）、伦敦金银协会（LBMA）、国家外汇管理局。

根据世界黄金协会（WGC）统计，以美元（USD）、欧元（EUR）、日元（JPY）、英镑（GBP）、加元（CAD）、瑞士法郎（CHF）、印度卢比（INR）、人民币（RMB）、土耳其里拉（TRY）、澳元（AUD）等 10 种货币计价的 2022 年国际黄金现货价格中，土耳其里拉（TRY）计价的黄金价格涨幅最大（年末较年初），达到 41.2%；美元（USD）计价的黄金价格涨幅最小，只有 0.4%，其中人民币（RMB）计价黄金价格涨幅 9.0%。

（二）2022 年世界黄金工业发展概况

1. 世界黄金实物供应量小幅增长

世界黄金供应主要来自矿产金、再生金和官方售金，矿产金是世界实物黄金供应的主要部分。2010 年以来，世界各国央行从官方净抛售转为净购买后，官方售金基本停止。世界黄金协会（WGC）统计，2022 年全球黄金实物供应总量（不含套期保值）为 4756 吨，同比增长 1.08%；其中矿产金产量为 3612 吨，同比增长 1.20%；再生金产量 1144 吨，同比增长 0.70%。如果计入生产商净套保，2022 年全球黄金实物供应总量为 4755 吨，同比增长 1.54%（见图 2）。

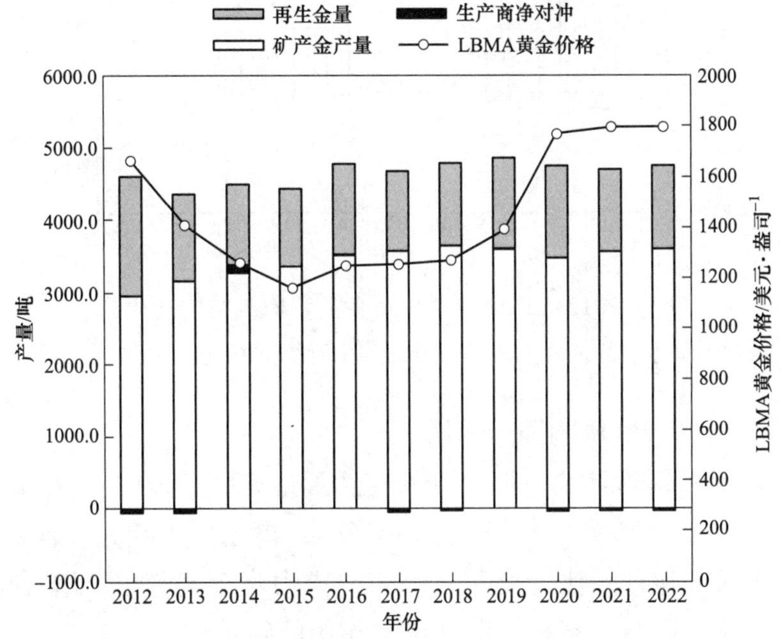

图 2　2012—2022 年来全球黄金供应构成结构变化图

数据来源：世界黄金协会（WGC）、英国金属聚焦公司（MF）、北京安泰科信息股份有限公司（以下简称“安泰科”）

2. 世界黄金实物需求大幅增长

世界黄金需求包括珠宝首饰、工业需求、金条和金币投资、黄金交易基金产品（ETFs）及相关金融衍生品投资、世界各国央行购买和生产商黄金期货头寸净对冲等。世界黄金协会（WGC）统计，2022 年世界黄金实物需求达到 4741 吨，同比增长 18.14%。其中，珠宝首饰制造需求达到 2190 吨，同比下降 1.83%；科技消费用金 309 吨，同比下降 6.56%；金条和金币投资需求

1217 吨，同比增长 2.20%；央行购买与机构投资净需求 1136 吨，同比增长 152.31%，ETF 投资需求头寸净减持 110 吨（见图 3）。中国（黄金年消费 1002 吨）和印度（黄金年消费 774 吨）依旧是世界最大两个黄金实物消费国。

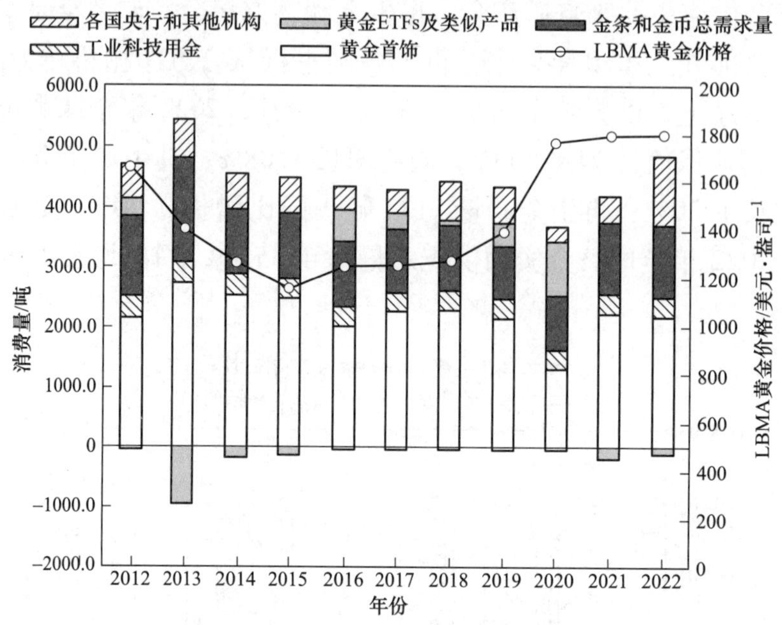

图 3　2012—2022 年全球黄金消费构成结构变化图

数据来源：世界黄金协会（WGC）、英国金属聚焦公司（MF）、安泰科

3. 世界各国央行机构购金量暴增

2018 年世界各国地区央行购金 656 吨达到近 50 年来新高，而 2022 年世界各国地区央行购金 1136 吨（同比增长 152%），再创历史新高（2021 年各国央行机构购金 463.1 吨，同比增长 81.63%），成为当年黄金需求最大亮点。新时期黄金货币属性在回归，黄金产业地位与作用面临重估。

根据国际货币基金组织（IMF）、世界黄金协会（WGC）资料，2022 年土耳其央行、突尼斯央行和中国人民银行分别增储黄金 147.6 吨、129.1 吨和 62.2 吨，位列 2022 年世界各国地区央行黄金储备增储前 3 名。而哈萨克斯坦央行、德国央行、俄罗斯央行 2022 年分别抛售黄金 50.7 吨、4 吨和 3.1 吨，位列 2022 年世界各国地区央行黄金储备抛售前 3 名。

2022 年 11 月和 12 月，中国人民银行连续两个月增持黄金，分别增加黄金储备 32.04 吨和 30.17 吨，这也是 2019 年 10 月以来中国人民银行再次增持黄金；截至 2022 年 12 月中国人民银行黄金总储备达到 2010.53 吨（6464 万盎司，市值约 1172.35 亿美元），2022 年总计增持黄金储备 62.21 吨。去美元背

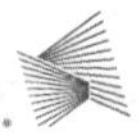

景下中国等新兴经济体央行购金将持续，预计随着人民币国际化的不断推进，从中长期看，中国人民银行未来有望继续增持黄金。

4. 行业并购加速，资源和资本加速向顶级矿业公司聚集

近几年，世界黄金行业资源勘探总投资和新发现黄金资源总数量在下降，加上新金矿开发和投资缩减，资源勘探矿业投资不足，全球矿产金产量增产面临瓶颈，国际黄金矿业中长期供应趋向紧张，而世界大型黄金矿业公司则纷纷寻求兼并竞争对手扩大产能提高产量，资本加速向顶级矿业公司聚集，目前每年全球前 5 大矿业公司排名都在变化。根据普华永道（PWC）发布的《2022 年的全球矿业报告》显示，全球矿业市值 40 强企业 2021 年矿业并购中，黄金矿业并购交易金额占总交易额的 70%，铜矿占 17%，锂矿占 8%，其他关键矿产占 2%，其余矿种占 3%。

2022 年国际黄金行业有 2 项重大并购：2022 年 2 月加拿大鹰桥公司（Agnico Eagle Mines）和柯克兰莱克黄金公司（Kirkland Lake Gold）宣布两个公司在 2 月 8 日成功完成合并重组，此次重组涉及金额高达 100 亿美元，合并后新公司总市值达到 224 亿美元。两公司合并后年产黄金将达到 90~100 吨，有望超越南非英美阿山帝黄金公司（2020 年生产矿产金 94.8 吨）成为全球第三大黄金生产企业。2022 年 6 月国际黄金巨头——南非金田黄金公司（Gold Fields）宣布，该公司正在酝酿以 67 亿美元收购加拿大雅玛娜黄金公司（Yamana Gold），如果收购完成，南非金田黄金公司将跃升为全球第四大黄金矿业公司，最终交易未能完成。

而据美国《华尔街日报》2023 年 2 月 6 日报道，世界最大黄金矿业公司——美国纽蒙特公司（Newmont）提出，计划以约 170 亿美元收购世界第 9 大黄金矿业公司——澳大利亚纽克雷斯特矿业公司（Newcrest Mining），寻求完成全球黄金开采领域的最大并购交易之一；如果收购完成，新公司黄金产量有望超过 240 吨，美国纽蒙特矿业公司全球第一黄金矿业公司地位将进一步加强。

二、2022 年中国有色黄金行业发展概况

（一）人民币大幅贬值，国内金价上涨

2022 年国内两大黄金交易所——上海黄金交易所和上海期货交易所金价均出现小幅上涨。上海黄金交易所黄金现货交易情况：2022 年上海黄金交易所 Au99.95 收盘加权平均价为 391.66 元/克，同比上涨 3.94%。国内黄金价格较国际坚挺，与当年人民币兑换美元贬值 4.5%密切相关。

中国黄金协会（CGA）数据显示，2022 年，上海黄金交易所全部黄金品种累计成交量双边 3.88 万吨（单边 1.94 万吨），同比增长 11.31%；成交额双边 15.18 万亿元（单边 7.59 万亿元），同比增长 16.04%。上海期货交易所全部黄金品种累计成交量双边 8.63 万吨（单边 4.32 万吨），同比下降 11.09%；成交额双边 30.72 万亿元（单边 15.36 万亿元），同比下降 10.14%。2022 年，国内金价高企引发投资者获利回吐，全年国内黄金 ETF 共减持 23.86 吨，截至 2022 年 12 月底，国内黄金 ETF 持有量约 51.42 吨。

（二）2022 年中国有色副产黄金行业概况

1. 产量保持增长

根据中国有色金属工业协会（CNIA）统计数据，2022 年全国有色冶炼厂副产黄金 201.07 吨，同比增长 16.33%，占全国黄金总产量 497.83 吨（中国黄金协会（CGA）统计数据）的 40.39%，较 2021 年提高 1.42 个百分点（见图 4）。全国有色副产黄金 5 大企业分别是江西铜业集团公司、河南中原黄金冶炼厂有限责任公司、云南铜业集团公司、甘肃金川集团股份公司、安徽铜陵有色金属集团，其中江铜集团 2022 年黄金产量为 88.80 吨。

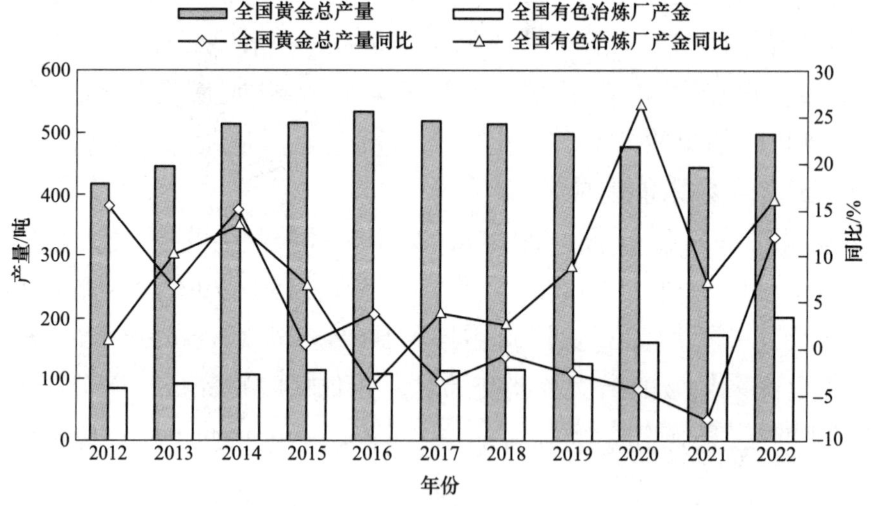

图 4　2012—2022 年中国黄金总产量、有色冶炼厂黄金产量变化图

数据来源：中国黄金协会（CGA）、中国有色金属工业协会（CNIA）、安泰科

据中国黄金协会统计数据，国内原料黄金产量为 372.048 吨，与 2021 年同期相比增产 43.065 吨，同比增长 13.09%，其中，黄金矿产金完成 295.423 吨、有色副产金完成 76.625 吨。2022 年进口原料产金 125.784 吨，同比增长 9.78%。若加上这部分进口原料产金，全国共生产黄金 497.832 吨，同比增长

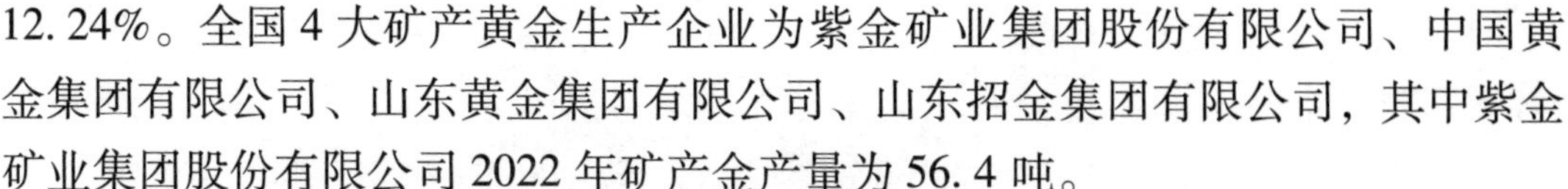

12.24%。全国4大矿产黄金生产企业为紫金矿业集团股份有限公司、中国黄金集团有限公司、山东黄金集团有限公司、山东招金集团有限公司，其中紫金矿业集团股份有限公司2022年矿产金产量为56.4吨。

2. 黄金消费出现回落

中国黄金协会统计数据显示，2022年全国黄金消费量1001.74吨，与2021年同期相比下降10.63%，但中国黄金消费量依旧连续10年全球第一。其中：黄金首饰654.32吨（占比65.32%），同比下降8.01%；金条及金币258.94吨（占比25.85%），同比下降17.23%；工业及其他用金88.48吨（占比8.83%），同比下降8.55%（见图5）。

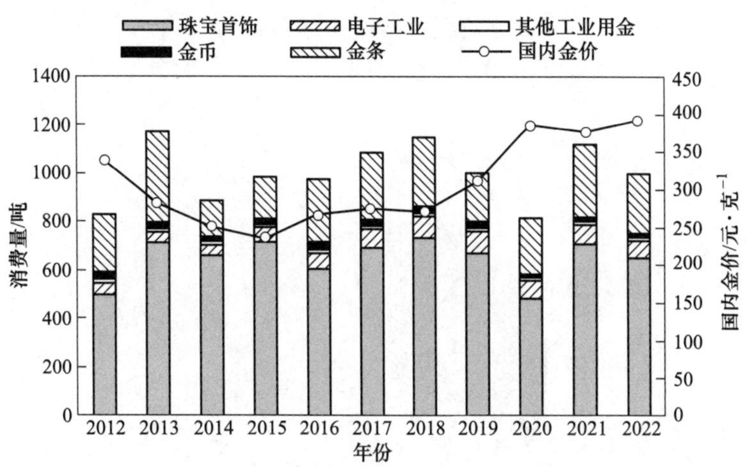

图5　2012—2022年中国实物黄金分领域消费与金价走势图

资料来源：中国黄金协会、上海黄金交易所、安泰科

相较于世界黄金消费结构（见图6），黄金珠宝首饰在中国消费占比更高，中国居民更加偏爱黄金珠宝首饰。2022年国内黄金消费结构为：珠宝首饰占65%、金条金币26%、工业及其他领域用金9%（见图7）。国家统计局数据显示，作为国内黄金消费最大领域的珠宝首饰行业，2022年国内规模零售企业金银珠宝销售总额达到3014亿元，同比下降1.1%。

贵金属纪念币领域，中国人民银行2022年贵金属纪念币项目发行计划共包括14个项目，91个品种。其中金币31个品种（如果全部发行总计消耗黄金46.293吨，较2021年计划发行黄金纪念币61.352吨减少15.239吨，同比下降24.84%）；银币27个品种（如果全部发行总计消耗白银386.72吨，较2021年计划发行白银纪念币571.3吨减少184.58吨，同比下降32.31%）。这14个项目是：2022版熊猫贵金属纪念币、2022年贺岁金银纪念币、第19届亚

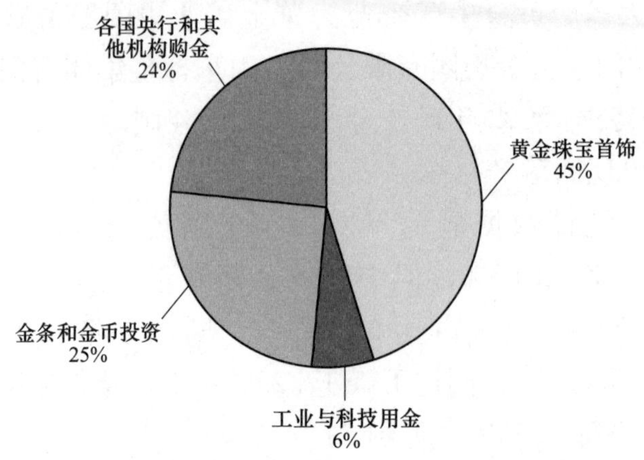

图 6　世界黄金消费结构分布（2022 年）

数据来源：世界黄金协会

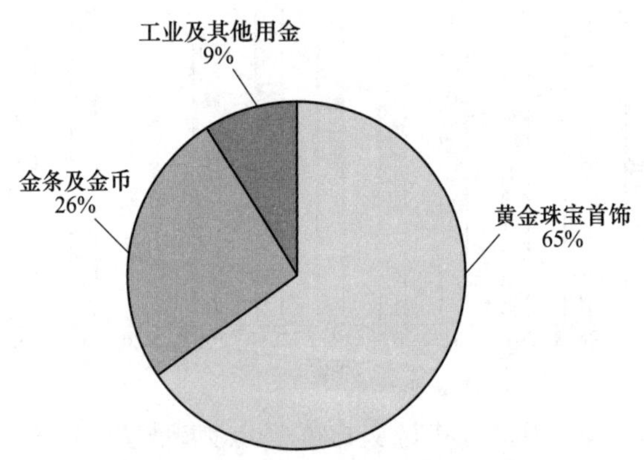

图 7　中国黄金消费结构分布（2022 年）

数据来源：中国黄金协会、安泰科

洲运动会金银纪念币、2022 吉祥文化金银纪念币、二十四节气（光阴的故事）金银纪念币、中国书法艺术（行书）金银纪念币、世界遗产（泉州：宋元中国的世界海洋商贸中心）金银纪念币、中国古代名画系列（捣练图）金银纪念币、中国国家公园（三江源）金银纪念币、北京师范大学建校 120 周年金银纪念币、第 46 届世界技能大赛金银纪念币、2022 北京国际钱币博览会银质纪念币、2023 中国癸卯（兔）年金银纪念币、中国空间站建成金银纪念币（2022 年具体发行项目及发行量等信息如有调整，以中国人民银行公告为准）。

3. 行业重大并购不断，产业格局不断改写

（1）紫金矿业集团收购中国最大单体金矿——山东莱州海域金矿 30%权益。2022 年 10 月 12 日，紫金矿业集团股份有限公司和招金矿业股份有限公司

双双发布公告，紫金矿业收购博文矿业持有瑞海矿业（持有海域金矿 100%股权）30%的股权，代价约 39.85 亿元，成为中国最大单体金矿——山东莱州海域金矿的第二大股东；而招金矿业则收购博文矿业 6.14%的股权，代价约为 8.16 亿元。自此山东烟台莱州海域金矿分别由招金矿业持有 70%股权及紫金矿业持有 30%股权。海域金矿是近 20 年来全球新探获的最大单体金矿，也是国内罕见的世界级高品位待开发金矿。根据 JORC 国际标准，海域金矿保有黄金资源量 562.37 吨，平均品位 4.20 克/吨，其中储量 212.21 吨，平均品位 4.42 克/吨。交易完成后，紫金矿业将持有矿山 30%权益，公司新增权益黄金资源量 168.7 吨，黄金总资源量将超过 2600 吨。根据 2021 年初步设计方案，海域金矿项目建设总投资约 60 亿元，截至目前已投资约 14 亿元。按设计方案，海域金矿设计地下开采方式，采选规模为 12000 吨/日，矿石禀赋好，开采成本低，选矿回收率可达 97%；矿山计划 2025 年建成，整体投产达产后，年矿产黄金 15~20 吨，服务年限 23 年，成为国内最大的黄金矿山，对应紫金矿业新增黄金权益产量 4.5~6 吨/年。

（2）紫金矿业集团收购招金矿业 20%股权。紫金矿业集团于 2022 年 11 月 7 日披露《关于收购招金矿业 20%股权的公告》，公司下属全资子公司金山（香港）国际矿业有限公司与上海豫园旅游商城（集团）股份有限公司签署《股份转让协议》，约定由金山香港或其指定的全资子公司通过大宗交易方式收购豫园股份持有的招金矿业股份有限公司 654078741 股无限售条件流通 H 股股份，占标的公司总股本的 20%，收购价格为 6.72 港元/股，收购价款合计为 4395409139.52 港元（约合人民币 4062632714 元，以 2022 年 11 月 4 日中国外汇交易中心公布的人民币汇率中间价 1 港元兑换 0.92429 元人民币折算）。鉴于《股份转让协议》约定的交割先决条件均已全部实现或被豁免，双方已于 2022 年 11 月 10 日完成目标股份交割的所有程序，目标股份现已全部登记至金山香港名下。此次收购完成后，紫金矿业通过金山香港间接持有招金矿业 20%股权，成为招金矿业的第二大股东。

此外，2022 年 7 月 14 日紫金矿业集团发布公告，拟出资约 4.99 亿元收购新疆克州乌恰县萨瓦亚尔顿金矿项目。萨瓦亚尔顿金矿为国内少有的百吨级未开发超大型金矿，黄金资源量 119.5 吨，平均品位 1.56 克/吨；其中，工业金金属量 60.07 吨，平均品位 2.59 克/吨，低品位金金属量 59.43 吨，平均品位 1.12 克/吨。根据紫金技术团队预可研，项目拟按照 8000 吨/天规划建设，建成后年处理矿石量将达到 264 万吨，建设期 2 年，生产期 25 年，达产后年产金约 2.76 吨。紫金矿业拥有哥伦比亚武里蒂卡金矿等一批世界级黄金项目，境内的陇南紫金、贵州紫金、山西紫金也在加速释放产能，公司计划2022年矿产金约60吨。

（3）山东黄金矿业股份公司拟不高于130亿元收购银泰黄金股份公司20.93%股份。《证券时报》报道：2022年12月11日银泰黄金（000975）与山东黄金（600547）同时公告，后者将以不超过130亿元的价格购入前者20.93%股份，成为银泰黄金资源股份有限公司控股股东。两轮停牌后，银泰黄金（000975）披露即将迎来新主。若此次转让全部顺利实施完成，山东黄金将成为银泰黄金控股股东，后者实际控制人将变更为山东省人民政府国有资产监督管理委员会。

据悉，银泰黄金（000975.SZ）股份有限公司主营业务范围为贵金属和有色金属矿采选及金属贸易。目前，公司共拥有5个矿山企业，分别为内蒙古玉龙矿业股份有限公司、黑河银泰矿业开发有限公司、吉林板庙子矿业有限公司、青海大柴旦矿业有限公司和芒市华盛金矿开发有限公司。黑河银泰矿业、吉林板庙子矿业、青海大柴旦矿业、芒市华盛金矿为黄金矿山，玉龙矿业为铅锌银多金属矿矿山，除此之外，公司下属子公司银泰盛鸿是一家以贵金属和有色金属贸易为主业，以金融工具为风控手段的综合型贸易服务商，主要为客户提供购销渠道、风险管理、贸易融资、供应链金融等服务。银泰黄金拥有全国储量最大、单体银品位最高的银多金属矿。2016年11月，该公司收购了加拿大黄金生产和勘探商埃尔拉多黄金公司位于中国境内的黄金矿山资源，涉及矿山主要涵盖黑龙江黑河洛克矿业公司的东安金矿、吉林板庙子矿业公司的金英金矿及青海大柴旦矿业滩间山金矿，具体包括4个采矿权和9个探矿权，黄金储量丰富，品位普遍较高。近年来银泰黄金经营业绩也整体呈现上行态势。2022年前三季度该公司实现营业收入64.32亿元，比去年同期增长9.92%，实现净利润9.3亿元，同比下降10.39%。银泰黄金资产质地优良，矿产资源储量丰富，品位较高，勘探前景广阔，专业人才和技术力量雄厚，已发展成为国内贵金属行业具有重要影响力的上市公司，根据中国黄金协会数据，该公司矿产金产量在中国黄金上市企业中排名第五，也是黄金矿山中毛利率较高的矿企之一。目前，玉龙矿业、黑河银泰矿业、吉林板庙子矿业三个矿山被评为国家级绿色矿山，青海大柴旦矿业被评为省级绿色矿山。

作为国内黄金生产龙头的山东黄金矿业股份有限公司，在此番收入银泰黄金控制权后，无疑将进一步拓展资源储备布局。山东黄金自上市以来先后并购了山东省内、省外多项优质黄金资源，以及阿根廷贝拉德罗金矿、加纳卡蒂诺资源公司等境外黄金矿山。山东黄金表示，公司控股股东山东黄金集团发布的

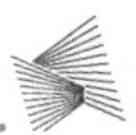

信息，到“十四五”末，山东黄金集团销售收入将达2000亿元，实现利润80亿元，矿产金产量达到80吨，资源储量达到3000吨以上。除并入银泰黄金控制权外，目前山东黄金基于打造胶东地区世界级黄金生产基地发展规划确定的定增方案也在积极推进中。根据此前披露，山东黄金拟发行不超过6.24亿股股份，募集资金总额不超过99亿元，主要用于焦家矿区（整合）金矿资源开发工程。项目建成达产后，采矿出矿能力可达660万吨/年，平均出矿品位为3.04克/吨，达产年均产浮选金精矿29.01万吨（含金18854.14千克），较整合前的矿产产量及含金量均有一定提升。

（4）湖南黄金集团战略重组成立湖南有色产业投资集团。2022年7月12日，湖南黄金股份有限公司发布关于控股股东战略重组的进展公告。公告披露，根据《湖南省国资委关于合并组建湖南有色产业投资集团有限责任公司的通知》（湘国资〔2022〕122号），由湖南黄金集团有限责任公司、湖南有色环保研究院有限公司合并组建湖南有色产业投资集团有限责任公司。湖南有色产业投资集团有限责任公司成立于7月8日，法定代表人为王选祥，注册资金100亿元。从经营范围来看，其将被定位成湖南矿产资源产业链整合平台。其主业为有色资源的勘探、采矿选矿、冶炼、深加工、贸易、新材料、尾矿及重金属治理等，战略目标是围绕有色产业打造矿山开采、矿石冶炼、材料加工、有色金属回收、固废治理和投融资产业链，成为链主企业，同时兼顾开发湖南省内有优势的非金属矿种，为湖南省“三高四新”战略奠定坚实的原料保障基础。目前是国内第七大产金公司、重要产钨公司、中国锑矿资源的龙头企业之一，位列湖南省百强第29位，中国制造业企业500强第431位，中国有色金属企业50强第49位。据了解，湖南黄金集团有限责任公司于2006年4月18日正式挂牌成立，目前是国内第七大产金公司、国内最大产锑公司、重要产钨公司。湖南有色环保研究院有限公司为湖南省国资委直管的一家集有色金属新材料、矿产资源开发利用、环保、安全、检验检测和职业健康于一体的科技研发、生产与技术服务型高新技术企业，于2021年12月正式注册成立。

而中国白银第一股——金贵银业（002716）2022年10月20日晚间公告，公司拟通过向湖南有色产业投资集团、湖南黄金集团以发行股份的方式，购买其合计持有的宝山矿业100%股权，标的资产估值及定价尚未确定。同时，该公司拟向湖南有色产业投资集团锁价发行股份募集配套资金总额不超过4亿元。交易完成后，郴州金贵银业股份有限公司的控股股东预计将变更为湖南有色产业投资集团，实际控制人变更为湖南省国资委。收购完成后，湖南省内两大黄金白银上市公司——湖南黄金股份有限公司（002155）、郴州金贵银业股份有限公司（002716）将都由湖南有色产业投资集团有限责任公司实施控制，“有色金属之乡”——湖南省属有色金属产业版图进一步扩大。

4. 一批重大项目不断开工或者投产

2022 年国内铜冶炼投资热再度兴起，根据安泰科统计资料，2022 年至 2023 年年初，大冶有色弘盛铜业 40 万吨高纯阴极铜等数个项目建成投产，还有若干骨干铜企业先后开工了多个铜冶炼扩建和新建项目，主要包括：云南铜业西南铜业分公司 55 万吨阴极铜搬迁项目，金川集团分别在甘肃金昌市永昌县和广西防城港市开工建设两座 30 万吨铜冶炼项目；铜陵有色下属金冠铜业分公司实施 8 万吨扩能项目；江西铜业下属清远铜业实施 10 万吨铜精炼产能扩建，浙江江铜富冶公司和鼎铜业公司新增 15 万吨铜粗炼和 20 万吨铜精炼扩建工程等。

（1）云南铜业西南铜业分公司投资 64. 24 亿元迁建年产阴极铜 55 万吨生产线（副产金锭 11. 28 吨，银锭 650 吨）。2022 年 12 月 13 日中国铜业云南铜业股份有限公司董事会发布公告，为更好响应国家“碳达峰、碳中和”目标，实现企业的转型升级和高质量发展，打造“清洁、节能、高效”的铜冶炼企业，云南铜业股份有限公司拟在云南省昆明市安宁工业园区东兴东厂址迁建年产阴极铜 55 万吨生产线（原生产基地位于昆明市五华区王家桥）。项目总投资约 64. 24 亿元，其中建设投资约 51. 94 亿元，流动资金等其他项约 12. 3 亿元，项目建设周期约为 23 个月。项目建成后将具备年产阴极铜 55 万吨、硫酸 140 万吨、金锭 11. 28 吨、银锭 650 吨的产能，同时生产其他有关副产品。2023 年 1 月 3 日，昆明市人民政府和中国铜业有限公司在中铜大厦举行合作框架协议签约仪式，共同推进中国铜业王家桥生产基地搬迁相关工作。据了解，中国铜业王家桥生产基地搬迁主要涉及西南铜业、云铜锌业两家冶炼企业，新建项目选址安宁东兴，两个项目迁建计划总投资 87 亿元，建设周期预计 24 个月，建成后将形成每年 55 万吨阴极铜、15 万吨锌锭产能及副产金、银、硫酸等，预计工业总产值 360 亿元。该项目也是昆明市推动有色金属行业转型升级的重大项目，对延伸昆明全市有色金属产业链、打造千亿级冶金产业集群、优化调整昆明全市工业经济结构具有重大意义。

（2）“金川铜冶炼工艺技术提升项目”火热建设中。“金川铜冶炼工艺技术提升项目”位于甘肃永昌县河西堡工业园，该项目是“十四五”甘肃省列重大建设项目之一，是金川集团按照“规模倍增、路径创新、结构优化、党建保障”发展方针，实现“打造一个新金川”战略规划，形成金川、境内、海外协同联动发展格局的重要组成部分。项目总投资57.52亿元，设计混合精矿处理量153万吨，其中铜精矿140万吨、金精矿10万吨、固废3万吨，设计年产铜阳极板35.8万吨、黄金10吨、白银150吨，预计年销售收入可达到260亿元以上。项目建成后，金川集团本部铜产业规模将具有70万吨铜火法冶炼能力。该项目采用行业内最具优势的“三联炉”工艺，具有流程短、环境友好、原料适应性强、加工成本低的特点。该项目引进目前行业内最先进的三连炉铜冶炼工艺，可与金川集团现有系统优势互补，解决铜合成炉系统难以处理高杂含贵金属原料的瓶颈问题，最大限度拓展金川集团本部原料采购的自由度，在原料采购、产能规模、工艺技术、技经指标等方面占领西北铜冶炼制高点，形成金川集团本部火法、湿法及贵金属相匹配的生产格局，有效支撑金川集团铜产业长远发展。

（3）大冶有色弘盛铜业40万吨高纯阴极铜投产。2023年2月14日，黄石新港园区内，中色大冶40万吨高纯阴极铜清洁生产项目弘盛铜业正式投产。该项目总投资87亿元，是中国有色集团在国内单体投资最大的项目，达产后将新增产值300亿元、利税15亿元，助力中色大冶集团营收迈向千亿元。

该项目采用世界最先进的“闪速熔炼+闪速吹炼”的双闪技术，实现全流程自动化、智能化、标准化生产，千余平方米的智能管控中心实现各生产流程无边际协同，人均产能达460吨、产值3500万元；采用最先进的环保设施，清洁化生产，硫捕捉率达99.9%，水循环利用率达98%，每年减少燃煤7万吨，减排二氧化碳18万吨，余热发电1.4亿千瓦时，金、银、硒、碲、铂全面回收。

5. 取得三项中国有色金属工业科学技术奖一等奖

中国有色金属工业科学技术奖励工作办公室于2022年12月22日发布公告披露，“高砷复杂金精矿侧吹清洁冶炼技术研发及产业化”“黄金矿山深部矿石工艺矿物学综合研究及资源增储和高效利用”“华南陆块钨金锑铜多金属矿床模型与找矿突破”通过2022年中国有色金属工业科学技术奖一等奖初评。2022年度中国有色金属工业科学技术奖初评通过项目205项，其中一等奖100项、二等奖83项、三等奖22项。

由山东恒邦冶炼股份有限公司、中国恩菲工程技术有限公司、中南大学联合研发申报的“ 高砷复杂金精矿侧吹清洁冶炼技术研发及产业化”；由山东黄金矿业（莱州）有限公司焦家金矿、东北大学联合研发申报的“黄金矿山深部矿石工艺矿物学综合研究及资源增储和高效利用”；由中国地质科学院矿产资源研究所、湖南省自然资源调查所、广西壮族自治区第六地质队、广东省地质局第二地质大队、湖南省地质调查所联合研发申报的“华南陆块钨金锑铜多金属矿床模型与找矿突破”通过2022年中国有色金属工业科学技术奖一等奖初评。

此外“紫金矿业紫金山金铜矿生态修复技术及示范应用”“深部缓倾斜厚大金矿床安全绿色机械化开采关键技术研究与应用”“焦家金矿深部复杂难采矿体安全高效开采关键技术”“蚀变碎裂岩包裹型难选冶微细粒载金硫铁矿高效分选回收关键技术及应用”等4个黄金项目通过2022年中国有色金属工业科学技术奖二等奖初评。

6. 中国企业海内外金矿投资与并购取得新进展

中国黄金产需缺口将长期存在，加大矿产金生产、再生回收和促进国内黄金存量的流通十分重要；近期海外金矿投资开发是热点，目前黄金已经成为中国海外矿业勘探与投资的第二大矿种。安泰科初步统计，截至2021年，我国海外金矿投资控制的权益黄金资源量（非黄金储量）已经超过6000吨，2022年中国企业海外金矿并购与投资持续。

2022年10月18日晚，紫金矿业发布公告，拟出资3.6亿美元（约合人民币25.6亿元）收购加拿大IAMGOLD黄金矿业公司持有的南美洲苏里南世界级大型在产Rosebel金矿项目，该公司黄金并购短时间内再下一城。Rosebel金矿为南美洲最大在产金矿之一，保有黄金资源量约217吨；2004年投产以来年均产金超过10吨，2022年上半年产金约3.5吨，初步预估未来年均产金8.6吨以上，且有进一步扩能潜力。

2022年12月20日，紫金矿业与Xanadu Mines Ltd.（仙乐都矿业）正式签署蒙古哈马戈泰铜金矿项目收购第二、第三阶段投资协议。紫金矿业与仙乐都矿业已于2022年4月签署股权认购协议，分三个阶段完成收购。4月27日交易第一阶段已完成，紫金矿业出资556万澳元，实际认购仙乐都矿业9.84%股权。此次签署的第二、三阶段方案与原协议约定基本一致。按约定，紫金矿业将在已持有上市公司层面9.84%股权的基础上，进一步提升项目层面权益至45.9%，成为该项目最大的股东，并在未来主导矿山开发运营，预估总投资额约4380万美元。哈马戈泰铜金矿为高级勘探项目，估算矿石量约11亿吨，含铜约293万吨、金约243吨，已完成概略性研究，计划露天开采。紫金矿业计划明年初启动项目全面预可行性研究，力争18个月内交付采选工艺方案，以及符合国际JORC准则或NI 43-101规定的矿产储备报告，并于2024年作出最终投资决定。预可研交付或期满18个月，紫金矿业将主导该矿山开发。

2022年上半年赤峰吉隆黄金矿业股份有限公司全资子公司赤金国际（香港）有限公司与沙特阿吉兰兄弟（Ajlan&Bros）控股集团的全资子公司阿吉兰

兄弟矿业公司（ABM）签署《合资协议》，双方将共同出资成立各占50%股权的合资公司，在沙特境内开展金矿项目勘探。据悉，沙特是黄金资源丰富的国家，根据世界黄金协会发布的数据显示，沙特现有黄金储量在阿拉伯世界位居榜首，在全球位居第16位。阿吉兰兄弟控股集团是一家全球领先的多元化集团，作为中东地区享有盛誉的商业家族，阿吉兰兄弟家族在2020《福布斯》“阿拉伯家族排行榜”中排名第5位，随着中国“一带一路”倡议和沙特“2030愿景”持续深入对接，目前该集团已成为沙特在华规模最大的私营企业。

2022年4月14日中塔合资企业塔铝金业5000吨/天锑金采选项目投产。当天上午塔吉克斯坦拉赫蒙总统和塔铝金业总经理李峰共同揭开项目标志性的石碑后亲抵选矿厂球磨车间现场，与中国驻塔吉克斯坦共和国特命全权大使吉树民共同按下了设备启动按钮。康桥齐锑金多金属矿项目是拉赫蒙总统的优先项目，也是中塔两国矿业领域重要合作项目之一，是落实推进塔吉克斯坦2022—2026年国家五年工业发展大纲计划的首个大型矿山项目。2017年12月，华钰矿业收购了塔吉克斯坦最大的国有独资企业塔吉克铝业持有的“塔铝金业”公司50%股权，双方建立合资经营关系。2018年6月24日，塔铝金业项目开工庆典在康桥齐矿山举行，塔吉克斯坦总统拉赫蒙亲临现场为项目开工奠基。2018年10月30日，中国地质调查局赴华钰矿业塔铝金业项目调研后，助推康桥齐矿山成为“一带一路”矿业领域典范践行者和塔吉克斯坦绿色环保标杆型企业。项目达产后，预计年处理矿石量为150万吨，年产金精矿2.2吨（金属量），锑精矿1.6万吨（金属量）。

7. 多家黄金企业上榜2022年中国500强榜单

根据中国企业联合会、中国企业家协会发布的2022中国企业500强、中国制造业企业500强；在行业划分上，有色矿业企业依然占据中国企业500强榜单的重要位置，此次有色金属行业（含涉及有色金属业务企业）有37家企业上榜。2022中国企业500强名单中有4家黄金企业，2021中国企业500强名单中有7家黄金企业（黄金矿业企业5家，珠宝企业2家，与2020年持平）。2022中国企业500强名单中4家黄金企业中，紫金矿业集团股份有限公司以营业收入2251亿元位列114名，中国黄金集团有限公司以营收1300亿元位列198名，山东黄金集团有限公司以营收563亿元位列390名，山东招金集团有限公司以营收497亿元位列439名。

2022年《财富》中国500强排行榜中7家贵金属企业入榜：紫金矿业集团股份有限公司、老凤祥股份有限公司、中金黄金股份有限公司、中国黄金集团黄金珠宝股份有限公司、山东恒邦冶炼股份有限公司、贵研铂业股份有限公司和山东黄金矿业股份有限公司，7家国内贵金属企业2021年分别实现营业收入2251亿元、587亿元、561亿元、508亿元、414亿元、364亿元和339亿元，分别实现利润251.08亿元、32.32亿元、27.24亿元、9.53亿元、5.31亿元、4.94亿元和0.68亿元，分别位列2022年中国500强排行榜第53位、第232位、第238位、第253位、第302位、第341位和第366位。

8. 中国黄金进出口概况

（1）金锭进口情况。长期以来，中国黄金供不应求。中国黄金协会资料显示，2022年中国总计生产黄金497.83吨，消费黄金1001.74吨，生产消费缺口为503.91吨，生产消费缺口主要靠进口和民间去库存来弥补。

香港特区政府数据显示，2019年内地从香港净进口黄金275.7吨，2020年进口40.9吨，2021年进口334.10吨，中国黄金协会发布数据显示，2019年中国进口黄金741吨，2020年进口179.33吨，2021年进口673.16吨。世界黄金协会统计数据，2022年中国黄金进口量达到1343吨。

（2）含金精矿进口情况。中国长期以来是含金精矿进口大国。除了进口金银精矿外，还大量进口富含黄金的铜精矿、铅精矿、锑精矿等，国内众多有色副产金来自进口铜、铅、金、银、锑等精矿。海关总署公布数据显示，2022年中国大陆累计进口银矿砂及其精矿143.17万吨，同比增长30.30%；2022累计进口其他贵金属矿砂及其精矿（金精矿+铂族金属精矿）147.49万吨，同比增长16.80%（见表2）。2022年，从秘鲁、澳大利亚、俄罗斯、加拿大、保加利亚、印尼五国进口其他贵金属矿砂及其精矿均超过10万吨；其中从秘鲁进口量最大，达到27.27万吨，占当年中国金精矿总进口量的18.49%。

表2　2016—2022年中国进口含金精矿实物量统计　（万吨）

年份	其他贵金属矿砂及其精矿（金精矿+铂族金属精矿）	银矿砂及其精矿	铜精矿	铅精矿	锑精矿
2016年	82.98	56.14	1696.33	140.92	5.40
2017年	85.42	53.23	1735.08	128.06	7.09
2018年	107.47	50.79	1971.62	122.71	8.93
2019年	118.44	65.56	2199.00	161.24	6.27
2020年	115.37	88.40	2178.73	133.45	4.28
2021年	126.28	109.88	2340.43	120.21	3.39
2022年	147.49	143.17	2527.06	101.30	2.90
2022年同比/%	16.80	30.30	7.97	−15.73	−14.45

资料来源：海关总署。

（3）黄金珠宝首饰出口情况。海关总署统计数据显示，2018年中国出口金首饰及零件194.7吨，2019年出口177.9吨，2020年出口72.9吨，2021年出口113.55吨，海关总署统计数据显示，2022年中国出口金首饰及零件135.69吨，较2021年出口113.55吨，同比增长19.50%。

三、黄金产业政策

（一）工信部发布符合铜、铅锌等行业规范条件的企业名单（第二批）

2022年4月24日工信部根据《铜冶炼行业规范条件》（工信部公告2019年第35号）、《铝行业规范条件》（工信部公告2020年第6号）、《铅锌行业规范条件》（工信部公告2020年第7号）、《镁行业规范条件》（工信部公告2020年第8号），经企业申报、地方行业主管部门核实、专家组审核、现场核查及网上公示等程序，工信部确定了符合规范条件的企业名单（第二批）和撤销规范公告的企业名单。而对于有色黄金而言，其在有色行业主要是铜铅副产。

其中符合《铜冶炼行业规范条件》的企业有10家（第二批）：赤峰云铜有色金属有限公司、中铜东南铜业有限公司、易门铜业有限公司（前三家均隶属于中铝集团）、包头华鼎铜业发展有限公司、葫芦岛宏跃北方铜业有限责任公司、铜陵有色金属集团股份有限公司金冠铜业分公司、江西和丰环保科技有限公司、江西金汇环保科技有限公司、国投金城冶金有限责任公司和梧州金升铜业股份有限公司。

符合《铅锌行业规范条件》的企业有8家（第二批）：铅锌矿山4家（中铝集团彝良驰宏矿业有限公司（毛坪铅锌矿）、中铝集团云南永昌铅锌股份有限公司、深圳市中金岭南有色金属股份有限公司凡口铅锌矿、金徽矿业股份有限公司），铅冶炼企业3家（内蒙古兴安银铅冶炼有限公司、河南豫光金铅股份有限公司、济源市万洋冶炼（集团）有限公司），锌冶炼企业1家（内蒙古兴安铜锌冶炼有限公司）。撤销铜冶炼行业规范公告的企业名单1家：中国有色集团大冶有色金属集团控股有限公司（备注：2021年8月，中央环保督查组督查发现，大冶有色公司主体责任落实不到位，环境污染严重，风险隐患突出。）

（二）国家发改委就铅铜冶炼行业等清洁生产评价指标体系征求意见

为贯彻落实《中华人民共和国清洁生产促进法》和《“十四五”全国清洁生产推行方案》，提升有关行业清洁生产水平，国家发改委委托技术单位研究制修订了《铅冶炼行业清洁生产评价指标体系（征求意见稿）》《铜冶炼行业清洁生产评价指标体系（征求意见稿）》《电解锰行业清洁生产评价指标体系（征求意见稿）》等5个清洁生产评价指标体系。现向社会公开征求意见。而对于有色黄金而言，其在有色行业主要是铜铅副产。此次征求意见的时间为2022年7月26日至2022年8月25日。可以登录国家发改委门户网站（http：//www.ndrc.gov.cn），进入首页“意见征求”专栏，点击“关于公开征求对电解锰行业清洁生产评价指标体系等5个清洁生产评价指标体系（征求意见稿）意见的通知”栏目，提出意见建议。

（三）中国人民银行办公厅印发《黄金租借业务管理暂行办法》

为加强黄金市场管理，促进黄金租借业务规范发展，更好地服务实体经济，2022年7月3日中国人民银行办公厅印发《黄金租借业务管理暂行办法》，自2023年1月9日起施行。《黄金租借业务管理暂行办法》共13条，对黄金租借业务和进行该业务的范围做了规范。该办法基本符合目前行业发展现状，最核心的是办法的第三条和第四条内容，对黄金租借业务的准入做了明确的规定。

该办法明确，黄金租借业务是指一方通过黄金账户将黄金借给另一方，并按双方合同约定的期限、利率或者费率，收回等量黄金或者等值货币资金及孳息的行为。黄金账户是指用以记载黄金持有人所持黄金重量、价值和权益变化等情况的簿记系统。黄金租借业务的黄金账户服务由银行业存款类金融机构和上海黄金交易所提供，其他机构不得为黄金租借业务提供任何形式的黄金账户服务。金融机构之间的黄金租借业务参照同业借款或者同业存款进行管理。除银行业存款类金融机构外，其他金融机构不得向非金融机构借出黄金。非金融机构借入方应当为涉金企业。

银行业存款类金融机构向非金融机构借出黄金时，借前的授信管理、借后的用途监测管理等参照贷款进行，同时应当做好信用风险、市场风险等全流程风险管理工作。持有金融牌照的资产管理产品管理人运用受托黄金资产开展黄金租借业务，应当按照《中国人民银行 中国银行保险监督管理委员会 中国证券监督管理委员会 国家外汇管理局关于规范金融机构资产管理业务的指导意见》（银发〔2018〕106号）等有关规定进行。该办法规定，金融机构自身开展的黄金租借业务应当纳入资产负债表进行管理。

（四）工信部、国家发改委、生态环境部近日联合印发《工业领域碳达峰实施方案》

工信部、国家发改委、生态环境部近日联合印发《工业领域碳达峰实施方案》，提出“十四五”期间，产业结构与用能结构优化取得积极进展，能源资源利用效率大幅提升，建成一批绿色工厂和绿色工业园区，研发、示范、推广一批减排效果显著的低碳零碳负碳技术工艺装备产品，筑牢工业领域碳达峰基础。到 2025 年，规模以上工业单位增加值能耗较 2020 年下降 13.5%，单位工业增加值二氧化碳排放下降幅度大于全社会下降幅度，重点行业二氧化碳排放强度明显下降。“十五五”期间，产业结构布局进一步优化，工业能耗强度、二氧化碳排放强度持续下降，努力达峰削峰，在实现工业领域碳达峰的基础上强化碳中和能力，基本建立以高效、绿色、循环、低碳为重要特征的现代工业体系。确保工业领域二氧化碳排放在 2030 年前达峰。

（五）中国黄金协会印发《黄金行业“十四五”发展规划》

根据《中华人民共和国国民经济和社会发展第十四个五年规划和 2035 年远景目标纲要》和《“十四五”原材料工业发展规划》等规划部署精神，经过充分的调查研究和论证，2022 年 11 月 25 日中国黄金协会制定发布了《黄金行业“十四五”发展规划》。

《规划》披露，“十三五”期间，黄金资源量逐年稳定增长。截至 2020 年底，全国黄金资源量 14727 吨，较“十二五”末增长约 27%。“十三五”期间，全国累计生产成品金 2547 吨，比“十二五”增长 12.31%，其中国内原料产金 2026 吨，比“十二五”下降 3.23%。“十三五”期间，我国进口原料产金（含伴生）520.44 吨，比“十二五”增长 199.97%。2020 年，我国黄金消费量 820.98 吨，已连续 8 年保持世界第一；“十三五”期间，我国黄金消费总量 5059.64 吨，比“十二五”增长 6.15%。我国珠宝首饰市场规模已达 7000 亿元，其中，黄金珠宝首饰销售收入规模约 2800 亿元。

《规划》提出“十四五”期间规划新增黄金资源量 4500~5000 吨，扣除黄金生产消耗 3500~4000 吨，到 2025 年全国黄金资源量为 15500~16000 吨，比“十三五”末增长 5%以上。“十四五”期间黄金产量恢复增长，年平均增长率 2%左右，2025 年规划成品金产量 530 吨，其中，国内原料规划产量 400 吨，进口原料规划产量 130 吨。“十四五”期间规划成品金产量 2440 吨。“十四五”期间，黄金行业规划新增产能合计 70 吨/年，淘汰落后产能合计 20 吨/年。“十四五”末，黄金固定生产能力达到 530 吨/年（含进口料生产能力 130 吨/年），比“十三五”期间提高 10%以上。山东纱岭金矿、海域金矿、甘肃李坝—金山金矿等项目建成投产。“十四五”末期，黄金开采企业数量由“十三五”末期的 365 家减少到 300 家左右，“十四五”期间黄金勘查开发基地由“十三五”期间的 7 个增加至 12 个，黄金重点矿区由 17 个增加至 22 个，形成 3 个 80 吨级、1 个 60 吨级的黄金企业集团，实现 4 家黄金企业进入全球黄金矿业公司20强。2025年，重点黄金企业集团产量达到300吨；大中型黄金矿山的黄金产量占全国的80%以上。2025年全国金矿勘查投入约20亿元，“十四五”期间合计投入约80亿元，其中大型黄金企业占比80%以上；“十四五”期间黄金企业基建（技改）规划投资总额1000亿元，其中大型黄金企业占比70%以上；“十四五”期间黄金企业海外规划投资总额1000亿元（含有色金属项目），其中大型黄金企业占比80%以上。

四、中国黄金产业存在的突出问题

（一）黄金资源开发与生态保护问题矛盾依旧突出

黄金工业的废水、废气、废渣主要来源于生产的三个过程：采矿作业、选矿作业和提金作业。提金传统工艺普遍采用氰化法，氰化物剧毒；有色冶炼副产黄金生产阳极泥原料涉及危废问题，电子废弃物等所含黄金贵金属二次回收原料涉及固废等环境问题，黄金行业生产废水、废气、废渣（特别是氰化尾渣）等排放处理面临国家环保日趋严格的监管。中国金矿开采和冶炼需要绿色化发展，黄金工业环境保护需要加强废水、废气和废渣粉尘的处理及氰化物管理等方面的内容，黄金行业生态环保形势依旧严峻，黄金资源开发与生态保护问题矛盾依旧突出。

（二）黄金生产消费缺口巨大、黄金产业对外依存度过高

2022年中国总计生产黄金497.83吨、黄金实物消费为1001.74吨，生产消费缺口为503.91吨，对外依存度为50.30%，生产消费缺口主要靠进口来弥补。世界黄金协会统计数据，2022年中国黄金进口量达到1343吨，同比增长64%，进口量达到2018年以来最高水平。中国黄金产量无法满足国家战略实施和广大人民实物消费投资需求，中国黄金生产消费缺口巨大、黄金产业对外依存度过高，这是当前中国黄金工业产业发展面临的最大、最突出的问题，也给中国黄金矿业带来巨大的投资机遇。

（三）黄金产业发展进程与中国作为世界第二大经济体地位不符

目前中国是世界最大的黄金生产国、消费国，但当前中国黄金产业发展与中国作为世界第二大经济体地位不符。具体体现有：（1）国际黄金定价权旁落；（2）中国央行黄金储备在世界主要经济体央行中总体偏低，大国崛起需要黄金信用支撑；（3）世界黄金产业第一梯队缺乏中国黄金企业（目前全球5大黄金生产企业中没有中国公司），缺乏对海外世界级金矿的布局控制与开发（目前世界20大在产金矿、世界黄金资源储量排名前20大金矿中没有中国公司身影）；（4）缺乏世界级黄金珠宝文化品牌（世界10大珠宝品牌中没有

中国珠宝品牌）等。

五、相关政策建议

进入新时期，随着全球经济重心东移，美国亚太战略再调整，中国“一带一路”倡议加速推进，中美经贸冲突反复并升级，国际贸易摩擦战已经从传统贸易层面逐渐升级为科技、金融货币、地缘政治等层面；而国际货币体系中美元、欧元、人民币三足鼎立局面初步形成，具有金融货币属性的黄金正在价值回归，黄金对于中国经济社会稳定、国家金融安全等具有重要意义。建议如下。

（一）将黄金产业发展上升到国家战略设立部级联席机制

在国家战略层面，建议新时期国家重新审视黄金的货币经济、社会地位与融通作用，积极倡导大黄金产业发展观，将黄金产业发展上升为国家战略。建立涉及国家宏观经济、金融投资管理、国土资源、工业、商业外贸、物资储备、黄金相关各个行业机构组织等在内的黄金产业发展统一协调机制（如部级联席机制）；倡导建立国家黄金产业发展基金、黄金科技发展专项基金、黄金金融创新基金或者加大国家重点科技研发黄金科研项目立项，加强海外并购国际产能合作、注重风险防范、完善“一带一路”沿线等区域海外大型核心黄金资源并购协调机制，继续加强对黄金行业软硬科学基础研究资助与投入和黄金行业智库建设，立足长远推动全国黄金产业可持续健康发展。

（二）重视黄金生产供应，继续深化升级黄金全行业供给侧结构性改革

针对目前中国黄金生产消费缺口巨大、黄金产业对外依存度过高的局面，黄金全行业应持续深化供给侧结构性改革，贯彻大黄金发展观，提升全产业链发展水平。这就需要加快黄金地质勘探和资源整合，积极淘汰落后产能鼓励资源综合利用，努力扩大黄金产量，加速下游材料工业发展，不断提高黄金资源和产品保障水平，更好服务于国家经济金融发展战略和人民美好生活需求。

上游领域，建议继续加大对黄金资源的勘探投入，加大对重点成矿带黄金资源勘探，打破行业界限推动国内地调、地矿、有色、黄金、冶金、煤炭、核工业、化工等行业所属专业黄金地质勘探队伍的合作，发挥综合优势多找矿找大矿提高矿产资源保障程度。中游领域，建议注重环保加强矿山整合，加快新勘探特大金矿开发速度，加强有色系统和黄金系统铜铅金等企业协同合作，鼓励有色冶炼厂加强稀贵金属综合回收和再生金属回收，完善再生原料回收网络，建立大规模专业先进阳极泥处理工厂，扩大黄金产量提高国内黄金供应保障水平。下游领域，建议黄金全行业加强黄金行业科技管理与攻关、出台黄金

材料工业发展规划与产业政策，加快黄金行业品牌和文化建设。在产业基地、园区规划和金银特色小镇等建设方面，建议从国家层面、行业层面做好协同规划协调，避免一拥而上建设同质化，积极优化产业布局。

（三）加大海外资源开发推动黄金产业国际化发展

在海外金矿资源投资国际化开发方面，基于金矿与铜矿等通常伴生，铜矿、金矿又是中国海外固体矿产资源开发的两大矿种，建议充分发挥“中国有色金属国际产能合作企业联盟”等机构作用，推动有色金属企业海外并购铜矿资产时适度重点关注含金品位高黄金储量大的铜矿；而目前中国企业还很少在海外完全收购控制并开发世界级金矿资源，这点需要走出去的有色、黄金、金融、基建、物流、军工等系统企业协同努力。建议充分发挥国家开发银行、中国进出口银行、中非基金、丝路基金、亚洲基础设施建设银行、金砖国家银行、各大商业银行、中国五矿集团等金融机构和矿业骨干央企综合优势，充分利用国家“丝绸之路经济带”和“21 世纪海上丝绸之路”等发展战略，利用综合力量合力支持企业进行海外金矿等资源开发，积极布局从点到面形成海外金矿等资源开发的成片成带多层次化。此外大力推动国内黄金产业与金融产业的融合，建议积极稳妥推动人民币资本项目开放和国际化，推动金融行业与黄金行业国际标准建设，积极参与国际黄金定价形成。

（四）建议继续推动黄金藏金于民战略实施

2008 年国际金融危机爆发以来，俄罗斯、中国等世界众多国家央行重新大幅购进增储黄金；德国央行等欧洲国家央行启动海外储备黄金回流计划；印度政府批准黄金货币化计划；土耳其近期大量进口黄金，伊斯坦布尔力图打造伊斯兰黄金交易中心等。2018 年世界各国地区央行购金 656 吨达到近 50 年来新高，而 2022 年世界各国地区央行购金 1136 吨（同比增长 152%），再创历史新高。新时期黄金货币属性在回归，黄金产业地位与作用面临重估。在黄金市场管理制度完善方面，建议中国人民银行、中国证监会、中国银保监会等监管机构在新时期加强对黄金作为一种资产财富类别的管理与培育，盘活存量黄金，加强黄金金融创新（如黄金 ETF 产品、互联网黄金金融产品等推出）提高黄金产品流动性和投资便利性，完善藏金于民渠道，积极藏金于民。

（五）积极践行“绿水青山就是金山银山”发展理念，推动行业绿色低碳高质量发展

党的十八大以来，随着生态文明制度建设的全面推进，“绿水青山就是金山银山”理念作为核心理念和基本原则全面贯彻到生态文明建设的各项制度之中。新时期建议继续加强黄金产业顶层制度设计，坚持绿色、低碳、循环、智能化、数字化发展，加快开发无氰提金工艺，积极做好“绿水青山就是金山银山”行业实践示范，全面推动黄金行业绿色矿山、绿色制造体系（绿色产品、绿色工厂、绿色园区、绿色产业链、绿色企业）和绿色产业示范基地等建设，全面推动全行业环境、社会和公司治理（ESG）体系形成与发展。

撰稿人：石和清
审稿人：唐武军

2022年白银工业发展报告

一、2022年世界白银工业发展概述

（一）现货供应略有增长

据金属聚焦（Metal Focus）统计，2022年，世界白银现货供应量同比增长1.8%至31569吨。其中，矿产银同比增长1.1%至25815吨，基本恢复到疫情前的水平（见表1）。墨西哥一些新项目的投产及达产贡献了最大的增量。智利在产矿山及新项目的产出也成为主要的增长点。但秘鲁、中国和俄罗斯产量的下降部分抵消了上述增量。2022年再生银产量同比增长5.1%至5754吨。再生银与银价的关联度高，2014—2019年，银价处于低位，再生银产量也在低位。2020年以来银价上涨，鼓励再生银产量不断提高。

表1　2020—2022年世界白银市场供应

类别	供应量/吨			同比/%
	2020年	2021年	2022年	
矿产银	24291	25536	25815	1.1
再生银	5163	5474	5754	5.1
现货供应	29454	31010	31569	1.8
政府抛售	31	62	62	0.0
生产商净对冲	249	—	—	0.0
总供应	29734	31072	31632	1.8

数据来源：金属聚焦（Metal Focus）。

（二）现货需求刷新历史纪录

据金属聚焦（Metal Focus）统计，2022年，世界白银现货需求创下历史新高，同比增长15.4%至37449吨（见表2）。印度白银需求的激增，拉动世界首饰和银器及现货投资的需求大幅增长。工业用银在光伏、新能源汽车等新兴领域的发展支持下，对白银的需求创新高。

表 2　2020—2022 年世界白银市场需求

类别	需求量/吨			同比/%
	2020 年	2021 年	2022 年	
首饰和银器	5660	6998	9580	36.9
现货投资	6376	8647	10233	18.3
工业用银	14681	15894	16765	5.5
现货需求	27588	32441	37449	15.4
生产商净对冲	—	124	156	25.8
总需求	27588	32565	37605	15.5

数据来源：金属聚焦（Metal Focus）。

（三）投资/投机出现分化

2022 年，白银投资/投机市场出现分化。实物投资同比增长 18%到 10233 吨，背后的主要拉动力来自印度。而投资者对银价走势的悲观预期，使得白银 ETPs 持有量在 2022 年净流出 2570 吨，创下年度最大流出量。CME 白银期货空头头寸也在年内创出 2019 年 7 月以来的空头新高。

（四）纽约金属交易所（COMEX）白银库存连续第二年下降

截至 2022 年底，COMEX 白银库存比前一年底减少了 1979 吨（下降 18%）到 9085 吨，连续第二年下降。需求的增长是背后的推手。

（五）世界白银现货市场平衡

金属聚焦（Metal Focus）数据显示，2022 年世界白银现货市场供应及需求均保持增长态势，需求增长的速度远超供应，市场连续第二年供应短缺，缺口扩增 4 倍至 5879 吨。

2020—2022 年世界白银市场平衡表见表 3。

表 3　2020—2022 年世界白银现货市场平衡表　（吨）

年份	2020 年	2021 年	2022 年
现货供应	29454	31010	31569
现货需求	27588	32441	37449
现货市场平衡	1866	-1431	-5879
ETPs 库持有量变化	7261	1152	-2570
COMEX 库存变化	2469	-1270	-1979

数据来源：金属聚焦（Metal Focus），万得资讯（Wind）。

（六）世界白银贸易情况

2022年印度白银进口量创出历史新高，预计全年进口量将超过10000吨。印度是世界最大的白银饰制品消费国，也是世界主要的白银进口国。

2022年，因油价飙涨和卢比大幅贬值，印度经常账户赤字持续上升。5月和6月印度黄金进口量较前两年同期飙升，7月印度政府将黄金进口关税税率上调5%。在新关税结构下，适用于已精炼黄金和粗金（精炼用黄金）的基本关税税率分别从7.5%和6.9%上调至12.5%和11.9%，总关税税率分别从7.5%和6.9%上调至15%和14.4%。同时，2022年以卢比计价的银价下跌6%，而卢比金价上涨约5%。消费者买兴转向白银。其次，2020—2021年，印度在高位银价大量出售白银；同期白银进口数量创下2013年以来的新低，白银库存大幅下降。2022年银价的大幅下跌鼓励印度首饰买家逢低买入，大举回补前两年骤降的库存。

美国地质勘探局（USGS）数据显示，2022年1—11月，进口银锭3370吨，同比下降32%；出口银锭251吨，同比增长139%。

据海关总署统计，2022年，中国银锭净出口3687吨，同比下降23.6%。2020年和2021年打开的窗口在2022年关闭。

二、2022年中国白银工业发展现状

（一）经济运行情况概述

据中国有色金属工业协会（CNIA）初步统计，2022年，中国白银产量同比增长14.8%到26886吨（见表4）。北京安泰科信息股份有限公司（以下简称“安泰科”）估计，2022年中国白银原料对外依存度为49%。

表4　2020—2022年中国白银产量

年份	2020年	2021年	2022年
产量/吨	18915	23418	26886
同比/%	-0.1	23.8	14.8

数据来源：中国有色金属工业协会，安泰科。

中国白银矿产量主要来自基本金属铅、铜、锌的副产。

2022年上半年，受铅精矿供应紧张影响，冶炼厂开工率不高。下半年冶炼厂基本恢复正常生产，新建产能也逐渐释放产能，精矿进口增加。铅冶炼加工费延续2021年的跌势，二季度触底后，在三季度出现回升。安泰科估计，2022年原生铅产量同比增长2.5%。

因需求低于预期及疫情和限电的影响，2022年部分民营铜冶炼企业一度

停产，一些新产能也延迟投放；但进口铜精矿和国产铜精矿双增，推高了加工费，企业生产积极性很高。安泰科估计，2022 年原生铜产量同比增长 4.5%。

2022 年上半年，国内外锌精矿价格倒挂，进口受阻，冶炼厂开工率不高。三季度受限电影响。但四季度国内外精矿矿价比值恢复正常，企业大量进口锌精矿，全年进口量同比有 14%的增幅，弥补了上半年的损失。安泰科估计，2022 年原生锌产量与前一年基本持平。

安泰科估计，2022 年铅冶炼副产白银在总的矿产量中占到 56%的比例，铜冶炼副产白银占比 32.8%，锌冶炼副产白银占比 7.2%（见图 1）。白银的冶炼产能依据主营金属铅、铜、锌的产能分布，主要集中在湖南、河南、广东、云南、江西等地。据中国有色金属工业协会统计，2021 年，前五省的产量合计在总产量中占到 69%。

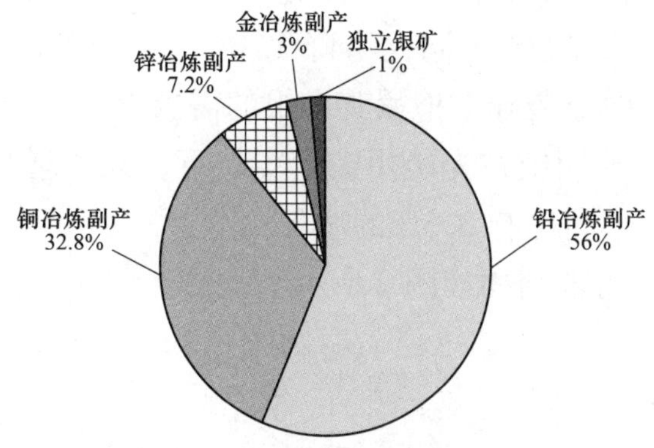

图 1　2022 年中国矿产银产量原料结构

数据来源：安泰科

（二）消费同比增长 3%到 8251 吨

安泰科估计，2022 年中国白银总消费量同比增长 3.3%到 8251 吨（见表 5），光伏用银 35%的增长完全弥补了其他主要消费领域的需求下滑。

表 5　2020—2022 年中国白银现货消费量

类别	消费量/吨			同比/%
	2020 年	2021 年	2022 年	
首饰和银器	660	640	450	-29.7
银币和银条	379	391	387	-1
工业用银	5834	6953	7415	6.6
现货需求	6873	7984	8251	3.3

数据来源：安泰科。

2022 年爆发的俄乌冲突使得全球能源格局开始发生深刻变化，加剧推动全球新能源产业加速发展。国际能源署（IEA）预计，2022 年全球新增光伏装机容量达到 260 吉瓦，同比增长 49%。中国光伏行业协会统计，2022 年中国新增光伏装机容量增幅达到 59%，其中出口欧洲的光伏组件同比增长了 95%。2022 年，欧盟光伏新增装机容量同比增长了 47%。据中国有色金属工业协会硅业分会估计，2022 年，中国作为全球最大的光伏组件生产国，光伏电池片产量达到 290 吉瓦，同比增长 46%。安泰科估计，2022 年，中国光伏用银达到 3289 吨，同比增长 35%。

2022 年，中国经济运行面临的内外部环境复杂严峻。在经济下行和疫情散发等环境影响下，叠加中国城市化和人口结构变化等因素，房地产市场进入趋势性调整阶段。消费低迷不振，社会消费品零售总额自 2018 年开始放缓，金银珠宝类零售总额在 2022 年同比下降 1. 1%。电子产品产量及出口普遍下降。终端市场的低迷向上传导，拖累其中银的需求下滑。

2022 年，中国工业用银在光伏用银的支持下，同比增长 6. 6%，弥补了其他行业的跌幅。总需求同比有 3. 3%的增长。

2022 年中国白银需求结构如图 2 所示。

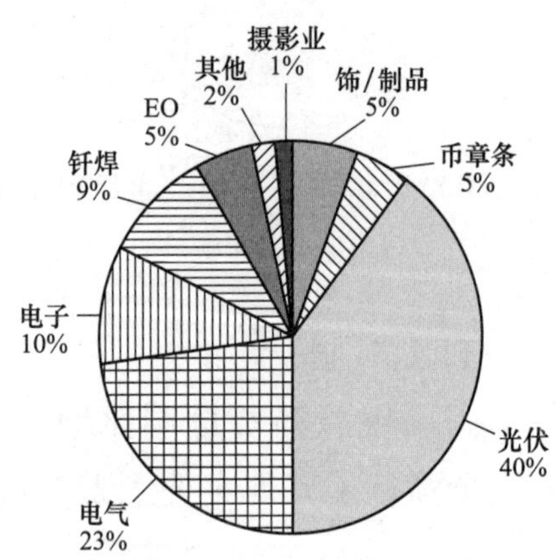

图 2　2022 年中国白银需求结构

数据来源：安泰科

（三）市场价格

2022 年银价受到地缘政治局势、美联储货币政策及宏观经济的影响，回吐了自 2020 年以来的涨幅，全年走出 U 形趋势；核心逻辑是在全球高通胀和货币政策紧缩的背景下，避险配置的价值思量。2022 年国际银价伦敦金银市场协会（LBMA）报价年均价 21. 7 美元/盎司，同比下降 13. 5%。

2022年年初，俄乌冲突激发市场避险情绪，银价在金价的带动下，走出一波上扬行情，在3月中旬创下年内高点。二、三季度，持续高企的通胀迫使美联储以40年来最激进的节奏加息并缩表，紧缩的货币政策支持美元指数创下自2002年以来的新高；美债收益率一路攀升。银价在三季度回落到2020年初的水平。四季度，美国CPI增幅连续两个月超预期回落，随着联储主席鲍威尔释放减缓加息幅度的信号并在12月落地，美元自高位大幅下跌。叠加现货投资需求及光伏行业的强劲增长，现货市场供应缺口扩大，库存下降，部分投机资金进入市场，银价反弹，收复了前期失地。

国内银价基本跟随国际价格走势，汇率变化有影响。2022年，在美联储陡峭加息、俄乌冲突、能源危机、地缘政治冲突加剧等多重冲击之下，美元持续走高，美元指数刷新20年高点。人民币对美元汇率发生两次急贬，在9月下旬跌破“7”关口，随后又在12月初强势收复这一重要关口。人民币兑美元中间价全年贬值4%。受汇率影响，国内银价整体跌幅小于国际银价。2022年上海黄金交易所Ag(T+D）年均价4721千克/元，同比下降10.2%。

（四）库存连续第二年下降

白银市场库存在2020年三季度达到峰值，此后步入下降通道。2021年库存减少了2605吨，创下年度库存下降之最，背后的推动力是出口。2021年国内外银价倒挂，鼓励了出口。2022年，库存继续下降，同比减少了219吨，库存下降速度放缓。2022年国内外价差逐渐恢复正常，出口窗口打开的时间不多。

（五）进出口贸易

2022年，中国银产品贸易总额达到107.9亿元，同比略降0.6%；其中进口总额48.3亿美元，与上一年度持平；出口总额59.7亿元，同比下降1%。贸易顺差为11.4亿美元。

2022年，中国银产品总的进口量为1435089吨，同比增长30%；其中银精矿进口量达到143万吨，同比增长66%。2020年以来，国内外铅价呈内弱外强趋势，加工费难以覆盖铅冶炼成本，铅精矿进口持续处于亏损状态，冶炼厂多依靠副产品收益实现盈利。同期，国内外银价倒挂，出口窗口打开，冶炼厂进口银精矿的积极性很高。银精矿进口自2020年以来持续大幅增加。

2022年银粉进口同比下降21%，其中平均粒径小于3微米的非片状银粉项进口同比下降32.5%。国内光伏行业用银粉国产化率的进一步提高，减少了对进口银粉的依赖。

2022年，中国银产品总的出口量为7981吨，同比增长13.9%，增幅远低于2021年的60%。其中银锭的出口在连续三年增长后，首次出现下降，同比跌幅达到14个百分点。2022年，国内外银价比值修复，出口窗口逐渐关闭，银锭出口因此减少。

（六）中国白银现货市场供需情况

2020—2022年，中国白银消费量以10%的年均复合增长率增长。市场库存在2020年抵达历史峰值后，持续下降（见表6）。

表6　2020—2022年中国白银市场供需情况

年份	产量/吨	消费量 /吨	银锭净出口/吨	库存/吨	银价①/元·千克$^{-1}$
2020年	18915	6873	3285	6855	4670
2021年	23418	7984	4292	4249	5259
2022年	26886	8251	3687	4031	4721

数据来源：海关总署，安泰科，上海黄金交易所，上海期货交易所。

① 上海黄金交易所白银T+D价格。

三、2022年中国白银工业经济运行状况分析

（一）政策环境分析

在“双碳”目标的引领下，推动能源转型、发展可再生能源已成为全球共识。“十四五”时期是推动能源绿色低碳转型、落实我国“双碳”目标的关键时期。

1月4日，工信部、住建部、交通运输部、农业农村部、国家能源局联合发布了《智能光伏产业创新发展行动计划》，要求到2025年，光伏行业智能化水平显著提升，产业技术创新取得突破。新型高效太阳能电池量产化转换效率显著提升，形成完善的硅料、硅片、装备、材料、器件等配套能力。

2月10日，国家发改委、国家能源局发布《关于完善能源绿色低碳转型体制机制和政策措施的意见》，指出，到2030年，基本建立完整的能源绿色低碳发展基本制度和政策体系，形成非化石能源既基本满足能源需求增量又规模化替代化石能源存量、能源安全保障能力得到全面增强的能源生产消费格局。

3月21日，国家发改委和国家能源局印发了《“十四五”现代能源体系规划》，提出，到2025年，非化石能源消费比重提高到20%左右，非化石能源发电量比重达到39%左右，电气化水平持续提升，电能占终端用能比重达到30%左右。全面推进风电和太阳能发电大规模开发和高质量发展；开展风电、光伏发电制氢示范。

3 月 29 日，国家能源局发布了《2022 年能源工作指导意见》，提出，大力发展风电光伏。

5 月 30 日，国家发改委、国家能源局联合发布《关于促进新时代新能源高质量发展的实施方案》，对新能源发展提出了较为完善的政策措施。

5 月 30 日，财政部印发《财政支持做好碳达峰碳中和工作的意见》，提出，大力支持发展新能源汽车，完善充换电基础设施支持政策。

5 月 31 日，工信部办公厅、农业农村部办公厅、商务部办公厅、国家能源局综合司发布《关于开展 2022 新能源汽车下乡活动的通知》，鼓励各地出台更多新能源汽车下乡支持政策，改善新能源汽车使用环境，推动农村充换电基础设施建设。

6 月 1 日，国家发改委、国家能源局、财政部、自然资源部、生态环境部、住房城乡建设部、农业农村部、气象局、林草局等部门联合印发《“十四五”可再生能源发展规划》。发展目标：“十四五”期间，可再生能源在一次能源消费增量中占比超过 50%，风电和太阳能发电实现翻倍。

8 月 1 日，工信部、国家发改委、生态环境部三部委印发《工业领域碳达峰实施方案》，提出加强新能源汽车充换电、加气、加氢等设施建设。

8 月 24 日，工信部、财政部、商务部、国务院国资委、国家市场监督管理总局联合发布《加快电力装备绿色低碳创新发展行动计划》。通过 5~8 年时间，电力装备供给结构显著改善，保障电网输配效率明显提升，高端化智能化绿色化发展及示范应用不断加快，国际竞争力进一步增强，基本满足适应非化石能源高比例、大规模接入的新型电力系统建设需要。

11 月 10 日，工信部、国家发改委、生态环境部发布《有色金属行业碳达峰实施方案》的通知，提出引导行业高效集约发展，强化低碳发展理念，修订完善行业规范条件，支持制定行业自律公约，推动企业技术进步和规范发展，促进要素资源向绿色低碳优势企业集聚。

2022 年，国内疫情频繁局部暴发。为了刺激消费复苏，国内多部门密集发布促消费政策。

4 月 25 日，国务院办公厅发布《关于进一步释放消费潜力促进消费持续恢复的意见》，提出了 20 项重点举措。

5 月 25 日，《国务院办公厅关于进一步盘活存量资产扩大有效投资的意见》，提出优先支持大型清洁能源基地等重点领域项目，重点支持“十四五”规划 102 项重大工程，均与光伏发电相关。

5 月 31 日，国务院印发《扎实稳住经济的一揽子政策措施》，提出抓紧推动实施一批能源项目。

5 月 31 日，商务部等 4 部门印发《关于开展 2022 新能源汽车下乡活动的通知》，重点加强线上宣传和展销，下乡新能源车型也将纳入政府部门组织的“双品网购节”活动。

7 月底，商务部等 13 部门发布《关于促进绿色智能家电消费若干措施的通知》，提出推进绿色智能家电下乡，开展全国家电“以旧换新”活动、鼓励基本装修交房和家电租赁。

10 月 25 日，国家发改委等 6 部门印发《关于以制造业为重点促进外资扩增量稳存量提质量的若干政策措施》，提出推动外资项目签约落地。

12 月 15 日，国家发改委发布《“十四五”扩大内需战略实施方案》，提到持续提高清洁能源利用水平，建设多能互补的清洁能源基地，以沙漠、戈壁、荒漠地区为重点加快建设大型风电、光伏基地。

12 月 14 日，中共中央、国务院印发《扩大内需战略规划纲要（2022—2035 年)》，再次重申大幅提高清洁能源利用水平，建设多能互补的清洁能源基地，以沙漠、戈壁、荒漠地区为重点加快建设大型风电、光伏基地。

（二）产业结构

中国白银产量主要来自基本金属铅、铜、锌的副产。近年来，新型电池材料的迅速发展，迫使铅产业格局重塑，冶炼企业寻求新的经济增长点，重视副产金属的效益，并积极拓展开发副产金属的新项目。国内主要的两个白银生产基地，湖南郴州地区和河南济源，在强化主业的同时，立足白银产业优势，延伸产业链，白银深加工成为当地产业转型升级的主攻方向。

豫光金铅前期开发的白银深加工项目在 2022 年实现了商业化运营。该集团继续向新材料市场转型，投资 2 亿元建设贵金属光电新材料项目，一期 500 吨硝酸银生产线在建。

济源万洋加快实施白银合金首饰、白银餐具、白银茶具、白银工艺品等转型升级项目，加快打造中国白银城。通过实现首饰加工、文化品牌和旅游资源的深度融合，将中国白银城打造成为济源产城融合的新高地。

郴州市永兴县全力开启“中国银都”有色金属产业高质量发展永兴样板的新征程，以高质量发展为目标，重点打造以稀贵金属综合利用为主导产业和精细化工、电子信息为两大特色产业的“一主两特”发展格局，推进产业向高端化、绿色化、集群化发展。

四、当前中国白银工业发展中存在的突出问题和对策建议

（一）提升白银产业链供应的韧性和安全性

国内白银副产于基本金属，受到主产金属生产经营的限制。根据铅、铜、锌冶炼的原料对外依存度，安泰科估计，2022 年国内白银冶炼的原料对外依存度为 49%。从主营金属来看，国内原生铜原料的对外依存度高，资源保障程度低，供应链不确定因素多；铅产业终端需求面临新电池材料规模化应用的挑战，以及再生铅产能占比的不断提高。主营金属的经营策略将直接影响白银的矿产量。

循环利用是保障供应安全的重要途径。积极开发城市矿山，充分利用各类原（物）料，以循环经济保障白银产业链供应的韧性和安全性，不仅成本低廉，而且可实现可持续发展和循环发展。

（二）坚持高质量发展目标，扩大有效投资

中国制造业发展的时间相对来说比较短，改革开放后发展提速，进步很快。在很多领域，经过了充分的技术积累和产业积累后，一旦突破了一些技术瓶颈和技术封阻，在这些领域的国产化进程可以快速提升。如光伏用银粉和银浆技术，在短短十年的时间里，从早期的全部依赖进口，到现在完美实现国产替代。据安泰科估计，2022 年，光伏用银粉的国产化率达到了 73%，其中正银粉国产化率达到 68%，背银粉全部实现国产化。对未来光伏产业的乐观预期，鼓励资金关注银粉和银浆市场的投资机会。但银粉和银浆行业属于技术密集型产业，维持技术创新能力是企业可持续发展的关键。新进入资金基于技术门槛，将投资前移到硝酸银环节，希望通过硝酸银的建设顺利进入银粉行业。而硝酸银行业因技术门槛低，目前市场产能饱和，订单为王。

坚持高质量发展目标，防止一哄而上，更要避免因投资过热造成新的低水平重复建设和产能过剩。扩大有效投资，建立产业发展协调机制，积聚产业资源，引导科学布局，防止盲目投资。充分发挥协会和分会的引导作用，吸引多渠道、多元化的资金投资，鼓励多元化投资模式，持续推进多层次、多类型、多渠道的合作。

（三）银粉出口配额问题

目前，国家对含银产品出口实施国营贸易配额管理限制较多，银粉出口需要白银出口配额。有来料加工许可证的企业可以自行出口，但因为监管严苛，整个流程较慢，审批在国家层面上时效性较差，全流程下来将交期拖到两个月以上，而依靠第三方进行银粉出口，交期可以缩短至两周，但产生额外成本。

建议国家相关部门考虑取消银粉出口配额管制。

国内银粉出口时有增值税，加工费竞争力低，在海外很难和国外银粉企业相竞争。如果国家在这方面能有一些政策支持，国内银粉企业加工费能有所降低，在海外的竞争力将会有所提高。

五、中国白银工业下一步发展重点

白银深加工产业属于多学科交叉、知识密集型高技术产业。随着市场需求不断升级，客户对产品技术要求不断提高，企业维持技术创新能力是在行业内保持综合优势的关键。白银深加工产品种类繁多，涉及和服务的行业广泛，因此决定了制造企业多为民营企业，且生产规模不大。企业的性质又造成深加工领域存在较为突出的几个问题：一是企业重制造、轻研发。出于对产权保护不力的担忧，或者自身力量的薄弱，企业对技术研发投资动力明显不足，无法掌握高端产品的核心生产技术。二是部分企业重市场份额，轻长远规划。有些企业没有认真研究国家相关产业政策和地区发展规划，仓促上马一些低端产品项目，存在产能过剩的隐患；少数企业甚至存在恶性竞争抢占市场份额的现象。三是在政策层面容易成为被忽视的弱势群体。

加强产业顶层设计，建立产业发展协调机制。设立产业专项基金，充分发挥产学研联盟的作用，以产业链相关企业为主体，由生产企业和研究机构组成联盟，高效利用社会各方资源，以互补共赢联合实施创新驱动，围绕产业技术增值链，加强关键核心技术的突破及产业化，充分发挥科技创新的引领作用，推动白银深加工技术进步和产业升级，促进行业实现高质量发展。

撰稿人：靳湘云

审稿人：唐武军

2022 年硅工业发展报告

党的十八大以来，在习近平新时代中国特色社会主义思想的指导下，我国硅工业立足新发展阶段，全面贯彻新发展理念，抢抓新能源新材料领域构建新发展格局的战略机遇，实现了跨越式发展。硅及硅基材料是有色金属工业的重要组成部分，工业硅作为“硅能源”产业最基础的关键原材料，已经成为产量居第五位的主要有色金属品种，从 2023 年开始，将纳入十种常用有色金属的统计序列。在规模快速扩张的同时，硅系列产品质量不断提升，产业链供应链体系不断完善。

截至 2022 年底，我国工业硅装置产能、产量分别为 570 万吨/年（有效产能为 420 万吨/年）和 325 万吨，各占全球总量的 80.2%和 79.9%；我国多晶硅产能和产量分别为 116.3 万吨/年和 81.1 万吨，各占全球总量的 88.4%和 86.5%。

一、2022 年硅产业运行现状

（一）工业硅企业生产运行情况

截至 2022 年底，我国工业硅装置产能为 570 万吨/年，环比增长 14.0%，2022 年全年产量为 325 万吨，环比增长 20.4%。从数据上来看，全行业开工率为 57.0%。考虑到川滇地区季节性生产、各地区实际生产情况及无效产能，截至 2022 年底，我国工业硅有效产能为 420 万吨/年，实际开工率为 77.4%。

分地区来看：新疆产量继续领先，2022 年产量达 137 万吨，占国内总产量的 42.1%；云南、四川产量居第二、第三位，其产量分别为 62.2 万吨和 42.3 万吨，各占国内总产量的 19.1%和 13.0%。新疆、云南、四川三省工业硅总产量为 241.5 万吨，占国内总产量的 74.3%（见表 1）。

表 1　2020—2022 年中国工业硅产能产量表

地区	2020 年		2021 年		2022 年	
	产能 /万吨·年$^{-1}$	产量 /万吨	产能 /万吨·年$^{-1}$	产量 /万吨	产能 /万吨·年$^{-1}$	产量 /万吨
云南	115	45	115	48.8	120	62.2
新疆	170	88	170	120.6	220	137
四川	63	29	81	41.8	80	42.3

续表1

地区	2020年		2021年		2022年	
	产能/万吨·年$^{-1}$	产量/万吨	产能/万吨·年$^{-1}$	产量/万吨	产能/万吨·年$^{-1}$	产量/万吨
贵州	14	4	14	3.9	10	5.9
湖南	14	5	14	5.9	12	4.5
甘肃	18	9	18	9.4	18	8.8
福建	25	7	25	7.1	25	10.1
其他	63	23	63	32.5	85	54.6
总计	482	210	500	270	570	325

数据来源：中国有色金属工业协会硅业分会（以下简称“硅业分会”）、北京安泰科信息股份有限公司（以下简称“安泰科”）。

2022年，我国工业硅产量排名前10家企业产量共计161万吨，占全国总量的49.5%。其中，合盛硅业全年产量为90万吨，位列全国第一，占国内总产量的27.69%；东方希望及云南永昌硅业分列第二、第三位，产量分别为23万吨及9.5万吨，全国占比分别为7.08%与2.92%；新安化工产量大幅增加至9.1万吨，全国占比2.80%，位列第四。

（二）多晶硅企业生产运行情况

截至2022年底，我国在产多晶硅企业数量为15家，产能增加至116.3万吨/年，较2021年底的51.9万吨/年，增幅高达124.1%（见表2）。产能增量主要来自永祥股份20万吨/年、协鑫科技13万吨/年、新特能源12万吨/年、新疆大全4万吨/年、亚洲硅业7万吨/年、丽豪半导体5万吨/年、润阳新能源1万吨/年（规划产能一期5万吨/年于12月投产暂未达产）等新建、扩产产能释放，7家企业产能增量共计62万吨/年，占全国总产能增量的96.3%。2022年，我国多晶硅产能净增64.4万吨/年，无论是同比增量绝对值还是同比增幅都是2010年以来的历史新高。

表2　2020—2022年中国多晶硅产能产量情况

年份	总产能		总产量		分企业产量/万吨					占比/%
	数量/万吨·年$^{-1}$	同比/%	数量/万吨	同比/%	永祥股份	协鑫科技	新特能源	新疆大全	亚洲硅业	
2020年	41.95	−7.19	39.6	15.26	8.6	7.4	7.1	7.1	2.2	81.82
2021年	51.9	23.72	49.0	23.59	10.7	10.2	7.7	8.2	2.2	79.59
2022年	116.3	124.1	81.1	65.5	25.2	15.7	11.8	11.5	5.5	85.94

数据来源：硅业分会、安泰科。

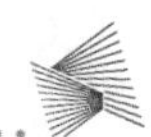

在我国15家在产多晶硅企业中，有13家万吨级企业，产能合计约115.4万吨/年，占国内总产能的99.2%。4家年产能在10万吨以上的企业包括永祥股份、协鑫科技、新特能源、新疆大全，产能共计86.1万吨/年，占全国多晶硅总产能的74.0%。

二、市场价格走势

（一）工业硅价格走势

2022年，我国工业硅价格保持相对平稳，全年冶金级工业硅价格在17300~23400元/吨波动，化学级工业硅价格在19100~24500元/吨波动，工业硅全年综合价格为20741元/吨，同比下滑12.2%（见图1）。

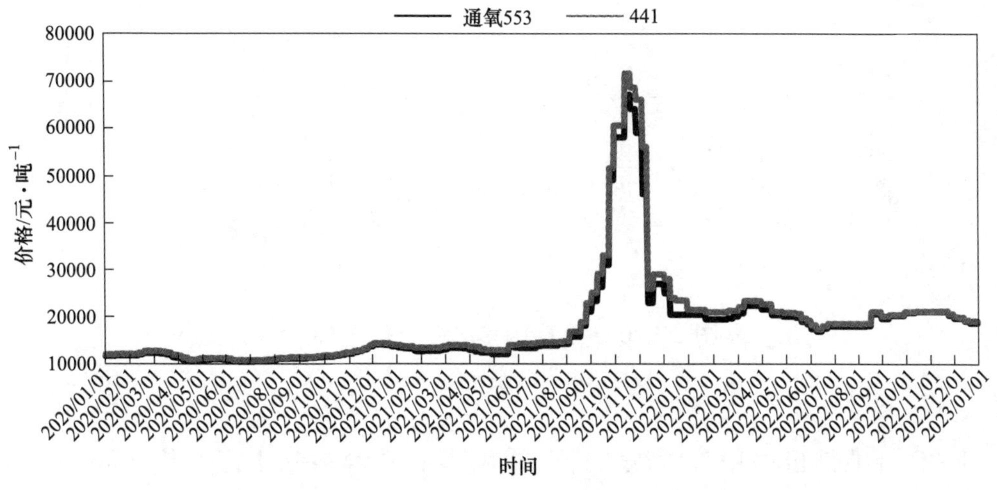

图1　2020—2022年中国工业硅价格走势图

数据来源：硅业分会、安泰科

一季度，西南地区因枯水期供应持续减少，叠加春节后终端需求释放，工业硅市场价格止跌反弹；二季度，国内疫情多点散发，尤其上海疫情暴发导致华东地区汽车工厂生产受阻，铝合金和有机硅需求快速萎缩，工业硅市场价格呈现持续下滑的走势；三季度，受极端天气影响，四川、云南等地陆续限电，加之新疆地区疫情扩散，市场供应快速减少，市场价格再次呈现上涨态势；四季度，疫情快速蔓延至全国，在新增产能持续释放的背景下，供应相对平稳，而下游需求快速萎缩，社会库存逐步累积，市场价格缓慢下滑至2万元/吨以下。

（二）多晶硅价格走势

2022年，我国多晶硅价格整体呈“稳涨急跌”走势，1—9月呈上行走势，单晶致密料成交价从22.91万元/吨上涨至30.60万元/吨，涨幅为33.6%，9月中旬至11月初持稳运行，从11月上旬开始进入下行通道，截至2022年底，价格断崖式下跌至19.38万元/吨，跌幅达到36.7%。单晶致密料全年均价为27.3万元/吨，同比大幅上涨42.2%（见图2）。

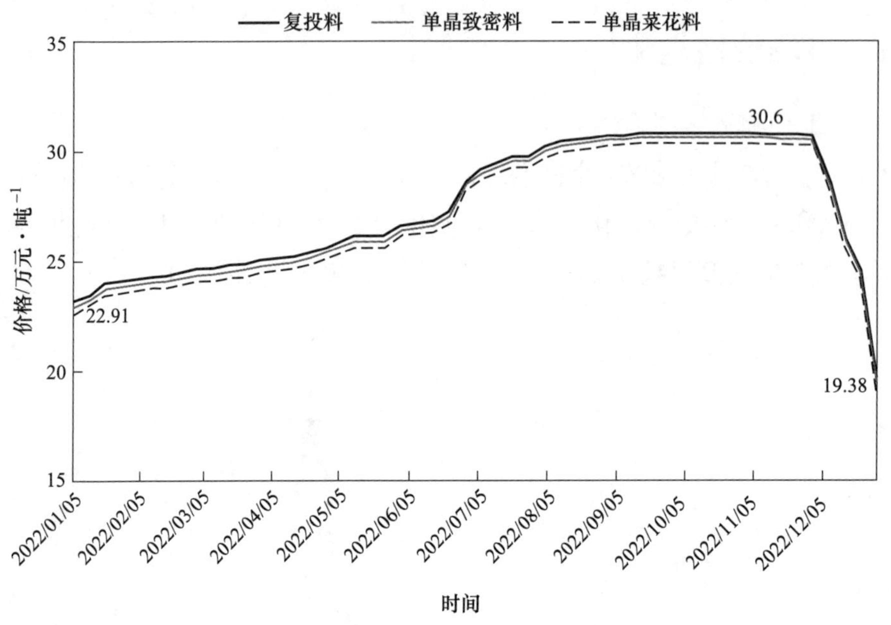

图2　2022年中国多晶硅价格走势图

数据来源：硅业分会、安泰科

1—9月中旬价格稳步缓涨：前三季度多晶硅价格基本以每周1%以内的涨幅相对平稳的走势运行，维持涨势的主要原因仍是供不应求，即便是在各新建、扩建企业纷纷投产释放产能的情况下，与终端需求相比，供应仍略显不足，且每月订单均存在超前超量签订，多晶硅企业基本维持负库存状态，供应紧张态势决定市场价格呈现持续稳步缓涨的态势。

11—12月价格断崖式下跌，根本原因是终端需求增幅小于前端供应增幅，据硅业分会统计，我国多晶硅月产量从8月之前的6万吨以内，4季度逐步迅速提升至年底的9.7万吨，供应集中释放，而同期国内外终端需求并未同步增长，最先导致硅片端开始积压高库存，多晶硅的实际需求和预期需求明显减弱，市场供大于求局面使得部分潜在库存压力较大的企业率先让价成交，多晶硅价格进入下行通道后，跌幅和跌速远超预期，导致终端在产业链价格不稳定且波动较大的情况下难有确定的采购需求，故价格下行和需求疲软二者形成恶性循环，多晶硅价格因此出现断崖式下跌的走势。

三、进出口贸易及影响因素分析

（一）工业硅贸易及影响因素分析

根据海关数据统计，2022 年全年我国工业硅出口量为 65 万吨，同比减少 16.3%。全年出口均价为 3339 美元/千克，同比上涨 12.39%。值得注意的有以下两点：

（1）我国工业硅出口主要集中在日本、韩国、欧洲和东南亚地区。从全年出口数据看，出口亚洲地区 52.5 万吨，欧洲地区 7.5 万吨，分别占累计总出口量 80.7%和 11.5%，亚洲地区是我国工业硅主要的出口地（见表 3）。

（2）受海外能源危机和需求低迷影响，我国工业硅出口量下滑 16.3%，其中出口欧洲和日本分别下滑 34%和 23%，均远大于 16.3%的平均减幅，也从侧面反映出欧洲和日本市场的需求低迷。

表 3　2019—2022 年中国工业硅出口情况

年份	总计出口量/吨	日本		韩国		欧洲		亚洲其他地区	
		数量/吨	占比/%	数量/吨	占比/%	数量/吨	占比/%	数量/吨	占比/%
2019 年	694495	164617	23.7	116227	16.7	95873	13.8	269761	38.8
2020 年	619238	154912	25.0	81347	13.1	81334	13.1	268837	43.4
2021 年	777783	187086	24.1	89405	11.5	113111	14.5	352402	45.3
2022 年	651018	144003	21.1	82746	12.7	74567	11.5	298424	45.8

数据来源：海关总署。

（二）多晶硅贸易及影响因素分析

根据海关数据统计，2022 年全年我国多晶硅进口量为 88015 吨，同比减少 22.8%。全年进口均价为 30.12 美元/千克，同比大幅上涨 68.6%。值得注意的有以下两点：

（1）从德国进口量占比超五成。全年累计从德国进口量为 4.81 万吨，同比减少 6.2%，占国内总进口量的 54.6%（见表 4）。2022 年德国瓦克产出太阳能级多晶硅略有减少，主要是由于部分美国工厂电子级多晶硅订单转至德国，故从德国进口多晶硅量略有减少，但全年从德国累计进口量依旧维持在首位。

（2）从马来西亚进口量大幅减少。全年从马来西亚进口多晶硅 2.29 万吨，同比大幅减少22.9%，占总进口量的26.1%，位居第二。2022年OCI马来西亚工厂分线检修时间持续半年之久，产出减少导致我国从马来西亚进口量大幅降低。

表4　2020—2022年中国多晶硅进口情况

年份	总计进口量/吨	韩国		德国		中国台湾		马来西亚	
		数量/吨	占比/%	数量/吨	占比/%	数量/吨	占比/%	数量/吨	占比/%
2020年	100776	15330	22.86	50061	49.68	3677	3.65	23035	22.86
2021年	114183	4096	3.59	51316	44.94	6899	6.04	29727	26.03
2022年	88015	1197	1.36	48070	54.62	3421	3.89	22944	26.07

数据来源：海关总署。

从进口均价来看，2022年全年进口均价为30.12美元/千克，同比大幅上涨68.6%。进口价格走势基本与国内市场行情保持一致，价格大幅上涨主要是由于国内市场供应不足的同时，海外多晶硅生产企业或受疫情影响物流运输受阻，或因设备维护检修减产，导致国内多晶硅市场供不应求局面加剧，因此进口多晶硅价格也呈大幅上涨走势。

四、硅产业高质量发展进展显著

（一）工艺技术装备创新突破

我国已经建立起拥有完全自主知识产权的硅产业先进技术体系，新建产能装备全部实现国产化，部分装置大型化引领全球。一是工业硅冶炼领域后发创新优势明显，装备大型化、生产自动化、原材料标准化建设取得突破，实现了大型矿热炉持续升级，各项技术指标不断提升。二是大型节能高效多晶硅还原炉设备实现国产化升级，年产30万吨单套冷氢化和年处理50万吨单套干法回收系统装备升级，实现多晶硅全路径循环绿色清洁生产。三是全球最先进的160单晶硅直拉炉实现工业化生产，运行产能已超过200吉瓦。

（二）绿色低碳发展进展显著

工业硅落后产能已经基本淘汰。通过行业规范（准入）条件、深化供给侧结构性改革和技术进步，工业硅6300千伏安炉型产能全面退出，25000千伏安及以上大炉型全煤生产工艺已得到全面推广和应用。装备大型化、工艺绿色化、生产智能化、原料标准化已成为工业硅行业技术发展方向。多晶硅产品能

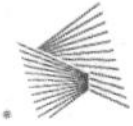

耗领先国际。2022 年，我国改良西门子法多晶硅平均综合电耗降至 63 千瓦时/千克以内，较 2012 年下降 85%，粒状硅平均综合电耗已降至 20 千瓦时/千克以内，领先国际水平，为全球多晶硅绿色低碳发展作出了积极贡献。

（三）产业结构持续优化

随着生产要素供给形势和产业链发展形势的不断变化，我国硅工业各个环节持续优化产业布局，资源配置效率迈上新台阶。工业硅布局由能源丰富地区向能源、资源丰富地区转移；多晶硅由国内多点布局向拥有能源优势尤其是清洁能源优势的地区集中布局；单晶拉棒和切片由单一围绕消费地布局向依托消费和原料双要素布局；再生硅利用从无到有、由低端冶炼项目向综合利用融合加工转变。另一方面，产业链一体化建设取得成效。通威股份、协鑫科技、特变电工、合盛硅业等龙头企业产业链延伸和区域内一体化布局逐步兴起，新疆、云南和四川三大传统硅产业基地就地转化率持续提升，内蒙古、青海、宁夏和甘肃等新兴产业基地发展日新月异，正在大力推动产业链完整、资源利用高效、环境绿色友好的循环一体化协同发展。

五、硅产业面临的问题和发展趋势

当今世界百年未有之大变局加速演进，全球治理与国际经贸格局错综复杂，我国硅工业的发展环境也发生了且仍在发生深刻变革，硅工业发展的堵点痛点亟须破解：一是我国工业硅环节仍处于转型升级的关键期，持续优化产业结构、提升工艺技术装备水平、全面强化环保治理容不得丝毫松懈；二是多晶硅和单晶硅环节面临着市场阶段性、结构性供需错配，上下游协调自律不顺畅，不利于国内大循环与全产业链健康平稳发展；三是电子级硅基材料国产化任重道远，西方持续围堵打压，芯片国产化原材料支撑能力亟待提升。为此，为加快构建硅产业发展新格局，着力推动硅产业高质量发展，未来我国硅产业发展的着力点应聚焦在以下四个方面。

（一）聚焦高质量发展，巩固全球领先地位

习近平总书记在党的二十大报告中指出，高质量发展是全面建设社会主义现代化国家的首要任务，要坚持把发展经济的着力点放在实体经济上，要巩固优势产业领先地位。全行业要认真学习贯彻党的二十大精神，立足新发展阶段，贯彻新发展理念，构建新发展格局，以高质量发展为导向，从工业硅到晶硅光伏产业链的各个环节都要珍惜过去十年来踔厉奋进取得的全球领先地位，切实加强行业自律，切实承担社会责任，自觉抑制非理性扩张，努力加强上下游协同，合力打造产业命运共同体，实现发展质量、结构、规模、速度、效益、安全相统一，不断强化锻长板补短板能力，在奋力推进硅产业高质量发展过程中，进一步巩固和提升全球领先地位。

（二）聚焦双碳绿色发展，加快产业绿色转型

习近平总书记在党的二十大报告中指出，推动经济社会发展绿色化、低碳化是实现高质量发展的关键环节，要加快发展方式绿色转型。一方面，硅产业要积极主动对接国家战略，融入重大需求，响应能源革命要求，为我国能源结构优化调整提供硅产业的基础性支撑，为全社会扩大新能源应用、助力“双碳”目标实现，作出硅产业更大的基础性贡献。另一方面，要敢于刀刃向内，瞄准硅产业链各环节薄弱点，持续强化自身绿色发展，在工业硅领域的脱硫脱硝、余热利用等节能减排技术和环保创新技术上下功夫，努力探索产业自身碳达峰的目标与路径。同时，按照产业政策和能耗双控要求，不断提高硅产业自身清洁能源应用比重，推进建立高比例可再生能源利用的低碳硅基新能源产业基地，促进优势企业布局源网荷储一体化项目有序建设。

（三）聚焦底线思维，筑牢供应链韧性

习近平总书记在党的二十大报告中指出，要着力提升产业链供应链韧性和安全水平。供应链韧性与安全事关产业安全、经济安全、国家安全。我国晶硅光伏组件对海外市场销售依赖度超过60%，关键高纯石英原料对海外采购依赖度超过90%，特别是对于欧美市场依赖集中度高，而西方对我国晶硅光伏产业既有直接的打压，也有间接的围堵，“黑天鹅”事件、不确定性因素增多。因此，我们必须始终保持警醒，增强风险意识，遵循构建新发展格局的内在逻辑，立足内需基点，聚焦国内大市场，守住保障国内产业链、供应链循环畅通底线，保障国内大市场平稳健康发展，避免大起大落。同时，要始终以高水平开放的姿态，深入践行“一带一路”倡议，努力构建人类命运共同体，敢于并善于扭抱国际产业链供应链，着力解决高品质硅石等原料的供应瓶颈和相关生产要素保障，努力保障国际市场份额，增强国际供应链韧性与安全。

（四）聚焦行业技术难题，打赢科技攻关战

习近平总书记在党的二十大报告中指出，要以国家战略需求为导向，集聚力量进行原创性引领性科技攻关，坚决打赢关键核心技术攻坚战。我国硅基材料和晶硅光伏产业之所以能够走到世界的前列，根本法宝就是技术自主创新与消化吸收再创新的科技双轮驱动。要保持产业优势地位与综合竞争力，行业、企业要始终坚持创新引领，不骄不躁，以“板凳甘坐十年冷”的精神，持续增加科技投入，不断探索基础研究、应用技术、管理、业态、模式创新，着力突破一批共性关键核心技术和工艺装备，不断提高产品质量、档次与性价比，努力实现质的稳步提升和量的合理增长。

撰稿人：马海天、刘　晶、张　博、陈家辉

审稿人：徐爱华

2022 年锂工业发展报告

一、2022 年世界锂工业发展概述

《中国新能源汽车行业发展白皮书（2023 年）》（EVTank）数据显示，2022 年，全球新能源汽车销量达到 1082.4 万辆，同比增长 61.6%，中国新能源汽车销量达到 688.7 万辆，在全球的比重增长至 63.6%，而 2021 年这一数据仅为 53.0%。2022 年，中国新能源汽车产量达到 705.8 万辆，同比增长 96.9%。

新能源汽车产业带动全球对锂的需求持续增长，锂盐价格高位震荡创历史新高。锂电池产能、正极材料产能、锂盐产能的高速扩张引发锂盐市场供需越发紧张。随着全球经济体“双碳”目标的推进，新能源产业已经进入快速发展期，锂资源的战略价值日益凸显，世界主要经济体纷纷将锂资源和石油一样列为国家战略资源，对锂资源的开发利用控制越来越严苛。

越来越多的锂资源项目得到勘探和开发，世界锂资源量和储量有一定的增加，根据美国地质勘探局 2023 年 1 月最新数据显示，世界锂资源量约为 9800 万吨，锂储量 2600 万吨（金属量，按照金属锂与碳酸锂 1∶5.3 折算，折合碳酸锂当量超过 1.3 亿吨），详见表 1。

表 1　世界锂资源量及储量（金属量）　（万吨）

国家	储量	资源量
智利	930	1100
中国	200	680
澳大利亚	620	790
阿根廷	270	2000
美国	100	1200
玻利维亚	—	2100
加拿大	93	290
巴西	25	73
葡萄牙	6	27

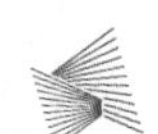

续表 1

国家	储量	资源量
津巴布韦	31	69
奥地利、刚果（金）、捷克、芬兰、德国、马里、墨西哥、塞尔维亚	330	刚果（金）300、德国 320、墨西哥 170、捷克 130、塞尔维亚 120、俄罗斯 100、秘鲁 88、马里 84、西班牙 32、纳米比亚 23、加纳 18、芬兰 6.8、奥地利 6、哈萨克斯坦 5
世界总计（约）	2600	9800

数据来源：美国地质调查局。

世界锂资源分布不均衡，主要集中在玻利维亚、阿根廷、美国、智利、澳大利亚等国，但玻利维亚和美国锂资源还没有大规模开发。由于资源分布情况，锂矿（包括盐湖锂矿和固体锂矿）产出的区域分布存在较大差异，澳大利亚是最大的锂矿供给国，约占据世界锂矿石供给 92%、占世界锂原料供应总量的 37%。尽管中国锂资源量位于世界前列，资源品种相对丰富，但是相对于中国锂盐的生产能力，锂原料对外依存度较高，2022 年 55%的锂原料需要进口。

世界上碳酸锂、氢氧化锂、氯化锂等基础锂盐的主要生产国为中国、智利、阿根廷，另外澳大利亚已建成用锂辉石精矿生产氢氧化锂产能，美国、俄罗斯、日本等国利用工业碳酸锂、氯化锂等生产氢氧化锂、金属锂等产品。

2022 年，世界锂及其衍生物产量折合碳酸锂当量约 86.1 万吨，同比增长 30%以上，产量增加主要来自中国和智利。澳大利亚锂辉石精矿的总产量超过 260 万吨。中国有色金属工业协会锂业分会预测 2023 年世界锂及其衍生物产量将达到 115 万吨，2024 年产量将超过 150 万吨碳酸锂当量。

智利、墨西哥等多个国家积极推进锂资源国有化，2022 年 11 月加拿大要求三家中国矿业公司剥离其在加拿大锂矿公司的投资。海外多国发声干扰锂资源行业，或将增加海外锂矿开采难度。

二、2022 年中国锂工业发展现状

（一）经济运行情况概述

据中国汽车工业协会数据显示，2022 年，中国新能源汽车产销分别为 705.8 万辆和 688.7 万辆，同比分别增长 96.9%和 93.45%，市场占有率达到 25.6%。新能源汽车出口 67.9 万辆，同比增长 1.2 倍。中国汽车动力电池产业创新联盟发布的数据显示，2022 年，中国动力电池累计产量 545.9 吉瓦时，累计同比增长 148.5%。其中，三元电池累计产量 212.5 吉瓦时，占总产量

38.9%，累计同比增长126.4%；磷酸铁锂电池累计产量332.4吉瓦时，占总产量60.9%，累计同比增长165.1%。中国动力电池累计销量达465.5吉瓦时，累计同比增长150.3%；动力电池累计装车量294.6吉瓦时，累计同比增长90.7%。动力电池累计出口达68.1吉瓦时。

国内锂矿石资源主要位于四川、新疆、江西等地，内蒙古、湖南、云南、河南也发现锂资源，盐湖锂资源主要位于青海和西藏。目前正在开发的盐湖锂资源主要集中在青海、西藏，锂矿石开采主要在四川、江西、新疆等地。2022年，中国利用国内盐湖卤水、锂云母精矿、锂辉石精矿、回收含锂废料生产的锂盐折合碳酸锂当量约28.4万吨。

2022年，中国碳酸锂产量为39.5万吨，同比增长32.33%，产量排名前五家企业市场占有率达到45%。五家企业分别是志存锂业集团有限公司、天齐锂业股份有限公司、青海盐湖蓝科锂业股份有限公司、盛新锂能集团股份有限公司、江西永兴特钢新能源科技有限公司。

2022年国内一些新的碳酸锂项目开始投建，部分企业对原有生产线进行升级改造，还有数万吨新产线投入运营或试运营。上半年，江西永兴特钢新能源科技有限公司年产2万吨锂云母生产电池级碳酸锂生产线投入运行。9月，江西领能锂业有限公司年产1万吨锂云母生产电池级碳酸锂生产线投产运行。11月，中信昆仑锂业（青海）有限公司年产2万吨碳酸锂项目投入运行，采用膜法分离提锂技术生产电池级碳酸锂。12月，宜章志存新材料有限公司年产2万吨碳酸锂项目点火投产。

2022年中国氢氧化锂产量达到24.6万吨，同比增长29.27%，产量排名前五家的企业市场占有率约75%。五家企业分别是江西赣锋锂业集团股份有限公司、宜宾市天宜锂业科创有限公司、江西雅保锂业有限公司、四川雅化实业集团股份有限公司、盛新锂能集团股份有限公司。2022年1月，遂宁盛新锂业有限公司年产3万吨氢氧化锂生产投产。四川天华时代锂能有限公司年产6万吨电池级氢氧化锂建设项目于2022年5月开工建设，2022年底完成主体工程竣工验收，主要设备安装、调试已完成，并进入试生产阶段。2022年6月，永杉锂业“年产45000吨锂盐项目一期项目”（氢氧化锂和碳酸锂产量共计约2.5万吨）如期全线贯通，并于三季度达到设计产能，实现销售。

2022年国内无水氯化锂产量2.2万吨，同比下降27.21%。国内主要生产企业有江西赣锋锂业集团股份有限公司和天齐锂业股份有限公司。

2022年，中国基础锂盐产能及产量见表2。

表 2　2022 年中国基础锂盐产能及产量　　（万吨）

产品名称	产能	产量
碳酸锂	60	39.5
氢氧化锂	36	24.64
氯化锂	3.5	2.22

数据来源：中国有色金属工业协会锂业分会。

2022 年，基础锂盐行业效益明显好转，从上市公司披露的业绩预告来看，全行业盈利超预期，净利润超过 150 亿元的企业就有三家。中国锂辉石提锂工艺正在向智能化迈进，电池级碳酸锂、电池级氢氧化锂等产品质量国际领先。盐湖提锂、锂云母提锂工艺不断优化，生产设备自动化程度进一步提升，产能利用率不断提高，产品质量不断向好，大部分已可以直接用于锂电池正极材料生产。

中国有色金属工业协会锂业分会发布统计数据，2022 年中国锂离子电池正极材料总产量达到 200 万吨，同比增长 80%以上，详见表 3。

表 3　2022 年中国锂离子电池正极材料产量

产品名称	产量/万吨	同比/%
三元材料	65.6	48.8
磷酸铁锂	119.6	160.6
钴酸锂	7.8	-22.8
锰酸锂	8.7	-21.6

数据来源：中国有色金属工业协会锂业分会。

新能源汽车的快速发展带动了动力锂电池高速发展，也带动了国内锂电正极材料及主要电池电解质六氟磷酸锂产业的迅速发展，国内主要生产企业产能迅速扩张，2022 年底，中国四种正极材料的产能超过 350 万吨，出现了数个产能超过 30 万吨的正极材料企业，国内企业六氟磷酸锂产能达到 20 万吨以上，双氟磺酰亚胺锂的产能也已超万吨，主要电解质材料六氟磷酸锂产量约 12 万吨。

（二）产业结构

中国自 20 世纪 50 年代开始建设锂盐厂，通过数十年的不断努力，已建成了从锂资源开发、基础锂盐、锂化合物、金属锂及其合金、锂电正极材料、锂电池到锂电池及废料回收利用完整的锂“全生命周期”产业链。同时还建成了与锂工业配套的勘探、设计、科研、设备制造、环保等完整的工业体系。

中国已建成完整的锂产品供应体系，能生产碳酸锂、氢氧化锂、氯化锂、钴酸锂、镍钴锰酸锂、镍钴铝酸锂、磷酸铁锂、锰酸锂、磷酸二氢锂、氟化锂、六氟磷酸锂、双氟磺酰亚胺锂、硼酸锂、草酸锂等多种锂化合物，还能生产金属锂及多种锂合金，同时还在研发生产磷酸锰铁锂等多种新型锂产品。碳酸锂、氢氧化锂等化合物按应用领域，分为电池级、工业级或医药级等，按化学成分还分为不同的牌号。氢氧化锂分为单水氢氧化锂和无水氢氧化锂，单水氢氧化锂按形貌还分为微粉型和结晶体型。

锂电产业园对于促进锂电产业发展，打造锂电产业全链条，发挥产业集聚和规模经济效益有着重要作用。随着新能源汽车的蓬勃发展及储能领域的发展预期，中国对碳酸锂、氢氧化锂及锂电池材料的需求不断增长，多个地方凭借资源、能源、技术、资金、产业链等优势建设发展锂电产业园。通过布局锂电产业园，地方政府能够打造锂电新材料产业链条完整、产业配套完善、具有国际竞争力的锂电新材料、新能源产业基地，引入新能源汽车、锂电池、锂电材料等大批企业入驻，可以快速产生较好的经济效应，如江西宜春锂电产业园、四川遂宁锂电产业园、江苏常州金坛锂电产业园区、四川宜宾锂电产业园、湖南长沙宁乡锂电产业园等。

中国碳酸锂、氢氧化锂等基础锂盐产业主要分布在江西、四川、青海、江苏、山东、河北等地，金属锂及其合金生产企业主要分布在江西、四川、新疆、青海、江苏、重庆、天津等地，锂电池正极材料生产企业主要集中在四川、云南、湖南、广东、福建、湖北、河南、山东、贵州、安徽、内蒙古、河北、天津等多个省（区、市）。

中国政府很早就关注废旧锂电池的回收利用。2016 年 1 月，国家发改委、工信部、环保部、商务部、质检总局联合发布《电动汽车动力蓄电池回收利用技术政策》，要求采用生产者责任延伸制度。明确生产企业是回收责任主体，要求建立新能源汽车动力电池溯源信息管理系统，跟踪记录动力电池回收利用情况。2022 年 11 月，工信部、发改委、国资委联合印发《关于巩固回升向好趋势加力振作工业经济的通知》中“（六）推动原材料行业提质增效”指出“提升战略性资源供应保障能力，进一步完善废钢、废旧动力电池等再生资源回收利用体系，研究制定重点资源开发和产业发展总体方案”。

废旧锂电池回收与利用，涉及多种创新技术的集成。完善废旧锂电池回收，引导废旧电池流向正规回收和再利用企业，规范旧动力电池流通及循环利用关乎锂电产业可持续发展。目前国内已建立了较为完善的废旧锂电池回收再利用体系，建成及在建多条废旧电池拆解处理生产线，回收废旧电池中含有的

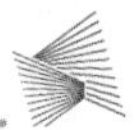

镍、钴、锰、锂等有价金属。近年，废旧锂离子电池量迅速增加。工信部通过发布“白名单”的方式，将符合《新能源汽车废旧动力蓄电池综合利用行业规范条件》的企业名单予以公示，已有88家企业获得相应资质。

国内还有一批可以利用粗制碳酸锂、硫酸锂或含锂废料生产电池级碳酸锂或氢氧化锂的企业，可以实现锂化合物之间的互相转化，同时具备生产高品质锂盐的能力。

（三）市场价格

2022年，锂电池新能源汽车产量每月创新高，带动动力电池需求上升，锂电池在智能穿戴装备、电动工具、智能家居等领域及储能领域用量不断增长，三元材料、磷酸铁锂正极材料的产量更是不断创新高，对碳酸锂、氢氧化锂基础锂盐的需求不断增长。锂盐供需平衡一直处于紧张的状态，尤其是四季度碳酸锂、氢氧化锂等产品价格出现历史新高。

2022年初，随着锂辉石精矿价格走高，且需求旺盛推动，碳酸锂价格持续上扬，3月初价格开始平稳，一季度末碳酸锂和电池级碳酸锂价格分别达到每吨47万元和50万元左右。二季度受疫情、下游消费者采购意愿、行业协调等因素影响，碳酸锂价格在4月中旬开始回调，碳酸锂价格回调9%，电池级碳酸锂价格回调约6%，5月底锂辉石价格持续走高，需求增长推动，碳酸锂价格开始小幅回升，6月中旬开始持稳。8月初，由于锂辉石精矿持续上涨，需求回暖基本稳定，国内部分地区限电等因素影响，现货市场供应紧张，碳酸锂价格开始上扬，三季度末碳酸锂和电池级碳酸锂价格分别达到每吨50万元和52万元。四季度受原料供应紧张、动力汽车行业需求旺盛等影响，碳酸锂价格持续上涨，碳酸锂和电池级碳酸锂价格在11月中旬达到历史高位，分别为每吨58万元和60万元，因大部分消费商难以接受涨价，采购不积极，价格开始下滑，12月新能源汽车行业需求下调，加之部分正极材料厂和锂盐厂有少量库存，碳酸锂价格持续下降，年末碳酸锂和电池级碳酸锂的价格分别为每吨约47万元和52万元。碳酸锂、电池级碳酸锂全年的平均价格分别为每吨46.3万元和48.5万元。

氢氧化锂价格2022年一季度初低于碳酸锂价格，中国氢氧化锂产能远大于国内消费需求，产品大量出口，2月中旬受锂辉石供应紧张、碳酸锂价格上涨等影响，氢氧化锂和电池级氢氧化锂价格上涨。一季度末氢氧化锂和电池级氢氧化锂价格分别达到每吨47.5万元和48.5万元左右，与碳酸锂基本持平。二季度初氢氧化锂价格持续上涨，电池级氢氧化锂价格一度略超电池级碳酸锂价格，由于产量增加、高镍三元材料需求疲软、行业协调等因素影响，4月中旬氢氧化锂价格也开始调整，氢氧化锂价格回调约8%，电池级氢氧化锂价格回调约5.5%，5月底，高镍三元材料需求回暖，氢氧化锂价格开始小幅回升，每吨上涨约1.5万元后，6月6日开始持稳，一直到8月下旬，因原材料价格及加工费上涨等因素，氢氧化锂价格呈小幅上升走势，9月底每吨产品价格比8月底上涨约2万元。四季度开始受海外锂辉石精矿价格持续走高、动力汽车行业需求旺盛、部分地区电力供应等影响，氢氧化锂价格一路上扬，11月中旬，创下年内最高价，氢氧化锂和电池级氢氧化锂价格分别约为每吨55万元和57万元。年末受新能源汽车补贴政策、国内不断有大型锂资源项目开工等信息披露等，正极材料企业采购不积极，价格开始下调（见图1）。年终氢氧化锂和电池级氢氧化锂的价格分别为每吨约49.5万吨和52万元。氢氧化锂、电池级氢氧化锂全年的平均价格分别为每吨45万元和46.7万元。

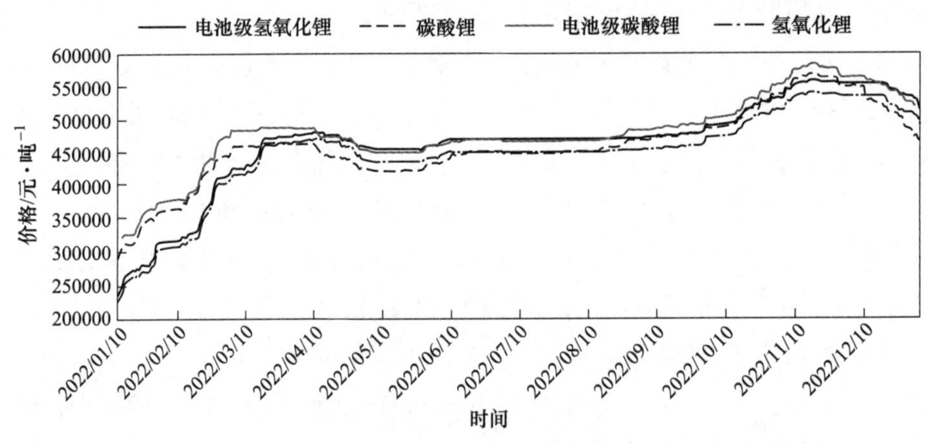

图1　2022年锂盐价格走势图

数据来源：亚洲金属网

2022年，澳大利亚锂辉石精矿生产商10次在电子交易平台拍卖锂辉石精矿，每次成交量约5000吨，氧化锂含量基准约5.5%。拍卖对中国锂盐价格产生很大影响，尤其给锂盐生产商和下游用户带来巨大冲击。锂矿生产商在与锂盐加工企业价格谈判时会参考拍卖价格，迫使下游用户接受，导致国内锂辉石提锂企业的原料成本不断抬高，严重影响了碳酸锂和氢氧化锂的市场价格。

（四）市场消费

2023年美国地质调查局最新发布的报告显示，全球锂的终端消费市场估计为：电池80%，陶瓷和玻璃7%，润滑脂4%，连铸型助熔剂粉末2%，空气处理1%，医药1%，其他用途5%。由于可充电锂电池在不断增长的电动汽车和便携式市场的广泛应用，同时在电动工具、电网存储等方面的应用不断增加，近年来锂在电池领域的消费显著增加。

中国锂消费在电池领域约占总消费量的90%，仅锂电正极材料年消费量就约60万吨碳酸锂当量，六氟磷酸锂等电解质对锂消费量也达到3万吨碳酸锂当量。由于锂盐价格高企，玻璃和陶瓷行业主要使用透锂长石精矿和锂辉石精矿。基础锂盐氯化锂主要用于生产金属锂，金属锂用于生产铝锂合金、镁锂合金、一次金属锂电池和固态电池材料等。丁基锂作为最重要的有机锂化合物，是很好的阴离子聚合引发剂和新型化学物质合成的烃化剂，被广泛应用到合成橡胶、医药新型抗菌药、艾滋病药、香精合成、液晶材料等领域。

（五）进出口贸易

2022年中国碳酸锂进口同比增长67.99%，出口同比增长33.06%；氢氧化锂进口同比减少14.25%，出口同比增长26.83%；镍钴锰酸锂进口量同比增加57.11%，出口同比增加57.29%，详见表4。中国碳酸锂进口同比大幅增长，主要是国内正极材料企业对碳酸锂的需求在迅速上升，同时进口的部分工业碳酸锂被转化为氢氧化锂或氟化锂等产品。由于锂盐价格快速上涨，进出口贸易总额也大幅上升，碳酸锂的进口贸易额就达到454.29亿元，出口贸易额45.81亿元；氢氧化锂的出口贸易额达到263.49亿元，进口贸易额3.84亿元。锂镍钴锰氧化物、锂镍钴铝氧化物的进出口贸易总额超过1000亿元。

表4　2022年锂产品进出口情况　（吨）

商品名称	进口量	出口量	进出口净量
碳酸锂	136093	10433	进口125660
氢氧化锂	3086	93381	出口90295
氯化锂	534	361	进口173
金属锂	16	552	出口536
磷酸铁锂	1031	1111	出口80
锰酸锂	212	303	出口91
锂镍钴锰氧化物	91730	104531	出口12801
锂镍钴铝氧化物	19460	4577	进口14883
六氟磷酸锂	865	17609	出口16744

数据来源：海关总署。

（六）投融资情况

2022年中国锂电产业链投融资项目和金额创历史新高，7月13日天齐锂业股份有限公司在香港联交所挂牌并开始上市交易，募集资金130多亿港元。

湖北万润新能源科技股份有限公司在科创板上市，募集资金 63.9 亿元，拟用于宏迈高科高性能锂离子电池材料项目、湖北万润新能源锂电池正极材料研发中心和补充流动资金。新乡天力锂能股份有限公司在创业板上市，实际募集资金净额为人民币 15.5 亿元，将用于淮北和新乡两地三元正极材料建设项目。

根据上市公司公告及公开报道，电池网统计了 2022 年电池新能源产业链投资扩产项目相关情况，统计在内的 419 个项目中，361 个公布投资金额，投资总额逾 2 万亿元。不完全统计下，开工项目 176 个，总投资金额约 1.09 万亿元；投产项目 81 个，总投资金额逾 2156.81 亿元。电池新能源领域并购、入股相关案例，在不完全统计下，公布了交易金额且交易金额逾亿元的案例有 44 个，涉及交易金额总计约 529.73 亿元（由于大部分交易还在进行中，因此交易金额为预估值）。其中开工建设和并购项目中涉及锂资源、碳酸锂和氢氧化锂项目的投资总额就超过 400 亿元。

三、中国锂工业经济运行状况分析

（一）政策环境分析

近年来，国家出台了《国务院关于加快培育和发展战略性新兴产业的决定》《战略性新兴产业重点产品和服务指导目录》《中国制造 2025》《节能与新能源汽车技术路线图》《乘用车企业平均燃料消耗量与新能源汽车积分并行管理办法》《新能源产业汽车发展规划 2021—2035》《“十四五”现代能源体系规划》等国家战略规划和举措，明确节能与新能源汽车和电动工具、电动自行车、新型储能等已成为国家重点投资发展的领域。锂离子动力电池是新能源发展的核心，而电池材料是决定动力电池安全、性能、寿命和成本的关键。

2021 年，国家发改委、国家能源局发布《关于加快推动新型储能发展的指导意见》，指出新型储能是支撑新型电力系统的重要技术和基础装备。到 2025 年，要实现新型储能从商业化初期向规模化发展转变，装机规模达到 3000 万千瓦以上。到 2030 年，实现新型储能全面市场化发展。新型储能已成为能源领域碳达峰碳中和的关键支撑之一。2022 年，国家能源局、国家发改委发布《“十四五”新型储能发展实施方案》，指出“到 2025 年，新型储能由商业化初期步入规模化发展阶段、具备大规模商业化应用条件。到 2030 年，新型储能全面市场化发展”。在国家产业政策的推动下，储能行业的发展将带动锂电池行业中长期的持续发展。8 月，工信部、财政部、商务部、国资委、市场监管总局《关于印发加快电力装备绿色低碳创新发展行动计划的通知 》提出将推动 10 兆瓦级超级电容器、高功率锂离子电池、兆瓦级飞轮储能系统的应用。

2022 年 7 月，商务部等 17 部门印发了《关于搞活汽车流通扩大汽车消费若干措施的通知》。该措施聚焦支持新能源汽车购买使用、活跃二手车市场、促进汽车更新消费、支持汽车平行进口、优化汽车使用环境、丰富汽车金融服务等，提出了 6 个方面、12 条政策措施。7 月，工信部节能与综合利用司公布第十三届全国人大五次会议第 6894 号建议的答复，表示将促进新能源汽车行业绿色发展。深入贯彻落实新能源汽车有关政策，进一步提升充换电基础设施保障能力，启动开展公共领域车辆全面电动化城市试点、新能源汽车下乡等活动，促进新能源汽车消费。9 月，工信部、发改委、财政部、生态环境部、交通运输部联合发布《关于加快内河船舶绿色智能发展的实施意见》，提出“加快发展电池动力船舶”。9 月，财政部、税务总局和工信部共同发布《关于延续新能源汽车免征车辆购置税政策的公告》，对购置日期在 2023 年 1 月 1 日至 2023 年 12 月 31 日期间内的新能源汽车，免征车辆购置税。

2022 年 11 月，工信部发布的《关于做好锂离子电池产业链供应链协同稳定发展工作的通知》中指出要鼓励锂电生产企业、锂镍钴等上游资源企业、锂电回收企业、锂电终端应用企业及系统集成、渠道分销、物流运输等企业深度合作，通过签订长单、技术合作等方式建立长效机制。加强对锂电产业链供应链重点项目的管理，联合有关部门严格落实建设项目相关要求，引导锂电产业健康有序发展。

“十四五”期间，为促进新能源汽车产业化和锂电池材料技术发展，中国多个省市也出台了有关锂电池回收的政策。2021 年 3 月吉林省《关于开展新能源汽车动力电池回收利用监测工作的通知》中提出要建立本地区新能源动力电池回收和利用的企业档案，及时掌握本地区新能源汽车动力蓄电池回收利用情况，加强对本地区从事新能源动力电池回收和利用企业的宣传。

8 月海南省人民政府印发《海南省碳达峰实施方案》。《方案》提出“到 2025 年，新能源汽车在全省存量汽车和新增汽车中占比明显提高，燃油汽车退出速度明显加快、新增规模明显降低。到 2030 年，全岛全面禁止销售燃油汽车，新能源汽车占比超过 45%，各市县基本建成一个机动车零排放区”。

2021 年 11 月河南省《加快新能源汽车产业发展实施方案》中提到要完善动力电池回收、梯级利用和再资源化循环利用机制，落实生产者责任延伸制度，推动动力电池溯源平台建设，实现动力电池全生命周期监管。2022 年 5 月广东省《广州市工业和信息化发展“十四五”规划》中提出要建立完善废旧汽车拆解及汽车动力电池回收利用、废旧电池回收处置和固废处理体系，支持企业进入汽车绿色回收和梯次利用、废旧电池物联芯片研发制造、动力电池融资租赁等领域。

（二）产业结构调整情况分析

新能源汽车产销两旺，加上储能领域的需求，极大地促进了国内锂电正极材料及锂盐行业的发展，2022 年，国内动力锂电池产量增加约 150%，磷酸铁锂产量增加约 160%，基础锂盐产量增加约 30%。国内锂资源新项目投产较少，江西宜春地区企业利用低品位锂矿生产碳酸锂，企业加大了对废旧锂电池等含锂物料的回收利用。锂电企业在创新驱动的同时，逐步强化上下游协同，加大锂资源开发投入，加快锂盐、正极材料、锂电池等产线建设，满足下游需求，不断推进我国锂电产业高质量发展。

2022 年，随着锂电池技术的发展进步，磷酸铁锂电池的产能和产量快速扩张。磷酸铁锂正极材料产能翻番，已出现数家年产能在 30 万吨的企业。三元材料生产企业也积极布局磷酸铁锂项目。随着大量企业跨界入局磷酸铁锂生产，该产品也面临结构性产能过剩的风险。锂电正极新材料磷酸锰铁锂因其能量密度高、低温性能好、成本低等优势，已开始得到应用。磷酸铁锂和磷酸锰铁锂的发展加快，国内加紧研发磷酸二氢锂新工艺路线，多条生产线也在规划建设中。

由于国外锂资源品位较高，比较容易开发，非洲、南美等已成为锂资源开发的热土。2022 年，国内多家企业积极布局开发海外锂资源，如紫金矿业在刚果（金）和阿根廷布局开发锂矿山和盐湖锂资源。“南美锂三角”是全球锂资源最丰富的地区。该区的锂资源禀赋好、生产成本低，是矿业公司投资的热点地区，在世界锂资源产业链中占有非常重要的战略地位。随着盐湖提锂技术的不断成熟，资源、成本、规模等优势不断凸显，目前，美国、澳大利亚、加拿大、日本、韩国等国家都在积极争取该地区锂资源的掌控力，从而实现其锂资源产业链的安全保障。

（三）经营形势分析

在全球“碳中和”目标下，多个国家把发展新能源汽车作为核心的战略性新兴产业之一，部分国家已宣布将逐步取代燃油汽车，提高新能源汽车的渗透率。新能源汽车不仅对拉动经济、盘活产业链具有巨大作用，也有望成为我国实现“双碳”目标的重要抓手。新能源汽车产业的发展，极大地促进了锂电产业的发展，对锂资源开发、锂盐、正极材料、锂电池及锂电配套设备企业带来了积极影响。

多年来，中国锂产业的产量和消费量都位居世界第一，中国锂产量和消费

量约占全球三分之二。每年都进口大量的锂矿和碳酸锂产品，出口氢氧化锂、锂电材料和锂电池等，满足了多个国家的需求。但由于部分国家的泛化国家安全概念，中国有关企业的海外锂资源开发将面临诸多挑战。根据中矿资源、盛新锂能、藏格矿业等公司的通告，加拿大创新、科技和经济发展部要求其放弃投资加拿大相关公司所涉及的锂资源资产。相关国家政治派别将会打着国有化的旗帜，阻碍锂资源开发，尤其在锂价格高企的情况下，政府不得不重视，将会利用环保、税收等手段，要求国有参股，甚至提出将锂资源加工成初级产品甚至建设锂电产业下游项目来要挟，迫使企业妥协。同时，国外资源企业频繁地小批量、多批次平台竞价，不断抬升资源价格。国际锂资源与锂电产业发展的种种操作，增加了我国深度参与国际产业链供应链合作的困难与不确定性。

近两年，锂盐价格高企，在锂资源供需缺口仍存的市场预期下，锂电企业加速产业链上下游一体化布局。锂电企业投建磷酸铁锂材料项目时，通常都配套磷酸铁项目；建设电解液项目时，配套建设六氟磷酸锂及其他含氟新材料项目。在建设动力电池项目时，六大核心材料企业也积极参与产业集群建设。同时上游原材料企业开始向下延伸，下游的电池企业与车企加速向上布局。多个锂电项目建设中，上下游企业互相持股参股，这也有助于推动锂产业链结构的优化升级，增强企业的核心竞争力。

四、当前中国锂工业发展中需要关注的问题

多年来，中国锂原料的对外依存度一直较高，虽然国内的盐湖卤水锂资源、锂辉石、锂云母等较为丰富，但部分优质锂资源还没有得到充分开发利用，也给了国外部分资源企业可乘之机。目前，青海的盐湖锂资源得到了较好的开发利用，在高锂价下，部分低品位锂资源被开采利用，例如江西宜春地区锂资源利用取得较好的成效，虽然还有部分问题需要解决，但在保障锂原料供应方面树立了典范。

中国锂电企业和科研院所经过多年的辛苦工作，在技术研发、装备制造、产品质量等诸多方面取得了较大进展，在国际上都处于领先地位。中国锂工业虽然取得了较大进展，但需要关注以下问题：

（1）锂资源开发利用程度不高，部分项目开发进度缓慢。国内拥有锂资源采矿权证的项目较多，但真正开采形成产量的较少。部分盐湖提锂企业锂盐产能须进一步快速扩大，提高锂资源利用率。西藏有较为丰富的盐湖卤水锂资源，但除扎布耶盐湖外，其他盐湖锂资源的开发利用进度过于缓慢，还处于开发准备阶段。四川甘孜、阿坝地区及新疆已探明锂辉石资源开采项目较少。由

于部分矿受地形所限，就地建设选矿厂难度较大，矿山采矿规模小，锂精矿产量较少。

(2) 锂电材料产能扩张迅速，远远大于实际需求。正极材料是锂离子动力电池的核心关键材料，行业的上游企业及下游企业均存在进入该行业的可能。近两年钛白粉、磷化工行业多家企业进入磷酸铁锂产业，并且产能规模加大，这将加剧磷酸铁锂的竞争。国内已经出现锂电产业链供应链阶段性供需失衡严重，部分中间产品及材料价格剧烈波动超出正常范围的现象。少数企业单纯扩大产能，在技术创新、技术研发、提高产品质量、降低生产成本方面投入不足。多家机构统计的数据都表明正极材料产能已远远大于下游实际需求，而在建拟建的产能比现有产能还要大数倍。

锂资源丰富的地区应注重锂资源规划开发，锂盐生产企业应继续完善优化现有的提锂技术工艺，不断提高盐湖锂资源利用效率。为加快国内锂辉石、锂云母资源开发利用，企业在距离矿山有一定距离的地方建设选厂，提高锂精矿的产量。同时，依托国家“一带一路”倡议，鼓励国内企业参与境外锂资源的勘查开发，尤其应关注南美及非洲地区，通过竞标收购、资产重组、租赁经营、项目互换等方式，采取贸易与开发并举的方针，加大对阿根廷、智利、玻利维亚等高品质南美盐湖锂矿，以及国外锂辉石矿的开发利用，积极参与非洲锂矿开发，提高全球资源控制能力。

锂电材料企业应根据锂电下游需求实际，结合实际和产业趋势合理制定发展目标、合理规划产能，在关键材料供应稳定、研发创新投入充足、配套资金适量充裕的前提下，因时因需适度扩大生产规模，优化产业区域布局，避免低水平同质化发展和恶性竞争。当前，新能源产业发展的历史机遇为锂电产业加快发展创造了良好契机，企业扩能扩产、基地招商引资是大势所趋。但在做大企业规模、做大产业基地的进程中，要始终把功夫下在做优做强上，把底线意识与风险意识挺在前面。防范因市场供需变化出现产品价格“断崖式”下跌造成巨大的经济损失。

五、中国锂工业下一步发展重点

习近平总书记在党的二十大报告中指出，要以国家战略需求为导向，集聚力量进行原创性引领性科技攻关，坚决打赢关键核心技术攻坚战。企业是创新的主体，我国锂电产业发展领跑全球，根本的一条，就是靠创新驱动。未来在推进我国锂电产业高质量发展进程中，企业仍应孜孜以求创新引领，发挥各自优势，努力把“政产学研用融”的合力凝聚在一起，进一步强化协同创新，促进协同发展。

加快提升锂资源保障能力，夯实锂资源基础，提升产业链供应链韧性和安全水平。加强四川金川—康定、新疆和田、江西宜春—湖南茶陵等重点成矿区带的锂矿勘查力度，加快开发已探明资源，同时要对尾矿锂资源、废渣锂资源的再利用及废旧锂电池二次资源综合回收利用，推动锂资源产业高质量发展，提高国内资源保障程度。应对部分国家泛化国家安全概念，干扰正常资源的投资活动，加强提锂关键技术的保护工作。

推动锂产业链协调有序发展。锂电产业上中下游是不可分割的产业命运共同体，要坚决贯彻党中央、国务院的决策部署，全面落实工业经济平稳增长的各项政策举措与要求，上中下游行业企业要加强沟通协同，凝聚产业共识，努力形成价值命运共同体，共同做好保供稳价，为推进我国新能源产业的健康可持续发展作出新贡献。

撰稿人：张江峰、吴艳华
审稿人：赵家生

2022 年铂族金属工业发展报告

一、2022 年世界铂族金属工业发展概述

（一）国际铂族金属价格走势分析

铂族金属作为贵金属，具备商品和金融双重属性，其价格走势不仅受市场供需结构影响，还与金价、美元走势、地缘政治、央行政策、金融市场等因素密切相关。

2022 年，铂价在 831 美元/盎司至 1151 美元/盎司之间波动，均价为 960.98 美元/盎司；钯价在 1675 美元/盎司至 3015 美元/盎司之间震荡，均价为 2107.16 美元/盎司；铑价从 16508 美元/盎司震荡下跌到 12625 美元/盎司；铱价从 3980 美元/盎司上涨至 5100 美元/盎司后回落至 4538 美元/盎司；钌价从 542 美元/盎司上涨至 625 美元/盎司后回落至 475 美元/盎司。铂族金属价格的剧烈变化，为市场带来很多不确定性。

2018—2022 年铂族金属现货年均价格见表 1。

表 1　2018—2022 年铂族金属现货年均价格　　（美元/盎司）

年份	2018 年	2019 年	2020 年	2021 年	2022 年
铂	880.00	863.17	882.63	1098.60	960.98
钯	1028.00	1538.09	2192.54	2415.87	2107.16
铑	2216.92	3909.60	11231.24	20133.09	15388.50
铱	1284.05	1480.00	1622.91	5069.66	4504.85
钌	238.63	258.26	264.78	564.91	552.59

数据来源：Wind，昆明贵金属研究所整理。

1. 铂价格

2022 年初汽车领域需求强劲，受高通胀、地缘政治不确定性影响，导致市场受到冲击，铂价一度上行至全年最高点 1151 美元/盎司。后因地缘局势降温及美联储加息引发的担忧情绪持续笼罩市场，铂价转而下行，7 月受美联储

激进加息影响，美元指数飙涨，铂价下行至全年最低 831 美元/盎司，创下自 2021 年以来的新低。下半年美国通胀形势放缓，美联储加息预期减弱，受投资者推动，铂价震荡上行，保持强势，年底收于 1031 美元/盎司（见图 1）。

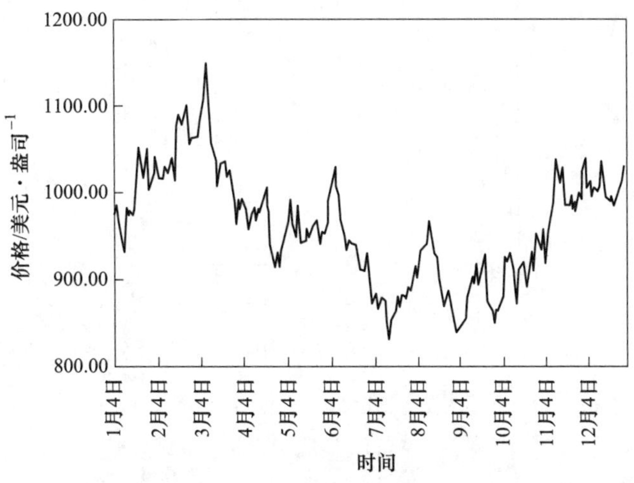

图 1　2022 年铂价格走势

数据来源：Wind，昆明贵金属研究所整理

2. 钯价格

钯供给最大生产商诺里尔斯克镍业的产量报告显示，2022 年钯产量为 279 万盎司，同比增长了 7%，主要是 2021 年基数偏低。2022 年南非超过 200 天的停电对钯的供给产生了一定程度的影响，但整体来看 2022 年钯价走势疲软，俄罗斯和南非的钯矿未出现供给冲击，钯的需求侧、美联储政策和美元走势对价格走势的影响更明显。在俄乌冲突刺激下，钯价于 3 月 7 日飙升至 3000 美元/盎司以上，创下历史新高。随后受汽油车产量下降、中国钯进口量走低、其他国家消费状况恶化等因素的叠加影响，钯价持续震荡下行，年底收于 1775 美元/盎司（见图 2）。

3. 铑价格

因市场相对较小、资源稀缺，导致铑的流动性相对较差，价格波动较大。汽车行业是铑的主要终端需求，铑的汽车应用需求占铑总需求的 80%~90%。近年来，铑的紧张供应推动了其价格创新高。2021 年随着南非生产恢复，铑市场供应过剩、需求减弱，铑价下调至 14000 美元/盎司附近。受地缘政治恶化冲击，2022 年 3 月 8 日铑价涨至 22000 美元/盎司，因供给不稳定、全球汽车市场不景气和应用领域的局限性，铑价随后便一路下行，年底收于 12250 美元/盎司，创下 2020 年 10 月以来新低（见图 3）。

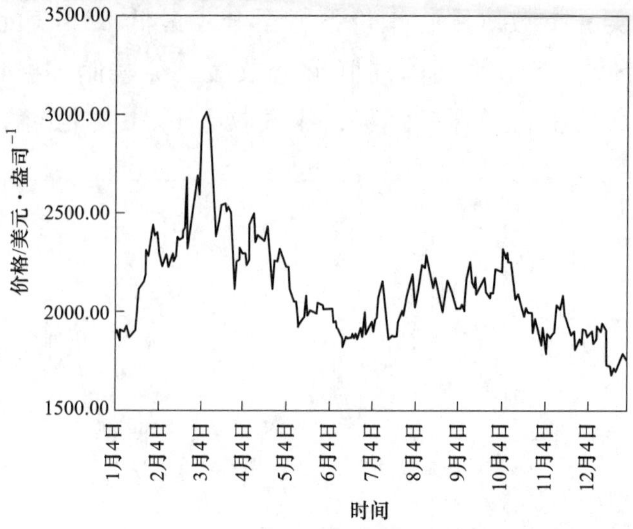

图 2　2022 年钯价格走势

数据来源：Wind，昆明贵金属研究所整理

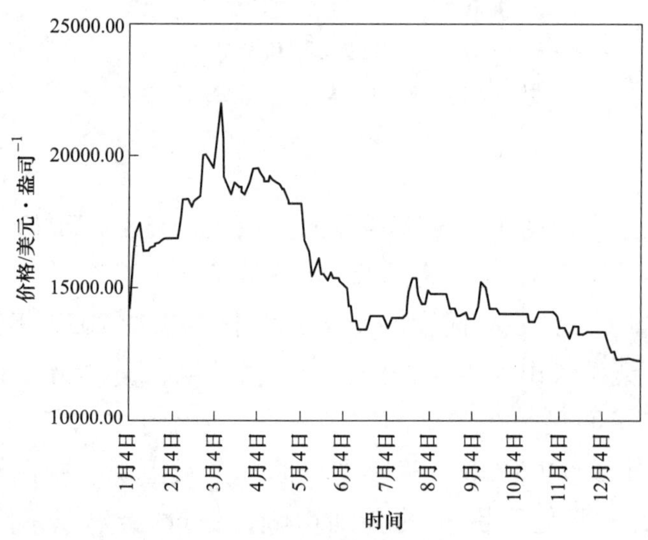

图 3　2022 年铑价格走势

数据来源：Wind，昆明贵金属研究所整理

4. 铱钌价格

铱的市场受众较小，并不在交易所或通过交易基金交易，零售买家只能通过少数经销商买入，而少数投资者则直接与生产商进行交易。钌市场非常小众，且流动性不足。2022 年铱价波动较大，一季度从 4000 美元/盎司上涨至 5100 美元/盎司后回落至四季度 3950 美元/盎司，12 月中回调至 4800 美元/盎司后维持价格稳定（见图 4）。2022 年钌价在二季度突破并维持在 600 美元/盎

司以上，三季度开始下行，于年底报收于475美元/盎司（见图5）。

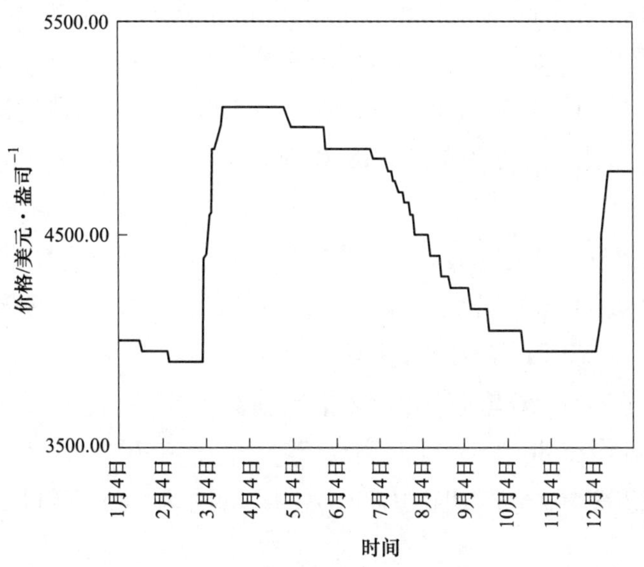

图4　2022年铱价格走势

数据来源：Wind，昆明贵金属研究所整理

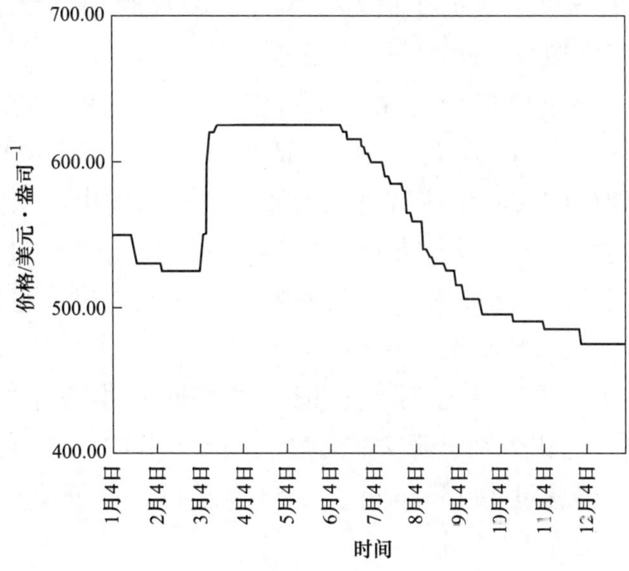

图5　2022年钌价格走势

数据来源：Wind，昆明贵金属研究所整理

（二）全球铂钯供给概况

1. 全球铂族金属矿山产出供给

（1）铂。铂矿山产出供应主要来自南非、俄罗斯、北美和津巴布韦等国

家和地区。2022 年，由于冶炼厂维护、持续的运营和电力供应挑战，全球主要铂族金属矿业公司不同程度减产。据世界铂金投资协会最新公布数据，2022 年全球铂矿山产出总供应量同比下降 11%至 173. 34 吨，主要是由南非产量下降所导致。其中，南非铂矿山产出供应量为 123. 63 吨，同比减少 15%；津巴布韦 14. 93 吨，同比减少 1%；北美 8. 08 吨，同比减少 5%；俄罗斯 20. 62 吨，同比增长 2%。

（2）钯。俄罗斯和南非是全球钯的第一和第二矿山产出国，合计占到全球钯矿山总产出量的 80%以上。据庄信万丰预计，2022 年南非钯矿山产出供应量为 77. 3 吨，较 2021 年的 82. 5 吨下降 6. 3%；北美地区 28. 7 吨。据俄罗斯最大铂族金属矿产商诺里尔斯克镍业最新公布数据显示，2022 年钯产量增长 7%至 279 万盎司（86. 77 吨），高于 245. 1 万~270. 8 万盎司的预期值。因此，综合预估，2022 年全球钯矿山产出供应量约为 205. 57 吨，较去年同比减少 2. 7%。

2. 全球铂族金属二次资源回收供应

铂族金属二次资源的来源主要是汽车、电子等工业领域和饰品行业，其中汽车行业贡献占 80%以上。据庄信万丰预计，因报废车数量下降，2022 年铂族金属的回收供应将减少。由于新车销售受限于新车产量，而非消费者的购买需求降低，预计二手车价格仍将保持在高位，在用车辆的总行驶里程也会上升。这将导致短期内废旧汽车尾气催化剂数量减少，尤其在欧洲和北美地区，而除此之外其他地区的回收供应有可能增加。西方市场中废旧汽油车尾气催化剂数量的减少可能会提升如柴油颗粒捕集器这种难加工材料的处理量，这一情况可以从曾因加工能力饱和而积压的柴油颗粒捕集器库存在逐步减少的情形中得知。

庄信万丰预计，2022 年全球铂、钯、铑的回收供应量分别为 50. 6 吨、99. 9 吨、10. 9 吨，同比分别下降 2%、4 %、5%。其中，来自汽车尾气催化剂中回收的铂、钯、铑总量为 133. 8 吨，来自电子行业的回收量为 16. 2 吨，来自首饰行业的回收量为 11. 4 吨。

（三）全球铂钯需求概况

2022 年铂、钯需求的热点在于因供应链挑战和疫情限制了新车产量，导致汽车领域需求增长放缓，首饰领域需求强于预期，尤其是在美国和中国，以及持续强劲的工业领域需求和投资领域负需求。

1. 全球铂需求

据庄信万丰预计，2022 年全球铂总需求量基本与 2021 年持平，为 211. 6

吨。其中，欧洲、日本、北美、中国、世界其他地区总需求量分别为 40.5 吨、21.7 吨、38.3 吨、64.5 吨、46.6 吨。按需求领域细分，汽车催化剂需求量为 87.7 吨，增长 20%；化工需求量为 20.6 吨，增长 3.5%；牙科和生物医学、首饰、石油炼化需求量分别为 8 吨、45 吨、7.1 吨，几乎与上年度持平；电子领域需求量为 9 吨，增长 9.8%；玻璃需求量为 14.8 吨，下降 47.9%；投资需求量为-2.8 吨，下降 2.1%；污染控制需求量为 6.9 吨，增长 9.5%；其他需求量为 15.3 吨，增长 10.9%。

工业需求方面，据庄信万丰预计，2022 年工业铂需求从 2021 年近 93 吨的历史高位回落，但从历史需求水平来看，仍旧异常强劲。由于 2022 年玻璃纤维行业扩张所需的部分铂已于 2021 年完成采购，因此 2022 年玻璃纤维行业铂需求将减少。在汽车轻量化和风电等领域，玻璃纤维增强材料对降低碳排的贡献愈发突出。随着大型石油炼化一体化项目的产能持续扩张，以及硝酸和有机硅行业铂需求的支撑，预计化工行业铂需求将接近创历史高位。这些大型炼化一体化项目的建设促进了铂的需求，不过部分新增铂需求会被因老旧、低效的炼油厂的关闭而导致的铂返回市场供应而抵消。

汽车需求方面，2022 年，消费者对汽车的需求旺盛，然而限制汽车销量的主要因素是汽车产量。汽车产量预测因俄乌地缘政治恶化被下调，俄乌冲突对汽车产量的直接影响相对较小，但这场冲突加剧了原本就严重紧张的供应链风险。另外，在 2022 年 3 月和 4 月，新冠疫情导致短时供应链受阻，致使汽车产量预测进一步下调。据世界铂金投资协会统计，尽管芯片短缺、生活成本居高不下、俄乌战争胶着及防疫封控措施等阴云笼罩着 2022 年，但全球汽车市场在去年的大部分时间里仍保持着向好的势头，显示了其坚韧力。2022 全年，汽车铂金需求同比增长 12%（增加 10 吨），达 92 吨。

首饰需求方面，据世界铂金投资协会统计，全球最大的铂金首饰市场中国在 2022 年大部分时间内处于封控状态，导致全年铂金首饰需求下降了 3%（减少 2 吨），至 59 吨。另据汤森路透，2022 年全球铂首饰总需求量下降，归因于中国的需求量继续下滑，背后的原因还包括多个重要城市受疫情冲击，叠加铂金首饰所占市场份额进一步遭黄金首饰蚕食。相比之下，虽有俄乌冲突的冲击，但得益于经济和各种社会活动持续回归正常状态，叠加铂金与黄金间的价差仍大，世界其他地区的铂金首饰需求量则应能实现增长。

投资需求方面，据汤森路透，由于俄罗斯铂供应量在全球铂总供应量中的占比较低，以及将铂视为防御性资产的投资者数量有限，2022 年的俄乌冲突对铂投资需求的提振作用相对较小。此外，全球汽车业前景不佳对投资者的信心也有挫伤。预计2022年后期汽车产量有望重返增长势头，投资者信心有望因此上升。但因铂走势紧随黄金，加之市场担心货币政策的改变将冲击经济增长，主要经济体的央行收紧货币政策及其带来的负面冲击可能会导致流入铂的新资金数量有限。

2. 全球钯需求

据庄信万丰预计，2022年全球钯总需求量基本与2021年持平，为315.6吨。其中，欧洲、日本、北美、中国、世界其他地区总需求量分别为70.7吨、33.4吨、67.9吨、71.9吨、71.7吨。按需求领域细分，汽车催化剂、化工需求量分别为261.6吨、19.1吨，几乎与2021年持平；牙科和生物医学需求量为6吨，下降9.1%；投资需求量为0吨；首饰需求为2.8吨，与2021年持平；污染控制需求量为3.4吨，增长13%；其他需求量为2.7吨，下降12.9%。

工业钯需求预计仍将低于新冠疫情暴发前的水平。创纪录的钯价格加速了钯合金材料占比牙科材料市场份额的下降。只有化工行业的钯需求基本没有受到金属高价的影响；尽管一些企业在2021年暂时性地推迟了补充金属的采购，但这只是一个时间问题，并不会影响基本需求量。投资需求方面，据汤森路透报道，2022年，投资者对钯的信心强弱，为俄乌冲突主导。由于钯供应高度依赖俄罗斯，俄乌冲突及随后西方国家对俄罗斯的制裁，引发投机资金再次涌入钯市场，叠加空头回补，推动钯价飙升。然而市场对钯的供应担忧随即消退，导致新建立的战术性多头仓位很快平仓。2022年下半年，对汽车业前景的谨慎预期持续打压投资者对钯的信心。

二、2022年中国铂族金属工业发展概述

（一）中国铂钯金属供给概况

1. 中国铂钯矿山资源供给

中国铂族金属资源分布集中，95%以上分布于甘肃、云南、四川、黑龙江和河北等省。中国铂族金属矿石品位低、矿床类型多样，但大部分储量集中于共生或伴生矿，国内最大的铂族金属矿床分别是甘肃金川、云南金宝山和四川杨柳坪。甘肃金川铜镍矿是中国目前唯一的铂族金属矿山产出供应来源，每年自有矿山产出量为3~4吨。金川矿石中伴生铂族金属品位在世界同类资源中最低，提取难度最大。近两年金川集团开始进口铂矿资源，2021年铂族金属产量约9吨。

2. 中国铂钯回收资源供给

铂族金属资源回收循环利用已成为中国铂族金属供应的重要来源。中国再生资源回收主要集中在浙江、江苏、江西、湖南、云南等地，回收特点逐渐向规模较大企业汇集，集中度显著提高。回收再生途径主要包括废汽车催化剂、报废工业催化剂、电子和珠宝废料。据行业观点，中国 2022 年铂族金属回收供应仍将继续增长。

3. 中国铂钯金属进口

据海关总署统计，2022 年，中国大陆铂累计进口量为 85. 50 吨，同比下降 23. 79%。其中，未锻造铂和铂粉进口量为 67. 38 吨，铂板、片进口量为 18. 12 吨。2022 年 12 月，中国大陆海关钯进口量为 1. 64 吨，环比下降 13. 52%，同比下降 17. 95%。1—12 月，钯累计进口量为 26. 21 吨，同比增长 25. 36%。其中，未锻造钯及钯粉累计进口量为 23. 69 吨，钯板、片进口量为 2. 53 吨。

（二）中国铂钯需求概况

1. 中国铂需求

据庄信万丰预计，2022 年中国铂需求总量为 64. 5 吨。其中，汽车尾气催化剂需求量为 16. 4 吨，增长 35. 5%；化工需求量为 7. 8 吨，下降 6. 1%；牙科和生物医学、投资需求量分别为 1. 1 吨、0. 4 吨，与上年度持平；电子领域需求量为 1. 6 吨，增长 6. 7%；玻璃需求量为 10. 3 吨，下降 55. 6%；首饰需求量为 19. 7 吨，下降 10%；石油炼化需求量为 4 吨，增长 37. 9%；污染控制需求量为 1. 2 吨，增长 50%；其他需求量为 2 吨，增长 5. 3%。

2. 中国钯需求

据庄信万丰预计，2022 年中国钯需求总量为 71. 9 吨。其中，汽车尾气催化剂需求量为 56. 6 吨，下降 16. 8%；化工需求量为 9. 3 吨，下降 3. 7%；牙科和生物医学、电子需求量分别为 0. 2 吨、3. 9 吨，与上年度持平；污染控制需求量为 1. 3 吨，增长 15. 4%；其他需求量为 0. 6 吨，下降 45. 5%。

（三）中国铂族金属技术进展

铂族金属自其工业属性被开发以来，一直是高精尖领域不可或缺的关键材料。铂族金属化学稳定性特别高，具有很好的抗腐蚀和抗氧化能力，是新兴产业能够快速进入商业化应用的重要材料之一，是新一代信息技术、环保、新能源、健康等新兴产业发展的重要推动要素。

2022 年，铂族金属催化材料、医用材料、能源材料、纳米材料、合金材料等方向的研究进展和发展趋势报道热点如下。

中南大学以生物质水凝胶为结构模板来制备负载有 RuN_x 单原子位点和 Ru

纳米簇的碳气凝胶。通过调节水凝胶前驱体初始原料比，纳米复合材料中原子分散 Ru 位点的负载量从 43%提高到 86%。电化学实验表明该材料的主要电催化活性来自原子分散 Ru 位点。获得的最佳催化剂在 1.0 摩尔/升 KOH、1.0 摩尔/升 PBS 和 0.5 摩尔/升 H_2SO_4 中电流密度达到 10 毫安/厘米^2 的过电位分别低至-4 毫伏、-45 毫伏和-65 毫伏，其质量活性分别是商业 Pt/C 催化剂的 44 倍、16 倍和 6 倍，且在全解水中表现出较低的过电位和优异的长期稳定性。

重庆大学研究人员将钯纳米颗粒中加入过渡金属紫钨粉末，通过溶剂热法和化学还原法，制备出一种钯/紫钨（$Pd/W_{18}O_{49}$）催化剂。

厦门大学研究团队利用水合氧化钌层对 CO 扩散与吸附的阻碍作用，制备了无定型水合氧化钌包裹的金属钌电催化剂，有效提高了钌催化剂对 CO 的耐受性。

南京大学开发出用于肿瘤尿微流控监测，缺氧反应性铂超级纳米颗粒作为外源性的纳米传感器。该传感器可以在肿瘤特异性缺氧条件下分解成超小型铂纳米团簇（PtNCs），然后通过肾脏作为尿液报告器进行过滤，并通过配套的容量条形图芯片进行量化，以进行早期癌症监测的快速分析。

中国科学技术大学开发出了保护铂催化剂免受无处不在的 CO 污染的方法。研究人员设计了含有 Fe_2O_3 的铂颗粒，可以快速燃烧氢气中的 CO，保护铂催化剂免受无处不在的 CO 污染，还可以选择性地将 CO 转化为无害的 CO_2。

三、当前中国铂族工业发展中需要关注的问题

（一）中国铂族金属矿产资源极度匮乏，高度依赖进口，严重威胁支柱产业供应链安全

中国铂族金属矿产资源极度匮乏，规模小、品位低，每年自有矿产资源的产量为 3~4 吨，仅占国内需求的 2%，高度依赖海外进口。后疫情时代的显现、中美贸易摩擦、俄乌局势升级等因素，对中国铂族金属高度依赖进口的现状和保障国家战略安全性需求形成了严峻考验，严重威胁支柱产业供应链安全。

（二）我国铂族金属二次资源回收体系尚需完善，资源流失严重

发达国家高度重视铂族金属二次资源回收。为保证铂族金属的有效供应，欧洲、美国、日本等高度重视铂族金属二次资源的再生利用，并通过制定税收优惠政策，鼓励具有竞争优势的企业开展铂族金属的回收利用。近年来，国外仅废弃汽车催化剂铂族金属年回收量铂约 40 吨、钯约 80 吨、铑约 10 吨，合

计约130吨，有效保障了贵金属资源的供给平衡。

中国铂族金属二次资源丰富，但二次资源回收体系尚需完善。根据商务部发布的《中国再生资源回收行业发展报告（2019）》公布的数据显示，2019年我国报废机动车量为229.5万辆，约含5吨铂族金属；据公安部统计，2020年国内市场报废汽车催化剂流通量约5000吨，约含10吨铂族金属。预计2025年中国市场报废汽车2280万辆，约含50吨铂族金属，2035年报废汽车4200万辆，约含铂族金属130吨，铂族金属二次资源丰富。但与发达国家相比，我国铂族金属再生资源回收起步较晚，在产业技术水平和规模等方面与国外先进水平存在差距，尚未建立完善的铂族金属二次资源回收体系。2019年我国95%以上报废汽车催化剂由个人收集者收集。虽然2020年9月1日实施的《中华人民共和国固体废物污染环境防治法》明文规定了废汽车尾气净化催化剂的收集需要《危险废物经营许可证》。但是随着失效汽车尾气催化剂市场的逐步释放，废催化剂的回收及处理市场依然混乱，回收队伍以民营和个体小作坊为主，他们对铂族金属二次资源废料只能进行初级加工，然后又转移至庄信、巴斯夫、贺利氏等跨国回收企业，甚至直接走私海外，导致国家战略资源铂族金属流失。

（三）国际寡头垄断我国铂族金属二次资源回收市场

由于铂族金属的回收对资金、技术及环保要求较高，目前铂族金属回收主要集中于英国庄信万丰、比利时优美科、日本田中、德国巴斯夫和贺利氏等大型跨国企业，它们垄断控制了国际铂族金属二次资源的再生市场。近年来，以上铂族金属资源垄断企业均重点布局我国的贵金属二次资源回收市场，利用其资源、技术和品牌优势，在国内市场竞争中占据主导地位：贺利氏在南京投资建设3000吨/年的废催化剂贵金属回收工厂，年铂族金属产量达到26吨；庄信万丰在张家港投资建设了3000吨/年废催化剂贵金属回收项目，年铂族金属产量达到28吨；巴斯夫进一步扩大在中国的贵金属回收生产，2022年与贺利氏合作在独山港建设9000吨/年废催化剂贵金属回收项目，年产铂族金属47吨。

（四）铂族金属已成为西方“割韭菜”的金融工具

2014年以前，铂、钯的价格由伦敦铂钯公司独立制定。自2014年12月1日起，伦敦金属交易所（LME）正式接手每日两次的铂、钯定价管理工作，新的铂、钯基准价将在LME定制系统LME Bullion上产生。西方国家可以通过制定和修改交易规则左右铂族金属市场价格。

除LME外，全球仅纽约商业交易所（NYMEX）和东京工业品交易所（TOCOM）上市了铂和钯期货市场交易。

相较铂而言，钯的价格波动异常，原因包括：受汽车尾气净化催化剂技术路线失误导致需求与资源严重不匹配；国际金融机构操控。而铑资源更为稀缺、垄断性强、流通量小，且无公开市场交易，价格制定过程封闭，铑的价格更易被人为操控。

全球铂族金属矿产资源除俄罗斯有全球40%的钯资源外，欧美资本从铂族金属矿产资源源头供应端和二次资源回收端双向控制铂族金属市场，资源垄断日益加剧。再通过铂族金属交易规则控制权，辅以二级市场金融机构配合，掌控了铂族金属定价权。铂族金属资源已成为西方对新兴经济体“割韭菜”的金融工具。

作为铂族金属消耗大国和进口大国，我国目前没有铂、钯期货交易平台，没有定价话语权，严重威胁我国汽车产业、化学与石油化工及国防军工的供应链安全。

（五）中国铂族金属产业与国际发达国家相比尚有差距

中国铂族金属技术领域无论在技术储备、研发投入、人才积累方面，还是在产品质量及品种等方面，与国际发达国家相比，均存在较大差距，中、高端产品缺乏核心技术支撑，技术储备和创新能力不足，产品国际化竞争能力不强、优化升级和可持续发展面临技术瓶颈。铂族金属产业方面，全球有四家历史均在200年左右的贵金属企业垄断了80%以上的全球市场，并均已进入中国市场超过20年，凭借在技术、装备、资本等方面的优势，占据了我国70%市场，导致我国本土贵金属产业发展面临极大的压力。目前，中国贵金属产业进入关键转型期，亟须建立一个强大的技术研发支撑体系。因此需要政府在普适性优惠政策的基础上，针对性地出台铂族金属产业扶持政策，引导铂族金属产业更好、更快、更强地发展。

四、中国铂族金属工业下一步发展重点

（一）强化立法监管，对铂族金属资源实施战略管控

建议国家立法禁止铂族金属及含铂族金属二次资源出口，严厉打击相关非法走私行为，降低国内铂族金属资源外流，确保铂族金属战略安全和内循环系统稳定。

加快推进铂族金属二次资源回收领域立法，规范并强化监管，提升监管质效。建立统一的铂族金属二次资源回收体系，特别是提高废弃汽车催化剂、化学与石油化工催化剂回收行业整体水平。

扶持技术先进的龙头企业，统筹规划铂族金属二次资源循环利用的定点回收，对铂族金属战略资源实施有效管控，弥补我国铂族金属矿产资源不足的短板。

（二）统筹规划贵金属战略资源高效利用与绿色回收国家级研发平台

整合现有优质研发资源，组建国家级研发平台，持续不断地开展汽车催化剂及燃料电池贵金属减量技术、废催化剂贵金属绿色高效回收技术联合攻关，有效提高贵金属使用效率，进一步降低铂族金属战略资源的进口依赖。

（三）建立健全铂族金属战略资源“自主回收—进口补充—战略储备”的动态调控体系

2021 年，《关于改革完善体制机制加强战略和应急物资储备安全管理的若干意见》强调，国家储备是国家治理的重要物质基础，要从体制机制层面加强战略和应急物资储备安全管理，强化战略保障、宏观调控和应对急需功能，增强防范抵御重大风险的能力。

建议国家根据我国铂族金属实际需求，逐步建立铂族金属动态战略储备库。结合铂族金属二次资源回收自主掌控，建立健全铂族金属战略资源“自主回收—进口补充—战略储备”的动态调控体系，反向干预全球铂族金属供给及需求端，打破欧美对铂族金属的资源控制权和定价话语权，实现铂族金属战略资源的自主可控。

（四）加强基础研究夯实科技自立自强根基

当前，新一轮科技革命和产业变革突飞猛进，学科交叉融合不断发展，科学研究范式发生深刻变革，科学技术和经济社会发展加速渗透融合，基础研究转化周期明显缩短，国际科技竞争向基础前沿前移。应对国际科技竞争、实现高水平自立自强，推动构建新发展格局、实现高质量发展，迫切需要加强铂族金属应用领域基础研究，从源头和底层解决关键技术问题。一是强化基础研究前瞻性、战略性、系统性布局。二是发挥行业组织优势，凝聚学术力量，加强基础研究重大项目可行性论证和遴选评估，发挥好高端智库和科学家决策支撑作用。三是注重发挥国家实验室引领作用、国家科研机构建制化组织作用和科技领军企业“出题人”“答题人”“阅卷人”作用。加大铂族金属新材料国家重点实验室投入，共建、共用、共享，全面提升国家重点实验室的基础研究平台、技术支撑平台、实验测试平台和成果转化平台建设，提升产业自主创新能力，提高科学研究和成果转化能力，推动铂族金属新材料产业化的快速发展。

（五）提升铂族金属科研创新体系整体效能

坚持科技创新和制度创新“双轮驱动”，以产业产学研用创新联盟建设为载体，整合完善产业创新资源，鼓励和支持铂族金属行业内的重点材料制造企业、高校、研究机构、应用企业和回收企业等产、学、研、用单位，形成覆盖产业链所有环节的创新联盟。围绕国家急迫需要和长远需求，统筹技术攻关、资源回收利用和资源共享，针对产业链共性技术、关键技术和前沿技术攻关布局，实现铂族金属新材料基础研究、应用技术研究和产业化的统筹衔接，打造具有国际竞争力的协同创新发展环境。

（六）培育行业优势领军企业与人才团队

加大对具有较大规模和发展潜力的铂族金属新材料综合性企业在企业并购、融资平台、利税政策方面的扶持力度，培育具有较强创新能力和国际影响力的龙头企业，打造体系化、高层次基础研究人才培养平台。加大各类人才计划对科研人才支持力度，培养使用铂族金属行业战略科学家，支持青年科技人才挑大梁、担重任，不断壮大科技领军人才队伍和一流创新团队。坚持走基础研究人才自主培养之路，为产业培养高层次领军人才、高级研究人员、技术骨干、创新团队引进外国专家团队提供政策、资金和项目支持。

撰稿人：张　杨、戴　华

审稿人：周利民、陈　力

统计篇

TONGJI PIAN

2022年有色金属产品产量汇总表

指标名称	产量/吨			同比/%
	12月	12月止累计	同期累计	
一、十种有色金属	5945978	67742918	64964227	4.28
其中：精炼铜（铜）	961329	11062546	10585912	4.50
原铝（电解铝）	3433794	40213587	38486520	4.49
铅	755817	7811034	7514055	3.95
锌	620254	6801958	6694585	1.60
二、六种精矿含量	667062	6702150	6634024	1.03
三、氧化铝	6521097	81861789	77528269	5.59
四、有色加工产品				
1. 铜材	2163558	22865242	21623991	5.74
2. 铝材	5614774	62215685	63069659	-1.35
五、冶炼厂产金/千克	14038	201072	172853	16.33

注：1. 该表中的数据均为初步统计数（快报数）。

2. 计算各项指标同比增长速度所采用的上年数与本年的企业统计范围相一致，和上年公布的数据存在口径差异。

2022 年有色金属行业规模以上企业主要财务指标

指标名称	计算单位	2022 年 1—12 月	2021 年 1—12 月	同比/%	备注
企业个数	个	9845			
资产总计	千元	5480851186	4979018538	10.08	
流动资产平均余额	千元	2926165070	2529320133	15.69	
应收账款	千元	512131437	432834792	18.32	
产成品库存	千元	228187875	192870913	18.31	
负债合计	千元	3318582942	3002612168	10.52	
营业收入	千元	7997188780	7236724684	10.51	
营业成本	千元	7371759782	6580213910	12.03	
营业费用	千元	38014349	42055584	-9.61	
管理费用	千元	113155229	113358583	-0.18	
财务费用	千元	53891082	62659625	-13.99	
利润总额	千元	331497094	360496707	-8.04	
亏损企业亏损额	千元	46274453	29656407	56.04	
亏损企业个数	个	2255	1756	28.42	
资产负债率	%	60.55	60.31	0.24	百分点
资产利润率	%	6.27	7.33	-1.06	百分点
销售收入利润率	%	4.15	4.98	-0.84	百分点

注：1. 该表中数据为初步统计数（快报数）。

2. 计算各项指标同比增长速度所采用的上年数与本年的企业统计范围一致，和上年公布的数据存在口径差异。